CONTRATOS AGRÁRIOS
e
SUSTENTABILIDADE AMBIENTAL

Conselho Editorial

André Luís Callegari
Carlos Alberto Molinaro
César Landa Arroyo
Daniel Francisco Mitidiero
Darci Guimarães Ribeiro
Draiton Gonzaga de Souza
Elaine Harzheim Macedo
Eugênio Facchini Neto
Giovani Agostini Saavedra
Ingo Wolfgang Sarlet
José Antonio Montilla Martos
Jose Luiz Bolzan de Morais
José Maria Porras Ramirez
José Maria Rosa Tesheiner
Leandro Paulsen
Lenio Luiz Streck
Miguel Àngel Presno Linera
Paulo Antônio Caliendo Velloso da Silveira
Paulo Mota Pinto

A obra é fruto da tese de doutorado da autora, cuja pesquisa teve fomento, bolsa da CAPES, para sua realização.

Dados Internacionais de Catalogação na Publicação (CIP)

T112c   Tabarelli, Liane.
Contratos agrários e sustentabilidade ambiental / Liane Tabarelli. – Porto Alegre : Livraria do Advogado, 2017.
191 p. ; 25 cm.
Inclui bibliografia.
ISBN 978-85-69538-99-8

1. Contratos agrários - Brasil. 2. Sustentabilidade ambiental - Brasil. 3. Direito privado. 4. Direitos fundamentais. 5. Direito constitucional. I. Título.

CDU 349.42:347.44(81)
CDD 346.810432

Índice para catálogo sistemático:
1. Contratos agrários : Sustentabilidade ambiental   349.42:347.44(81)

(Bibliotecária responsável: Sabrina Leal Araujo – CRB 10/1507)

Liane Tabarelli

CONTRATOS AGRÁRIOS
e
SUSTENTABILIDADE AMBIENTAL

© Liane Tabarelli, 2017

Capa, projeto gráfico e diagramação
Livraria do Advogado Editora

Revisão
Rosane Marques Borba

Imagem da capa
pixabay.com

Direitos desta edição reservados por
Livraria do Advogado Editora Ltda.
Rua Riachuelo, 1300
90010-273 Porto Alegre RS
Fone: 0800-51-7522
editora@livrariadoadvogado.com.br
www.doadvogado.com.br

Impresso no Brasil / Printed in Brazil

A Deus, fonte de força e inspiração.

Agradecimentos

Em primeiro lugar, agradeço a Deus, pelas inúmeras oportunidades com as quais me brinda durante esta existência.

Agradeço aos meus pais, Irineu Tabarelli e Zuleica Tabarelli, pela confiança em mim depositada e pelas palavras encorajadoras sempre transmitidas.

Aos meus irmãos Aline Tabarelli, André César Tabarelli e Taiane Rodrigues Elesbão Tabarelli, pelo incentivo e carinho a mim dedicados ao longo da minha jornada. Às minhas amadas sobrinhas Isabella Raquel Tabarelli Gonçalves e Mirella Cristina Tabarelli Gonçalves, pela alegria do reencontro mesmo diante de minhas inúmeras e reiteradas ausências.

Ao professor Dr. Juarez Freitas, pela orientação precisa e segura no Doutorado. Agradeço, também, o afetuoso amparo a mim endereçado e os ensinamentos compartilhados.

À banca avaliadora, Dr. Luiz Edson Fachin, Dr. Gerson Luiz Carlos Branco, Dr. Ney Fayet Júnior e Dra. Regina Linden Ruaro, pelas valiosas trocas, exemplos e generosidade.

Sumário

Apresentação – *Juarez Freitas* 11

Introdução 15

1. Sustentabilidade ambiental: análise do art. 225, *caput*, da Constituição Federal brasileira de 1988 e aproximações com os arts. 3º e 170, VI, da Carta Maior 19

   1.1. A sustentabilidade na pauta do dia 23

   1.2. Sustentabilidades e suas múltiplas dimensões (econômica, social, ambiental, jurídico-política e ética) 27

   1.3. Sustentabilidade: valor, objetivo, princípio, regra e dever 41

   1.4. Para além do direito ambiental: paradigma da sustentabilidade 47

2. Do *pacta sunt servanda* à função social dos contratos 55

   2.1. Esclarecimentos conceituais 56

   2.2. A constitucionalização do direito privado como abertura para a sustentabilidade no direito contratual 60

   2.3. Vinculação dos particulares aos direitos fundamentais: a autonomia privada no contexto da sustentabilidade 65

   2.4. Autonomia privada, liberdade contratual e visão ampliada da função social ... 74

   2.5. A contribuição dogmática da boa-fé objetiva para compreensão dos deveres anexos (laterais) que protegem a sustentabilidade nas relações contratuais 83

3. Sustentabilidade ambiental e os contratos agrários 91

   3.1. Considerações gerais sobre os contratos agrários 91

      3.1.1. Breves referências históricas sobre a legislação pertinente aos contratos agrários e seu suporte legal na contemporaneidade 93

      3.1.2. Principiologia aplicável aos contratos agrários 94

         3.1.2.1. Revisitando a função social da propriedade: da função econômico-social à função socioambiental da propriedade rural 97

         3.1.2.2. Cláusulas obrigatórias nos contratos agrários: a irrenunciabilidade de direitos e garantias e sua íntima conexão com a sustentabilidade multidimensional 110

         3.1.2.3. Dirigismo estatal nos contratos agrários 117

      3.1.3. Contratos agrários: arrendamento e parceria rural 124

   3.2. Contratos agrários e externalidades negativas: riscos de danos e impactos ambientais 136

      3.2.1. Análise dos contratos agrários à luz dos princípios da prevenção e precaução do Direito Ambiental 142

   3.3. Condicionantes da liberdade de contratar: a sustentabilidade ambiental como requisito para o cumprimento da função social dos contratos agrários 153

Conclusão 167

Referências 171

Apresentação

A obra da Professora Liane Tabarelli é notável amostra de talentosa e ponderada aplicação do princípio constitucional da sustentabilidade. Ao reconhecer a sua eficácia direta e imediata, trata de reexaminar, em novas luzes funcionais, os contratos agrários, encartando a sustentabilidade ambiental como requisito-chave para o bom cumprimento da função social.

Sem dúvida, contribui significativamente para uma compreensão integrada, renovadora e multidimensional do tema. Trata-se de livro altamente meritório (versão da tese de Doutorado em Direito na PUCRS, que tive a honra de orientar, pesquisa que teve bolsa da CAPES e também se realizou no âmbito de um Doutorado Sanduíche na Universidade de Coimbra – Portugal), que toma a sério o mandamento constitucional do desenvolvimento sustentável, inclusive no âmbito dos ajustes privados. Daí emerge a inovadora perspectiva funcionalista defendida pela autora, sob a influência da qual são inseridas pautas de escrutínio intertemporal dos impactos ambientais. Em todas as etapas da tomada de decisão contratual, é mandatório respeitar a sustentabilidade como princípio cogente e, nessa medida, condicionador do exercício da autonomia privada. Impõe-se, em outras palavras, reforjar a teoria geral dos contratos, de sorte a contribuir para o ambiente ecologicamente equilibrado, colorido agora com as tonalidades vibrantes da equidade intergeracional.

Segundo essa ótica, a sustentabilidade é corretamente assimilada como princípio de estatura superior (CF, arts. 3º, 225, 170, VI), aplicável no âmbito de procedimentos públicos e privados, tendo como escopo a tutela tempestiva dos direitos fundamentais de gerações presentes e futuras. Quer dizer, todos os negócios jurídicos têm que, de modo sincronizado, internalizar as externalidades, mediante a priorização funcionalizante das escolhas associadas ao bem-estar duradouro (núcleo deontológico do princípio em apreço).

Indefensável, por exemplo, efetuar qualquer contratação sem contemplar os custos diretos e indiretos e os respectivos impactos sistêmicos. A propriedade, por sua vez, não pode deixar de cumprir a função de equilíbrio ecológico (CCv, art. 1228). Como evidencia talentosamente a autora, o princípio da sustentabilidade condiciona a autonomia privada, no sentido de preordená-la para a promoção diligente e em tempo útil dos padrões ambientalmente corretos, com a harmonização prática dos vetores ambientais, sociais e econômicos, no encalço de superar a recorrente "tragédia dos comuns".

Portanto, ao celebrar os negócios jurídicos, consoante a teleologia constitucional, tem-se de encontrar uma maneira sustentável de produzir, direta ou indiretamente, o menor impacto negativo e, simultaneamente, os maiores benefícios socioambientais, desde a obtenção de matérias-primas e os insumos, passando pelo processo produtivo e o consumo até a disposição final ou o pós-consumo. Não se trata de simples faculdade, mas de incontornável obrigação jurídica. Eis a novidade.

Note-se, para ilustrar, que a Lei de Resíduos Sólidos consagra, de modo categórico, o princípio do desenvolvimento sustentável e o mesmo faz a Lei de Mudanças Climáticas, entre outros diplomas. Tais dispositivos determinam o incremento de processos sustentáveis, destinados a criar uma "economia circular", atenta ao ciclo de vida dos bens e serviços. Negar a incidência de tais comandos na seara dos contratos privados seria trair a visão constitucionalmente adequada.

O que o sistema normativo intenta é acelerar a transição para o mundo dos negócios "verdes", à base da constatação de que os métodos usuais (*business as usual*) tendem a tornar a vida humana gravemente deficitária ou inviável. Diante disso, lícito asseverar que regras já se encontram disponíveis, no sistema brasileiro, para corroborar a tese da autora, no sentido da cobrança firme da sustentabilidade dos contratos que produzem impactos ambientais. Todavia, caso perdure, aqui e ali, eventual lacuna, resta o caminho plausível de construir o intérprete a solução integrativa, fiel aos compromissos do contrato social intergeracional. A não ser assim, a suposta ausência de regras seria utilizada como arma contra a força vinculante do sistema constitucional, arma que nenhum intérprete idôneo tem o porte para carregar.

Consigne-se de forma cristalina: o princípio da sustentabilidade representa – à diferença do que imaginam os seus críticos superficiais, enfeitiçados pelo *status quo* – um enorme ganho de eficiência, com a redução mediata de custos (e às vezes até no plano imediato). Bem assimilado, o princípio se converte numa preciosa e riquíssima fonte de agregação de valor e qualidade de vida. Não é, pois, admissível manter os ajustes (privados e públicos) adstritos à lógica funcionalista míope e poluente, típico comportamento daqueles que se alienam, por ação ou por omissão, a interesses autocentrados e arcaicos.

Nessa linha, os contratantes estão, desde logo, obrigados a submeter os seus pactos ao crivo intertemporal do teste de sustentabilidade. Uma primeira questão-chave concerne aos antecedentes e às finalidades do liame. Nessa fase interna, por assim dizer, imprescindível responder às seguintes indagações: o contrato apresenta benefícios diretos e indiretos, intrínsecos e extrínsecos, que superam os seus custos sociais, diretos e indiretos? Favorece o desenvolvimento sistêmico ou contribui para o desperdício, a poluição e a formação de gargalos que dificultam a vida de todos? Prosseguindo no teste, a segunda bateria de questões envolve a celebração do pacto. Aqui, superada a etapa decisória, é chegado o momento de definir, com rigor, as cláusulas de ordem ambiental, econômica e social. Requisitos que ultrapassam – sem excluir – o mero exame da legalidade e das formas. Por derradeiro, desponta a questão fulcral atinente à avaliação dos resultados, ao longo do tempo. Nesse ponto, conferir-se-á se os efeitos foram liquidamente positivos, conforme aspectos comensuráveis e incomensuráveis, checando-se o exato cumprimento das condicionantes.

Tais momentos compõem o teste de sustentabilidade e se encontram entrelaçados, como percebe a autora. Uma vez resolvidas tais questões reciprocamente implicadas, os critérios de sustentabilidade reorientam os contratos em geral, já pelo redesenho do bloco de sindicabilidade, já pela ressignificação dos elementos vinculados, já enfim pelo escrutínio ampliado da operacionalização. Nesses moldes, o princípio da sustentabilidade proíbe a ineficiência e a ineficácia (finalidade inibitória), hierarquiza prioridades para a tutela de direitos fundamentais de gerações presentes e futuras (finalidade conformadora e hierarquizadora), obriga a prevenção e a antecipação, com a antevisão de resultados (finalidade antecipatória e prospectiva), estimula e induz comportamentos intertemporalmente responsáveis (finalidade indutora e preventiva). Logo, se e quando manejados sabiamente, os novos critérios operam como sofisticados e abrangentes padrões de juridicidade.

Bem por isso, o exame da sustentabilidade dos contratos representa expressivo e alentador avanço, certamente um dos pontos mais promissores de inflexão do Direito Contratual. Como evidencia, com acurácia, a Professora Liane Tabarelli, a tomada da decisão contratual precisa, assim, incorporar os parâmetros decorrentes do princípio da sustentabilidade. Ao assinalar isso, não pretende a obediência exclusiva ao longo prazo (pois não quer descurar do presente), mas acolhe, em boa hora e com originalidade, a relevância estratégica do imperativo do cuidado intergeracional, no intuito de recondicionar os comportamentos, mediante padrões verdadeiramente norteados pelo desenvolvimento duradouro.

Grife-se: o princípio constitucional da sustentabilidade incide em todas as províncias do ordenamento jurídico, o que torna inescapável a sua exteriorização também nas relações contratuais (públicas e privadas). Por esse motivo, importa migrar para o escrutínio da juridicidade socioambiental dos contratos, de modo a que sejam celebrados ajustes que tomem em devida consideração riscos e efeitos adversos que não podem ser negligenciados.

Como ilustra o brilhante livro da Professora Liane Tabarelli, o princípio constitucional da sustentabilidade é diretriz vinculante que veio para ficar. Possui o condão de alterar, por inteiro, o edifício do Direito como sistema, no intuito de fazê-lo cumprir melhor o papel indeclinável de incentivar a cooperação, a empatia e a preservação da biodiversidade. Em suma, o princípio da sustentabilidade muda o modo de conceber e de interpretar o Direito como sistema. Não é pouca coisa. Daí a importância de trabalhos de qualidade como o da Professora Liane Tabarelli, cuja leitura, para os que examinarem os contratos rurais, passa a ser agradavelmente obrigatória.

Prof. Juarez Freitas
Presidente do Conselho Científico do Instituto Brasileiro de
Altos Estudos de Direito Público,
Professor da Faculdade de Direito da UFRGS.

Introdução

O presente estudo se propõe a explorar, aproximando-se o Direito Constitucional, Ambiental, Civil e Agrário, a hipótese de que a sustentabilidade, em sua perspectiva ambiental, condiciona e limita o exercício da autonomia privada nos contratos agrários. Nesse quadro, objetiva-se demonstrar que a sustentabilidade ambiental pode/deve ser compreendida como condição para o adimplemento da função social especificamente dos contratos agrários de arrendamento e parceria rurais.

Para realização do estudo, o texto está fracionado em três partes.

Na primeira parte, precisa-se a definição de sustentabilidade para fins deste trabalho. Para isso, esclarece-se a origem e o significado da expressão *desenvolvimento sustentável* e alerta-se o leitor de que as expressões *desenvolvimento sustentável* e *sustentabilidade* são empregadas na pesquisa como equivalentes. Na sequência, comenta-se o atual intenso uso do termo *sustentabilidade* em diversos âmbitos: sustentabilidade empresarial, sustentabilidade na construção civil, sustentabilidade financeira, sustentabilidade no turismo, sustentabilidade e meio ambiente, entre tantas outras ocorrências. A par disso, delimita-se que o objeto de estudo do livro é a vinculação entre sustentabilidade e Direito Privado. Anunciam-se, nesse contexto, as múltiplas dimensões da sustentabilidade, quais sejam, econômica, social, ambiental, jurídico-política e ética.

Observa-se também, no primeiro capítulo, a interdependência dessas dimensões, onde a íntima ligação entre elas se apresenta como elemento inafastável para se atingir o desenvolvimento sustentável. Dessa forma, a multidimensionalidade da sustentabilidade condiciona o desenvolvimento na medida em que, por exemplo, não basta prosperidade econômica de um país para se auferir seu grau de desenvolvimento. O incremento da economia deve acompanhar o desenvolvimento social do Estado, crescimento este diagnosticado por meio de indicadores de saúde, educação, empregabilidade da população, acesso à cultura, saneamento básico, entre outros.

Ademais, a íntima ligação entre as dimensões da sustentabilidade reclama, ao lado da sustentabilidade econômica e social, que se honrem os ditames ambientais da sustentabilidade, os quais demandam utilização racional e adequada dos recursos naturais, sem exploração predatória do meio ambiente. Ou seja, uma economia de longo prazo não se tornará/manterá pujante com exploração ambiental nociva. Tal exploração, por sua vez, também acarretará danos à sociedade, com risco até de extinção de todas as espécies do ecossistema terrestre. Por outro lado, de nada adianta militar-se em prol de uma postura preservacionista do ambiente, advogando-se o mínimo de utilização das fontes naturais possível se, com isto, perpetuar-se (ou acentuar-se) a escassez de água potável e alimentos, ensejando a ocorrência de pestes e o aumento da pobreza no mundo.

O entrelaçamento dessas múltiplas dimensões exige ainda que políticas públicas conduzam a busca da sustentabilidade econômica, social e ambiental, revelando-se, neste passo, o aspecto jurídico-político. Por fim, a dimensão ética da sustentabilidade é evidenciada quando de todos se exige o respeito à vida, em qualquer uma de suas formas de manifestação. Seja nas searas econômica, social, ambiental, jurídica ou política, impõe-se o reconhecimento de que qualquer ser vivo possui valor intrínseco e, por isto, necessita de cuidado, respeito e proteção contra a crueldade.

Além disso, no primeiro capítulo do livro, compreende-se a sustentabilidade, para a pesquisa, como sendo, concomitantemente, um valor, objetivo, princípio, regra e dever jurídico. Trata-se de um valor jurídico presente na axiologia da Carta Constitucional de 1988, o qual preconiza a dignidade dos seres vivos, superando-se uma cultura destacadamente antropocêntrica. Trata-se de um objetivo a ser perseguido pelo Estado Socioambiental de Direito, modelo de Estado que se revela na principiologia constitucional brasileira contemporânea. É princípio, pois se traduz em um mandado de otimização a todos imposto a fim de se garantir o bem-estar individual e coletivo. A sustentabilidade é entendida também como regra jurídica, em razão da previsão contida no art. 225, *caput*, da Constituição Federal de 1998, que implica o direito ao meio ambiente ecologicamente equilibrado. E, por último, é dever cuja observância é imposta a todos – Poder Público e particulares –, já que, com isso, se almeja garantir o respeito à vida das presentes e futuras gerações.

A primeira etapa do trabalho é encerrada advertindo-se que, a partir da concepção de sustentabilidade proposta, o Direito em sua totalidade se vê comprometido com a interpretação e aplicação de suas normas em prol da equidade inter e intrageracional.

No segundo capítulo, por sua vez, faz-se, em primeiro momento, uma digressão histórica da percepção do Direito Privado de outrora para a visão contemporânea existente a partir de sua constitucionalização. Assim, discorre-se sobre a vinculação dos particulares aos direitos fundamentais, mostrando-se ostensivamente que a eficácia do direito fundamental ao meio ambiente saudável e equilibrado é imediata, e sua aplicabilidade direta também no que se refere às relações interprivadas.

Analisa-se, em seguida, o exercício da autonomia privada em contraste com a exigência insculpida no art. 421 do Código Civil brasileiro de 2002, qual seja o cumprimento da função social dos contratos. Verifica-se que o exercício da autonomia privada está estreitamente associado à ideia de liberdade contratual. Constata-se que a efetivação dessa autonomia não é absoluta, já que, nos dias atuais, além da tutela dos proveitos eminentemente particulares e das legítimas expectativas das partes, os contratantes em suas avenças devem, sempre que possível, cooperar para satisfação dos interesses de toda a coletividade, tal como no caso do desejável meio ambiente saudável e limpo. A função social dos contratos é apresentada, nesse cenário, como limite à liberdade de contratar, bem como condiciona seu exercício, em virtude de que é de interesse social a preservação do meio ambiente.

Ainda, dedicam-se linhas, nesta segunda parte da pesquisa, para serem tecidos comentários sobre a interpretação e efeitos do contrato conforme o princípio da boa-fé objetiva, prestigiado no art. 422 do Código Civil. Demonstra-se, nesse particular, que é cabível estabelecer uma conexão entre a tutela do interesse das partes e os da sociedade em uma perspectiva de sustentabilidade econômica, social, ambiental, política, jurídica e ética.

A terceira e última parte do trabalho reflete acerca da comprovação de que a sustentabilidade ambiental é requisito para o atendimento da função social das avenças agrárias, em especial o arrendamento e a parceria rurais. À vista disso, inicialmente são registradas considerações gerais acerca dos contratos agrários e referências históricas sobre a legislação a eles aplicáveis, bem como seu suporte legal na atualidade.

Em seguida, apreciam-se os princípios aplicáveis aos contratos agrários, detalhando-se, em especial, a função social da propriedade, as cláusulas positivadas na legislação como de observância obrigatória para tais pactos e o manifesto dirigismo estatal presente nestes contratos. Após isso, ao delimitar-se que é objeto de estudo deste trabalho somente os contratos agrários tipificados em lei como tal, esclarecem-se as peculiaridades dos contratos de arrendamento e parceria rural, tais como preços que podem ser praticados, direitos e deveres dos contratantes, prazos, regras para renovação compulsória da avença, indenização por benfeitorias, causas de extinção destes pactos, etc.

No intuito de esquadrinhar a premissa proposta nesta pesquisa, qual seja, a de que a sustentabilidade multidimensional é, a um só tempo, valor, objetivo, princípio, regra e dever jurídico, discutem-se, em continuidade no terceiro capítulo, as externalidades ambientais negativas, tais como danos à natureza, produzidas pela utilização irracional da terra, cuja posse e uso do imóvel rural são legitimados por meio de contratos agrários. Nesse ponto, são lembrados os princípios da prevenção e da precaução do Direito Ambiental, os quais são de importância decisiva no âmbito das atividades agraristas.

Por fim, a última parte desta obra se presta para investigar se efetivamente é possível, após toda a construção elaborada no trabalho, afirmar que a sustentabilidade ambiental deve ser assimilada, em se tratando dos contratos agrários, como requisito para o cumprimento da norma prevista no art. 421 do diploma civil brasileiro. Isto é, estuda-se se o atendimento das exigências da sustentabilidade ambiental atua como condicionante do exercício da autonomia privada nos contratos de arrendamento e parceria rurais.

1. Sustentabilidade ambiental: análise do art. 225, *caput*, da Constituição Federal brasileira de 1988 e aproximações com os arts. 3º e 170, VI, da Carta Maior

O primeiro registro que merece aqui ser prestigiado é o alerta ao leitor de que a presente pesquisa é estruturada tendo como marco teórico a obra *Sustentabilidade: Direito ao Futuro*, de Juarez Freitas, em sua primeira e segunda edições.[1] Também se utiliza como base teórica do livro a obra *Teoria Crítica do Direito Civil*, de Luiz Edson Fachin, em sua segunda e terceira edições,[2] e, do mesmo autor, o artigo intitulado *Sustentabilidade e Direito Privado*.[3]

Pretende-se, neste capítulo inaugural, demonstrar que (*a*) tendo a sustentabilidade ambiental sede constitucional revelada no art. 225, *caput*, da Carta Maior e (*b*) sendo o direito nela insculpido, qual seja o do meio ambiente ecologicamente equilibrado, um direito fundamental, o qual tem – como todos os demais direitos fundamentais – aplicabilidade direta e eficácia imediata,[4] deve este comando irradiar imediatamente seus efeitos para todas as searas do Direito, incluindo o Direito Privado.

Almeja-se certificar, dessa maneira, que é indispensável perceber a questão da sustentabilidade ambiental de modo mais amplo, não atingindo ela somente as relações de Direito Público, mas também as de Direito Privado. Revigora-se, assim, a perspectiva da necessária aplicação das exigências da sustentabilidade ambiental no Direito Contratual, o que se dá, inclusive, por meio da função social dos contratos.

---

[1] FREITAS, Juarez. *Sustentabilidade*: direito ao futuro. Belo Horizonte: Fórum, 2011; e FREITAS, Juarez. *Sustentabilidade*: direito ao futuro. 2. ed. Belo Horizonte: Fórum, 2012.

[2] FACHIN, Luiz Edson. *Teoria crítica do Direito Civil*: à luz do novo Código Civil brasileiro. 2. ed., rev. e atual. Rio de Janeiro: Renovar, 2003; e FACHIN, Luiz Edson. *Teoria crítica do Direito Civil*: à luz do novo Código Civil brasileiro. 3. ed., rev. e atual. Rio de Janeiro: Renovar, 2012.

[3] FACHIN, Luiz Edson. *Sustentabilidade e Direito Privado*: funções derivadas das titularidades patrimoniais. Interesse Público, Belo Horizonte, a. 14, n. 72, p. 45-54, mar./abr. 2012.

[4] Art. 5º, § 1º, CF/88: "As normas definidoras dos direitos e garantias fundamentais têm aplicação imediata".

Nos dias atuais, muito se fala em sustentabilidade e/ou desenvolvimento sustentável.[5] Fala-se, por exemplo, em turismo sustentável,[6] globalização econômica e sustentabilidade,[7] sustentabilidade econômica,[8] ambiental,[9] pre-

---

[5] Para fins deste trabalho, compreende-se sustentabilidade e desenvolvimento sustentável como expressões equivalentes, não obstante se privilegie o emprego da primeira. Saliente-se que, em 1972, na cidade de Estocolmo, capital da Suécia, houve a Conferência das Nações Unidas sobre o Homem e o Meio Ambiente, a qual foi "[...] a primeira a associar de forma consistente questões ambientais ao Desenvolvimento Sustentável na pauta internacional". AS CONFERÊNCIAS da ONU e o Desenvolvimento Sustentável. Disponível em: <http://www.radarrio20.org.br/index.php?r=conteudo/view&id=9>. Acesso em: 05 fev. 2013. O mundo começou, então, a refletir sobre a "aparente" contradição entre desenvolvimento econômico e proteção ambiental, sendo que, em dezembro daquele mesmo ano, criou-se o Programa das Nações Unidas para o Meio Ambiente (PNUMA). Em 1983, por sua vez, a Organização das Nações Unidas (ONU), por meio de Assembleia Geral, criou a Comissão Mundial sobre o Meio Ambiente e Desenvolvimento (CMMAD), a qual, presidida na época por Gro Harlem Brundtland, então Primeira-Ministra da Noruega, tinha a finalidade de dar continuidade ao enfrentamento desta problemática. Refletiu-se sobre a adoção de possíveis estratégias políticas e ações internacionais cooperativas para promoção da utilização adequada dos recursos naturais por parte do homem a fim de evitar seu esgotamento. Preconizava-se, assim, um desenvolvimento econômico sustentável. Com isso, o documento final das pesquisas realizadas por esta Comissão, intitulado Relatório *Our Common Future*" (Nosso Futuro Comum) ou Relatório Brundtland, publicado em 1987, apresentou, pioneiramente com clareza, o conceito de desenvolvimento sustentável. Compreendeu-se ser "[...] o desenvolvimento que satisfaz as necessidades presentes, sem comprometer a capacidade das gerações futuras de suprir suas próprias necessidades". Esse relatório também recomendou que se fizesse uma Conferência das Nações Unidas sobre Meio Ambiente e Desenvolvimento (CNUMAD). Em 1992, tal Conferência ocorreu na cidade do Rio de Janeiro, a Rio-92, também conhecida como Eco-92 ou Cúpula da Terra. A Agenda 21 foi um dos principais resultados, em que governos se comprometeram, global e localmente, a colocar em prática planos de ação onde se harmonizassem crescimento econômico, produção, consumo responsável e tutela ambiental. Outro documento importante elaborado, a Declaração do Rio de Janeiro sobre Meio Ambiente e Desenvolvimento, declaração final da Eco-92, estabeleceu, consagrando o conceito de desenvolvimento sustentável, em seu princípio 4, que "[...] para alcançar o desenvolvimento sustentável, a proteção ambiental constituirá parte integrante do processo de desenvolvimento e não pode ser considerada isoladamente deste". CONFERÊNCIA das Nações Unidas sobre Meio Ambiente e Desenvolvimento Título: Declaração do Rio sobre Meio Ambiente e Desenvolvimento. Disponível em: <http://www.onu.org.br/rio20/img/2012/01/rio92.pdf>. Acesso em: 05 fev. 2013. Em 2002, em Joanesburgo, houve a chamada "Cimeira da Terra", que continuou a discutir a temática, e, recentemente, em 2012, a Rio + 20, no Rio de Janeiro.

[6] LIMÃO, Andreia; BARBOSA, Pedro. Turismo sustentável. In: SANTOS, Sofia; DIAS, Rita Almeida (Coords.). *Sustentabilidade, competitividade e equidade ambiental e social*. Coimbra: Almedina, 2008. p. 267-282. Consulte-se, ademais, IMPARATO, Emma A. Il turismo nelle aree naturali protette: dalla compatibilità alla sostenibilità. Rivista Giuridica dell'Ambiente, Milano, a. 23, n. 2, p. 327-352, mar./apr. 2008.

[7] Indica-se analisar, por exemplo, ZADEK, Simon. A competitividade responsável. In: SANTOS, Sofia; DIAS, Rita Almeida (Coords.). *Sustentabilidade, competitividade e equidade ambiental e social*. Coimbra: Almedina, 2008. p. 13-17.

[8] EUROPEAN Commission Economic and Financial Affairs. Sustainability: today's economics for tomorrow's economies. European Economy News, n. 4, oct. 2006. Disponível em: <http://ec.europa.eu/archives/economy_finance/een/pdf/een_004_en.pdf>. Acesso em: 2 mar. 2012. Além disso, recomenda-se leitura da obra DJOGHLAF, Ahmed et al. *Futuro sustentável: uma nova economia para combater a pobreza e valorizar a biodiversidade*. Coimbra: Almedina, 2011, em especial os artigos: DJOGHLAF, Ahmed. As Nações Unidas e o papel da biodiversidade nas economias dos países em desenvolvimento: trabalhos em curso e desafios futuros. p. 13-19; FERREIRA, Francisco. *Os grandes desafios ambientais das economias ocidentais* – propostas de caminhos a seguir. p. 21-27; e SILVA, Roberto Marinho Alves da; FONSECA, Andrea Cristina. *Economia solidária no Brasil*: uma estratégia para a sustentabilidade e a solidariedade. p. 33-41.

[9] VEIGA, José Eli da. *Sustentabilidade: a legitimação de um novo valor*. São Paulo: SENAC, 2010. Vide também UNIÃO Europeia. Comissão das Comunidades Europeias. Duas vezes 20 até 2020 – as alterações climáticas, uma oportunidade para a Europa. Comunicação ao Parlamento Europeu, ao Conselho, ao Comité Econômico e Social Europeu e ao Comité das Regiões. Bruxelas, 23.1.2008. Disponível em: <http://www.lisboaenova.org/index.php?option=com_wrapper&Itemid=444>. Acesso em: 19 jan. 2012. Para aprofundamentos, *vide* GUPTA, Joyeeta. Global water and climate governance: implications for the EU with respect to developing countrie. In: BARROSO, José Manuel et al. *The European Union and World Sustainable Development*: Visions of Leading Policy Makers & Academics. Luxembourg, European Communities, 2008. Disponível em: <http://ec.europa.eu/dgs/education_culture/documents/publications/susdev_en.pdf>. Acesso em:

videnciária,¹⁰ sustentabilidade nas empresas,¹¹ sustentabilidade nas instituições financeiras,¹² sustentabilidade no mundo do trabalho,¹³ sustentabilidade no setor da construção,¹⁴ arquitetura e consumo sustentáveis.¹⁵ Fala-se em sus-

02 mar. 2012; OBERTHÜR, Sebastian. EU leadership on climate change: living up to the challenges. In: BARROSO, José Manuel et al. *The European Union and World Sustainable Development*: Visions of Leading Policy Makers & Academics. Luxembourg, European Communities, 2008. Disponível em: <http://ec.europa.eu/dgs/education_culture/documents/publications/susdev_en.pdf>. Acesso em: 02 mar. 2012; e FRANCO, Yanna Gutiérrez; SIERRA, José Manuel Martínez. Concepto de desarrollo sostenible y principio de protección del medio ambiente en la Unión Europea. In: BARROSO, José Manuel et al. *The European Union and World Sustainable Development*: Visions of Leading Policy Makers & Academics. Luxembourg, European Communities, 2008. Disponível em: <http://ec.europa.eu/dgs/education_culture/documents/publications/susdev_en.pdf>. Acesso em: 02 mar. 2012.

¹⁰ FERRARO, Suzani Andrade. O equilíbrio financeiro e atuarial nos regimes de previdência social: *RGPS – Regime Geral de Previdência Social, RPPS – Regime Próprio de Previdência Social, RPP – Regime de Previdência Privada*. Rio de Janeiro: Lumen Juris, 2010. *Vide*, ainda, ROSANVALON, Pierre. A crise do Estado-Providência. Brasília: UnB, 1997.

¹¹ *Vide* SOROMENHO-MARQUES, Viriato. Vencer as crises: cinco desafios centrais para o desenvolvimento sustentável das empresas. In: DJOGHLAF, Ahmed et al. *Futuro sustentável*: uma nova economia para combater a pobreza e valorizar a biodiversidade. Coimbra: Almedina, 2011. p. 53-57. Além disso, consulte-se PALMA, Francisco Mendes; ROSA, Luís Ribeiro. A empresa e a biodiversidade: os novos desafios do século XXI. In: DJOGHLAF, Ahmed et al. *Futuro sustentável*: uma nova economia para combater a pobreza e valorizar a biodiversidade. Coimbra: Almedina, 2011. p. 59-67. Ainda sugere-se o artigo de HOPKINS, Michael. *Corporate social responsibility*, uma nova estratégia organizacional. In: SANTOS, Sofia; DIAS, Rita Almeida (Coords.). *Sustentabilidade, competitividade e equidade ambiental e social*. Coimbra: Almedina, 2008. p. 87-94. Neste texto, o autor adverte que "[...] o sector privado assume hoje um papel dominante na actual sociedade, o que explica que comecem a ser exigidas às empresas informações sobre o seu papel na sociedade. É este o pressuposto por detrás do conceito de *Corporate Social Responsibility* (CSR), embora este não exclua que o principal para um negócio é a sua viabilidade econômica" (p. 87). Comenta sobre *business care* ao afirmar que "[...] o valor associado à reputação da marca de uma empresa pode ser facilmente destruído, ou mesmo completamente perdido" (p. 91). Por fim, referindo-se ao livro de sua autoria intitulado *"The Planetary Bargain: CSR Matters"*, registra que "[...] a socialmente responsável 'mão invisível' terá de ser orientada pelos milhões de pessoas que se preocupam, pensam e agem sobre estes assuntos" (p. 93). *Vide*, também, ensaio do mesmo autor, cujo título é "Qual é a relação entre CSR e *Corporate Governance*?" In: SANTOS, Sofia; DIAS, Rita Almeida (Coords.). *Sustentabilidade, competitividade e equidade ambiental e social*. Coimbra: Almedina, 2008. p. 179-183, onde o autor infere que "[...] a *corporate governance* preocupa-se em obter um balanço entre os objectivos económicos e sociais e os objectivos individuais e da sociedade. A matriz da *corporate governance* existe para encorajar o uso eficiente de recursos e, igualmente, para exigir a responsabilização pelo modo como esses recurso (sic) são usados. O objectivo é alinhar o mais próximo possível os interesses dos indivíduos, das corporações e da sociedade" (p. 179).

¹² SANTOS, Sofia. Os bancos como promotores de bem-estar social e ambiental. In: DJOGHLAF, Ahmed et al. *Futuro sustentável*: uma nova economia para combater a pobreza e valorizar a biodiversidade. Coimbra: Almedina, 2011. p. 69-77. Aponta-se também a consulta de UNIÃO Europeia. Comissão das Comunidades Europeias. A sustentabilidade a longo prazo das finanças públicas na EU. Comunicação ao Conselho e ao Parlamento Europeu. Bruxelas, 24.6.2009. Disponível em: <http://europa.eu/legislation_summaries/economic_and_monetary_affairs/stability_and_growth_pact/l25091_pt.htm>. Acesso em: 19 jan. 2012.

¹³ *Vide* TRONCHO, Mafalda. Empregos verdes e agenda do trabalho digno. In: DJOGHLAF, Ahmed et al. *Futuro sustentável*: uma nova economia para combater a pobreza e valorizar a biodiversidade. Coimbra: Almedina, 2011. p. 99-107.

¹⁴ CEPINHA, Eloísa. O papel do sector da construção no combate às alterações climáticas. In: SANTOS, Sofia; DIAS, Rita Almeida (Coords.). *Sustentabilidade, competitividade e equidade ambiental e social*. Coimbra: Almedina, 2008. p. 247-252.

¹⁵ MANCIA, Karin Cristina Borio. *Proteção do consumidor e desenvolvimento sustentável*: análise jurídica da extensão da durabilidade dos produtos e o atendimento à função socioambiental do contrato. 2009. 195 f. Dissertação (Mestrado em Direito Econômico e Social) – Centro de Ciências Jurídicas e Sociais, Pontifícia Universidade Católica do Paraná, Curitiba, 2009. Também UNIÃO Europeia. Comissão das Comunidades Europeias. Plano de acção para um consumo e produção sustentáveis e uma política industrial sustentável. Comunicação ao Parlamento Europeu, ao Conselho, ao Comité Econômico e Social Europeu e ao Comité das Regiões. Bruxelas, 16.7.2008. Disponível em: <http://eur-lex.europa.eu/LexUriServ/LexUriServ.do?uri=COM:2008:0397:FIN:pt:PDF>. Acesso em: 19 jan. 2012.

tentabilidade e Direito.[16] Depara-se também com estudos sobre sustentabilidade e cultura,[17] sustentabilidade e educação,[18] sustentabilidade e contratações públicas,[19] práticas sustentáveis e transporte,[20] fontes energéticas e sustentabilidade,[21] comércio e práticas sustentáveis,[22] pesca e sustentabilidade,[23]

---

[16] SIMIONI, Rafael Lazzarotto. *Direito Ambiental e sustentabilidade*. Curitiba: Juruá, 2006.

[17] GOMES, Carla Amado. O preço da memória: a sustentabilidade do património cultural edificado. In: I CONGRESSO LUSO-BRASILEIRO DE DIREITO DO PATRIMÔNIO CULTURAL, Ouro Preto, Universidade Federal de Ouro Preto, mar. 2011. Disponível em: <http://icjp.pt/sites/default/files/media/917-1648.pdf>. Acesso em: 26 jan. 2012. Interessante o primeiro registro desta jurista neste texto, qual seja o alerta de que, valendo-se das palavras de Antoine Saint-Éxupery, "nós não herdámos a Terra dos nossos antepassados, nós tomámo-la de empréstimo às gerações futuras".

[18] FIGUEIREDO, Orlando. *A controvérsia na educação para a sustentabilidade*: uma reflexão sobre a escola do século XXI. Interacções, n. 4, p. 3-23, 2006. Disponível em: <http://www.eses.pt/interaccoes>. Acesso em: 17 jan. 2012. Atualmente o endereço eletrônico do site é <http://revistas.rcaap.pt/interaccoes>. Consultem-se também os textos de QUINTIN, Odile. Europe, education and globalizing world. In: BARROSO, José Manuel et al. *The European Union and world sustainable development*: visions of leading policy makers & academics. Luxembourg, European Communities, 2008. Disponível em: <http://ec.europa.eu/dgs/education_culture/documents/publications/susdev_en.pdf>. Acesso em: 02 mar. 2012; e WHITE, David. Sustainability for migration, education and innovation. In: BARROSO, José Manuel et al. *The European Union and world sustainable development*: Visions of Leading Policy Makers & Academics. Luxembourg, European Communities, 2008. Disponível em: <http://ec.europa.eu/dgs/education_culture/documents/publications/susdev_en.pdf>. Acesso em: 02 mar. 2012.

[19] JAPUR, José Paulo Dorneles. *O desenvolvimento nacional sustentável e as licitações públicas*: comentários às alterações da Lei nº 8.666, de 1993, promovidas pela Lei nº 12.349, de 2010. Revista Síntese Direito Administrativo, São Paulo, a. VIII, n. 85, p. 81-99, jan. 2013.

[20] *Vide* UNIÃO Europeia. Comissão das Comunidades Europeias. Agenda da UE para o transporte de mercadorias: estimular a eficiência, a integração e a sustentabilidade do transporte de mercadorias na Europa. Comunicação. Bruxelas, 18.10.2007. Disponível em: <https://infoeuropa.eurocid.pt/registo/000040359/>. Acesso em: 17 jan. 2012.

[21] *Vide* JOHANSSON Thomas B. Sustainable energy, security, and the European Union in a global context. In: BARROSO, José Manuel et al. The European Union and world sustainable development: visions of leading policy makers & academics. Luxembourg, European Communities, 2008. Disponível em: <http://ec.europa.eu/dgs/education_culture/documents/publications/susdev_en.pdf>. Acesso em: 02 mar. 2012; e, FALKENMARK, Malin. Water – food – environment: Europe in a changing world. In: BARROSO, José Manuel et al. The European Union and world sustainable development: visions of leading policy makers & academics. Luxembourg, European Communities, 2008. Disponível em: <http://ec.europa.eu/dgs/education_culture/documents/publications/susdev_en.pdf>. Acesso em: 02 mar. 2012. *Vide* também STEIN, Paul L. Sostenibilità ambientale. Dalla retorica alla realtà: alcune iniziative per un'energia pulita. Rivista Giuridica dell'Ambiente, Milano, a. 17, n. 6, p. 847-862, nov./dic. 2002. Aponta-se, ainda, UNIÃO Europeia. Comissão das Comunidades Europeias. Eficiência energética: atingir o objectivo de 20%. Comunicação. Bruxelas, 13.11.2008. Disponível em: <http://eur-lex.europa.eu/LexUriServ/LexUriServ.do?uri=COM:2008:0772:FIN:PT:PDF>. Acesso em: 19 jan. 2012; UNIÃO Europeia. Comissão das Comunidades Europeias. Estabelecimento do plano de trabalho para 2009-2011 no âmbito da Directiva "Concepção Ecológica". Comunicação ao Conselho e ao Parlamento Europeu. Bruxelas, 21.10.2008. Disponível em: <http://eur-lex.europa.eu/LexUriServ/LexUriServ.do?uri=COM:2008:0660:FIN:pt:PDF>. Acesso em: 19 jan. 2012; ZINKERNAGEL, Roland et al. Sustainable energy communities: common actions for common goals. Project Report, n. 6, april 2009. Disponível em: <http://biblio.central.ucv.ro/bib_web/bib_pdf/EU_books/0071.pdf>. Acesso em: 19 jan. 2012.

[22] *Vide* UNIÃO Europeia. Comissão das Comunidades Europeias. Contribuir para o desenvolvimento sustentável: o papel do comércio equitativo e dos programas não governamentais de garantia da sustentabilidade relacionados com o comércio. Comunicação ao Conselho, ao Parlamento Europeu e ao Comité Económico e Social Europeu. Bruxelas, 5.5.2009. Disponível em: <http://eur-lex.europa.eu/LexUriServ/LexUriServ.do?uri=COM:2009:0215:FIN:PT:HTML>. Acesso em: 17 jan. 2012.

[23] UNIÃO Europeia. Comissão das Comunidades Europeias. Alcançar a sustentabilidade nas pescarias da UE através do rendimento máximo sustentável. Comunicação ao Conselho e ao Parlamento Europeu. Bruxelas, 4.7.2006. Disponível em: <http://eur-lex.europa.eu/LexUriServ/LexUriServ.do?uri=COM:2006:0360:FIN:PT:PDF>. Acesso: em 19 jan. 2012.

estratégias políticas para a sustentabilidade,[24] entre tantas e tantas pesquisas sobre o tema. Contudo, nem sempre se possui uma definição clara e precisa sobre o que se compreende por sustentabilidade.

1.1. A sustentabilidade na pauta do dia

Nota-se, nos dias correntes, que a questão da sustentabilidade está na pauta do dia. No mundo da moda evita-se o uso de peles de animais em coleções e desfiles. Meios de comunicação impressos de grande circulação nacional[25] possuem cadernos mensais ou semanais, edições inteiras ou até seções diárias sobre sustentabilidade ambiental (e ainda *blogs* sobre o assunto em seus *sites*). Há publicações, inclusive, que abandonaram as edições impressas.[26] Só na rede mundial de computadores (internet) há inúmeros *sites* de órgãos de governos, ministérios, instituições públicas, empresas, entidades da sociedade civil, organizações não governamentais, entre tantos outros, que se dedicam ao tema.[27]

A Pontifícia Universidade Católica do Rio Grande do Sul (PUCRS), por exemplo, preparando-se para o "futuro", desenvolve projetos buscando,

---

[24] UNIÃO Europeia. Comissão das Comunidades Europeias. Análise da política de ambiente 2008. Comunicação ao Conselho e ao Parlamento Europeu. Bruxelas, 24.6.2009. Disponível em ‹http://eur-lex.europa.eu/LexUriServ/LexUriServ.do?uri=OJ:C:2010:347:0084:0086:PT:PDF›. Acesso em: 19 jan. 2012; UNIÃO Europeia. Comissão das Comunidades Europeias. Integrar o desenvolvimento sustentável nas políticas da UE: reexame de 2009 da Estratégia da União Europeia em matéria de desenvolvimento sustentável. Comunicação ao Parlamento Europeu, ao Conselho, ao Comité Económico e Social Europeu e ao Comité das Regiões. Bruxelas, 24.7.2009. Disponível em: <http://eur-lex.europa.eu/LexUriServ/LexUriServ.do?uri=COM:2009:0400:FIN:PT:HTML>. Acesso em: 19 jan. 2012.

[25] Jornais, tais como Zero Hora, O Estado de São Paulo, O Globo, Jornal do Brasil, O Estado Verde, bem como as revistas Carta Capital e Planeta. Somente para ilustrar, observe-se, por exemplo, o caderno "Nosso mundo sustentável", que circula todas as segundas-feiras no Jornal Zero Hora e Jornal de Santa Catarina. Veja-se também que O Estado de São Paulo conta com o caderno "Planeta", no qual se obtêm notícias sobre o meio ambiente. E "O Estado Verde: comunicação para a sustentabilidade" circula em versão impressa todas as terças-feiras, integrante do jornal O Estado, meio de comunicação de Fortaleza, Ceará.

[26] Por exemplo, a revista semanal Newsweek passou ao formato integralmente digital no início do ano de 2013, tendo sua última publicação impressa em 31 de dezembro de 2012. *Vide* NEWSWEEK não terá mais edição impressa. Disponível em: <http://oglobo.globo.com/tecnologia/newsweek-nao-tera-mais-edicao-impressa-6440499>. Acesso em: 08 fev. 2013. Registre-se, nesse cenário, que já há cobranças de assinatura (paywall) do conteúdo digital de jornais, tais como The New York Times dos EUA, Die Welt do grupo alemão Axel Springer e os jornais econômicos The Wall Street Journal e Financial Times. BRANDIMARTE, Vera; BALARIN, Raquel. *Meio digital é caminho sem volta para jornais*. Disponível em: <http://www.observatoriodaimprensa.com.br/news/view/_ed711_meio_digital_e_caminho_sem_volta_para_jornais>. Acesso em: 08 fev. 2013.

[27] Apontam-se alguns, sem a pretensão de exaurir a indicação. Veja-se: Ministério do Meio Ambiente (http://www.mma.gov.br/), Financiadora de Estudos e Projetos (http://www.finep.gov.br/), Ministério da Ciência e Tecnologia (http://www.mct.gov.br/), IBGE (http://www.ibge.gov.br/home/), Empresa Brasileira de Pesquisa Agropecuária (http://www.embrapa.br/), International Environmental Agency for Local Governments (http://www.iclei.org/), Enviromental Protection Agency (http://www.epa.gov/), WWF Global Network (http://wwf.panda.org/), Instituto Nacional de Pesquisas Espaciais (http://www.inpe.br/), Amazônia (http://amazonia.org.br/), Fundo Brasileiro para a Biodiversidade (http://www.funbio.org.br/), Instituto Nacional de Pesquisas da Amazônia (http://www.inpa.gov.br/) e Laboratório de Tratamento de Imagens e Geoprocessamento da PUCRS (http://www.pucrs.br/ffch/lab-geo/index.htm). Todos os endereços foram acessados em 08 fev. 2013.

entre outras coisas, ser referência na "gestão consciente de recursos (luz, água e solo)": trata-se do projeto Campus Verde.[28] Perseguindo a tutela do meio ambiente na academia e na comunidade por ela envolvida, a Universidade também desenvolve intensas atividades de ensino, pesquisa e extensão, tais como o Curso de Pós-Graduação em Gestão da Qualidade para o Meio Ambiente (CGQMA),[29] o Centro de Pesquisas e Conservação da Natureza – Pró-Mata –[30] e o Centro de Excelência em Pesquisa sobre Armazenamento de Carbono (CEPAC),[31] além de possuir dinâmico Comitê de Gestão Ambiental.[32]

Eventos recentes, no plano internacional, abraçam a temática. Trata-se, por exemplo, da Conferência das Nações Unidas sobre Desenvolvimento Sustentável, a RIO +20, ocorrida em junho de 2012, na cidade do Rio de Janeiro, onde, diante da complexidade da matéria e da falta de consenso entre

---

[28] *Vide* reportagem "Um Campus Verde e Digital", de Ana Paula Acauan. Destaca-se o seguinte trecho da matéria: "A ideia do Campus Verde é envolver a comunidade universitária. 'Ao se definir o modelo, será possível ampliar seu efeito educativo', destaca o professor Osmar Tomaz de Souza, especialista em Economia do Meio Ambiente e responsável pelo projeto, representando a Pró-Reitoria de Administração e Finanças (Proaf). Segundo Souza, a vivência e o conhecimento das práticas ambientais no Campus irão preparar os alunos para os desafios futuros no mundo do trabalho e eles poderão ser multiplicadores no seu cotidiano. O nome Campus Verde mostra a ênfase na questão ambiental, sem deixar de lado outros aspectos. 'O enfoque é abrangente, engloba ainda as condições de trabalho e a qualidade de vida no Campus', explica. As sugestões e discussões são feitas pelo Comitê de Gestão Ambiental da PUCRS, integrado por 18 pessoas. Também se embasaram nas atividades do projeto USE – Uso Sustentável de Energia. Em 2010, foi formulada a Política Ambiental da PUCRS, que define o grau de comprometimento da Universidade com o impacto ambiental proveniente de suas ações. Para dar conta das necessidades do Campus, a PUCRS investiu na construção de uma subestação de energia, que passou a integrar o sistema elétrico da cidade. Tem capacidade instalada de 25 MVA (Megavolt Ampère) e tensão de 69 kV (quilovolts – alta-tensão). Na implantação, a Universidade fez um acordo de responsabilidade compartilhada com a CEEE". ACAUAN, Ana Paula. *Um campus verde e digital*. PUCRS Informação, Porto Alegre, a. XXXIII, n. 159, p. 6-11, maio/jun. 2012. p. 7.

[29] "O Curso de Especialização em Gestão da Qualidade para o Meio Ambiente objetiva contribuir na formação de especialistas capacitados para atuarem na área de Gestão Ambiental, para atender as demandas e exigências da conjuntura da sociedade atual para um desenvolvimento sustentável, contribuindo para o conhecimento de novas tecnologias, sistemas de controle e de redução da poluição ambiental, integrando universidade, empresas, instituições e sociedade". PONTIFÍCIA UNIVERSIDADE CATÓLICA DO RIO GRANDE DO SUL. Curso de Especialização em Gestão da Qualidade para o Meio Ambiente. Disponível em: <http://www.pucrs.br/ima/gestao/>. Acesso em: 08 fev. 2013.

[30] Este centro, localizado na cidade de São Francisco de Paula – RS, envolve uma área de cerca de 3.100 ha. "O Pró-Mata é um centro ímpar no universo acadêmico brasileiro. Inaugurado em 1996 pela PUCRS com o apoio da Universidade de Tübingen, Alemanha e da empresa Stihl, tem o objetivo de incentivar a pesquisa, a proteção ambiental e o desenvolvimento regional sustentável". PONTIFÍCIA UNIVERSIDADE CATÓLICA DO RIO GRANDE DO SUL. Instituto do Meio Ambiente e dos Recursos Naturais. Disponível em: <http://www3.pucrs.br/portal/page/portal/ima/Capa/promata/>. Acesso em: 08 fev. 2013.

[31] "Sediado no Campus da PUCRS, o CEPAC é um centro interdisciplinar dedicado à pesquisa, desenvolvimento, inovação, demonstração e transferência de tecnologia (PDID&T) em armazenamento de carbono, fontes não convencionais de energia relacionadas a combustíveis fósseis, como hidratos de gás, metano em camadas de carvão e hidrogênio. O Centro objetiva a mitigação de mudanças climáticas e a produção de energia limpa e resulta de uma iniciativa conjunta da PETROBRAS e da PUCRS, através do Instituto do Meio Ambiente com participação das Faculdades de Química, de Filosofia e Ciências Humanas e de Engenharia". PONTIFÍCIA UNIVERSIDADE CATÓLICA DO RIO GRANDE DO SUL. Centro de Excelência em Pesquisa sobre Armazenamento de Carbono. Disponível em: <http://www.pucrs.br/cepac/>. Acesso em: 08 fev. 2013.

[32] Diante dos registros feitos, saliente-se não se tratar de mera "coincidência" desenvolver-se a presente pesquisa no âmbito desta instituição de ensino.

os 188 países participantes, postergou-se, ainda mais, o apontamento de metas de sustentabilidade a partir de 2015.[33]

O Poder Judiciário, inclusive, já tem-se manifestado, em inúmeras oportunidades, sobre a matéria.[34]

---

[33] Em 25.05.12, dias antes da realização da RIO +20, ocorreu o Fórum de Interdisciplinaridade na PUCRS, promovido pela Pró-Reitoria de Pesquisa e Pós-Graduação (PRPPG). Nele, três professores comentaram, entre outros temas, sustentabilidade, economia verde e governança ambiental, assuntos que também seriam objeto de reflexão e debate na Conferência das Nações Unidas. Naquela oportunidade, o professor Gustavo de Moraes, do Programa de Pós-Graduação em Economia da PUCRS, "[...] duvidava de resultados concretos na conferência da ONU, devido à crise mundial e aos conflitos geopolíticos. Num momento mais tranquilo, a ECO-92, também no Rio, 20 anos atrás, pavimentou o caminho para o Protocolo de Kyoto. Moraes aponta como soluções alternativas a indústria verde, com a reciclagem e o correto descarte de materiais e geração de empregos, o envolvimento individual e a taxação sobre o consumo. Quanto ao último tópico, que considera o grande desafio, cita o pedágio urbano aprovado pela Câmara Municipal de São Paulo, visando a diminuir a emissão de gases de efeito estufa e reduzir o engarrafamento. 'Foi sumariamente criticado pela sociedade, ainda não preparada para absorver esses impactos ambientais'. Moraes questiona que consequência terá a distribuição de renda no País. 'Estudos mostram que quem ganha menos se importa pouco com o meio ambiente e, quando passa a receber mais, incorpora esse valor'. Também no Fórum de Interdisciplinaridade, Juarez Freitas, do Programa de Pós-Graduação em Direito, mostrava-se otimista com as novas Leis da Mobilidade Urbana e das Licitações Públicas. A primeira, de 2012, prioriza o transporte coletivo, em relação ao individual, e o não motorizado. Sobre as licitações, o Tribunal de Contas da União sugeriu que todas as contratações públicas exijam a discriminação de custos diretos e também indiretos. 'O efeito indutor dessa prática significa exigir uma nova lógica de seleção de propostas mais vantajosas, não mais baseadas no menor preço, mas no melhor preço a longo prazo'. Para Freitas, o conceito de sustentabilidade é insuficiente, ao se referir à capacidade de propiciar às gerações presentes a satisfação de suas necessidades sem impedir que as futuras supram as suas. Segundo o professor, é preciso acrescentar uma perspectiva ética e de equidade intergeracional. Propõe que se inclua a capacidade de preservar condições para o bem-estar (físico, psicológico e social) das pessoas de hoje e de amanhã. 'As relações humanas estão degradadas. Ainda há trabalho escravo, inclusive para produzir etanol, mostrando que não adianta só sustentabilidade ambiental sem ter as outras dimensões'. De acordo com ele, é preciso extrapolar o conceito de dignidade humana, gerando impacto inclusive na teoria geral do Direito. 'O Supremo foi além, considerando a rinha de galo e a farra do boi práticas cruéis'. O terceiro participante do Fórum, professor da Faculdade de Química e do Pós-Graduação em Engenharia e Tecnologia de Materiais, Marcus Seferin, concorda com Freitas, dizendo que as grandes preocupações da sustentabilidade são de caráter antropocêntrico (com o homem no centro). Ele critica o excesso de exposição do tema sustentabilidade na mídia e questiona: 'Como saber quem realmente pratica o que diz?'. O professor lembra que os focos são o carbono e a água, enquanto se deveriam ver os problemas de forma mais sistêmica. 'O maior fator de impacto é o crescimento da população e a perda de diversidade'. Para Seferin, a Política Nacional de Resíduos Sólidos, publicada em 2010, é um avanço na forma de monitorar o ciclo de vida dos produtos/serviços, apesar de algumas falhas. Um exemplo citado é um parque tecnológico desenhado com a lógica de um ecossistema em Kalundborg, na Dinamarca. 'O resíduo de uma planta produtiva é insumo de outra; e o município usa para aquecimento o calor liberado num processo de geração de potência'. Na opinião do docente, estar na universidade possibilita produzir conhecimento que chega à sociedade e se manifeste na cultura, com a grande vantagem da interdisciplinaridade". ACAUAN, Ana Paula. *RIO+20: compromisso reforçado?* PUCRS Informação, Porto Alegre, a. XXXIII, n. 160, p. 22-23, jul./ago. 2012.

[34] Veja-se, a título ilustrativo, o seguinte pronunciamento: "A QUESTÃO DO DESENVOLVIMENTO NACIONAL (CF, ART. 3º, II) E A NECESSIDADE DE PRESERVAÇÃO DA INTEGRIDADE DO MEIO AMBIENTE (CF, ART. 225): O PRINCÍPIO DO DESENVOLVIMENTO SUSTENTÁVEL COMO FATOR DE OBTENÇÃO DO JUSTO EQUILÍBRIO ENTRE AS EXIGÊNCIAS DA ECONOMIA E AS DA ECOLOGIA. O princípio do desenvolvimento sustentável, além de impregnado de caráter eminentemente constitucional, encontra suporte legitimador em compromissos internacionais assumidos pelo Estado brasileiro e representa fator de obtenção do justo equilíbrio entre as exigências da economia e as da ecologia, subordinada, no entanto, a invocação desse postulado, quando ocorrente situação de conflito entre valores constitucionais relevantes, a uma condição inafastável, cuja observância não comprometa nem esvazie o conteúdo essencial de um dos mais significativos direitos fundamentais: o direito à preservação do meio ambiente, que traduz bem de uso comum da generalidade das pessoas, a ser resguardado em favor das presentes e futuras gerações". BRASIL. Supremo Tribunal Federal. ADI 3540. Relator: Min. Celso de Mello. Data de Julgamento: 01/09/2005, Tribunal Pleno, Data de Publicação: DJ 03-02-2006. Disponível em: <http://redir.stf.jus.br/paginadorpub/paginador.jsp?docTP=AC&docID=387260>. Acesso em: 10 jan. 2014.

Fato é que o tema da sustentabilidade está na "agenda do dia". Mercado, mídia, universidade e sociedade como um todo, mesmo que perseguindo objetivos distintos, aproximam-se em prol da causa da sustentabilidade. A sociedade civil, é verdade, apresenta-se cada vez mais envolvida por essas questões.

Tamanha preocupação se justifica: a provável inviabilidade, a médio e longo prazo, do estilo de vida contemporâneo. Nesse sentido, assiste razão aos que afirmam que o sistema econômico, estruturado no denominado "paradigma da insaciabilidade patológica",[35] encontra-se em uma encruzilhada.[36] A riqueza de uma nação não pode ser revelada tendo-se por base unicamente indicadores econômicos, tais como o PIB (Produto Interno Bruto).[37] Há que

---

No mesmo sentido: "DIREITO ADMINISTRATIVO E AMBIENTAL. AÇÃO CIVIL PÚBLICA. POLUIÇÃO. CONCESSIONÁRIA DE ENERGIA ELÉTRICA. LEGITIMIDADE PASSIVA ANEEL E DA UNIÃO. ART. 1° E 3°, CAPUT E INC. IV, DA LEI 9.247/96; ART. 29, X E 30 DA LEI N° 8.987/95; ART. 1°, IV, DA LEI 9.478/97; ARTS 3°, IV E 4°, I, DA LEI 6.938/91. RESPONSABILIDADE OBJETIVA E SOLIDÁRIA DA AGÊNCIA REGULADORA. INCENTIVOS GOVERNAMENTAIS. NECESSIDADE DE OBSERVÂNCIA PELO BENEFICIÁRIO DA NORMATIVA AMBIENTAL. PRINCÍPIO DO DESENVOLVIMENTO SUSTENTÁVEL. ARTIGO 170, CAPUT E INCISO VI E ARTIGO 225, CAPUT, DA CONSTITUIÇÃO FEDERAL. CORRELAÇÃO ENTRE AS POLÍTICAS ECONÔMICA E DE MEIO AMBIENTE. Provimento do agravo de instrumento". BRASIL. Tribunal Regional Federal da 4ª Região. Agravo de Instrumento n° 2005.04.01.019059-2/SC. Relator Desembargador Federal Carlos Eduardo Thompson Flores Lenz, Terceira Turma, julgado em 20/02/2006, DJU 03/05/2006. Disponível em: <http://jurisprudencia.trf4.jus.br/pesquisa/inteiro_teor.php?orgao=1&numeroProcesso=200504010190592&dataPublicacao=03/05/2006>. Acesso em: 20 jan. 2014O relatório deste acórdão destaca que "O MINISTÉRIO PÚBLICO FEDERAL em Santa Catarina ingressou com o presente agravo de instrumento voltando-se contra a exclusão da União e da Agência Nacional e Energia Elétrica – ANEEL do pólo passivo da Ação Civil Pública n. 2004.72.07.005581-6, em tramitação na 1ª Vara Federal da Subseção Judiciária de Tubarão/SC. A ação foi intentada com o objetivo de compelir a TRACTEBEL a custear a realização de Auditoria Ambiental com vistas à revisão do EIA/RIMA, especialmente quanto aos impactos das suas atividades na saúde humana, com implementação de todas as recomendações pertinentes, bem como obrigar os órgãos competentes e à União, respectivamente, a procederem a regular fiscalização e a abster-se de conceder subsídios à referida usina, ficando esta, ainda, obrigada a controlar a emissão de gases tóxicos e a reparar os danos ambientais, além de indenizar o dano moral e material suportado pela comunidade".

[35] FREITAS, Juarez. *Sustentabilidade*: direito ao futuro. Belo Horizonte: Fórum, 2011. p. 72. Para quem "[...] a insaciabilidade degradante surge como geradora de sofrimento inútil, falso sucesso e desequilíbrios que encaminham para a extinção da espécie humana".

[36] HART, Stuart L. *Capitalism at the crossroads*: aligning business, earth and humanity. 2nd ed. New foreword by Al Gore. New Jersey: Wharton School, 2007. Nesta obra, o autor, em suas primeiras linhas, já alerta que "[...] this book takes the contrarian's view that business – more than either government or civil society – is uniquely equipped at this point in history to lead us toward a sustainable world in the years ahead. I argue that corporations are the only entities in the world today with the tecnology, resources, capacity, and global reach required". (p. 19). Ainda, propondo que o capitalismo deve se reinventar e que "[...] as empresas não podem mais separar suas agendas sociais da de negócios" adverte que "[...] thus, as we enter the second decade of the new millennium, capitalism truly does stand at a crossroads. The old strategies of the industrial age are no longer viable. The time is now for the birth of a new, more inclusive form of commerce, one that lifts the entire human family while at the same time replenishing and restoring nature. [...] Only those companies with the right combination of vision, strategy, structure, capability, and audacity will succeed in what could be the most important transition period in the history of capitalism". (p. 43). Sobre o sistema capitalista e sustentabilidade, consulte-se PORRITT, Jonathon. *Capitalism as if the world matters*. Revised edition. Foreword by Amore B. Lovins. London: Earthscan, 2007, p. 88, onde o autor afirma que "[...] *one thing can be stated with reasonable certainty at this point: capitalism as we know it today, indeed, apper to be incompatible with anything vaguely resembling sustainability*". [grifo do autor]. Por fim, indica-se leitura de BAKAN, Joel. The corporation: The pathological pursuit of profit and power. New York: Free Press, 2005.

[37] Os economistas Joseph Stiglitz, Amartya Sen e Jean-Paul Fitoussi apresentaram um relatório, sob encomenda do governo francês, para a Comissão para a Medição do Progresso Econômico e Social. Nele os autores apontam limitações do PIB, sugerindo que se deve fazer uso de outros indicadores para medir a

se ter um enfrentamento sistêmico[38] sobre a questão da sustentabilidade, de forma ética e com equidade intergeracional,[39] sem que as abordagens tenham caráter estritamente antropocêntrico. Registre-se, desse modo, que o tratamento da temática da sustentabilidade, para fins desta pesquisa, possui enfoque ambiental, porém abrangente, de forma que outros aspectos também serão contemplados.

Estando, portanto, a sustentabilidade na "agenda do dia", o que afinal se deve por ela compreender? A compreensão do que se entende por sustentabilidade,[40] em particular no que se refere ao conceito empregado neste trabalho, demanda o enfrentamento das inúmeras angulações. Dedica-se o próximo item da obra exatamente a isso.

1.2. Sustentabilidades e suas múltiplas dimensões (econômica, social, ambiental, jurídico-política e ética)

Como se vê, a temática é complexa: quer-se mostrar que as exigências da sustentabilidade estão muito além do Direito Ambiental, aplicando-se a outras searas do Direito.

Nesse sentido, não obstante haja quem pretenda que as múltiplas facetas englobem as dimensões social, econômica, ecológica, espacial e cultural,[41] Juarez Freitas as apresenta de forma diferenciada, agregando elementos para uma nova visão de mundo.[42] No seu entender, "[...] há, sem hierarquia rígida

---

riqueza de um país, os quais tenham vinculação, em especial, com o bem-estar das populações na mesma linha do chamado IDH (Índice de Desenvolvimento Humano). Vide o relatório na íntegra. STIGLITZ, Joseph; SEN, Amartya; FITOUSSI, Jean-Paul. *Report by the Commission on the Measurement of Economic Performance and Social Progress*. Disponível em: <http://www.stiglitz-sen-fitoussi.fr/documents/rapport_anglais.pdf>. Acesso em: 08 fev. 2013.

[38] Acerca do assunto, são adequadas as contribuições do pensamento sistêmico preconizado por Niklas Luhmann ao propor a sociedade como um sistema autopoiético. Vide LUHMANN, Niklas. *Social systems*. Stanford: Stanford University, 1995. Vide ainda FREITAS, Juarez. *A interpretação sistemática do Direito*. 5. ed. São Paulo: Malheiros, 2010.

[39] Na esteira do proposto por FREITAS, Juarez. *Sustentabilidade: direito ao futuro*. Belo Horizonte: Fórum, 2011; e FREITAS, Juarez. Sustentabilidade: direito ao futuro. 2. ed. Belo Horizonte: Fórum, 2012.

[40] Sobre o conceito de sustentabilidade, *vide* FREITAS, Juarez. *Sustentabilidade*: direito ao futuro. Belo Horizonte: Fórum, 2011. Na obra, o autor adverte que "[...] sustentabilidade é o *princípio constitucional que determina, independentemente de regulamentação legal, com eficácia direta e imediata, a responsabilidade do Estado e da sociedade pela concretização solidária do desenvolvimento material e imaterial, socialmente inclusivo, durável e equânime, ambientalmente limpo, inovador, ético e eficiente, no intuito de assegurar, preferencialmente de modo preventivo e precavido, no presente e no futuro, o direito ao bem-estar físico, psíquico e espiritual, em consonância homeostática com o bem de todos*". (p. 147). [grifo do autor]. Ainda, registra que "[...] em primeiro lugar, a sustentabilidade é material e imaterial (no sentido de sutilmente valorativo). [...] Em segundo lugar, *a pluridimensionalidade remete às várias facetas da sustentabilidade* (para além do consagrado tripé social, ambiental e econômico)". (p. 53-54). [grifo do autor].

[41] Vide SACHS, Ignacy. Ecodesenvolvimento: crescer sem destruir. São Paulo: Revista dos Tribunais, 1986; e SACHS, Ignacy. Estratégias de transição para o século XXI: desenvolvimento e meio ambiente. São Paulo: Nobel, 1993.

[42] Oportuna a observação no sentido de que "[...] society cannot come to grips with the global ecological challenges it faces without coordinated thinking and action. We cannot achieve a sustainable society without a revised worldview – one that acknowledges and embraces our dependence on the rest of life

e sem caráter exaustivo, pelo menos, cinco dimensões da sustentabilidade, mais ou menos entrelaçadas como galhos da mesma árvore [...]".[43]

Nesta pesquisa, concorda-se com Juarez Freitas no sentido de que são cinco as dimensões da sustentabilidade: social, ética, ambiental, econômica e jurídico-política. Inegável é que a "[...] sustentabilidade é multidimensional, porque o bem-estar é multidimensional".[44]

A dimensão econômica da sustentabilidade exige repensar a própria ciência da economia.[45] Como desenvolver um país de forma sustentável? Como implementar o uso racional dos recursos naturais e dos bens, fazendo-se gerenciamento adequado dos resíduos? Como alocar recursos de maneira eficiente visando à perpetuação de seu uso, de maneira a assegurar qualidade de vida às gerações presentes e futuras?

Desenvolvimento sustentável não é incompatível com o desenvolvimento econômico. Ocorre, porém, que o modelo econômico atual tem se mostrado acentuadamente insustentável a médio e longo prazos.[46] Preconiza-se, em vez disso, uma "economia verde", onde haja promoção de equilíbrio entre as necessidades humanas e os limites ambientais.[47] Produção e

---

on Earth. We cannot even attain a sustainable human society without assessing and communicating the impacts of human actions on ecological health, social wellbeing and economic vitality". WESTRA, Laura; BOSSELMANN, Klaus; WESTRA, Richard. *Reconciling human existence with ecological integrity*: science, ethics, economics and law. London: Earthscan, 2008. p. 32.

[43] FREITAS, Juarez. *Sustentabilidade*: direito ao futuro. Belo Horizonte: Fórum, 2011. p. 55.

[44] FREITAS, Juarez. *Sustentabilidade*: direito ao futuro. 2. ed. Belo Horizonte: Fórum, 2012. p. 57. Nesse contexto, "[...] impensável cuidar do ambiental, sem ofender o social, o econômico, o ético e o jurídico-político. [...] Por isso, *uma dimensão carece logicamente do reforço das demais*". [grifo do autor].

[45] Fundamental, acerca da visão econômica da sustentabilidade, consulta ao livro ARNT, Ricardo (Org.). O que os economistas pensam sobre sustentabilidade. São Paulo: Editora 34, 2010. A obra reúne entrevistas de quinze economistas que, em síntese, advertem para o fato de que o desenvolvimento econômico não pode mais desconsiderar seus custos indiretos (externalidades) e efeitos colaterais no meio ambiente.

[46] Sobre a insustentabilidade do modelo econômico produtivo atual, baseado em combustíveis fósseis, tais como o petróleo – que governou todo o século XX e seus conflitos – recomenda-se leitura de YERGIN, Daniel. *O petróleo*: uma história mundial de conquistas, poder e dinheiro. 2. ed. São Paulo: Terra e Paz, 2010. *Vide* ainda ELKINGTON, John. *Cannibals with forks*: the triple bottom line of 21st century business. Oxford: Capstone, 1999, obra na qual o autor preconiza que uma agenda da sustentabilidade nos negócios deve incorporar um resultado final tríplice, baseado na prosperidade econômica, na qualidade ambiental e na justiça social.

[47] Adequadas, nesse passo, as indagações do Prof. Dr. Gustavo Inácio de Moraes, professor do Programa de Pós-Graduação em Economia da Faculdade de Administração, Contabilidade e Economia da PUCRS, apresentadas na palestra "Soluções econômicas para a sustentabilidade: um conflito irreversível?", proferida em 05 de junho de 2012 na 28ª Semana no Meio Ambiente, Porto Alegre + Verde – Economia verde, desenvolvimento sustentável e educação ambiental: A Rio +20 na perspectiva local. A conferência foi realizada nas dependências do auditório da Faculdade de Arquitetura da PUCRS. Na oportunidade, o docente, refletindo sobre o conceito de desenvolvimento sustentável apresentado no Relatório Brundtland de 1987, qual seja "o desenvolvimento que satisfaz as necessidades presentes, sem comprometer a capacidade das gerações futuras de suprir suas próprias necessidades", questionou: Quais as necessidades presentes? Quais as necessidades futuras? Quantas gerações são relevantes? Qual o limite de saciedade? Qual a resiliência (capacidade de regeneração) do sistema? E a capacidade de resiliência do sistema, ou seja, quanto tempo leva para se renovar? Qual o sistema relevante para ser avaliado (país, Estado, município, rede de municípios...)? Como avaliar? Avalia-se pela capacidade de consumo? Qual a concentração urbana ideal no sistema avaliado (porque, dependendo da concentração urbana, haverá mais demanda de água, alimentos, mais poluição, mais geração de resíduos sólidos...)? Ainda, no pensamento do professor, há que se incorporar mais os custos ambientais nos preços praticados no sentido de uma sustentabilidade forte (substituir capital natural por capital natural) em detrimento de uma visão fraca

consumo precisam ser revistos. O consumo consciente deve ser compreendido como um ato responsável e solidário.[48] Novas relações consumeristas poderão nascer sob o influxo do princípio da sustentabilidade.

A dimensão econômica possibilita uma alocação e uma gestão mais eficiente dos recursos[49] e um fluxo regular dos investimentos públicos e privados, sendo "[...] indispensável escolher e aplicar as grandes e as pequenas políticas econômicas sustentáveis".[50]

Dessa forma, importa notar que:

> Em última análise, a visão econômica da sustentabilidade, especialmente iluminada pelos progressos recentes da economia comportamental, revela-se decisivo para que (a) a sustentabilidade lide adequadamente com custos e benefícios, diretos e indiretos, assim como o "trade-off" entre eficiência e equidade intra e intergeracional; (b) a economicidade (princípio encapsulado no art. 70 da CF) experimente o significado do combate ao desperdício "lato sensu" e (c) a regulação do mercado aconteça de sorte a permitir que a eficiência guarde real subordinação à eficácia.[51] [grifo do autor].

A visão social da sustentabilidade, por sua vez, vincula-se ao fato de que sociedades mais iguais são predispostas a terem pessoas mais saudáveis, ou seja, um modelo social excludente tende a ser insustentável.[52]

---

de sustentabilidade (baseada na compensação ambiental). Sobre sustentabilidade fraca e forte, *vide* MOFFATT, Ian. Environmental space, material flow analysis and ecological footprinting. In: ATKINSON, Giles; DIETZ, Simon and NEUMAYER, Eric. *Handbook of sustainable development*. Cheltenham: Edward Elgar, 2007. p. 319-344. Examine-se, em especial, o tópico "Weak and strong sustainable development and resource use" a partir da página 320 do referido artigo. Também leia-se VAN DEN BERGH, Jeroen C. J. M. Sustainable development in ecological economics. In: ATKINSON, Giles; DIETZ, Simon and NEUMAYER, Eric. *Handbook of sustainable development*. Cheltenham, UK: Edward Elgar Publishing Limited, 2007. p. 63-77; VEIGA, José Eli da. *Sustentabilidade: a legitimação de um novo valor*. São Paulo: SENAC, 2010. p. 18 *et seq*.

[48] Acerca do consumo sustentável, importante adquirir-se somente o suficiente para suprir as necessidades. O consumo excessivo pode acarretar patologias. A oniomania é uma delas, doença classificada dentro dos transtornos de impulso, onde seu portador, um comprador compulsivo, se excita com o ato de comprar e não o objeto comprado. LOPES, Laura. Quando gastar torna-se uma obsessão. Disponível em: <http://www.usp.br/espacoaberto/arquivo/2001/espaco07abr/editorias/comportamento.htm>. Acesso em: 10 fev. 2013. Outro dos grandes males da atualidade é a obesidade, questão de saúde pública, onde há o consumo excessivo de alimentos de altas quantidades calóricas e ricos em gorduras ruins.

[49] Interessante, nesse ponto, as reflexões apresentadas na obra de RIFKIN, Jeremy. A Terceira Revolução Industrial: como o poder lateral está transformando a energia, a economia e o mundo. São Paulo: M. Books, 2012. Nela o autor propõe novas formas de produção e distribuição de energia, absolutamente distintas da produção energética atual baseada em combustíveis fósseis. Aposta o autor em uma combinação de energias renováveis e a tecnologia da internet, as quais, unidas, fariam surgir, na visão de Jeremy Rifkin, uma "Terceira Revolução Industrial".

[50] FREITAS, Juarez. *Sustentabilidade*: direito ao futuro. Belo Horizonte: Fórum, 2011. p. 62.

[51] FREITAS, Juarez. *Sustentabilidade*: direito ao futuro. 2. ed. Belo Horizonte: Fórum, 2012. p. 67.

[52] FREITAS, Juarez. *Sustentabilidade*: direito ao futuro. Belo Horizonte: Fórum, 2011. p. 55. Sobre o assunto, o professor alerta que "[...] na dimensão social da sustentabilidade, avultam os direitos fundamentais sociais, com os correspondentes programas relacionados à saúde, à educação e à segurança (serviços públicos, por excelência), que precisam obrigatoriamente ser universalizados com eficiência e eficácia, sob pena de o modelo de gestão (pública e privada) ser autofágico, ou seja, insustentável". (p. 56). Ainda, acerca disso, salienta, na segunda edição da obra, que "[...] o mais meritório dos produtos, no quesito da preservação do ambiente, será manifestamente insustentável se obtido por meio de trabalho indecente, para evocar conhecida categoria da OIT". FREITAS, Juarez. *Sustentabilidade*: direito ao futuro. 2. ed. Belo Horizonte: Fórum, 2012. p. 59. Importante aqui a lembrança da educação para a sustentabilidade.

Nessa linha, necessita-se de políticas públicas e privadas inclusivas. Com relação a isso, há quem proponha que se repense a atividade do setor privado em especial, por meio da ideia de uma "cidadania empresarial" – concepção que agrega condutas das empresas visando ao desenvolvimento sustentável – onde, além dos objetivos financeiros, os desafios sociais e ambientais também devam ser considerados. Com isso, entende-se que a "cidadania empresarial", muito mais do que somente uma necessidade social, também se revela uma interessante fonte de vantagem competitiva na economia da atualidade.[53]

No mesmo sentido, advoga-se a necessidade de o desenvolvimento da economia contribuir com o incremento da qualidade de vida da população. Veja-se:

> Desenvolvimento sustentável envolve uma ênfase no valor da natureza, nos ambientes construídos e culturais. Isso surge tanto porque a qualidade do meio ambiente é vista como um fator cada vez mais importante que contribui para a realização dos "tradicionais" objetivos de desenvolvimento, tal como o aumento da renda real, ou simplesmente porque a qualidade ambiental é parte do objetivo maior de desenvolvimento de uma melhor qualidade de vida. Ainda, referem que a ideia subjacente a esta abordagem intuitiva para o desenvolvimento sustentável é a da equidade intergeracional.[54] [tradução livre].

Adequadas aqui as contribuições críticas de Eric Schlosser na obra "Fast Food Nation",[55] a qual, apresentando uma visão social insustentável da indústria norte-americana, aproxima as grandes redes de comida rápida estadunidenses com a exploração (quase que escravagista) de mão de obra barata dos imigrantes ilegais mexicanos. Fato é que uma sociedade que se pretende sustentável não pode sê-lo somente economicamente, mas também social e ambientalmente. Trata-se de uma postura ética perante a vida em todas as suas formas.

Fortalecendo a dimensão social da sustentabilidade, Stephan Schmidheiny adverte que:

> Desenvolvimento sustentável significa mover as decisões de negócios em direção, ao mesmo tempo, tanto a um ambiente saudável como a uma economia saudável. Isto sugere que o meio ambiente e a economia estão interligados, não como inimigos, mas sim como parceiros, na busca global de uma melhor qualidade de vida.[56] [tradução livre].

---

[53] *Vide* ZADEK, Simon. *The civil corporation*: the new economy of corporate citizenship. London: Earthscan, 2001. Sobre atuação empresarial ética e responsável no mercado, *vide* RODDICK, Anita. *Business as unusual*: my entrepreneurial journey, profits and principles. Chichester: Anita Roddick Books, 2005.

[54] "Sustainable development involves a substantially increased emphasis on the value of nature, built and cultural environments. This 'higher profile' arises either because environmental quality is seen as an increasingly important factor contributing to the achievement of 'traditional' development objectives such as rising real incomes, or simply because environmental quality is part of the wider development objective of an improved 'quality of life'. [...] The intuitive idea underlying this approach to sustainable development is that of intergenerational equity". PEARCE, David, MARKANDYA, Anil; BARBIER, Edward B. *Blueprint for a green economy*. Sixth Printing. London: Earthscan Publication Limited, 1992. p. 2 e 34.

[55] SCHLOSSER, Eric. *Fast food nation*: the dark side on the all-american meal. New York: Harper Collins, 2005.

[56] "[...] sustainable development means moving business decisions toward both a healthy environment and a healthy economy at the sime time. This suggests that environment and economy are intertwined,

Desse modo, "[...] comprovadamente, as sociedades equitativas, não as mais ricas e assimétricas, são aquelas percebidas como as mais aptas a produzir bem-estar".[57] Logo:

> Em suma, a sustentabilidade, na sua dimensão social, reclama:
>
> (a) *o incremento da equidade* intra e intergeracional;
>
> (b) *condições propícias ao florescimento virtuoso das potencialidades humanas*, como educação de qualidade para o convívio; e
>
> (c) por último, mas não menos importante, o *engajamento na causa do desenvolvimento que perdura* e faz a sociedade mais apta a sobreviver, a longo prazo, com dignidade e respeito à dignidade dos demais seres vivos.[58] [grifo do autor].

Já a dimensão ambiental[59] da sustentabilidade, por sua vez, "[...] reconhece que *existe dignidade do ambiente, assim como o direito das gerações atuais, sem prejuízo das futuras, ao ambiente limpo, em todos os aspectos*".[60] [grifo do autor].

O homem é um ser natural.[61] Portanto, é parte integrante do ambiente.[62] Assim, impactos ambientais são experimentados tanto pelo próprio ambiente quanto pelo homem. Adoecendo o meio, adoece também a sociedade nele inserida e a economia que a sustenta. Por outro lado, economia e sociedades ecológica e socialmente insustentáveis revelam um maior potencial de degradação ambiental.

Há quem refira, por exemplo, que o crescimento populacional e a degradação ambiental estão intimamente ligados.[63] Há quem saliente, apre-

---

not as enemies but rather as partners, in the global pursuit of an enhanced quality of life". SCHMID-HEINY, Stephan; BUSINESS Council for Sustainable Development. Changing course: a global business perspective on development and the environment. Cambridge, MA: The MIT, 1992. p. 83.

[57] FREITAS, Juarez. *Sustentabilidade*: direito ao futuro. 2. ed. Belo Horizonte: Fórum, 2012. p. 60.

[58] FREITAS, Juarez. *Sustentabilidade*: direito ao futuro. 2. ed. Belo Horizonte: Fórum, 2012. p. 60.

[59] Primeiros avisos acerca da necessidade de um desenvolvimento sustentável, contemplando-se aspectos ambientais, podem ser encontrados em consulta aos livros de CARSON, Rachel. *Silent spring*. New York: Houghton Mifflin, 1962; e MEADOWS, Donella H., MEADOWS, Dennis L. and RANDERS, Jorgen. *The limits to growth*. New York: Universe, 1972.

[60] FREITAS, Juarez. *Sustentabilidade*: direito ao futuro. Belo Horizonte: Fórum, 2011. p. 60-61.

[61] Indica-se consulta à obra de LEOPOLD, Aldo. *Sand county almanac*: and sketches here and there. London: Oxford University, 1949. Partindo da filosofia denominada pelo autor de "ética da terra", alerta que o homem faz parte da comunidade terra, um sistema interdependente entre natureza, humanidade e outros seres vivos. Assim, introduz o conceito de "pirâmide da terra", o qual representa que os ecossistemas são todos interdependentes. Propõe, desse modo, que a terra deva ser reconhecida como uma comunidade e, não, como mercadoria, a qual existiria somente para servir ao ser humano. Preconiza uma ética da conservação a fim de se conservar também a própria vida humana.

[62] Nesse passo, interessante o registro de Juarez Freitas, por ocasião de conferência sobre "Sustentabilidade" no Grupo de Estudo de Direito Ambiental (GEDA) da PUCRS no dia 15.06.2012, a qual ocorreu nas dependências da universidade, no sentido de que "o antropocentrismo exacerbado torna o homem indigno".

[63] EHRLICH, Paul. *The population bomb*. New York: Sierra Club-Ballantine Books, 1968. Sobre o crescimento da população mundial e uma maior demanda de alimentos, água potável e energia, *vide* SACHS, Ignacy. *A terceira margem*: em busca do ecodesenvolvimento. São Paulo: Companhia das Letras, 2009. *Vide* também YUNUS, Muhammad. *Banker to the poor*: micro-lending and the battle against world poverty. New York: Public Affairs, 1999, onde se adverte que "pobreza não é um estado natural". Defendendo o acesso ao crédito aos pobres, afirma que oportunidades de mulheres pobres possuírem renda própria e

ciando políticas econômicas impostas pelo Fundo Monetário Internacional (FMI) e as dívidas do Terceiro Mundo, consequências sociais e ambientais desastrosas.[64] Há quem informe sobre as mudanças climáticas – as quais afetam o acesso à água, a produção de alimentos, a saúde e o meio ambiente – noticiando que mudar para uma economia do baixo carbono pode ser uma grande estratégia para o desenvolvimento econômico.[65] Diz-se que a saúde ambiental pode estimular a saúde da economia numa perspectiva a longo prazo.[66] Alguns preconizam, inclusive, a chamada "Revolução Biomimética".[67]

Certo é que há que se aprender a conviver harmoniosamente com a natureza, pois o homem faz parte dela.

Em verdade, "[...] não se admite, no prisma sustentável, qualquer evasão de responsabilidade ambiental, nem retrocesso no atinente à biodiversidade, sob pena de empobrecimento da qualidade de todas as vidas".[68]

---

fazerem parte de estruturas organizacionais poderão contribuir para o decréscimo populacional. Ainda, ressalta que a qualidade de vida de uma comunidade deve ser mensurada não pelo modo como os ricos vivem e, sim, analisando-se a forma de vida da população mais carente.

[64] GEORGE, Susan. *A fate worse than debt*: the world financial crisis and the poor. New York: Grove Weidenfeld, 1990. A autora refere que, da forma como tem se exigido dos países do denominado Terceiro Mundo ajustes estruturais para quitação de dívidas, a pobreza e o que chama de "ecocídio" tendem a aumentar acentuadamente. Nessa linha, consulte-se também SHIVA, Vandana. *Staying alive*: women, ecology and development. London: Zed Books,19899, onde é feita reflexão no sentido de que, em especial no Terceiro Mundo, a deterioração do ambiente e a violação e marginalização das mulheres estão associadas. O modelo de desenvolvimento vigente, fundado na exploração desmedida dos recursos em prol da satisfação do "apetite" voraz da industrialização, acarreta violência à natureza. Propõe uma convivência harmônica entre homens, mulheres e ambiente como "caminho para a sobrevivência". Ainda, sugere-se a leitura do livro de ACHS, Jeffrey. *The end of poverty*: economic possibilities for our time. New York: Penguin, 2005, onde, em sede de conclusão, sugere-se nove passos para acabar com a pobreza no mundo, entre eles promover o desenvolvimento sustentável.

[65] STERN, Nicholas. *The economics of climate change*: the stern review. Cambridge: Cambridge University, 2007. *Vide* também PEARCE, Fred. *When the rivers run dry*: what happens when our water runs out? Boston: Beacon, 2006, onde se informa sobre o atual consumo intensivo de água e a desertificação de muitas áreas no planeta, afirmando que é possível se armazenar água de forma que não se maltrate o ambiente, como, a título exemplificativo, por meio do aproveitamento e coleta da água da chuva.

[66] HAWKEN, Paul. *The ecology of commerce*: a declaration of sustainability. New York: Harper Business, 1994, obra que aconselha três etapas para o enfrentamento da causa da sustentabilidade: 1. acolher o princípio de que "resíduo equivale a alimento" e, com isto, procurar eliminar os resíduos da produção industrial; 2. que a economia seja abastecida por hidrogênio e luz solar e não mais pelo carbono como na atualidade; e, 3. a adesão e o fortalecimento dos comportamentos restaurativos por meio da criação de sistemas de realimentação e responsabilidade final.

[67] BENYUS, Janine. *Biomimicry*: innovation inspired by nature. New York: Harper Perennial, 2002. No livro se propõe uma "Revolução Biomimética", onde, diferente da Revolução Industrial, aprende-se com a natureza e não apenas a se extrair o que dela se necessita. Trata-se de "inovação inspirada pela natureza". A autora comenta que se deve aprender a viver em harmonia com a natureza e que este aprendizado se reflete principalmente nos negócios e no uso da tecnologia. Para que isso ocorra, os governos devem criar, na opinião da escritora, condições que recompensarão a ecologia industrial ao invés da destruição ambiental.

[68] FREITAS, Juarez. *Sustentabilidade*: direito ao futuro. Belo Horizonte: Fórum, 2011. p. 60-62. Na segunda edição da mesma obra, o autor esclarece que "[...] *Em sentido figurado, não se pode queimar a árvore para colher os frutos*. Não faz sentido contaminar águas vitais e se queixar de sede. O ar irrespirável não pode continuar a sufocar e a matar. O saneamento é cogente. O ciclo de vida dos produtos e serviços é responsabilidade a ser compartilhada, tempestivamente. A crueldade contra a fauna é violência inadmissível. A alimentação não pode permanecer contaminada e cancerígena. Os gases de efeito-estufa não podem ser emitidos perigosamente e sem critério. A economia de baixo carbono é meta inegociável. As florestas não

Desse modo, em síntese,

> [...] (a) não pode haver qualidade de vida e longevidade digna em ambiente degradado e, que é mais importante, no limite, (b) não pode sequer haver vida humana sem o zeloso resguardo da sustentabilidade ambiental, em tempo útil, donde segue que (c) ou se protege a qualidade ambiental ou, simplesmente, não haverá futuro para a nossa espécie.[69] [grifo do autor].

A visão jurídico-política possui ligação com a elaboração de instrumentos jurídicos e políticos hábeis à promoção da tutela da sustentabilidade.[70] Assim, deve ela ser compreendida no sentido da busca da sustentabilidade como sendo

> [...] um direito e encontrá-la é um dever constitucional inalienável e intangível de reconhecimento da liberdade de cada cidadão, nesse *status*, no processo da estipulação intersubjetiva do conteúdo dos direitos e deveres fundamentais do conjunto da sociedade, sempre que viável diretamente.[71]

Para ilustrar, pode-se citar decisão do Conselho Nacional de Justiça, que

> [...] recomenda aos Tribunais relacionados nos incisos II a VII do art. 92 da Constituição Federal de 1988, que adotem políticas públicas visando à formação e recuperação de um ambiente ecologicamente equilibrado, além da conscientização dos próprios servidores e jurisdicionados sobre a necessidade de efetiva proteção ao meio ambiente, bem como instituam comissões ambientais para o planejamento, elaboração e acompanhamento de medidas, com fixação de metas anuais, visando à correta preservação e recuperação do meio ambiente.[72]

Veja-se, pois, que uma concepção abrangente de sustentabilidade demanda também a contribuição do Estado por meio de políticas públicas e instrumentos jurídicos promotores de bem-estar.[73] Nesse ponto, adverte-se

---

podem deixar de cumprir as suas funções sistêmicas. *O ser humano não pode, enfim, permanecer esquecido de sua condição de ser eminentemente natural*, embora dotado de características singularizantes, que apenas devem fazê-lo mais responsável sistemicamente e capaz de negociar com diferentes pontos temporais". [grifo do autor]. FREITAS, Juarez. *Sustentabilidade*: direito ao futuro. 2. ed. Belo Horizonte: Fórum, 2012. p. 65.

[69] FREITAS, Juarez. *Sustentabilidade*: direito ao futuro. 2. ed. Belo Horizonte: Fórum, 2012. p. 65.

[70] Nesse sentido, observe-se, por exemplo, que a dimensão jurídico-política está contemplada na Lei nº 12.852, de 5 de agosto de 2013, conhecida como Estatuto da Juventude, cujo art. 34 consagra que o jovem tem direito à sustentabilidade e ao meio ambiente ecologicamente equilibrado. Ademais, inúmeros outros documentos legais já em vigor tratam do meio ambiente e da busca por um desenvolvimento sustentável, tais como a Instrução Normativa nº 1, da Secretaria de Logística e Tecnologia da Informação do Ministério do Planejamento, Orçamento e Gestão (dispõe sobre critérios de sustentabilidade ambiental nas contratações públicas de âmbito federal); a Lei nº 12.187/09 (institui a Política Nacional sobre Mudança do Clima – PNMC); a Lei nº 12.305/10 (institui a Política Nacional de Resíduos Sólidos); a Lei nº 12.349/10 (altera a Lei nº 8.666/93, entre outras); o Guia Prático de Licitações Sustentáveis da Advocacia Geral da União do Estado de São Paulo; a Lei nº 10.257/01, denominada Estatuto da Cidade, que consagra o direito à cidade sustentável; bem como a também já referida Lei nº 12.587/12 (institui a Política Nacional de Mobilidade Urbana).

[71] FREITAS, Juarez. *Sustentabilidade*: Direito ao Futuro. Belo Horizonte: Fórum, 2011. p. 63.

[72] *Vide* Recomendação nº 11 do Conselho Nacional de Justiça, de 22 de maio de 2007, publicada no Diário de Justiça, Seção 1, p. 168, do dia 28/5/2007.

[73] A expressão "bem-estar" é empregada na pesquisa em sentido *lato*, ou seja, quer-se afastar uma visão eminentemente antropocêntrica do tema da sustentabilidade. O bem-estar humano inclui o bem-estar do meio onde o homem se vê inserido. Adequadas são as seguintes palavras: "That is why it makes no sense to oppose human beings and living beings, or communities and living ecosystems, as we see in the

igualmente para a contribuição do Direito Tributário, no sentido de censurar a poluição e a ineficiência empresarial por meio da tributação e desonerar o trabalho e a renda, que são formas de se fomentar o desenvolvimento de uma sociedade.[74]

Em matéria de meio ambiente, as responsabilidades são compartilhadas.[75] Se o meio ambiente ecologicamente equilibrado (art. 225, *caput*, CF/88) é direito fundamental de todo o cidadão brasileiro, na mesma esteira todo cidadão possui o dever fundamental de, em conjunto com o Poder Público, envidar os melhores esforços para a tutela ambiental.

Nesse passo, há quem sustente que:

---

conflicts between ethical and anthropocentric and bio-centric tendencies. We have to bring back that harmonious relation within an eco-centered perspective, which understands humans as a central link of interdependences within any ecosystem, based on an empathic interrrelation with living beings". JUNGES, José Roque; SELLI, Lucilda. *Bioethics and environment*: a hermeneutic approach. Journal international de bioéthique, Paris, v. 19, n. 1-2, p. 105-119, mars/juin 2008. p. 118.

[74] WEIZSÄCKER, Ernst Von; LOVINS, Amory B. and LOVINS, L. Hunter. *Factor four*: doubling wealth, halving resources use – a report to the club of Rome. London: Earthscan Publications, 1998. Nessa obra os autores, a partir do que denominam "Fator Quatro", propõem que se aumentem os índices de produtividade e se diminua o desperdício. O livro, que é resultado de um relatório para o Clube de Roma, preconiza como Fator Quatro "[...] usar os recursos mais eficientemente, fazer mais com menos e aumentar a produtividade de nossos recursos, ao mesmo tempo que usamos menos deles". *Vide* VISSER, Wayne. Os 50 + Importantes livros em sustentabilidade. Tradução de: Francisca Aguiar. São Paulo: Peirópolis, 2012. p. 136. No Brasil, sobre "tributação verde", *vide* CAVALCANTE, Denise Lucena; BALTHAZAR, Ubaldo César (Orgs.). *Estudos de tributação ambiental*. Florianópolis: Fundação Boiteaux, 2010. Acerca disso, interessante o seguinte alerta: "O Estado deve implementar suas políticas com o mínimo de efeitos para a sociedade ('minimum loss to society'). Minimizar seus efeitos é uma das exigências da eficiência econômica. [...] O Estado deve agir para obter a mais equitativa distribuição de bens na sociedade, especialmente, perante o fato de vivermos em uma sociedade em que o mercado é imperfeito e existem motivações decorrentes de vontade de promoção de políticas públicas de bem estar social ('welfare-motivated policies'). Este pode ser o aspecto da equidade nas políticas de finanças públicas". CALIENDO, Paulo. *Direitos fundamentais, Direito Tributário e análise econômica do Direito*: contribuições e limites. Direitos Fundamentais & Justiça, Porto Alegre, a. 3, n. 7, p. 203-222, abr./jun. 2009. p. 208. No mesmo sentido, o autor pontua que "[...] a ideia de tributação como fonte de financiamento de direitos fundamentais [...] torna-se cada vez mais relevante verificar-se não somente a necessidade de arrecadação, mas inclusive para onde irão esses recursos e quais direitos deverão possuir prioridade concretizadora, visto que os recursos são finitos. [...] a realização dos direitos fundamentais deve encarar os graves desajustes no sistema tributário, em especial com a desvinculação das receitas de contribuições sociais". CALIENDO, Paulo. *Direito Tributário e análise econômica do Direito*: uma visão crítica. Rio de Janeiro: Elsevier, 2009. p. 215.

[75] Examine-se CANOTILHO, José Joaquim Gomes. Estado constitucional ecológico e democracia sustentada. *Revista do Centro de Estudos de Direito do Ordenamento do Urbanismo e do Ambiente* (CEDOUA), Coimbra, v. 4, n. 2, p. 9-16, 2001. p. 13: "Fala-se hoje de um *comunitarismo ambiental* ou de uma *comunidade com responsabilidade ambiental* assente na participação activa do cidadão na defesa e protecção do meio ambiente. Daqui até à insinuação de deveres fundamentais ecológicos vai um passo. Parece indiscutível que a tarefa 'defesa e protecção do ambiente', 'defesa e protecção do planeta terra', 'defesa e protecção das gerações futuras', não pode nem deve ser apenas uma tarefa do Estado ou das entidades públicas. Em documentos recentes ('Agenda 21', 'V Programa Comunitário de Acção Ambiental') fala-se claramente de responsabilidade comum ('*shared responsability*') e de dever de cooperação dos grupos e dos cidadãos na defesa do ambiente (cfr. Constituição Portuguesa, artigo 66º)". [grifo do autor]. Destarte, em se tratando de interesse público a tutela do meio ambiente, as relações e negociações que envolvem o Estado e os particulares não podem olvidar que, acima de qualquer outro interesse, está o público, que, ao fim e ao cabo, é o interesse de todos. O mesmo jurista lusitano, ao dissertar sobre "tempo procedimental ambiental", infere que, em virtude de que "[...] a demora das autorizações, licenças e concessões influem sobre o ritmo da actividade econômica" (p. 12), "[...] o princípio democrático do Estado Ambiental imporá negociações com as populações, associações de interesses e outros interessados para aumentar a aceitação e diminuir as questões litigiosas". (p. 14). Para maiores esclarecimentos, indica-se a leitura de CANOTILHO, José Joaquim Gomes. Constituição e "Tempo Ambiental". *Revista do Centro de Estudos de Direito do Ordenamento do Urbanismo e do Ambiente* (CEDOUA), Coimbra, v. 2, n. 2, p. 9-14, 1999.

No Brasil, o crescimento foi promovido às custas da abundância de recursos naturais e dependia da negligência das implicações ambientais do uso predatório da natureza. Ele foi baseado em arcaicas estruturas socioeconômicas que operaram durante todas as brechas nos mecanismos políticos de distribuição da riqueza gerada. Por isso, é difícil entender a questão ambiental no Brasil se ignorado este processo socioeconômico. Assim, a questão do desenvolvimento sustentável adquire uma complexidade que precisa incluir o fator ambiental, tanto quanto o fator social.[76] [tradução livre].

Ou seja, se, de um lado, Estado e sociedade devem atuar de modo ativo e cooperativo em prol da sustentabilidade, em todas as suas dimensões, de outro, além da proteção notavelmente ambiental, exige-se defesa social. Não se admite degradação ambiental (ou sua continuidade). Na mesma linha, censura-se a (progressão da) degradação da condição humana.[77]

Sabe-se, porém, que se está diante de uma temática complexa e transversal. Qual(is) a(s) melhor(es) e mais adequada(s) estratégia(s) em prol de um desenvolvimento sustentável a ser(em) adotada(s) pelo governo? E pelos particulares? Se o tema da sustentabilidade já é complexo, imagine-se quão complexo é se obter consenso com relação à matéria. Encontra-se registro, por exemplo, na acepção de que

> A sustentabilidade não nos ajuda a encontrar respostas para as questões de o quanto podemos mudar o mundo, que quantidades de recursos naturais que podemos consumir e o que devemos deixar para a próxima geração em troca do que nós consumimos. A conclusão é a de que a sustentabilidade não pode servir como base para se fazer política ambiental, social, ou qualquer outra, muito menos para o desenvolvimento de regras específicas.[78] [tradução livre].

Incontendível é que, para a implementação de instrumentos jurídicos regulatórios e políticas públicas sustentáveis – contemplando-se a concepção

---

[76] "In Brazil, growth has been promoted at the cost of the abundance of natural resources, and depended on the neglect of the environmental implications of the predatory use of nature. It has been based on archaic socio-economic structures that operated throught loopholes in the political mechanisms of generated wealth distribution. Consequently, it is difficult to understand the environmental question in Brazil if one ignorated this socio-economic process. Thus, the question of developmental sustainability acquires a complexity that needs to include the environmental factor as much as the social factor". JUNGES, José Roque; SELLI, Lucilda. *Bioethics and environment*: a hermeneutic approach. Journal international de bioéthique, Paris, v. 19, n. 1-2, p. 105-119, mars/juin 2008. p. 113.

[77] A tutela do meio ambiente contém a tutela de todas as formas de vida, vividas com dignidade, entre elas – e, não, somente – a vida humana. Trata-se de equilíbrio do homem com seu meio e também de equilíbrio entre as relações humanas, a chamada justiça social. Além da proteção ambiental, há que se ter proteção efetiva contra o trabalho escravo, o trabalho infantil, a exploração sexual de mulheres, crianças e homossexuais, o desrespeito aos idosos, aos índios, aos afrodescendentes, aos consumidores e a tantos outros grupos da sociedade. Com relação à defesa consumerista, oportunas são as contribuições do livro de NADER, Ralph. *Unsafe at any speed*: the designed-in dangers of the american automobile. New York: Grossman, 1965. O autor é advogado e conhecido por lutar pela causa dos consumidores. Nessa obra, o jurista fomenta a responsabilidade civil da indústria automobilística, exigindo dos governos leis que determinem regras mais severas para segurança a serem observadas pelas indústrias de carros. Oportuno registrar, também, que o autor adverte sobre a poluição do ar e sobre "possíveis" mudanças climáticas propiciadas pela produção e excessiva demanda de automóveis.

[78] "Sustainability does not help us to find answers to the questions of how much we may change the world, what quantities of natural resources we may consume, and what should we leave the next generation in return for what we consume. The conclusion is warranted that sustainability cannot serve as a basis for environmental, social, or any other policy making, much less for developing any specific rules". BERGKAMP, Lucas. *Corporate governance and social responsability*: a new sustainability paradigm? European Environmental Law Review, London, v. 11, n. 5, p. 136-151, apr. 2002. p. 145.

jurídico-política da sustentabilidade – requer-se, além de empenho das instituições constituídas, entidades privadas e outros segmentos civis, o emprego de recursos financeiros e orçamentários. Isto é, além de se zelar pelo capital natural e humano, há que se gerir adequadamente o capital a fim de se projetar uma gestão democrática e sustentável em todas as suas perspectivas. Trata-se de reconhecer o custo dos direitos.[79]

Assim é que se está diante de uma visão cíclica sobre a sustentabilidade[80] – que se retroalimenta –, eis que, para a concretização de sua dimensão ambiental, há que se concretizar também a dimensão social, o que pode e deve ocorrer por meio da efetivação da visão jurídico-política da sustentabilidade, acepções que, ao fim e ao cabo, demandam a realização da sustentabilidade sob o prisma econômico. A recíproca também procede: uma gestão economicamente sustentável garante uma economia saudável.[81]

Entende-se, diante disso, que o aspecto financeiro não pode ser óbice para um desenvolvimento sustentável. Aqui já se afirmou que desenvolvimento econômico e desenvolvimento sustentável não são colidentes.[82] Registre-se, porém, que o atual sistema econômico excludente – de livre mercado – muito contribui para a insustentabilidade dos sistemas econômicos, jurídicos, políticos, sociais e ambientais da maior parte dos países do planeta.

---

[79] Nesse ponto, imprescindível a leitura de HOLMES, Stephen; SUNSTEIN, Cass R. *The cost of rights*: why liberty depends on taxes. New York: Norton, 2000.

[80] Para Juarez Freitas, as dimensões são entrelaçadas. Afirma que "[...] *tais dimensões (ética, jurídico-política, ambiental, social e econômica) se entrelaçam e se constituem mutuamente, numa dialética da sustentabilidade*". [grifo do autor].FREITAS, Juarez. *Sustentabilidade*: direito ao futuro. 2. ed. Belo Horizonte: Fórum, 2012. p. 71.

[81] Veja-se que "[...] il concetto di sostenibilità viene spesso utilizatto come elemento caratterizzante dello sviluppo, ma tale processo non può essere scisso dalle scelte che lo generano. [...] Per definire un modello di analisi adeguato, è infatti necessario mettere in discussione le basi della democrazia che fino ad oggi hanno regolamentato la genesi delle moderne istituzioni, la loro struttura ed i loro meccanismi, poiché la costruzione di diritti non negoziabili di tutela ambientale [...]". Analise-se GIANNOTTI, Gerardo. Il contributo del G8, del G20 e del sistema dei gruppi alla governance mondiale sostenibile. *Rivista Giuridica dell'Ambiente*, Milano, a. 24, n. 5, p. 795-804, sett./ott. 2009. p. 795.

[82] Acerca da distinção entre crescimento econômico e desenvolvimento, Claudia Maria Barbosa alerta que, no seu entender, "[...] desenvolvimento sustentável e sustentabilidade podem ser conceitos análogos, mas não são sinônimos". (p.114). Sobre desenvolvimento sustentável a autora compreende ser "[...] um conceito bastante amplo e aberto que tem sido muito utilizado nas ações voltadas à necessidade da proteção ambiental e na preservação dos recursos naturais. A sustentabilidade adjetiva qualifica o conceito que neste contexto assumirá diferentes faces conforme se defina sustentabilidade". (p. 114). Afirma que "[...] a sociedade ainda acredita que desenvolvimento e crescimento econômico têm a mesma raiz, enquanto o socioambientalismo desvincula os dois conceitos, relacionando desenvolvimento à distribuição de riquezas e a realização da justiça social. Os conflitos jurídicos são privadamente tratados pelo direito e sua solução está assentada em uma lógica patrimonial. Os direitos socioambientais não são apropriados a um patrimônio individual porque são bens que aproveitam a toda sociedade e tampouco podem ser valorados economicamente. Os bens socioambientais podem ser materiais ou imateriais, enquanto a dogmática tradicional protege bens materiais tangíveis, sendo ainda bastante rara a proteção de bens imateriais, mas mesmo nesses casos a resposta jurídica depende de uma valoração econômica". (p. 117). E, por fim, assinala que "[...] a noção hegemônica de desenvolvimento vinculado ao fator crescimento econômico vem sendo questionada pelo chamado desenvolvimento sustentável. O desenvolvimento sustentável reúne prioritariamente as dimensões social e econômica da sustentabilidade, embora não exclua as demais dimensões". (p. 118). BARBOSA, Claudia Maria. Reflexões para um judiciário socioambientalmente responsável. *Revista da Faculdade de Direito da Universidade Federal do Paraná – UFPR*, Curitiba, n. 48, p. 107-120, 2008.

No sentido de que a democracia e o livre mercado não são aliados, mas, sim, rivais, John Gray pondera que

> [...] os mercados livres são criaturas do poder do Estado e persistem somente enquanto o Estado é capaz de impedir que as necessidades humanas de segurança e controle de risco econômico encontrem expressão política.[83] [tradução livre].

Exatamente sobre isso também há quem comente que o sistema materialista que pretendia libertar pode estar, ao contrário, escravizando com a preponderância do imperativo econômico.[84]

Efetivamente, um dos maiores desafios para a promoção do desenvolvimento sustentável é, sem sombra de dúvida, superar os impasses financeiros que a adoção de providências sustentáveis, de todas as ordens, demanda da economia dos países que se propõem a tanto. No entanto, os objetivos econômicos não representam um fim em si mesmo. A economia, em última instância, existe para propiciar o bem-estar da sociedade.

Logo, "[...] *a sustentabilidade, como princípio jurídico, altera a visão global do Direito*, ao incorporar a condição normativa de um tipo de desenvolvimento, para o qual todos os esforços devem convergência obrigatória e vinculante".[85] [grifo do autor].

Por fim, a quinta dimensão da sustentabilidade, na visão de Juarez Freitas, é a ética. Por essa dimensão deve-se compreender que importa "[...] res-

---

[83] "Free markets are creatures of state power and persist only so long as the state is able to prevent human needs for security and the control of economic risk from finding political expression". GRAY, John. *False dawn*: the delusions of global capitalism. London: Granta, 1998. p. 17. Nessa obra o autor trata da desilusão dos Estados Unidos com o sistema capitalista atual, propondo um capitalismo democrático, já que retrata como a economia de livre mercado impõe muitos custos sociais.

[84] HANDY, Charles. *The hungry spirit*: beyond capitalism – the quest for purpose in the modern world. New York: Broadway,1999. O autor, por meio da procura do que denomina "white stone (a symbol of the higher self that represents our true destiny)", isto é, "pedra branca", um símbolo do eu superior que representa o nosso verdadeiro destino, propõe a adoção de novos comportamentos diante das exigências do capitalismo no mundo do trabalho corporativo. Charles Handy foi entrevistado em 3 de setembro de 2008 pelo Dr. Wayne Visser, associado sênior do Programa para Liderança em Sustentabilidade da Universidade de Cambridge, para o projeto "Top 50 Sustainability Books" desta universidade. Na oportunidade, o autor comentou sobre seu livro The Hungry Spirit. Conveniente, nessa linha, transcrever parte da entrevista. Veja-se: "Wayne Visser: [...] What is the role of government in creating this world beyond capitalism? We hear often that they've lost all their power, that they're ineffective as an institution, and yet at the same time we hear you saying that business needs to be tamed. Well who's going to tame them if it's not government? Charles Handy: Oh, in the end, government. But markets to operate need rules and laws and constraints and penalties. [...] One of the first attempts on a major scale to do that is the European Union. [...] are trying to get themselves together to perform the basic kind of infrastructure, legal mostly [...] No democratic elected government is going to stick its neck out knowing that it faces an election in three to five years time, an any crucial crunch. So they want to make sure that if they're going to ban smoking in public places, that the public is not going to object, and so they're cautious. And therefore change actually has to come from people outside government, from the initiators of ideas, from the people who start the debate who appear, write books, appear on television [...]". (p. 15-16). Examine-se a íntegra da entrevista em HANDY, Charles. Projeto Top 50 Sustainability Spirit [3 set. 2008]. Entrevistador: Wayne Visser. Cambridge: University of Cambridge, Programme for Sustainability Leadership. Disponível em: <http://www.google.com.br/url?sa=t&rct=j&q=&esrc=s&source=web&cd=1&ved=0CCUQFjA A&url=http%3A%2F%2Fwww.cpsl.cam.ac.uk%2FResources%2FVideos%2F~%2Fmedia%2FFiles%2FRe sources%2FTop%252050%2520Sust%2520Books%2FWayne%2520Visser%2520video%2520transcripts%2 FCambridge_Interview_Charles_Handy_03_09_2008.ashx&ei=r23mUtLYCZK1kQeKioHQCA&usg=AF QjCNFt_tJ0jRKvBE6pdA_Xrx7ByyOMEw&bvm=bv.59930103,d.eW0>. Acesso em: 13 fev. 2013.

[85] FREITAS, Juarez. *Sustentabilidade*: direito ao futuro. 2. ed. Belo Horizonte: Fórum, 2012. p. 71.

guardar, ao máximo, a integridade de todos os seres, de sorte a não provocar dano injusto, por ação ou omissão".[86]

Preconiza-se, desse modo, "uma ética do cuidado", porque todo ser vivo possui valor moral enquanto tal.[87] A ética kantiana concebe a pessoa como um fim em si mesmo, jamais como um meio para se atingir um fim.[88] Toda pessoa possui valor moral inerente a sua existência. Logo, todo ser vivo possui valor moral intrínseco a si. Essa é a visão ética da sustentabilidade.

Dito de outro modo, essa dimensão revela que "[...] o importante é que o outro, no seu devido apreço, jamais seja coisificável".[89] Destarte, "[...] uma atitude ética supõe, especialmente, tarefa simultânea: alcançar bem-estar íntimo e bem-estar social".[90] Portanto, "[...] o próprio Estado Constitucional só faz sentido a serviço dos fins éticos relacionados à sustentabilidade do bem-estar".[91]

Nesse contexto, interessa o bem-estar duradouro. Confia-se ao homem, enquanto ser racional, uma consciência de responsabilidade com as outras espécies de seres vivos. Trata-se de uma postura solidária, cooperativa. De uma postura de respeito à dignidade de todas as formas de vida. Não há que se respeitar somente a dignidade da vida humana. Trata-se de um dever evolutivo: ética de equidade intergeracional. Uma postura que, partindo da premissa de que o homem é um ser eminentemente natural e social, não admite contradições entre sujeito e natureza. Critica-se, nesse sentido, qualquer espécie de ato, comissivo ou omissivo, que resulte em crueldade com as outras espécies. Não há que se preocupar, pois, somente com a satisfação das necessidades materiais presentes e futuras. Propugna-se o bem-estar das espécies vivas. Preconiza-se o reconhecimento da dimensão imaterial do conceito de desenvolvimento.[92]

Fundamentais, nesse passo, as contribuições de Amartya Sen. Para ele, o conceito de desenvolvimento sustentável proclamado no Relatório Brundtland[93] é deficiente.[94] De fato, o ser humano não pode ser reconhecido

---

[86] FREITAS, Juarez. *Sustentabilidade*: direito ao futuro. Belo Horizonte: Fórum, 2011. p. 57.

[87] JAMIESON, Dale. *Ética e meio ambiente*. São Paulo: Senac, 2008.

[88] Trata-se de uma das fórmulas do imperativo categórico do filosófico alemão Immanuel Kant, qual seja a do homem como fim em si mesmo. Consulte-se KANT, Immanuel. *Crítica da razão pura*. In: OS PENSADORES. Tradução de: Valério Rohden e Udo B. Moosburger. São Paulo: Abril Cultural, 1980; e KANT, Immanuel. *Fundamentação da metafísica dos costumes*. Tradução de: Paulo Quintela. Lisboa: Edições 70, 1986. Ainda, WEBER, Thadeu. *Ética e filosofia política*: Hegel e o formalismo kantiano. 2. ed. Porto Alegre: EDIPUCRS, 2009. p. 45 et seq.

[89] FREITAS, Juarez. *Sustentabilidade*: direito ao futuro. Belo Horizonte: Fórum, 2011. p. 57.

[90] FREITAS, Juarez. *Sustentabilidade*: direito ao futuro. Belo Horizonte: Fórum, 2011. p. 58.

[91] FREITAS, Juarez. *Sustentabilidade*: direito ao futuro. Belo Horizonte: Fórum, 2011. p. 59.

[92] Registros do Prof. Dr. Juarez Freitas, com os quais se concorda, por ocasião de conferência sobre "Sustentabilidade" no Grupo de Estudo de Direito Ambiental (GEDA) da PUCRS no dia 15.06.2012, a qual ocorreu nas dependências da universidade.

[93] Registre-se novamente: "o desenvolvimento que satisfaz as necessidades presentes, sem comprometer a capacidade das gerações futuras de suprir suas próprias necessidades".

[94] SEN, Amartya. *The idea of justice*. Cambridge: The Belknap Press of Harvard University, 2009. Em português: SEN, Amartya. A ideia de justiça. Tradução de: Denise Bottmann e Ricardo Doninelli Mendes.

somente como pessoa que possui necessidades a serem satisfeitas. No seu sentir, o desenvolvimento liberta. A visão ética da sustentabilidade (valorativa) está vinculada à expansão das liberdades humanas.

Em "Development as Freedom", Amartya Sen adverte que:

> Trata-se, principalmente, de uma tentativa de ver o desenvolvimento como um processo de expansão das liberdades reais que as pessoas desfrutam. Nesta abordagem, a expansão da liberdade é vista, ao mesmo tempo, como (1) o fim primário e (2) o principal meio de desenvolvimento. Eles podem ser chamados, respectivamente, o "papel constitutivo" e o "papel instrumental" da liberdade no desenvolvimento. O papel constitutivo da liberdade relaciona-se com a importância da liberdade substancial para enriquecer a vida humana. A liberdade substantiva inclui capacidades elementares como ser capaz de evitar privações como a fome, a desnutrição, a morbidade e mortalidade prematura evitável, bem como as liberdades que estão associadas com vias de alfabetização, desfrutando de participação política e de expressão sem censura e assim por diante. Nesta perspectiva constitutiva, o desenvolvimento envolve a expansão destas e de outras liberdades básicas. Desenvolvimento, nesta visão, é o processo de expansão das liberdades humanas e a avaliação do desenvolvimento tem de ser informada por esta consideração.[95] [tradução livre].

Ainda, adequadas também as lições de Martha C. Nussbaum, na obra *Creating Capabilities: The Human Development Approach*, quando, ao tecer registros sobre, entre outros aspectos, a importância do cuidado (*The Importance of Care*) e a qualidade ambiental (*Environmental Quality*), no tópico "Animal Entitlements", pontua:

> Qualquer abordagem baseada na ideia de promoção das capacidades terá de tomar uma decisão fundamental: quais capacidades importam? Praticamente todos os proponentes da abordagem sustentam que todos os seres humanos importam, e todos importam igualmente. Além disso, existem cinco posições básicas que podem ser tomadas: 1. Somente as capacidades humanas importam como fins em si mesmos, embora outras capacidades podem vir a ser instrumentalmente valiosas na promoção das capacidades humanas. 2. Capacidades humanas são o foco principal, mas se os seres humanos estabelecerem relações com as criaturas não-humanas, essas criaturas podem entrar na descrição do objetivo a ser promovido, e não simplesmente como meio, mas como membro de relações intrinsecamente valiosas. 3. As capacidades de todas as criaturas sencientes importam como fins em si mesmos, e todos devem atingir capacidades acima de certo limite especificado. 4. As capacidades de todos os orga-

---

São Paulo: Companhia das Letras, 2011. Resumidamente, na obra o autor alerta para o fato de que, embora exista o tratamento isonômico legal garantido a todos os cidadãos (todos são iguais perante a lei) – ao menos nos países em que se adota o regime democrático – os desejos, aspirações e interesses de cada um são distintos.

[95] "It is mainly an attempt to see development as a process of expanding the real freedoms that people enjoy. In this approach, expansion of freedom is viewed as both (I) the primary end and (2) the principal means of development. They can be called respectively the "constitutive role" and the 'instrumental role' of freedom in development. The constitutive role of freedom relates to the importance of substantive freedom in enriching human life. The substantive freedom include elementary capabilities like being able to avoid such deprivations as starvation, undernourishment, escapable morbidity and premature mortality, as well as the freedoms that are associated with being literated and numerate, enjoying political participation and uncensored speech and so on. In this constitutive perspective, development involves expansion of these and other basic freedoms. Development, in this view, is the process of expanding human freedoms, and the assessment of development has to be informed by this consideration". SEN, Amartya. *Development as freedom*. Oxford: Oxford University, 1999. p. 36. Complementando seu raciocínio, o autor, na mesma obra, ao comentar sobre "Freedom and the Foundations of Justice", alega que "[...] capability is thus a kind of freedom: the substantive freedom to achieve alternative functioning combinations (or, less formally put, the freedom to achieve various lifestyles)". (p. 75).

nismos vivos, incluindo plantas, devem importar, mas como entidades individuais, não como parte dos ecossistemas. 5. O individualismo do 1-4 é descartado: as capacidades dos sistemas (ecossistemas, em particular, mas também espécies) importam como fins em si mesmos.[96]

Entende-se, pois, que a dimensão ética da sustentabilidade "[...] *reconhece a ligação de todos os seres, acima do antropocentrismo estrito*".[97] [grifo do autor]. E "[...] *a exigência de universalização concreta, tópico-sistemática do bem-estar* [...]"[98] [grifo do autor], enaltecendo que há dignidade em todas as formas de vida. Trata-se de uma acepção da sustentabilidade de longo alcance.[99]

Veda-se, nas relações públicas e privadas, uma atitude insaciável.[100] Dentre as exigências éticas atuais fala-se em reagir à degradação do planeta através de novas regras de responsabilidade individual e social, em razão de que os ecossistemas terrestres são todos interdependentes, onde, como corolário, "[...] uma justiça ecológica a nível global é baseada em um fundamento ético claramente determinado, que como desafio é muito atual".[101] [tradução livre]. Há que se estabelecer, pois, uma relação de equidade da economia com o meio ambiente,[102] eis que este último tem valor enquanto tal, e cada uma de suas criaturas possui valor que lhe é intrínseco. Assim, não pode ele ser encarado somente como meio para satisfação das necessidades do homem.

Em virtude de tudo o que neste item foi explanado, aduz-se que a sustentabilidade, compreendida para fins desta pesquisa, ou é multidimensional ou não é sustentabilidade.[103] Dessa forma, após a apreciação de suas

---

[96] "Any approach based on the idea of promoting capabilities will need to make a fundamental decision: Whose capabilities count? Virtually every proponent of the approach holds that all human beings count, and count as equals. Beyond this, there are five basic positions one may take: I. Only human capabilities count as ends in themselves, although other capabilities may turn out to be instrumentally valuable in the promotion of human capabilities. 2. Human capabilities are the primary focus, but since human beings form relationships with nonhuman creatures, those creatures may enter into the description of the goal to be promoted, not simply as means, but as member of intrinsically valuable relationships. 3. The capabilities of all sentient creatures count as ends in themselves, and all should attain capabilities above some specified threshold. 4. The capabilities of all living organisms, including plants, should count, but as individual entities, not as part of ecosystems. 5. The individualism of I-4 is dropped: the capabilities of systems (ecosystems in particular, but also species) count as ends in themselves". NUSSBAUM, Martha C. *Creating capabilities*: the human development approach. Cambridge: The Belknap Press of Harvard University, 2011. p. 157-158.

[97] FREITAS, Juarez. *Sustentabilidade*: direito ao futuro. 2. ed. Belo Horizonte: Fórum, 2012. p. 63.

[98] FREITAS, Juarez. *Sustentabilidade*: direito ao futuro. 2. ed. Belo Horizonte: Fórum, 2012. p. 63.

[99] No sentido de que "[...] *permite perceber o encadeamento das condutas, em lugar do mau hábito de se deixar confinar na teia do imediato, típico erro cognitivo dos que não entendem o impacto retroalimentador das ações e das omissões*". [grifo do autor]. FREITAS, Juarez. *Sustentabilidade*: direito ao futuro. 2. ed. Belo Horizonte: Fórum, 2012. p. 63.

[100] FREITAS, Juarez. *Sustentabilidade*: direito ao futuro. Belo Horizonte: Fórum, 2011 e FREITAS, Juarez. Sustentabilidade: direito ao futuro. 2. ed. Belo Horizonte: Fórum, 2012.

[101] "Una giustizia ecologica a livello globale si basa su un fondamento etico chiaramente determinato in quanto la sfida è molto attuale". POSTIGLIONE, Amedeo. La necessità di una corte internazionale dell'ambiente. *Rivista Giuridica dell'Ambiente*, Milano, a. 17, n. 2, p. 389-394, mar./apr. 2002. p. 394.

[102] FREITAS, Juarez. *Sustentabilidade*: direito ao futuro. Belo Horizonte: Fórum, 2011 e FREITAS, Juarez. *Sustentabilidade*: direito ao futuro. 2. ed. Belo Horizonte: Fórum, 2012.

[103] FREITAS, Juarez. *Sustentabilidade*: direito ao futuro. Belo Horizonte: Fórum, 2011 e FREITAS, Juarez. *Sustentabilidade*: direito ao futuro. 2. ed. Belo Horizonte: Fórum, 2012.

múltiplas dimensões, resta evidente que se trata de temática com inúmeros contornos. Bem por isso a concepção abrigará vários elementos, de maneira que a sustentabilidade, assim como entendida aqui, representa, simultaneamente, um valor, um objetivo, um princípio, uma regra e um dever. Enfrentar-se-á essa acepção no tópico a seguir.

1.3. Sustentabilidade: valor, objetivo, princípio, regra e dever

A ideia de sustentabilidade aqui defendida, na esteira do proposto por Juarez Freitas,[104] é compreendida como sendo, concomitantemente, valor, objetivo, princípio, regra e dever ético-jurídico.

O art. 225, *caput*, da Constituição Federal de 1988 – influenciado pelo conceito de desenvolvimento sustentável apontado no Relatório Brundtland de 1987 – estabelece que

> [...] todos têm direito ao meio ambiente ecologicamente equilibrado, bem de uso comum do povo e essencial à sadia qualidade de vida, impondo-se ao Poder Público e à coletividade o dever de defendê-lo e preservá-lo para as presentes e futuras gerações.[105]

Revela-se, pois, a intenção do Constituinte brasileiro de 1988 de contemplar a sustentabilidade no Texto Magno. Assim, reconheceu-se expressamente o meio ambiente ecologicamente equilibrado como direito fundamental – direito dotado de eficácia plena e aplicabilidade imediata (art. 5º, § 1º, CF/88).

Somando-se a isso também há previsão constitucional inserida no art. 3º[106] – o qual trata dos objetivos da República Federativa do Brasil – e no art. 170, VI,[107] sobre os princípios da ordem econômica – acerca da sustentabilidade e de suas exigências.

Diante disso, cabe apontar por qual(is) razão(ões) se identifica a sustentabilidade como sendo, ao mesmo tempo e de modo complementar e interdependente, valor, objetivo, princípio, regra e dever.

---

[104] Para o autor "[...] a sustentabilidade é (a) *princípio constitucional, imediata e diretamente vinculante* (CF, artigos 225, 3º, 170, VI, entre outros), que (b) *determina, sem prejuízo das disposições internacionais, a eficácia dos direitos fundamentais de todas as dimensões* (não somente os de terceira dimensão) e que (c) *faz desproporcional e antijurídica, precisamente em função do seu caráter normativo, toda e qualquer omissão causadora de injustos danos intrageracionais e intergeracionais*". [grifo do autor]. FREITAS, Juarez. *Sustentabilidade*: direito ao futuro. 2. ed. Belo Horizonte: Fórum, 2012. p. 71.

[105] COMISSÃO Mundial sobre Meio Ambiente e Desenvolvimento. *Nosso futuro comum*. 2. ed. Rio de Janeiro: Fundação Getúlio Vargas, 1991. p. 46.

[106] Art. 3º, CF/88: "Constituem objetivos fundamentais da República Federativa do Brasil: I – construir uma sociedade livre, justa e solidária; II – garantir o desenvolvimento nacional; III – erradicar a pobreza e a marginalização e reduzir as desigualdades sociais e regionais; IV – promover o bem de todos, sem preconceitos de origem, raça, sexo, cor, idade e quaisquer outras formas de discriminação".

[107] Art. 170, CF/88: "A ordem econômica, fundada na valorização do trabalho humano e na livre iniciativa, tem por fim assegurar a todos existência digna, conforme os ditames da justiça social, observados os seguintes princípios: [...] VI – defesa do meio ambiente, inclusive mediante tratamento diferenciado conforme o impacto ambiental dos produtos e serviços e de seus processos de elaboração e prestação".

Para tanto, a partir da análise de premissas sobre o conceito de sustentabilidade e sua diretriz vinculante exarados na primeira e na segunda edição da obra que representa um dos marcos teóricos[108] deste trabalho, procurar-se-á apresentar justificativas para tal entendimento. Eis as premissas:

> [...] trata-se do *princípio constitucional que determina, com eficácia direta e imediata, a responsabilidade do Estado e da sociedade pela concretização solidária do desenvolvimento material e imaterial, socialmente inclusivo, durável e equânime, ambientalmente limpo, inovador, ético e eficiente*, no intuito de assegurar, preferencialmente de modo preventivo e precavido, no presente e no futuro, o direito ao bem-estar.[109] [grifo do autor].

> [...] princípio constitucional-síntese, não mera norma vaga, pois determina, numa perspectiva tópico-sistemática, *a universalização concreta e eficaz do respeito às condições multidimensionais da vida de qualidade, com o pronunciado resguardo do direito ao futuro.*[110] [grifo do autor].

> [...] a sustentabilidade (a) *é princípio ético-jurídico*, direta e imediatamente vinculante (do qual são inferíveis regras), que determina o oferecimento de condições suficientes para o bem-estar das atuais e futuras gerações, (b) é *valor constitucional supremo* (critério axiológico de avaliação de políticas e práticas) e (c) *é objetivo fundamental da República* (norte negativo de toda interpretação e aplicação do Direito).[111] [grifo do autor].

> [...] é o dever, introduzido por norma geral inclusiva (CF, art. 5º, § 2º), de adotar a diretriz axiológica da sustentabilidade e, mais do que isso, o princípio que determina, intra e intergeracionalmente, o respeito ao bem-estar, individual e transindividual, com o fito de promover a preservação ou a restauração do ambiente limpo [...].[112] [grifo do autor].

Dadas tais premissas, observa-se que, tendo em vista que a sustentabilidade exige desenvolvimento de capacidades abrangentes, seu conceito traduz essa amplitude.

Veja-se, a título exemplificativo, o Direito Constitucional italiano que, igualmente, se inclina pelo reconhecimento das múltiplas facetas que envolvem a definição de sustentabilidade. Nesse sentido, assinala-se que:

> É extremamente difícil pensar em dar uma definição exaustiva do conceito de meio ambiente, de biodiversidade e de ecossistema. Estes conceitos são complexos e transversais, portanto, fortemente influenciados por diferentes disciplinas, especialmente ecologia e economia. O tema do meio ambiente como um valor foi recentemente tratado de uma maneira particular em nossa jurisprudência constitucional por meio de um debate nacional e internacional sobre o significado dos conceitos de valores legais e éticos, princípios e regras de direito no contexto do ambiente.[113] [tradução livre].

---

[108] FREITAS, Juarez. *Sustentabilidade*: direito ao futuro. Belo Horizonte: Fórum, 2011 e FREITAS, Juarez. Sustentabilidade: direito ao futuro. 2. ed. Belo Horizonte: Fórum, 2012.

[109] FREITAS, Juarez. *Sustentabilidade*: direito ao futuro. 2. ed. Belo Horizonte: Fórum, 2012. p. 41.

[110] FREITAS, Juarez. *Sustentabilidade*: direito ao futuro. 2. ed. Belo Horizonte: Fórum, 2012. p. 73.

[111] FREITAS, Juarez. *Sustentabilidade*: direito ao futuro. 2. ed. Belo Horizonte: Fórum, 2012. p. 113.

[112] FREITAS, Juarez. *Sustentabilidade*: direito ao futuro. 2. ed. Belo Horizonte: Fórum, 2012. p. 117.

[113] "È estremamente difficile pensare di dare una definizione esaustiva della nozione di ambiente, ecosistema e biodiversità. Questi concetti sono complessi e trasversali, pertanto, fortemente influenzati da diversi settori disciplinari e in modo particolare dall'ecologia e dall'economia.[...] Il tema dell'ambiente come valore è stato recentemente trattato in modo particolare anche dalla nostra giurisprudenza costituzionale caratterizzando un dibattito nazionale e internazionale sulla valenza giuridica ed etica dei concetti di valore, principi e norma nell'ambito del diritto dell'ambiente". PEPE, Vincenzo. La tutela della biodiversità naturale e culturale: il ruolo dell'UNESCO. *Rivista Giuridica dell'Ambiente*, Milano, a. 22, n. 1, p. 33-48, genn./febbr. 2007. p. 33-34.

Esse reconhecimento, para ilustrar, já se deu por meio de decisões no âmbito da Corte Constitucional italiana, propagando-se que "[...] o meio ambiente é um valor constitucional fundamental, digno de proteção por causa dos bens materiais, dos usos concretos e dos interesses públicos relevantes dele decorrentes".[114]

Sustentabilidade é, portanto, um valor. Representa a tutela do futuro. Envolve atitudes generosas e cooperativas diante da vida em todas as suas formas de manifestação. Demanda um compromisso moral onde haja respeito mútuo entre os seres humanos e para com os demais seres vivos. Exige consciência da interdependência da vida. Requer, destarte, comportamentos éticos voltados à otimização de bem-estar em comunidade.

Nesse sentido, advoga-se uma ética do bem-estar. Veja-se:

> [...] el desarrollo se centra en el bienestar de las personas (incluida, por supuesto, su calidad de vida). Así, el acceso al empleo (y al ingreso), los servicios de salud, educación y vivienda, agua y drenaje, por ejemplo, son elementos esenciales del desarrollo económico. La calidad ambiental es parte de esta visión amplia de desarrollo. El deterioro ambiental afecta negativamente el bienestar de las personas y reduce, en consecuencia, su calidad de vida. [...] El ambiente y el desarrollo son pues un binomio indisoluble.[115]

Ademais, concebida a sustentabilidade como um valor, reclama-se, a par disso, o entendimento de que o desenvolvimento sustentável compreende a expansão de liberdades.[116] Trata-se, dessa forma, de um valor prioritário:

> [...] um valor nunca é uma noção que possa ser bem definida, mesmo que seja unânime o reconhecimento de situações concretas em que ele foi contrariado. É inútil, portanto, tentar defender uma determinada concepção de sustentabilidade contra os abusos inerentes ao processo de banalização da ideia. Ao contrário, o que mais interessa é chamar a atenção das pessoas para o fato de que, ao empregarem tal termo, estarão inevitavelmente lidando com o valor do amanhã.[117]

Logo, a tutela do amanhã exige cooperação de atores públicos e privados. Os interesses a serem protegidos são comuns a todos, isto é, simultaneamente públicos e privados. Enfim, todos os interesses (individuais e

---

[114] "L'ambiente costituisce un valore costituzionale primario, meritevole di tutela in ragione dei beni materiali, delle concrete utilizzazioni e degli interessi pubblici rilevanti che ne derivano (sentenze 367/2007 e 378/2007)". CORDINI, Giovanni. Principi costituzionali in tema di ambiente e giurisprudenza della Corte Costituzionale italiana. *Rivista Giuridica dell'Ambiente*, Milano, a. 24, n. 5, p. 611-634, sett./ott. 2009. p. 625.

[115] BARAJAS, Ismael Aguilar. *Reflexiones sobre el desarrollo sustentable*. Comercio Exterior, México, v. 52, n. 2, p. 98-105, feb. 2002. p. 101.

[116] Entende-se que "[...] seria simplesmente ridículo pensar em sustentabilidade diante da suprema humilhação da própria espécie humana, da privação de suas liberdades, e da estupidez de seus morticínios. Mas também é importante notar que, em princípio, tudo isso está contido na noção de desenvolvimento. Pelo menos quando não é rebaixada ou rejeitada, por confundi-lo com simples aumento da riqueza ou crescimento econômico. Se por desenvolvimento se entender o processo de expansão das liberdades humanas – na linha proposta por Amartya Sen, prêmio Nobel de 1998 –, então sua sustentabilidade deve ser assumida como a prioridade mais alta". VEIGA, José Eli da. *Sustentabilidade*: a legitimação de um novo valor. São Paulo: SENAC, 2010. p. 37.

[117] VEIGA, José Eli da. *Sustentabilidade*: a legitimação de um novo valor. São Paulo: SENAC, 2010. p. 40.

coletivos) devem convergir em uma mesma direção.[118] Assim, uma "nova moralidade intergeracional emerge".[119]

Sustentabilidade, além de valor, representa também um objetivo a se perseguir. Trata-se de um objetivo ético-jurídico-político a partir da consciência social de uma perspectiva de desenvolvimento de longo prazo. Envolve, dessa forma, compromissos normativos e a adoção de medidas econômicas. Ainda, abrange o comprometimento da sociedade com a persecução de equidade entre seus membros, bem como para com as gerações vindouras.

Desse modo, ao se refletir sobre o assunto, deve restar que:

> Esta é uma definição baseada em compromissos normativos: a transição para a sustentabilidade é um caminho de evolução social e econômica que iria do mundo de hoje de uso ineficiente da energia e da cultura do desperdício de matéria em direção a uma economia que utiliza energia com alta eficiência e recicla praticamente todos os materiais. No decurso da transição para a sustentabilidade, a população humana também iria reverter a crescente desigualdade de hoje em vistas a um futuro em que as necessidades humanas básicas sejam atendidas. A partir de tais proposições, entende-se que o sistema jurídico pode contribuir, afirmando-se que a lei americana pode muito bem determinar se essa transição atinge sustentabilidade – especialmente se o capitalismo mundial é bem-sucedido como muitas pessoas. Mas se isto é para acontecer, a lei deve se envolver com os desafios da economia da natureza.[120] [tradução livre].

---

[118] Nesse sentido: "[...] o conceito de *desenvolvimento sustentável*, objecto de estudo do presente trabalho que deveria ser coadjuvado pela adopção de um *código de ética* (ambiental), por forma a que os objectivos a atingir sejam o resultado não manipulado do tipo de comportamentos, condutas e atitudes humanas. [...] Uma vez que uma abordagem de mercado desenvolvida permite compatibilizar ambiente, ética, e eficiência econômica, coloca-se-nos a questão de saber se será possível ser-se eficiente e ético quando se maximizam lucros à custa do desrespeito pelas regras ambientais. Ou, por outro lado, se poderá verdadeiramente falar-se em ética quando ocorrem ineficiências econômicas e ambientais. É nesse sentido que pretendemos aludir à necessidade de uma avaliação ética dos vários sistemas em presença, com vista a que todos os interesses, individuais e colectivos, públicos e privados, convirjam na mesma direcção. Mas para que este objectivo seja exequível, é absolutamente necessária a partilha de responsabilidades e a cooperação entre todos os agentes. Só assim será possível vencer o desafio (ético) ambiental [...]".[grifo do autor]. Consulte-se GIRÃO, António Caetano de Sousa e Faria. Ética ambiental e desenvolvimento sustentável. *Revista Jurídica do Urbanismo e do Ambiente*, Coimbra, a. XIV, n. 29/30, p. 187-208, jan./dez. 2008. p. 187-188.

[119] Aduz-se que "[...] a new way of thinking about intergenerational morality emerges. If you see the problem as one of a community making choices and articulating moral principles – a question of which moral values the community is willing to commit itself to – the values they express in the footprint they leave on place, then the problems of ignorance about the future become less obtrusive. The question at issue is a question about the present; it is a question of whether the community will or willl not take responsability for the long-term impacts of its actions, and whether the community has the collective moral will to create a community that represents a distinct expression of the nature-culture dialectic as it emerges in a place". (p. 444). Ainda, alerta-se que "this basic point makes all the difference in the way information is used in defining sustainability, and it changes the way we should think about environmental values and valuation. [...] to perpetuate certain values and to project them into the future, one that includes a strong sense of community and a respect for the "place" of that community". (p. 445-446). NORTON, Bryan G. *Searching for sustainability*: interdisciplinary essays in the philosophy of conservation biology. Cambridge: Cambridge University, 2003.

[120] "This is a definition grounded in normative commitments: a sustainability transition is a path of social and economic evolution that would go from today's world of inefficient energy use and throw-away material culture, toward an economy that uses energy with high efficiency and recycles virtually all materials. In the course of transition to sustainability, the human population would also reverse today's rising inequality and provide a future in which basic human needs are met. [...] American law may well determine whether that transition reaches sustainability – particularly if the global marcho f capitalism is as successful as many people. But if this is to happen, the law must engage with the challenges of nature's economy". LEE, Kai N. *Searching for sustainability in the new century*. Ecology Law Quarterly, Berkeley, Boalt Hall School of Law, University of California, v. 27, n. 4, p. 913-928, 2001. p. 916 e 928.

Sustentabilidade, ainda, é princípio. Princípio ético-jurídico. Sua tutela vincula posturas comissivas e omissivas por parte dos Poderes Públicos e dos particulares. Trata-se de avaliação em âmbito transnacional.

Sobre o reconhecimento da sustentabilidade enquanto princípio, destaca-se que "[...] quando aceita como um princípio jurídico reconhecido, sustentabilidade informa todo o sistema jurídico, não apenas as leis ambientais ou a nível nacional".[121]

Dessa forma, infere-se que:

> Se éticas ambientais são aplicadas à legislação ambiental, a questão da moralidade se torna um desafio legal. Podemos perguntar, por exemplo, como o direito ambiental poderia fazer uma contribuição para a proteção do meio ambiente, se os seus próprios fundamentos conceituais são muito fracos. No entanto, o desafio não é perceber deficiências atuais, como, por exemplo, o reducionismo antropocêntrico, mas a integração real do discurso ético com o discurso jurídico. Como um princípio ambiental dificilmente emerge a partir de um vácuo ético, sua moralidade não pode ser ignorada. É a sua dimensão moral ressonante com uma dimensão jurídica, então há razão para reconhecer a sua natureza jurídica.[122] [tradução livre].

Assim, tendo em vista a tutela de um valor, determinam-se objetivos a serem atingidos. Os objetivos vinculam a principiologia de um sistema, o qual reflete sua carga axiológica. Como princípio ético-jurídico, a sustentabilidade faz emergir regras, das quais se extraem deveres. Por isso, sustentabilidade é também, além de valor e objetivo, princípio, regra e dever.

A interpretação do Direito, pois, deve ser realizada à luz do princípio da sustentabilidade. Ademais, "[...] além de auxiliar de interpretação, o princípio da sustentabilidade fixa um ponto de referência para a compreensão da justiça, dos direitos humanos e da soberania estadual".[123] Nessa linha, o princípio da sustentabilidade se aproxima da ideia de justiça, e sua aplicação envolve questões de justiça distributiva. Isso porque "[...] a justiça tem a ver

---

[121] "When accepted as a recognized legal principle, sustainability informs the entire legal system, not just environmental laws or not just at the domestic level". BOSSELMANN, Klaus. *The principle of sustainability*: transforming law and governance. Aldershot, Hampshire: Ashgate, 2008. p. 4. Interessante registrar aqui que, se manifestando sobre as contribuições dessa obra, Andrea Ross opina que "[...] the most significant contribution of this book is its explanation of how the law can be used to move the sustainability agenda forward and the role of law and lawyers in our pursuit of the sustainable ideal. [...] it seems clear that current legal systems, preoccupied with private property and individual rights, are failing to respond to our modern needs. To really make a difference, the ecological system approach needs to be supported by a strong moral and legal normative framework". ROSS, Andrea. *Review – Klaus Bosselmann*. The principle of sustainability: transforming law and governance. Journal of Environmental Law, Oxford, v. 22, n. 3, p. 509-511, 2010. p. 511.

[122] "If environmental ethics are applied to environmental law, the issue of morality becomes a legal challenge. We can ask, for example, how environmental law could ever make a contribution to protecting the environment, if its own conceptual foundations are too weak. However, the challenge is not to realize current shortcomings such as, for example, anthropocentric reductionism, but the actual integration of the ethical discourse with the legal discourse. As an environmental principle hardly ever emerges from an ethical vacuum, its morality cannot be ignored. Is its moral dimension is resonant with a legal dimension, then there is reason to recognize its legal nature". BOSSELMANN, Klaus. *The principle of sustainability*: transforming law and governance. Aldershot, Hampshire: Ashgate, 2008. p. 49.

[123] ARAGÃO, Alexandra; BOSSELMANN, Klaus. *The principle of sustainability*: transforming law and governance. Aldershot: Ashgate Publ., 2008. *Revista do Centro de Estudos de Direito do Ordenamento do Urbanismo e do Ambiente (CEDOUA)*, Coimbra, a. XI, n. 21, p. 171-180, 2008. p. 180.

com uma distribuição justa de bens e encargos sociais, e a sustentabilidade implica escolhas entre necessidades e aspirações concorrentes".[124]

Sem dúvida, comprova-se que a sustentabilidade deve ser compreendida, simultaneamente, como valor, objetivo, princípio, regra e dever. Na mesma esteira, também há consagração no Direito Constitucional português.[125]

Por conseguinte, como já referido, tendo a sustentabilidade sido contemplada na Constituição Federal brasileira de 1988 em várias de suas acepções e dimensões – dimensão social (art. 3º), dimensão econômica (art. 170, VI), dimensão ambiental (art. 225, *caput*), e, inclusive, no preâmbulo[126] deste documento –, está-se diante de um novo paradigma normativo-axiológico. Esse novo paradigma irradia seus efeitos sobre o ordenamento jurídico nacional, vinculando todo o Direito pátrio e todos os que se sujeitam a este sistema – entes públicos e privados.

A sustentabilidade, reconhecida como novo paradigma, será objeto de análise no item a seguir.

---

[124] Trata-se de apontamento feito por Alexandra Aragão em sua recensão sobre o livro de BOSSELMANN, Klaus. *The principle of sustainability*: transforming law and governance. Aldershot: Ashgate, 2008. *Revista do Centro de Estudos de Direito do Ordenamento do Urbanismo e do Ambiente (CEDOUA)*, Coimbra, a. XI, n. 21, p. 171-180, 2008. p. 174. Ainda, a autora pondera: "Comparando a sustentabilidade com a ideia de justiça, verificamos que apesar de ser difícil definir o que é a justiça, intuitivamente sabemos o que é justo ou injusto. Do mesmo modo, podemos ter dificuldade em definir a sustentabilidade, mas também conseguimos identificar situações sustentáveis e, sobretudo, insustentáveis. Exemplificando: a produção intensiva de resíduos, o consumo desenfreado de combustíveis fósseis, a utilização indiscriminada de veículos poluentes, são indubitavelmente insustentáveis".

[125] "O *princípio da sustentabilidade* recebe uma consagração expressa no texto constitucional português. É configurado (i) como *tarefa fundamental* no artigo 9º/e ('defender a natureza e o ambiente, preservar os recursos naturais e assegurar o correcto ordenamento do território'); (ii) como *princípio fundamental* da organização económica no artigo 80º/d ('Propriedade pública dos recursos naturais...'); (iii) como *incumbência prioritária* do Estado nos artigos 81º/a ('...promover o aumento do bem-estar social (...) no quadro de uma estratégia de desenvolvimento sustentável'), 81º/m ('Adoptar uma política nacional de energia (...) com preservação dos recursos naturais e equilíbrio ecológico') e 81º/n ('Adoptar uma política nacional da água, com aproveitamento, planeamento e gestão racional dos recursos hídricos'); (iiii) como *direito fundamental* no artigo 66º/1 ('Todos têm o direito a um ambiente de vida humano, sadio e ecologicamente equilibrado'); (iiiii) como *dever jusfundamental* do Estado e dos cidadãos, no artigo 66º/2 ('Para assegurar o direito ao ambiente, no quadro de um desenvolvimento sustentável, incumbe ao Estado, por meio de organismos próprios e com o envolvimento e a participação dos cidadãos...'); (iiiiii) como *princípio vector e integrador de políticas públicas* no artigo 66º/2/c, d, e, f, g (política de ordenamento do território, política cultural, política económica e fiscal, política educativa, política regional)". [grifo do autor]. Examine-se CANOTILHO, José Joaquim Gomes. O princípio da sustentabilidade como princípio estruturante do Direito Constitucional. *Tékhne – Revista de Estudos Politécnicos*, Barcelos, v. VIII, n. 13, p. 7-18, 2010. p. 7. Ainda, no que tange ao Direito da União Europeia, diz-se que "[...] embora a ideia de desenvolvimento sustentável não seja inteiramente nova ao nível do Direito Comunitário originário (tendo sida introduzida primariamente pelo Tratado de Amesterdão), com o Tratado de Lisboa ela ganha uma importância acrescida e expõe diversas novas manifestações, numa lógica que, de certo modo, poderia evidenciar uma primarização do interesse ambiental em face de outros". GOMES, Carla Amado; ANTUNES, Tiago. *O ambiente no Tratado de Lisboa*: uma relação sustentada. Actualidad Jurídica Ambiental, 28 mayo 2010. p. 3. Disponível em: <http://www.actualidadjuridicaambiental.com/wpcontent/uploads/2010/05/AMADOGOMESCARLA280620101.pdf>. Acesso em: 26 jan. 2012.

[126] "Nós, representantes do povo brasileiro, reunidos em Assembléia Nacional Constituinte para instituir um Estado Democrático, destinado a assegurar o exercício dos direitos sociais e individuais, a liberdade, a segurança, o bem-estar, o desenvolvimento, a igualdade e a justiça como valores supremos de uma sociedade fraterna, pluralista e sem preconceitos, fundada na harmonia social e comprometida, na ordem interna e internacional, com a solução pacífica das controvérsias, promulgamos, sob a proteção de Deus, a seguinte Constituição da República Federativa do Brasil". (Preâmbulo da Constituição da República Federativa do Brasil de 1988).

1.4. Para além do direito ambiental: paradigma da sustentabilidade

A compreensão da sustentabilidade tem implicações mais densas do que habitualmente se cogita. Como apreciado no item anterior, simultânea, complementar e interdependentemente, ela se revela ser valor, objetivo, princípio, regra e dever. Trata-se de um novo paradigma para a ciência jurídica.[127]

Entender-se a sustentabilidade como um paradigma ético-jurídico implica reconhecer um novo modelo ou novo padrão interpretativo a ser observado. Nessa linha, a sustentabilidade pressupõe uma ética do bem-estar, em outras palavras, a otimização do bem-estar[128] inter e intrageracional.

Tarefa árdua, pois. A aspereza do encargo demanda aproximação e comunicação entre sistemas. Reclama diálogo, em particular, entre os sistemas econômico, jurídico e social (incluindo-se aqui o sistema ambiental).[129] Soluções econômicas podem promover o combate ao desperdício, bem como a tutela ambiental. Instrumentos jurídico-políticos podem fomentar uma economia verde. Posturas eticamente sustentáveis na sociedade refletem os interesses supremos dessa comunidade.

Logo, no atual estágio das coisas, não mais se concebe uma severa dicotomia entre interesses públicos e interesses privados.[130] Em verdade, requisitam-se esforços conjuntos em prol de interesses comuns a todos. Desse modo, em se tratando do Estado Socioambiental de Direito[131] preconizado na Carta Política brasileira de 1988,

> [...] há, portanto, o reconhecimento, pela ordem constitucional, da *dupla funcionalidade* da proteção ambiental no ordenamento jurídico brasileiro, a qual toma a forma simultaneamente de

---

[127] KUHN, Thomas. *The structure of scientific revolutions*. Chicago: Chicago University, 1962.

[128] Nesse sentido, há quem afirme que "[...] sustainability and sustainable development has been defined, interpreted and analysed in various ways [...] has argued that these notions serve no purpose as they are already captured in the concept of intergerational welfare optimization". VAN DEN BERGH, Jeroen C. J. M. Sustainable development in ecological economics. In: ATKINSON, Giles; DIETZ, Simon and NEUMAYER, Eric. *Handbook of sustainable development*. Cheltenham, UK: Edward Elgar Publishing Limited, 2007. p. 63-77. p. 65.

[129] Sobre o problema de comunicação intersistêmica, em especial entre os sistemas ecológico, jurídico e social, *vide* SIMIONI, Rafael Lazzarotto. *Direito Ambiental e sustentabilidade*. Curitiba: Juruá, 2006, cujas contribuições se dão a partir de reflexões acerca da Teoria dos Sistemas Sociais Autopoiéticos de Niklas Luhmann.

[130] Veja-se que "[...] fato de a tutela da pessoa humana ser – e não poder deixar de ser – realizada através de uma coordenação normativa sistemática que é pluridimensional e aberta. [...] não é suscetível de um enquadramento teórico que postule, à partida, uma rígida oposição entre interesses reconhecidos como públicos e privados, com base na qual sejam estes relacionados subordinadamente, com prevalência absoluta de uns ou de outros". NEGREIROS, Teresa. Dicotomia público-privado frente ao problema da colisão de princípios. In: TORRES, Ricardo Lobo (Org.). *Teoria dos direitos fundamentais*. Rio de Janeiro: Renovar, 1999. p. 337-375. p. 371.

[131] Entende-se que "[...] dentre outros fundamentos aptos a justificar a defesa de um Estado Socioambiental, verifica-se que há todo um percurso social, econômico, político, cultural e jurídico não concluído pelo Estado Social, ao que se agrega hoje a proteção ambiental SARLET, Ingo Wolfgang; FENSTERSEIFER, Tiago. *Direito Constitucional Ambiental*: estudos sobre a Constituição, os direitos fundamentais e a proteção do ambiente. São Paulo: Revista dos Tribunais, 2011. p. 58, nota 7.

um *objetivo e tarefa estatal* e de um *direito (e dever) fundamental* do indivíduo e da coletividade, implicando todo um complexo de direitos e deveres fundamentais de cunho ecológico [...].[132] [grifo do autor].

Veja-se, portanto, que, "[...] a partir de uma perspectiva centrada na sustentabilidade, os direitos precisam ser contemplados por obrigações".[133] Isso porque "[...] aos direitos difusos corresponde, de modo assimétrico, deveres também difusos, porque os direitos da solidariedade são correspectivos aos deveres da solidariedade".[134]

Dessa forma, tem-se, ademais, uma nova concepção de cidadania. Examine-se:

> Os assim chamados *direitos de solidariedade* encontram-se atrelados à ideia de *direitos-deveres*, de modo a reestruturar e reconstruir o tratamento normativo dispensando aos *deveres fundamentais* em face dos *direitos fundamentais*, com destaque, neste contexto, ao direito (e dever) de proteção e promoção do meio ambiente. A responsabilidade pela tutela ecológica, portanto, não incumbe apenas ao Estado, mas também aos particulares (pessoas físicas e jurídicas), os quais possuiriam, para além do direito a viver em um ambiente sadio, deveres para com a manutenção do equilíbrio ecológico.[135] [grifo do autor].

É exatamente nesse passo que se sustenta a responsabilidade compartilhada de entes públicos e privados pela promoção da sustentabilidade em todas as suas dimensões.[136] Trata-se da dimensão ecológica da dignidade humana,[137] a qual vai muito além de uma compreensão antropocentrista. Advoga-se, destarte, um *standard* mínimo de qualidade de vida.[128]

---

[132] SARLET, Ingo Wolfgang; FENSTERSEIFER, Tiago. Estado socioambiental e mínimo existencial (ecológico?): algumas aproximações. In: SARLET, Ingo Wolfgang (Org.). *Estado socioambiental e direitos fundamentais*. Porto Alegre: Livraria do Advogado, 2010. p. 11-38. p. 14.

[133] Infere-se que "[...] a mera defesa de direitos ambientais não alteraria o conceito antropocêntrico de direitos humanos. Se, por exemplo, os direitos de propriedade continuarem sendo compreendidos de maneira isolada e separada das limitações ecológicas, eles irão reforçar o antropocentrismo e incentivar um comportamento abusivo". O mesmo – registre-se – deve ser reconhecido com relação aos contratos. BOSSELMANN, Klaus. Direitos humanos, meio ambiente e sustentabilidade. In: SARLET, Ingo Wolfgang (Org.). *Estado socioambiental e direitos fundamentais*. Porto Alegre: Livraria do Advogado, 2010. p. 73-109. p. 75. *Vide* também este mesmo artigo que está publicado em periódico português: BOSSELMANN, Klaus. Direitos humanos, meio ambiente e sustentabilidade. *Revista do Centro de Estudos de Direito do Ordenamento do Urbanismo e do Ambiente (CEDOUA)*, Coimbra, a. XI, n. 21, p. 9-38, 2008.

[134] TORRES, Ricardo Lobo. A cidadania multidimensional na era dos direitos. In: ——— (Org.). *Teoria dos direitos fundamentais*. Rio de Janeiro: Renovar, 1999. p. 239-335. p. 315.

[135] SARLET, Ingo Wolfgang; FENSTERSEIFER, Tiago. *Direito Constitucional Ambiental*: estudos sobre a Constituição, os direitos fundamentais e a proteção do ambiente. São Paulo: Revista dos Tribunais, 2011. p. 142.

[136] Sobre sociedade de risco e responsabilidades compartilhadas entre Estado e particulares, *vide* LOUREIRO, João. *Da sociedade técnica de massas à sociedade de risco*: prevenção, precaução e tecnociência. Algumas questões juspublicísticas. Separata de: Boletim da Faculdade de Direito da Universidade de Coimbra, STVDIA IVRIDICA 61. AD HONOREM – 1. Estudos em homenagem ao Prof. Doutor Rogério Soares, Coimbra, p. 797-891, 2001. Também *vide* OLIVEIRA, Emiliana Carolina de. A co-responsabilidade (sic) por danos ambientais no ordenamento jurídico brasileiro. In: VILELA, Gracielle Carrijo; RIEVERS, Marina (Orgs.). *Direito e meio ambiente*: reflexões atuais. Belo Horizonte: Fórum, 2009. p. 111-130.

[137] Salienta-se que "[...] não nos parece possível excluir de uma compreensão necessariamente multidimensional e não reducionista da dignidade da pessoa humana, aquilo que se poderá designar de uma *dimensão ecológica* (ou, quem sabe, formulado de um modo integrativo, *socioambiental*) da dignidade humana, que, por sua vez, também não poderá ser restringida a uma dimensão puramente biológica ou física, pois contemplada a qualidade de vida como um todo, inclusive do ambiente em que a vida humana

Assim, "[...] a justiça intergeracional é hoje também um *topos* constitucional".[139] E "[...] a solidariedade projecta-se em obrigações[140] no domínio das relações econômicas e sociais e numa teoria da justiça internacional, num difícil equilíbrio de interesses, que vai da economia ao ambiente".[141]

Trata-se, em verdade, de "condição de possibilidade da própria vida humana",[142] da vida não humana e, inclusive, há quem diga ser condição de continuidade da existência do próprio Direito.[143]

Desse modo, o novo paradigma da sustentabilidade é vinculante. Vincula ações e omissões públicas e privadas, interesses individuais e coletivos, políticas nacionais e transnacionais.[144] Vincula a promoção de bem-estar

---

(mas também a não humana) se desenvolve. É importante, aliás, conferir um destaque especial para as interações entre a dimensão natural ou biológica da dignidade humana e a sua dimensão ecológica, sendo que esta última objetiva ampliar o conteúdo da dignidade da pessoa humana no sentido de assegurar um padrão de qualidade e segurança ambiental mais amplo (e não apenas no sentido da garantia da existência ou sobrevivência biológica), mesmo que muitas vezes esteja em causa em questões ecológicas a própria existência natural da espécie humana, para além mesmo da garantia de um nível de vida com qualidade ambiental". [grifo do autor]. SARLET, Ingo Wolfgang; FENSTERSEIFER, Tiago. *Direito Constitucional Ambiental*: estudos sobre a Constituição, os direitos fundamentais e a proteção do ambiente. São Paulo: Revista dos Tribunais, 2011. p. 60.

[138] Trata-se, para alguns, do denominado "mínimo existencial ecológico", o qual "coloca-se a reflexão acerca da exigência um *patamar mínimo de qualidade ambiental*, sem o qual a dignidade humana (e, para além desta, a dignidade da vida em termos gerais) estaria sendo violada em seu núcleo essencial". [grifo do autor]. SARLET, Ingo Wolfgang; FENSTERSEIFER, Tiago. Estado socioambiental e mínimo existencial (ecológico?): algumas aproximações. In: SARLET, Ingo Wolfgang (Org.). *Estado socioambiental e direitos fundamentais*. Porto Alegre: Livraria do Advogado, 2010. p. 11-38. p. 27.

[139] "No caso, importa-nos a relação com as gerações futuras ou vindouras, ainda inexistentes". Consulte-se LOUREIRO, João Carlos. Autonomia do direito, futuro e responsabilidade intergeracional: para uma teoria do Fernrecht e da Fernverfassung em diálogo com Castanheira Neves. Separata de: *Boletim da Faculdade de Direito da Universidade de Coimbra*, Coimbra, v. LXXXVI, n. 86, p. 15-47, 2010. p. 40.

[140] Acerca do conceito de obrigação em sentido lado, diz-se que "[...] apresenta-se como sinônimo de *dever jurídico* e de *sujeição* ou *estado de sujeição*. [...] O *dever jurídico*, que representa o correlato dos direitos subjectivos propriamente ditos, consiste na necessidade de observância de determinada conduta, imposta pela ordem jurídica a uma ou a diversas pessoas para tutela de um interesse de outrem e cujo cumprimento se garante através de meios coercitivos adequados". [grifo do autor]. COSTA, Mário Júlio de Almeida. *Direito das obrigações*. 7. ed., rev. e actual. Coimbra: Almedina, 1998. p. 53-54.

[141] LOUREIRO, João Carlos. "É bom morar no azul": a Constituição mundial revisitada. Separata de: *Boletim da Faculdade de Direito da Universidade de Coimbra*, Coimbra, v. LXXXII, n. 82, p. 181-212, 2006. p. 194.

[142] LOUREIRO, João Carlos. Prometeu, Golem & companhia. Bioconstituição e corporeidade numa "Sociedade (Mundial) de Risco". Separata de: *Boletim da Faculdade de Direito da Universidade de Coimbra*, Coimbra, v. LXXXV, n. 85, p. 151-196, 2009. p. 192.

[143] Nesse sentido, indica-se consulta de LOUREIRO, João Carlos. Autonomia do direito, futuro e responsabilidade intergeracional: para uma teoria do Fernrecht e da Fernverfassung em diálogo com Castanheira Neves. Separata de: *Boletim da Faculdade de Direito da Universidade de Coimbra*, Coimbra, v. LXXXVI, n. 86, p. 15-47, 2010. Nesse ensaio, em sede de conclusão, dissertando sobre "Sustentabilidade do Direito e Direito da Sustentabilidade", o autor aponta que "Face às alternativas – ordem de possibilidade, de necessidade ou de finalidade –, o direito continua a afirmar-se como ordem de validade, sendo a condição ética o alicerce da sustentabilidade do direito como direito. Mas agora, ao nível da rede de internormatividade que concretiza e contextualiza, espácio-temporalmente, a ideia de direito, consagra um princípio da sustentabilidade, assumindo-se como direito da distância, que toma a sério, nas suas ponderações, o (in)disponível constituinte do direito. [...] São, pois, estes sinais que o direito não pode ignorar se se quiser preservá-lo como direito". p. 44 e 46.

[144] Sobre políticas internacionais para o desenvolvimento sustentável, VOGLER, John. The international politics of sustainable development. In: ATKINSON, Giles; DIETZ, Simon and NEUMAYER, Eric. *Handbook of sustainable development*. Cheltenham, UK: Edward Elgar Publishing Limited, 2007. p. 430-446. Consulte-se, ademais, acerca de políticas econômicas para a sustentabilidade, DALY, Herman and

para as gerações presentes e futuras.[145] Demanda posturas de equidade para com o outro, inclusive para com aquele que sequer ainda concebido foi e, também, para com outras formas não humanas de vida.

Em nível nacional, "[...] a Constituição do Brasil, de 1988, define um modelo econômico de bem-estar".[146] Nesse sentido, vislumbra-se que o novo paradigma da sustentabilidade se projeta, irradiando seus efeitos, muito além do Direito Ambiental. Trata-se de um novo padrão comportamental que envolve posturas éticas, condutas sociais – públicas e privadas –, bem como medidas políticas, jurídicas e econômicas em prol da vida (humana ou não humana) – e vida com qualidade em sentido amplo.[147]

O paradigma da sustentabilidade requer desenvolvimento humano. Para tanto, fundamental lembrar que, nesse contexto, exigem-se "[...] ações estratégicas de jogadores diferentes (consumidores, empresas, governos, e assim por diante), onde estas ações estejam de alguma forma interligadas"[148] [tradução livre]. Requerem-se ações conjuntas e coordenadas em prol da causa da sustentabilidade, até porque se está diante de um processo dinâmico.[149]

COBB, John. *For the common good:* redirecting the economy toward community, the environment and a sustainable future. Boston: Beacon, 1989. Na obra os autores criticam as políticas econômicas atuais, individualistas e insustentáveis. Propõe-se uma nova economia com vistas à comunidade, buscando-se uma sociedade mais saudável e, simultaneamente, mais autossuficiente. Indica-se também a leitura de MCDONOUGH, William; BRAUNGART, Michael. *Cradle to cradle:* remaking the way we make things. New York: North Point, 2002. Neste livro os autores propõem que se seja "ecoeficiente" a partir de projetos para a economia, o ambiente e a equidade – o que constitui o chamado "triple top line" (análise inicial tríplice) – para que novos produtos e serviços sejam programados de forma que não se tenha produção de resíduos. Preconizam, assim, uma produção em sistema fechado, em que os resíduos devem ser inteiramente reaproveitados pelo próprio sistema.

[145] Interessante, nesse passo, apontar para o fato de que há os que argumentam que "[...] because humans have not yet found a way to bring time, future generations also cannot have a direct say about current resource uses that inevitably will impact them". THOMPSON JR., Barton H. *The trouble with time:* influencing the conservation choices of future generations. Natural Resources Journal, Albuquerque, New Mexico, School of Law. University of New Mexico, v. 44, n. 2, p. 601-620, Spring 2004. p. 602.

[146] GRAU, Eros Roberto. *A ordem econômica na Constituição de 1988* (interpretação e crítica). 12. ed., rev. e atual. São Paulo: Malheiros, 2007. p. 47.

[147] Reflexões sobre desenvolvimento e bem-estar são contempladas em BERRY, Thomas. *The dream of earth.* Berkeley: University of California, 1990. Em síntese, na obra defende-se que as pessoas no mundo precisam de um novo sonho ("o sonho da Terra") no sentido de fortalecer a visão acerca da interdependência e interconectividade do homem com a natureza. *Vide* também MAX-NEEF, Manfred. *Human-scale development:* conception, application and further reflections. New York: The Apex, 1991. Partindo-se da ideia de que as necessidades humanas se alteram de indivíduo para indivíduo e de cultura para cultura, o autor, que é economista do desenvolvimento e ambientalista chileno, pondera no livro que o desenvolvimento humano pressupõe uma democracia participativa direta, onde haja a satisfação das necessidades básicas do homem. Manfred Max-Neef sinaliza, ademais, que existem pseudonecessidades, as quais somente de forma parcial atendem necessidades humanas ou, ao atenderem algumas, violam outras.

[148] "Strategic actions of different players (consumers, firms, governments, and so on) where these actions are in some way interlinked". FROYN, Camilla Bretteville. *International environmental cooperation:* the role of political feasibility. In: ATKINSON, Giles; DIETZ, Simon and NEUMAYER, Eric. *Handbook of sustainable development.* Cheltenham, UK: Edward Elgar Publishing Limited, 2007. p. 395-412. p. 395.

[149] Afirma-se que "[...] undestanding system dynamics is important to sustainability because it enables decision-makers to choose between actions that involve adaptation to future changes, and actions that mitigate those changes". PERRINGS, Charles. *Resilience and sustainable development.* Environment and Development Economics, Cambridge, v. II, part 4, p. 417-427, aug. 2006. p. 423. Ademais, veja-se que o "[...] desenvolvimento é um processo dinâmico, em constante aprimoramento. Envolve não apenas crescimento

Há que se aproximar, então, tendo em vista uma dimensão ecológica da dignidade humana, ferramentas eminentemente econômicas de ferramentas políticas, normativas e sociais. Veja-se que, em especial, para os fins dos objetivos propostos nesta pesquisa, "[...] o contrato é antes de tudo um fenômeno econômico".[150] Não obstante isso, na esteira da dimensão social da sustentabilidade, a liberdade de iniciativa

> [...] deverá ser exercida em conformidade com o modelo econômico de bem-estar [...] levando-se em conta os valores fundantes da ordem constitucional em vigor representados pela valorização do trabalho humano e pela redução das desigualdades sociais, de modo a realizar a tão almejada justiça social.[151]

Diante disso, a tutela constitucional da solidariedade, por meio de "[...] compromisso com as gerações presentes e futuras, impõe a sujeição do Estado e dos particulares ao dever de autorrestrição no livre exercício da autonomia privada".[152] Nesse passo, fala-se, inclusive, em "influência da eticidade sobre o destino do contrato",[153] instrumento que atuava tradicionalmente como fomentador de interesses individuais egoísticos.[154]

---

da riqueza, mas também efetiva melhora em aspectos a ela correlatos. O desenvolvimento econômico, nesse sentido, não deve ser encarado como um fim, mas como um meio de se alcançar melhores condições de vida". COELHO, Saulo de Oliveira Pinto; ARAÚJO, André Fabiano Guimarães de. *A sustentabilidade como princípio constitucional sistêmico e sua relevância na efetivação interdisciplinar da ordem constitucional econômica e social*: para além do ambientalismo e do desenvolvimento. Disponível em: <http://mestrado.direito.ufg.br/uploads/14/original_artigo_prof_saulo.pdf>. Acesso em: 20 jan. 2012.

[150] THEODORO JÚNIOR, Humberto. *O contrato e sua função social*. 2. ed. Rio de Janeiro: Forense, 2004. p. 97. Adverte-se, ainda, que "[...] função social e função econômica do contrato são coisas distintas. Uma não substitui nem anula a outra. Devem coexistir harmonicamente. Por outro lado, a economia do contrato não é dado que interessa apenas ao plano dos seus efeitos perante terceiros. No relacionamento mesmo entre as partes contratantes, o esquema econômico típico do negócio há de ser apreciado para aferir-se sua normalidade e sua compatibilidade com os princípios éticos a que a ordem econômica se amolda". (p. 104).

[151] LUPION, Ricardo. Proteção ao meio ambiente e desenvolvimento sustentável. Direitos Fundamentais & Justiça. *Revista do Programa de Pós-Graduação Mestrado e Doutorado em Direito da PUCRS*, Porto Alegre, a. 2, n. 3, p. 139-166, abr./jun. 2008. p. 150.Adequado, aqui, salientar, a partir de uma análise funcional do Direito, que "[...] a verificação de que tanto os bens quanto as relações jurídicas ou os negócios jurídicos podem ter várias funções ou utilidades na vida social. Para os negócios jurídicos, em muitos casos a lei lhes fixa um objetivo ou função determinada – a sua causa típica –, sem proibir aos particulares o emprego da mesma técnica negocial para a consecução de outras finalidades". COMPARATO, Fábio Konder. *Direito Empresarial*: estudos e pareceres. São Paulo: Saraiva, 1990. p. 30.

[152] MAZZUOLI, Valerio de Oliveira; AYALA, Patryck de Araújo. *Cooperação internacional para a preservação do meio ambiente*: o Direito brasileiro e a Convenção de Aarhus. Revista da Ajuris, Porto Alegre, v. 37, n. 120, p. 259-298, dez. 2010. p. 267-268. Aduz-se que "[...] baseado nesse primado da dignidade (CF, art. 1º, inc. III) e em um dever geral de solidariedade para com a humanidade (CF, arts. 3º, inc. I, e 225, *caput*), modificações substanciais podem ser constatadas no projeto de ordem social proposto pela atual Constituição brasileira [...]". (p. 267). Sobre autorrestrição da livre iniciativa, há quem proponha que o desenvolvimento se dê em menor escala (local), com o qual se teriam melhores resultados sociais e ambientais, pois "ser grande não é necessariamente ser bom ou ser melhor". SCHUMACHER, E. F. *Small is beautiful*: economics as if people mattered. London: Blond & Briggs, 1973.

[153] THEODORO JÚNIOR, Humberto. *O contrato e sua função social*. 2. ed. Rio de Janeiro: Forense, 2004. p. 25. Desse modo, refletindo sobre a boa-fé objetiva, alerta-se para o fato de que ela "[...] surgiu para quebrar a frieza das noções positivas e egoísticas da autonomia da vontade no domínio do contrato, teve como inspiração a busca de interpretar a convenção de modo a compatibilizá-la com os anseios éticos do meio social em que o contrato foi ajustado". (p. 25).

[154] Oportuno, nessa linha, examinar-se o livro de SENGE, Peter; SCHARMER, C. Otto; JAWORSKI, Joseph and FLOWERS, Betty Sue. *Presence*: an explanation of profound change in people, organizations and

A sustentabilidade como novo paradigma, portanto, muito além das determinações essencialmente ambientais, impõe a construção de "[...] uma ética que irá materializar-se em novas responsabilidades".[155] Responsabilidades partilhadas. Requerem-se diálogos intersistêmicos para o aperfeiçoamento das regras econômicas, políticas e jurídicas,[156] em termos nacionais e comparados. Para tanto, imprescindível que, num primeiro momento, no âmbito doméstico, tenha-se compromisso com a sustentabilidade por meio de uma interpretação jurídica sistemática.

Dito isso neste capítulo, cumpre grifar que a sustentabilidade, em suas múltiplas e interdependentes dimensões, tem de ser compreendida como novo paradigma constitucional ético-jurídico incidente sobre o Direito como um todo. Nesse quadro, a sustentabilidade também vincula, direta e imediatamente, as relações negociais privadas.

---

society. London: Nicholas Brealey Publishing, 2005. Em resumo, esta obra adverte que, almejando-se transformações significativas nas organizações e na própria sociedade, necessita-se de visões individuais e coletivas que, ao observarem a integralidade da vida, percebam que se é parte integrante de um sistema maior e do futuro que se tem revelado. Ademais, o desenvolvimento sustentável reclama o desenvolvimento da confiança e das capacidades humanas para a busca de soluções para as muitas interrogações/problemas sobre como superar o atual modo insustentável e desigual de vida. Indica-se também leitura de LOMBORG, Bjorn. *The skeptical environmentalist*. Cambridge: Cambridge University, 2001, a qual advoga que é preciso afastar o pessimismo predominante no mundo, em virtude de que esse pessimismo pode comprometer a capacidade e confiança humanas na resolução de problemas ambientais que afetam diretamente a humanidade.

[155] BARRETTO, Vicente de Paulo. Bioética, biodireito e direitos humanos. In: TORRES, Ricardo Lobo (Org.). *Teoria dos direitos fundamentais*. Rio de Janeiro: Renovar, 1999. p. 377-417. p. 408. Nesse ensaio, o autor pondera que "[...] na atualidade, o campo da bioética extrapola do âmbito restrito das ciências da saúde e apresenta uma dupla face. De um lado, incorpora as novas formas de responsabilidade, principalmente a responsabilidade com as gerações futuras, como foram vistas por Hans Jonas; mas também aceita a ideia kantiana do respeito à pessoa e do respeito ao conhecimento. A bioética surge, assim, como o mais novo e complexo ramo da ética filosófica, pois trata da responsabilidade de em relação à humanidade do futuro e, ao mesmo tempo, considera a pessoa humana como detentora de direitos inalienáveis. Contribuem, assim, para estabelecer os seus fundamentos duas linhas do pensamento contemporâneo: a primeira, peculiar à tradição liberal, onde se proclamam e afirmam os direitos da pessoa humana, como limites da ação do Estado e dos demais indivíduos; a segunda, socorre-se de uma nova linha do pensamento filosófico, originária da primeira, mas que passa a pensar a ação do indivíduo, não somente no quadro de suas consequências imediatas, mas principalmente em função de suas repercussões futuras". (p. 408).

[156] Sobre uma "proposta de modernização ecológica do direito" a partir de, entre outros aspectos, "o estabelecimento definitivo do ambiente como objectivo prioritário nas agendas política" e "a generalização de uma consciência ambiental esclarecida". ARAGÃO, Alexandra. *Instrumentos científicos e instrumentos jurídicos*: perspectivas de convergência rumo à sustentabilidade no Direito Comunitário do Ambiente. Revista Jurídica do Urbanismo e do Ambiente, Coimbra, n. 20, p. 11-24, dez. 2003. Neste artigo, a autora apresenta instrumentos pertinentes a outras searas da ciência e demonstra como eles podem contribuir, por exemplo, para a generalização de uma consciência ambiental esclarecida. A título exemplificativo, fala-se em pegada ecológica (*ecological footprint*), que "[...] é uma medida relativa à área de solo ecologicamente produtivo utilizada, directa ou indirectamente, em certa atividade, por exemplo a pegada ecológica relativa à produção de um bife". (p. 17). [grifo do autor]. Acerca disso, alerta-se que "[...] muitas organizações não governamentais de promoção do desenvolvimento sustentável, disponibilizam software que permite fazer um cálculo aproximado da pegada ecológica individual. Uma delas é a Leadership for Environment and Development – LEAD, <http://www.lead.org/leadnet/footprint/intro.htm>". (p. 18, nota 10). Ademais, observa-se que "O cálculo automático das emissões individuais de CO_2 pode ser efectuado através do portal do ICLEI – Local Governments for Sustainability, uma associação internacional de promoção do desenvolvimento sustentável". (p. 19, nota 14).

Nessa ótica, o comprometimento com a causa da sustentabilidade, em especial em sua dimensão ambiental – que é para este estudo a mais proeminente –, pode impor limitações aos contratos em geral, condicionando o exercício da autonomia privada, nas hipóteses em que se produzam impactos ao meio ambiente, tais como nas avenças agrárias.

2. Do *pacta sunt servanda* à função social dos contratos

Convém remarcar: o âmbito de investigação desta pesquisa se delimita ao Direito Privado,[157] não obstante a transversalidade da pesquisa, no qual confluem inevitavelmente dimensões de Direito Constitucional e Ambiental.

Almeja-se, assim, analisar a incidência do art. 225, *caput*, da Constituição Federal, que assegura o direito ao meio ambiente ecologicamente equilibrado, na órbita privada. O Código Civil brasileiro de 2002, em seu art. 421, contempla expressa previsão legal acerca da função social dos contratos. Diante disso, quer-se meditar, em especial, sobre como instrumentalizar e concretizar tal comando diante do novo paradigma ético-jurídico vinculante da sustentabilidade.

Cumpre destacar que a ideia de função social se encontra no Código Civil de 2002 por meio da norma contida no § 1º do art. 1.228.[158] Trata-se da tutela do direito de propriedade associada aos cuidados com o meio ambiente. Aproxima-se, dessa forma, a sustentabilidade ambiental de institutos de natureza eminentemente privada, tais como a propriedade particular e os contratos. A fim de se verificar tal aproximação, os contratos agrários, os quais disciplinam a posse ou uso temporário da terra,[159] são objeto de estudo no capítulo 3 do livro. Acerca da legislação agrarista, oportuno sublinhar, desde já, que a Lei nº 4.504, de 30 de novembro de 1964 (Estatuto da Terra) e o decreto que a regulamenta, Decreto nº 59.566, de 14 de novembro de 1966, foram recepcionados pela Constituição Federal de 1988.[160]

---

[157] A expressão Direito Privado empregada envolve uma compreensão do Direito conforme os interesses por ele regulados, isto é, abrange a disciplina jurídica das relações que tutelam os interesses do homem enquanto ser individual.

[158] Art. 1.228, CC/02: "[...] § 1º O direito de propriedade deve ser exercido em consonância com as suas finalidades econômicas e sociais e de modo que sejam preservados, de conformidade com o estabelecido em lei especial, a flora, a fauna, as belezas naturais, o equilíbrio ecológico e o patrimônio histórico e artístico, bem como evitada a poluição do ar e das águas".

[159] Art. 1º do Decreto nº 59.566/66: "O arrendamento e a parceria são contratos agrários que a lei reconhece, para o fim de posse ou uso temporário da terra, entre o proprietário, quem detenha a posse ou tenha a livre administração de um imóvel rural, e aquele que nela exerça qualquer atividade agrícola, pecuária, agroindustrial, extrativa ou mista (art. 92 da Lei nº 4.504 de 30 de novembro de 1964 – Estatuto da Terra – e art. 13 da Lei nº 4.947 de 6 de abril de 1966)".

[160] Nesse sentido, consulte-se jurisprudência do Superior Tribunal de Justiça. BRASIL. Superior Tribunal de Justiça. RMS 848 / CE. Recurso Ordinário em Mandado de Segurança nº 1991/0002122-9, Primeira Turma, Relator Ministro Garcia Vieira, julgado em 11/12/1991. Disponível em: <http://www.stj.jus.

Por ora, neste segundo capítulo do trabalho, pretende-se apreciar a evolução da seara contratual, sob a perspectiva da sustentabilidade, no que se refere principalmente ao exercício da liberdade de contratar em cotejo com o cumprimento da função social dos contratos.

2.1. Esclarecimentos conceituais

Os contratos públicos e privados podem acarretar maiores ou menores efeitos, diretos e indiretos, no mundo da natureza. Pense-se, por exemplo, na esfera consumerista. Quantos são os consumidores ávidos por produtos e serviços, sendo que a oferta destes demanda, muitas vezes, cada vez mais degradação ambiental?

Os meios de comunicação, para ilustrar, publicam incontáveis notícias relacionadas à temática do consumo voraz e das práticas insustentáveis pelo prisma do meio ambiente. Veja-se:

> Você deve ter notado que as vias estão cada vez mais congestionadas. É o reflexo das condições favoráveis para a compra de veículos e também da falta de hábitos sustentáveis. Segundo o Instituto de Pesquisa Econômica Aplicada, caso cada usuário opte por deslocar-se com um carro, emitirá oito vezes mais CO_2 que um ônibus e 36 vezes mais que o metrô. Isso acontece porque um ônibus pode retirar das ruas entre 20 e 40 motos ou ainda 38 carros (considerando a ocupação média de 1,2 pessoas por carro). Para prover condições satisfatórias para o uso do transporte coletivo, o sistema deverá aumentar a frota de ônibus e as linhas de metrô para atender aos novos usuários, principalmente em horários de pico. Um bom começo para quem não vive sem o automóvel é a carona solidária ou o rodízio de veículos com colegas e amigos (Fonte: Projeto USE).[161]

Nesse sentido, a Lei nº 12.587, de 3 de janeiro de 2012, instituiu as diretrizes da Política Nacional de Mobilidade Urbana e deu outras providências. Dentre as diretrizes que orientam a Política Nacional de Mobilidade Urbana, o art. 6º, em seu inciso II, estabelece prioridade dos modos de transportes não motorizados sobre os motorizados e dos serviços de transporte público coletivo sobre o transporte individual motorizado.[162] Desse modo, um dos princípios que rege a referida lei é o do desenvolvimento sustentável das cidades, nas dimensões socioeconômicas e ambientais (art. 5º, inciso II). Embora haja previsão legal expressa acerca da matéria, muito pouco se fez até os dias de hoje a fim de implementar na prática tais comandos legais.

---

br/SCON/jurisprudencia/doc.jsp?livre=estatuto+terra+recep%E7%E3o+constitui%E7%E3o&&b=ACOR&p=true&t=&l=10&i=9>. Acesso em: 21 jan. 2014.

[161] PRÁTICAS sustentáveis. Transporte público x carro particular. PUCRS Notícias, Porto Alegre, n. 415, p. 2, 1-7 ago. 2012.

[162] Art. 4º da Lei nº 12.587/12: "Para os fins desta Lei, considera-se: [...] IV – modos de transporte motorizado: modalidades que se utilizam de veículos automotores; V – modos de transporte não motorizado: modalidades que se utilizam do esforço humano ou tração animal; VI – transporte público coletivo: serviço público de transporte de passageiros acessível a toda a população mediante pagamento individualizado, com itinerários e preços fixados pelo poder público; [...] X – transporte motorizado privado: meio motorizado de transporte de passageiros utilizado para a realização de viagens individualizadas por intermédio de veículos particulares; [...]".

Por outro lado, analisando-se a situação pelo prisma econômico, contemporaneamente muitas são as políticas governamentais no mundo que visam a uma maior distribuição de renda. Embora tais medidas sejam salutares e desejáveis, há que se avaliar seus reflexos no meio ambiente. A equação é simples: quanto mais renda, maior é o consumo e, com isso, maior é o impacto ambiental. Ademais, a ausência de educação para o consumo, em especial em populações de baixa renda, também contribui para que o homem consuma de forma ambientalmente insustentável.

Como conciliar aquisição de renda e maior poder de contratar/consumir com as exigências de um desenvolvimento sustentável?[163] Esse é o grande desafio que se impõe.

O mercado dos contratos de consumo se depara hoje com produtos com obsolescência programada. Incentiva-se um consumismo cada vez mais insaciável. Aparelhos de telefone celular, aparelhos de televisão, computadores, entre muitos outros produtos, têm sua utilidade questionada, mesmo estando em perfeito estado de funcionamento, em virtude do surgimento de outro aparelho similar, mas com tecnologia mais moderna e avançada. Como equacionar as demandas do mercado com práticas de consumo adequadas aos critérios de sustentabilidade ambiental?[164]

Muitas são as indagações. Escassas são as respostas a essa problemática. Como se vê, o tema da sustentabilidade é chave para fazer frente às maiores inquietações da "modernidade líquida".[165]

Ecologistas, sociólogos, economistas, juristas, filósofos, enfim, profissionais das mais diversas áreas, têm envidado esforços conjuntos, direcionando seus estudos na intenção de apresentar soluções a este complexo problema: como prosperar economicamente sem degradar o ambiente e extinguir os recursos da natureza ao ponto de aniquilá-la?

Apropriadas, pois, nessa linha, as reflexões do filósofo Michael J. Sandel,[166] ao relacionar os grandes problemas da filosofia aos assuntos do cotidiano, tal como a questão dos limites morais dos mercados. Vejam-se algumas de suas preocupações:

> Quais são as nossas obrigações uns com os outros em uma sociedade democrática? O governo deveria taxar os ricos para ajudar os pobres? O mercado livre é justo? Às vezes é errado dizer a verdade? Matar é, em alguns casos, moralmente justificável? É possível, ou desejável,

---

[163] A definição de desenvolvimento sustentável, para esta pesquisa, foi apresentada no capítulo 1 do trabalho. Em uma apertada síntese, o desenvolvimento sustentável é aquele desenvolvimento socioeconômico que não exaure os recursos ambientais.

[164] Conforme registrado no capítulo 1 do livro, a sustentabilidade ambiental demanda hábitos de consumo capazes de satisfazer as necessidades presentes, sem comprometer a capacidade das gerações futuras de suprir suas próprias necessidades, garantindo-se equilíbrio ambiental, na linha do que se definiu por desenvolvimento sustentável no Relatório Brundtland de 1987, elaborado pela Comissão Mundial sobre Meio Ambiente e Desenvolvimento da Organização das Nações Unidas (ONU).

[165] Nesse sentido, *vide* BAUMAN, Zygmunt. *Modernidade líquida*. Rio de Janeiro: Jorge Zahar, 2001.

[166] *Vide* SANDEL, Michel J. *Justiça – o que é fazer a coisa certa*. Tradução de: Heloisa Matias e Maria Alice Máximo. 8. ed. Rio de Janeiro: Civilização Brasileira, 2012.

legislar sobre a moral? Os direitos individuais e o bem comum estão necessariamente em conflito?[167]

Desse modo, a advertência de Vasco Pereira da Silva no sentido de que "[...] a importância das questões do ambiente, em nossos dias, é de ordem tal que não poderia deixar indiferentes o Estado e o Direito"[168] se revela bastante adequada.

As questões ambientais representam "[...] problemas sociales, problemas del ser humano, de su historia, de sus condiciones de vida, de su referencia al mundo y a la realidad, de su ordenamiento econômico, cultural e político".[169] Isso porque se entende que "[...] la naturaleza ya no puede ser pensada sin la sociedad y la sociedad ya no puede ser pensada sin la naturaleza".[170]

Nesse contexto, o Constituinte brasileiro de 1988, ao consagrar no art. 225, *caput*, da Constituição, o direito ao meio ambiente ecologicamente equilibrado, o fez como direito subjetivo público.[171] Em verdade, isso reflete o despertar da "consciência ecológica" de muitos que, no Brasil e pelo mundo afora, passaram a exigir do Estado e do Direito a adoção de medidas tendentes à conservação do meio ambiente como forma de, simultaneamente, garantir-se o bem-estar de todos e proteger os interesses particulares legítimos. Veja-se:

> O surgimento de uma "consciência ecológica" dos cidadãos levou a que se transitasse da mera relevância objetiva das tarefas estaduais para a esfera dos direitos individuais, considerando-se que as normas reguladoras do ambiente se destinam também à protecção de interesses dos particulares, que desta forma são titulares de direitos subjetivos públicos.[172]

Porém, registre-se que, no estágio atual das coisas, o direito constitucional subjetivo público do meio ambiente ecologicamente equilibrado tem-se aproximado cada vez mais da configuração jurídica de um *direito-função* ou *direito-dever*. Ou seja, além de ser um direito exercitável contra o Estado ao dele se exigirem ações ou omissões para a tutela do meio ambiente, do

---

[167] Questionamentos presentes na "orelha" do livro de SANDEL, Michel J. *Justiça – o que é fazer a coisa certa*. Tradução de: Heloisa Matias e Maria Alice Máximo. 8. ed. Rio de Janeiro: Civilização Brasileira, 2012.

[168] SILVA, Vasco Pereira da. *Da protecção jurídica ambiental*: os denominados embargos administrativos em matéria de ambiente. Lisboa: Associação Acadêmica da Faculdade de Direito de Lisboa, 1997. p. 5.

[169] BECK, Ulrich. *La sociedad del riesgo*: hacia una nueva modernidad. Tradução de: Jorge Navarro, Daniel Jiménez e Maria Rosa Corrás. Barcelona: Paidós, 1998. p. 90.

[170] BECK, Ulrich. *La sociedad del riesgo*: hacia una nueva modernidad. Tradução de: Jorge Navarro, Daniel Jiménez e Maria Rosa Corrás. Barcelona: Paidós, 1998. p. 89.

[171] Conforme SILVA, De Plácido e. *Vocabulário jurídico*. 4. ed., 2ª tir. Rio de Janeiro: Forense, 1996. v. 1. p. 95: "O *Direito*, em sentido subjetivo, quer significar o *poder de ação* assegurado legalmente a toda pessoa para defesa e proteção de toda e qualquer espécie de *bens* materiais ou imateriais, do qual decorre a *faculdade de exigir* a prestação ou abstenção de atos, ou o cumprimento da obrigação, a quem outrem esteja sujeito". [grifo do autor]. Depreende-se, pois, que o direito subjetivo público se exercita contra o Estado quando dele se exige o cumprimento de abstenções ou ações de sua competência.

[172] SILVA, Vasco Pereira da. Da protecção jurídica ambiental: os denominados embargos administrativos em matéria de ambiente. Lisboa: Associação Acadêmica da Faculdade de Direito de Lisboa, 1997. p. 6.

cidadão brasileiro, destinatário da norma contida no art. 225, *caput*, da Carta de 1988, também se exige uma postura ativa e participativa visando à proteção ambiental.

Assim, além de tarefa do Poder Público, impõe-se a responsabilidade de todas as forças sociais pela tutela ambiental – incumbência, esta, também designada *shared responsibility*.[173] Atente-se para o fato de que o sujeito de direito relevante já não é apenas a pessoa ou o grupo de pessoas. Fala-se em sujeito geração.[174] Até porque os problemas ambientais ultrapassam as fronteiras nacionais e o empenho de absolutamente todos – cidadãos brasileiros ou cidadãos do mundo – é imprescindível para se enfrentar tão complexo desafio.

Dessa forma, o direito insculpido no art. 225, *caput*, da Carta Magna brasileira salienta a demanda pela adoção de uma postura ética ambiental[175] por parte de todos, em razão de que

> [...] isso significa que o recorte de um *dever fundamental ecológico*, em nome da justiça intergeracional, pode implicar a tomada em consideração do ambiente no balanceamento de direito, acentuando-se os "momentos de dever" até agora desprezados na dogmática jurídica.[176] [grifo do autor].

Logo, para consolidar, observa-se que tanto o Poder Público quanto os particulares têm compromisso com a tutela do ambiente. Não poderia ser diferente. A proteção dos ecossistemas[177] em geral, terrestres e aquáticos, garante a continuidade da vida no planeta. Ao zelar-se pelo ambiente, concomitantemente, está-se a zelar pelo bem-estar individual e coletivo.

Com efeito, as normas que vinculam particulares em sede obrigacional, exaradas em contratos, também os vinculam no sentido do cumprimento dos mandamentos e ditames constitucionais. Em razão disso, no item a seguir, será enfrentada a questão da constitucionalização do Direito Privado, já que, em razão disso, é possível relacionar a sustentabilidade ambiental com os contratos que possam acarretar impactos no meio ambiente, tais como os agrários.

---

[173] CANOTILHO, José Joaquim Gomes. *Estudos sobre direitos fundamentais*. Coimbra: Coimbra, 2004. p. 177-178.

[174] SILVA-SÁNCHEZ, Solange S. *Cidadania ambiental*: novos direitos no Brasil. São Paulo: Humanitas/FFLCH/USP, 2000. p. 25 *et seq*.

[175] Para maiores esclarecimentos sobre ética ambiental e responsabilidade, consulte-se a obra de JONAS, Hans. *O princípio da responsabilidade*: ensaio de uma ética para uma civilização tecnológica. Rio de Janeiro: PUC Rio, 2006.

[176] CANOTILHO, José Joaquim Gomes. *Estudos sobre direitos fundamentais*. Coimbra: Coimbra, 2004. p. 177-178.

[177] "Toda e qualquer unidade que englobe todos os organismos que funcionem em conjunto em uma determinada área geográfica, em interação com o meio físico, de determinada área geográfica, em interação com o meio físico, de maneira que um fluxo de energia seja capaz de gerar estruturas bióticas definidas e reciclagem de materiais, entre as suas partes vivas e as não-vivas, é um ecossistema". ODUM, Eugene P. *Fundamentos de Ecologia*. 4. ed. Tradução de: Antonio Manuel de Azevedo Gomes. Lisboa: Fundação Calouste Gulbenkian, 1988. p. 9.

2.2. A constitucionalização do direito privado como abertura para a sustentabilidade no direito contratual

A sustentabilidade está consagrada no art. 225, *caput*, da Constituição Federal de 1988. Sua incidência no Direito Contratual ocorre à mercê da constitucionalização do Direito Privado.

Todas as províncias jurídicas devem conformidade e obediência ao Estatuto Fundamental. Assim, o respeito à Constituição, fonte normativa suprema, garante estabilidade e coerência a todo o tecido normativo brasileiro, em especial ao promover a axiologia decorrente das opções político-jurídicas do legislador constituinte. Essa conformação constitucional é exigível de todas as normas que compõem o ordenamento, ainda quando vinculem unicamente interesses privados.

Nessa linha é a afirmação de Maria Celina Bodin de Moraes[178] ao advertir que

> [...] o ordenamento jurídico, globalmente considerado, compõe-se de normas diversas que têm a sua origem em poderes distintos, no Poder do Parlamento, do Governo, dos sindicatos, das associações, das sociedades, dos particulares, mas estabelece entre essas normas uma rígida hierarquia, representada plasticamente pela forma piramidal. No seu ápice, garantindo a unidade, está a Constituição.

Nesses moldes, interessante refletir acerca da evolução da vinculação das normas privadas ao texto constitucional[179] com o fito de esclarecer, em momento posterior, o dever de promoção da sustentabilidade ambiental junto às relações negociais entre particulares, em especial no que se refere aos contratos que possam acarretar externalidades negativas.[180]

Historicamente, o Direito Privado concedia "[...] tutela jurídica para que o indivíduo, isoladamente, pudesse desenvolver com plena liberdade a sua atividade econômica".[181] Assim, a função, em especial, do Direito Civil era "[...] a defesa da posição do *indivíduo* frente ao Estado (hoje matéria constitucional)".[182] [grifo do autor].

Nesse cenário, o Código Civil de 1916 "[...] visava a regular, com efeito, a totalidade das relações privadas, dirigindo-se ao indivíduo isoladamente considerado".[183] Simbolizou o "Estatuto da Vida Privada", já que sua exis-

---

[178] MORAES, Maria Celina Bodin de. A constitucionalização do Direito Civil. *Revista Brasileira de Direito Comparado*, Rio de Janeiro, n. 17, p. 76-89, set. 1999. p. 81.

[179] Com relação ao tema da constitucionalização do Direito Privado, essencial que se examine a obra de PERLINGIERI, Pietro. *Profili del Diritto Civile*. 3. ed. Napolis: Edizioni Scientifiche Italiane, 1994.

[180] *Vide* KRUGMAN, Paul e WELLS, Robin. *Introdução à Economia*. Rio de Janeiro: Campus, 2007.

[181] TEPEDINO, Maria Celina B. M. A caminho de um direito civil constitucional. *Revista de Direito Civil – Imobiliário, Agrário e Empresarial*, São Paulo, a. 17, n. 65, p. 21-32, jul./set. 1993. p. 22.

[182] TEPEDINO, Maria Celina B. M. A caminho de um direito civil constitucional. *Revista de Direito Civil – Imobiliário, Agrário e Empresarial*, São Paulo, a. 17, n. 65, p. 21-32, jul./set. 1993. p. 22.

[183] MORAES, Maria Celina Bodin de. A constitucionalização do Direito Civil. *Revista Brasileira de Direito Comparado*, Rio de Janeiro, n. 17, p. 76-89, set. 1999. p. 78.

tência se justificava pela intenção de apresentar solução à totalidade dos problemas da vida dos particulares.

Preconizava-se, assim, a separação entre o Estado e a sociedade civil a fim de que os particulares atuassem livremente conforme suas próprias regras, sem qualquer espécie de intervenção estatal. A preocupação jurídica privada era eminentemente individualista, garantindo-se plenitude de autonomia do indivíduo e liberdade contratual, cujas raízes desse sistema emanaram do Estado Liberal[184] "sustentado na convicção da promessa de dominação da natureza como fator de desenvolvimento econômico".[185] Observe-se:

> O Código, para o Direito Privado, tem um papel verdadeiramente constitucional, no sentido de ser a Constituição dos Privados, trazendo o estatuto completo dos cidadãos e incluindo, portanto, os limites à atividade do Estado em relação a eles. O Direito Privado existe, principalmente, para impedir as interferências do Estado.
>
> Como substrato social deste estado de coisas, temos que na França – e, em consequência, também nos países que seguiram o modelo do Código Napoleônico – a burguesia, recém libertada dos privilégios feudais, logo impôs uma legislação garantidora da livre circulação da riqueza. As duas vigas-mestras deste liberalismo jurídico são constituídas pela propriedade e pelo contrato, ambos entendidos como instituições em que se manifestam a plena autonomia do indivíduo.[186]

À Constituição caberia, pois, regular as relações públicas, notadamente as que o Poder Público participasse, almejando a proteção do indivíduo frente ao império do Estado. Isso explica que

> [...] as normas constitucionais não se supunham aplicáveis às relações travadas entre os particulares, pois nestas o vínculo jurídico era caracteristicamente estabelecido entre sujeitos de direito dotados de igual capacidade jurídica.[187]

Havia, desse modo, relações de paralelismo entre o Direito Público e o Direito Privado, na medida em que conviviam lado a lado, cada um limitado a sua esfera específica de atuação, sem que houvesse algum ponto de convergência entre eles. É o que Judith Martins-Costa denomina de "modelo da incomunicabilidade".[188]

---

[184] Entenda-se por Estado Liberal aquele modelo de Estado não intervencionista e guardião das liberdades individuais. Consulte-se, para fins de aprofundamento, a obra de BONAVIDES, Paulo. *Do estado liberal ao estado social*. 7. ed. 2ª tir. São Paulo: Malheiros, 2004.

[185] BARROSO, Lucas Abreu. O sentido ambiental da propriedade agrária como substrato do Estado de Direito na contemporaneidade. *Revista Jurídica do Urbanismo e do Ambiente*, Coimbra, a. XI, n. 21/22, p. 123-141, jun./dez. 2004. p. 125.

[186] MORAES, Maria Celina Bodin de. A constitucionalização do Direito Civil. *Revista Brasileira de Direito Comparado*, Rio de Janeiro, n. 17, p. 76-89, set. 1999. p. 80-81.

[187] NEGREIROS, Teresa. *Teoria do contrato*: novos paradigmas. 2. ed. Rio de Janeiro: Renovar, 2002. p. 49.

[188] A autora esclarece que o emprego desta expressão que significar que "Constituição e Código Civil andavam paralelos, como mundos que não se tocavam senão sob o aspecto formal, em razão do princípio da hierarquia das leis e dos cânones que guiam a vigência da lei no tempo e no espaço" (p. 67). Para maiores aprofundamentos, examine-se o artigo de MARTINS-COSTA, Judith. Os direitos fundamentais e a opção culturalista do novo Código Civil. In: SARLET, Ingo Wolfgang (Org.). *Constituição, direitos fundamentais e Direito Privado*. 2. ed., rev. e ampl. Porto Alegre: Livraria do Advogado, 2006. p. 63-87.

Veja-se que naquele momento histórico

> [...] é preciso reconhecer que enquanto o Código Civil correspondeu às aspirações de uma determinada classe social, interessada em afirmar a excelência do regime capitalista de produção, e cujos protagonistas são o proprietário, o marido, o contratante e o testador – na realidade, roupagens diversas usadas pelo mesmo personagem, o indivíduo burguês que queria ver completamente protegido o poder de sua vontade, no tocante às situações de natureza patrimonial –, a Constituição Federal, ao contrário, pôs a pessoa humana no centro do ordenamento jurídico ao estabelecer, no art. 1º, III, que sua *dignidade* constitui um dos fundamentos da República, assegurando, por esta forma, absoluta prioridade às situações existenciais ou extra-patrimoniais.[189]

Com isso, havia rígida separação entre as matérias relegadas ao Direito Público e assuntos submetidos ao Direito Privado.

Nesse passo, importa registrar que

> [...] numa época em que o indivíduo era concebido isoladamente no espaço social e político, e a Sociedade e o Estado eram considerados dois mundos separados e estanques, cada um governado por uma lógica de interesses própria e obedecendo, por isso, respectivamente, ao direito privado, ou ao direito público, não admira que os direitos fundamentais pudessem ser e fossem exclusivamente concebidos como direitos do indivíduo contra o Estado.[190]

Assim, "[...] o patrimonialismo do espaço privado – que, nessa fase, não cogita como valor maior a dignidade da pessoa humana – acabou por se refletir nas codificações do século XIX e início do século XX".[191]

Ocorre que, gradativamente, o intervencionismo estatal e, como consequência, a regulação jurídica da economia se tornaram mais salientes. O Estado, sob uma nova roupagem, intitulado de *Welfare State*,[192] com acentuadas características intervencionistas e regulatórias, afetou profundamente a função promotora dos direitos individualistas do Direito Privado.

---

[189] MORAES, Maria Celina Bodin de. A constitucionalização do Direito Civil. *Revista Brasileira de Direito Comparado*, Rio de Janeiro, n. 17, p. 76-89, set. 1999. p. 76.

[190] ANDRADE, José Carlos Vieira de. Os direitos, liberdades e garantias no âmbito das relações entre particulares. In: SARLET, Ingo Wolfgang (Org.). *Constituição, direitos fundamentais e Direito Privado*. 2. ed., rev. e ampl. Porto Alegre: Livraria do Advogado, 2006. p. 273-299. p. 274.

[191] FACHIN, Luiz Edson; PIANOVSKI RUZYK, Carlos Eduardo. Direitos fundamentais, dignidade da pessoa humana e o novo Código Civil: uma análise crítica. In: SARLET, Ingo Wolfgang (Org.). *Constituição, direitos fundamentais e Direito Privado*. 2. ed., rev. e ampl. Porto Alegre: Livraria do Advogado, 2006. p. 94. Os autores, neste texto, ainda alertam para o fato de que "[...] pode-se identificar entre as mais relevantes origens teóricas da cisão entre público e privado o pensamento de John Locke. Mais do que isso, Locke identifica como elemento central da espacialidade privada a noção de propriedade, sendo um dos pensamentos fundantes do patrimonialismo característico do Direito Civil de matriz Liberal". (p. 93). Outros aprofundamentos acerca das contribuições de John Locke nesta seara podem ser obtidos por meio de consulta à obra LOCKE, John. *Segundo tratado sobre o governo civil*: ensaio sobre a origem, os limites e os fins verdadeiros do governo civil. Tradução de: Magda Lopes e Marisa Lobo da Costa. Petrópolis: Vozes, 1999.

[192] Também denominado Estado de Bem-estar Social. Trata-se de modelo de Estado promotor de direitos sociais, comprometido em garantir prestações positivas aos seus cidadãos, tais como padrões mínimos de saúde, educação, habitação, saneamento básico, seguridade social, entre outros. Nesse sentido, oportuno examinar o livro de BONAVIDES, Paulo. *Do estado liberal ao estado social*. 7. ed. 2ª tir. São Paulo: Malheiros, 2004.

Após a Revolução Industrial,[193] e, com ela, a necessidade da adoção de medidas políticas e econômicas visando a prestações sociais, o foco de proteção legal se deslocou da vida individual para a tutela da integração do homem na sociedade, assumindo relevo, portanto, a figura dos interesses coletivos em detrimento do proveito do indivíduo isoladamente considerado.

Por outro lado, tempos depois, modificou-se o centro das relações jurídicas de Direito Privado. O Código Civil deixou de ser a "panaceia para todos os males" no tocante aos interesses particulares, eis que, progressivamente, viam-se surgir inúmeras leis extravagantes destinadas a regulamentar inteira e exaustivamente determinadas situações, tais como a Lei dos Condomínios e Incorporações,[194] o Código de Defesa do Consumidor,[195] a Lei do Inquilinato,[196] a Lei dos Direitos Autorais,[197] entre outras.

Nesse contexto, a abundante expansão de leis específicas registra o nascimento de microssistemas. Esses microssistemas[198] comprometeram a pretensão de completude[199] e exclusividade[200] que o Código Civil de matriz liberal possuía, já que passaram a disciplinar vastas matérias de modo extenuante, em razão de que, em sua técnica legislativa, vinculavam "[...] não apenas normas de direito material, mas também processuais, de direito administrativo, regras interpretativas e mesmo de direito penal".[201] Com isso, revelou-se a era dos estatutos.

À codificação, portanto, passou-se a recorrer subsidiariamente, isto é, somente diante de lacuna do texto legal específico. Tratava-se do fenômeno da descodificação, onde o Código teve seu papel bastante diminuído, tornando-se referência normativa do Direito comum ao traçar as linhas e disposições gerais de determinados institutos jurídicos.

---

[193] Iniciada na Inglaterra no século XVIII, a Revolução Industrial se propagou pelo mundo a partir do século XIX. Ela envolve um conjunto de profundas alterações tecnológicas que modifica processos produtivos e acarreta importantes consequências econômicas e sociais.

[194] Lei nº 4.591, de 16 de dezembro de 1964.

[195] Lei nº 8.078, de 11 de setembro de 1990.

[196] Lei nº 8.245, de 18 de outubro de 1991.

[197] Lei nº 9.610, de 19 de fevereiro de 1998.

[198] Para mais esclarecimentos, *vide* NATALINO, Irti. *L'età della decodificazione*. 3. ed. Milano: Giuffrè, 1989.

[199] O dogma da completude traduz a ideia de que o Código Civil contemplaria em seu texto todas as situações de interesse dos particulares que demandariam regulamentação, representando, portanto, a concepção de um sistema completo e autossuficiente. O art. 4º da antiga Lei de Introdução ao Código Civil (Decreto-Lei nº 4.657, de 4 de setembro de 1942, cuja ementa foi alterada pela Lei nº 12.376, de 30 de dezembro de 2010, para "Lei de Introdução às normas de Direito Brasileiro") bem demonstra isto. Tal artigo adverte que "[...] quando a lei for omissa, o juiz decidirá o caso de acordo com a analogia, os costumes e os princípios gerais de direito".

[200] Preconizava-se que a codificação disciplinava com exclusividade toda a matéria privada, sem que houvesse necessidade de se recorrer a outro instrumento normativo.

[201] TEPEDINO, Gustavo. O Código Civil, os chamados microssistemas e Constituição: premissas para uma reforma legislativa. In: —— (Coord.). *Problemas de Direito Civil*. Rio de Janeiro: Renovar, 2001. p. 1-16. p. 4.

Constatava-se, assim, uma crescente postura intervencionista do Estado e a proliferação de microssistemas normativos. Esse intervencionismo também se anunciou no âmbito privado, revelando o chamado dirigismo contratual,[202] no qual a autonomia dos particulares e sua liberdade contratual passaram a experimentar restrições.[203]

Nessa linha, a Constituição, que, num primeiro momento, se limitava a apresentar as normas políticas de estruturação do Estado, assegurando, em especial, os direitos fundamentais[204] de primeira geração[205] ou dimensão[206] – os chamados direitos de defesa do cidadão contra o Estado – passou a incidir também sobre as relações privadas.

Em vista disso, não se pode afirmar que houve invasão da esfera pública sobre a esfera privada, mas, sim,

> [...] admitir, ao revés, a estrutural transformação do conceito de direito civil, ampla o suficiente para abrigar, na tutela das atividades e dos interesses da pessoa humana, técnicas e instrumentos tradicionalmente próprios do direito público como, por exemplo, a aplicação direta das normas constitucionais nas relações jurídicas de caráter privado.[207]

Em razão de tantas transformações, pode-se afirmar que a cisão entre Direito Público e Direito Privado ruiu,[208] eis que questões de interesse público passaram a ser também de interesse privado, e vice-versa. Veja-se que

> [...] o esfacelamento dos diques entre os direitos público e privado, ambos, de igual modo, recebendo a luz da Constituição, provocou alteração significativa na compreensão metodológica: ao direito civil, como um todo – e não apenas a setores seus, como o sistema de consumo

---

[202] Trata-se de fenômeno em que se observa uma crescente intervenção do Estado na seara privada, limitando, em especial, a autonomia dos particulares em ver sua vontade livre manifestada em instrumentos contratuais. O Estado, a fim de tutelar interesses da coletividade, tal como o equilíbrio entre direitos e deveres das partes em um contrato, condiciona o exercício da autonomia e liberdade dos indivíduos ao cumprimento de determinadas objetivos e regras por ele impostas. Isto se verifica, por exemplo, nas contratações de planos de saúde, empréstimos consignados para aposentados, contratos de consumo, consórcios para aquisição de bens, etc. Ressalte-se que a expressão "dirigismo" não tem conotação relacionada à polêmica sobre a "Constituição Dirigente", tema que refoge ao trabalho.

[203] Há quem propague que o dirigismo estatal pode se manifestar "em suas espécies legislativa, judicial ou administrativa". ALBUQUERQUE, Fabíola Santos. Liberdade de contratar e livre iniciativa. *Revista Trimestral de Direito Civil*, Rio de Janeiro, v. 15, p. 73-88, jul./set. 2003. p. 80.

[204] Trata-se dos direitos humanos positivados nas Constituições. Sobre a temática dos direitos fundamentais, importante é consulta à obra de ALEXY, Robert. *Teoria dos direitos fundamentais*. Tradução de: Virgílio Afonso da Silva. São Paulo: Malheiros, 2008.

[205] Os chamados direitos fundamentais de primeira geração representam os direitos civis e políticos (liberdades individuais), isto é, direitos que asseguram uma conduta negativa por parte do Estado no sentido de não violá-los por meio de arbitrariedades estatais que possam vir a ser praticadas. Garantem, pois, vida, liberdade e propriedade, entre outros direitos.

[206] Não obstante haja controvérsia entre os constitucionalistas acerca da terminologia mais acertada (se geração ou dimensão), privilegia-se, nesta pesquisa, o uso do termo dimensão de direitos fundamentais, em razão de que a expressão geração conduz à equivocada ideia de que uma geração de direitos humanos seria suplantada pela posterior que surgisse como em uma sucessão cronológica. Sabe-se que tal raciocínio não procede, não havendo exclusão de uma geração de direitos pela subsequente. Nesse sentido, *vide* BONAVIDES, Paulo. *Curso de Direito Constitucional*. 7. ed. São Paulo: Malheiros, 1997.

[207] TEPEDINO, Maria Celina B. M. A caminho de um direito civil constitucional. *Revista de Direito Civil – Imobiliário, Agrário e Empresarial*, São Paulo, a. 17, n. 65, p. 21-32, jul./set. 1993. p. 23-24.

[208] Para aprofundamentos, *vide* FACHIN, Luiz Edson. *Teoria crítica do Direito Civil*: à luz do novo Código Civil brasileiro. 3. ed., rev. e atual. Rio de Janeiro: Renovar, 2012.

– cabe coibir abusos, reequilibrar posições, estabelecer limites. Não há mudança significativa quanto aos vetores principiológicos fundamentais: cabe sempre resguardar a dignidade da pessoa humana, procurar reduzir as desigualdades e promover a solidariedade.[209]

Destarte, a reconstrução do conceito e função do Direito Privado e, em particular, do Direito Civil, tendo em vista o cumprimento dos ditames constitucionais, importou abertura do sistema privado para que a sustentabilidade ambiental condicionasse as relações contratuais – especificamente com relação aos contratos nos quais se autoriza ou estipula a exploração de recursos naturais.

A par disso, impõe-se, no item a seguir, apreciar a questão da vinculação dos particulares aos direitos fundamentais, com o objetivo de refletir, posteriormente, sobre o exercício da autonomia privada, segundo o paradigma da sustentabilidade.

2.3. Vinculação dos particulares aos direitos fundamentais: a autonomia privada no contexto da sustentabilidade

Flagrante que novas relações entre Estado e sociedade se estabeleceram, relações muito distintas das entabuladas sob a égide da concepção liberal. Hoje não há mais espaço para liberdade plena na esfera contratual a partir da afirmação de igualdade jurídica.[210]

Sabe-se que a máxima de que "todos são iguais perante a lei",[211] insculpida no art. 5º, *caput*, do Texto Maior, a qual normatiza o princípio da igualdade ou isonomia, muitas vezes é falaciosa se em contraste com a realidade social. Outra não é a razão pela qual se faz a distinção entre igualdade formal e igualdade material. Ou seja, no que se refere ao tratamento dispensado formalmente pela lei, todos são considerados iguais, porém, a denominada igualdade material reclama muito além do que o tratamento legal isonômico, exigindo, também, a adoção de medidas tendentes à superação das desigualdades deflagradas pela vida em sociedade (diferenças educacionais, econômicas, de acesso à informação, etc.).

Em verdade, as desigualdades se fazem presentes, de maneira intensa, no que tange às relações entre particulares. Inúmeras relações entabuladas no âmbito do Direito Privado revelam, por exemplo, abuso de poder econô-

---

[209] NETTO, Felipe Peixoto Braga. A responsabilidade civil e a hermenêutica contemporânea: uma nova teoria contratual? In: LÔBO, Paulo Luiz Netto; LYRA JUNIOR, Eduardo Messias Gonçalves de (Orgs.). *A teoria do contrato e o novo Código Civil*. Recife: Nossa Livraria, 2003. p. 245-277. p. 276.

[210] BILBAO UBILLOS, Juan María. ¿En qué medida vinculan a los particulares los derechos fundamentales? In: SARLET, Ingo Wolfgang (Org.). *Constituição, direitos fundamentais e Direito Privado*. 2. ed., rev. e ampl. Porto Alegre: Livraria do Advogado, 2006. p. 301-340. p. 303.

[211] Art. 5º, CF/88: "Todos são iguais perante a lei, sem distinção de qualquer natureza, garantindo-se aos brasileiros e aos estrangeiros residentes no País a inviolabilidade do direito à vida, à liberdade, à igualdade, à segurança e à propriedade, nos termos seguintes: [...]".

mico, exercício de autoridade, imposição de vontade, controle ou influência sobre a decisão alheia.

Logo, convém esclarecer que

[...] la aceptación de la vigencia de buena parte de los derechos fundamentales en las relaciones entre particulares presupone la negación (o una revisión a fondo al menos) de la concepción tradicional de estos derechos como derechos oponibles únicamente frente al Estado.[212]

Diante do abandono do dogma da completude no âmbito privado e, por outro lado, em razão de a Constituição apontar providências de ordem econômica e social a serem tomadas, as demandas da sociedade na Carta Magna começaram a se abastecer. As relações jurídicas passaram, pois, a se vincular ao Texto Constitucional. Relações essas – diga-se – entre particulares e Estado e unicamente entre particulares.

Adequado observar, nesse cenário, que existem arbitrariedades cometidas tanto pelo Estado nas relações com particulares como nas relações dos particulares entre si. Como referido, a origem dos direitos fundamentais repousa na necessidade de proteção da pessoa frente a possíveis desmandos do governo. Entretanto, não faz mais sentido pensar a opressão contra os particulares como oriundas apenas do Estado, pois os atos particulares, e até de entidades privadas, costumam ser tão ou mais violadores dos direitos constitucionalmente assegurados.

Sublinhe-se que o art. 5º, § 1º, da Constituição Federal brasileira de 1988[213] autoriza a aplicação imediata das normas definidoras dos direitos e garantias fundamentais. Trata-se da eficácia direta e aplicabilidade imediata dos direitos e garantias fundamentais. Para fins deste estudo, cabe cotejar, em especial, a garantia da igualdade jurídica com a liberdade de contratar tendo em vista a tutela do meio ambiente.

Cabível, aqui, a distinção entre eficácia horizontal e eficácia vertical dos direitos fundamentais. A doutrina[214] constitucionalista adverte que os direitos fundamentais podem irradiar seus efeitos vertical e horizontalmente. A eficácia vertical pressupõe a relação entre Estado e particulares, isto é, em que medida o cidadão pode do Poder Público exigir ações e omissões tendo em vista a concretização dos direitos fundamentais. Noutra acepção, a

---

[212] BILBAO UBILLOS, Juan María. ¿En qué medida vinculan a los particulares los derechos fundamentales? In: SARLET, Ingo Wolfgang (Org.). *Constituição, direitos fundamentais e Direito Privado*. 2. ed., rev. e ampl. Porto Alegre: Livraria do Advogado, 2006. p. 301-340. p. 301. No mesmo sentido: "La Constituzione dovrà essere fedelmente osservata come Legge fondamentale della Repubblica da tutti i cittadini e dagli organi dello Stato. [...] la Legge fondamentale non garantisce, infatti, soltanto forme e procedure prestabilite dall'azione statale, ma comprende anche nello stesso tempo elementi normativi sostanziali. Non si trata di distruggere ma di adeguare interpretazioni e tecniche ai valori primari [...]".PERLINGIERI, Pietro. *Il diritto civile nella legalità constituzionale*. Seconda edizione riveduta. Ed integrata. Napoli: Scientifiche Italiane, 1991. p. 193.

[213] Art. 5º, § 1º, CF/88: "As normas definidoras dos direitos e garantias fundamentais têm aplicação imediata".

[214] Sobre a temática, *vide* SARLET, Ingo Wolfgang. SARLET, Ingo Wolfgang. *A eficácia dos direitos fundamentais*. Uma teoria geral dos direitos fundamentais na perspectiva constitucional. 11. ed. rev., atual. e ampl. Porto Alegre: Livraria do Advogado, 2012.

eficácia horizontal dos direitos fundamentais vincula os particulares[215] entre si, avaliando-se de que modo o respeito aos direitos fundamentais pode ser oponível por um particular a outro que é igualmente titular de direitos.

Acerca da problemática da vinculação dos particulares aos direitos fundamentais, Ingo Wolfgang Sarlet questiona:

> [...] cuida-se de saber até que ponto pode o particular (independentemente da dimensão processual do problema) recorrer aos direitos fundamentais nas relações com outros particulares, isto é, se, quando e de que modo poderá opor direito fundamental do qual é titular relativamente a outro particular que, neste caso, exerce o papel de destinatário (obrigado), mas que, por sua vez, também é titular de direitos fundamentais?[216]

Embora a Carta Magna de 1988 não tenha expressamente consagrado a vinculação das entidades privadas aos direitos fundamentais e, inclusive, sequer o fez no que se refere ao Poder Público,[217] importa estudar em que medida tais direitos podem ser exigíveis em relações entre indivíduos em que ambos são titulares de direitos fundamentais.

Destarte, sobre a intensidade das exigências de um particular sobre o outro, veja-se que

> [...] a existência de algum detentor de poder privado num dos polos da relação jurídico-privada poderá, isto sim, justificar uma maior intervenção e controle no âmbito do exercício do dever de proteção imposto ao Estado; em outras palavras, uma maior intensidade na vinculação destes sujeitos privados, bem como uma maior necessidade de proteção do particular mais frágil. [...] O problema, em verdade, não está em advogar a tese da vinculação direta dos particulares aos direitos fundamentais, mas sim em avaliar qual a intensidade desta vinculação e quais as consequências práticas a serem extraídas no caso concreto, especialmente em face do reconhecimento da peculiaridade destas relações (entre particulares), decorrente da circunstância de se cuidar, em regra, de uma relação entre titulares de direitos fundamentais.[218]

Nesse passo, registre-se que, para fins desta pesquisa, acolhe-se a teoria da eficácia direta e imediata dos direitos fundamentais nas relações jurídi-

---

[215] Pessoas físicas ou jurídicas.

[216] SARLET, Ingo Wolfgang. Direitos fundamentais e Direito Privado: algumas considerações em torno da vinculação dos particulares aos direitos fundamentais. In: —— (Org.). *A Constituição concretizada*: construindo pontes com o público e o privado. Porto Alegre: Livraria do Advogado, 2000. p. 107-163. p. 112.

[217] Nesse sentido, Ingo Wolfgang Sarlet adverte que, "[...] ao contrário da Constituição Portuguesa de 1976, que, em seu art. 18/1, consagrou expressamente uma vinculação das entidades privadas aos direitos fundamentais, a nossa Constituição de 1988 sequer previu, a despeito de consagrar o princípio da aplicabilidade imediata das normas definidoras de direitos e garantias fundamentais (art. 5º, § 1º), a expressa vinculação do poder público, tal como ocorreu, por exemplo e paradigmaticamente, na Lei Fundamental da Alemanha (artigo 1º, inciso III), assim como nas vigentes Constituições da Grécia, Espanha e na própria Constituição de Portugal, já referida". SARLET, Ingo Wolfgang. Direitos fundamentais e Direito Privado: algumas considerações em torno da vinculação dos particulares aos direitos fundamentais. In: —— (Org.). *A Constituição concretizada*: construindo pontes com o público e o privado. Porto Alegre: Livraria do Advogado, 2000. p. 107-163. p. 120.

[218] SARLET, Ingo Wolfgang. Direitos fundamentais e Direito Privado: algumas considerações em torno da vinculação dos particulares aos direitos fundamentais. In: —— (Org.). *A Constituição concretizada*: construindo pontes com o público e o privado. Porto Alegre: Livraria do Advogado, 2000. p. 107-163. p. 155-156.

co-privadas.²¹⁹ Ou seja, acompanha-se o entendimento exarado majoritariamente pela doutrina pátria²²⁰ e também consagrado pelo Supremo Tribunal Federal nas oportunidades em que se pronunciou sobre a matéria.

Com efeito, a Suprema Corte, alicerçando-se na força normativa da Constituição,²²¹ ao apreciar o Recurso Extraordinário n° 201.819/RJ,²²² ²²³ reconheceu que os direitos e garantias fundamentais insculpidos no Texto Magno são aplicáveis nas relações entre particulares,²²⁴ já que "[...] a autonomia

---

²¹⁹ Acerca das teorias sobre a eficácia dos direitos fundamentais nas relações entre particulares, existe, por exemplo, a doutrina *state action* no direito norte-americano. No âmbito do direito germânico, há as teorias da eficácia direta e imediata e da eficácia indireta e mediata. Há também a teoria dos deveres de proteção e teorias outras ditas alternativas. Não obstante a análise de tais teorias não seja objeto do presente trabalho, consulte-se, para fins de aprofundamento, TRIBE, Laurence H. Refocusing the "state action" inquiry: separating state acts from state actors. In: ——. *Constitutional choices*. Cambridge: Harvard University, 1985. p. 246-259. Ainda, CANARIS, Claus-Wilhelm. A influência dos direitos fundamentais sobre o Direito Privado na Alemanha. In: SARLET, Ingo Wolfgang (Org.). *Constituição, direitos fundamentais e Direito Privado*. 2. ed., rev. e ampl. Porto Alegre: Livraria do Advogado, 2006. p. 225-245; SARMENTO, Daniel. *Direitos fundamentais e relações privadas*. 2. ed. Rio de Janeiro: Lumen Juris, 2006; STEINMETZ, Wilson. *A vinculação dos particulares a direitos fundamentais*. São Paulo: Malheiros, 2004; e também SILVA, Virgílio Afonso da. *A constitucionalização do Direito*. Os direitos fundamentais nas relações entre particulares. São Paulo: Malheiros, 2005.

²²⁰ Expoentes como Ingo Wolfgang Sarlet, Daniel Sarmento, Virgílio Afonso da Silva, Wilson Steinmetz, Gilmar Mendes, Luis Roberto Barroso, André Rufino do Vale, entre outros, embora com peculiaridades entre os autores, são adeptos desta teoria.

²²¹ Sobre a temática, *vide* HESSE, Konrad. *A força normativa da Constituição*. Tradução de: Gilmar Ferreira Mendes. Porto Alegre: Sergio Antonio Fabris, 1991.

²²² Este recurso foi julgado pela Segunda Turma do Supremo Tribunal Federal sob relatoria do Ministro Gilmar Mendes, cujo acórdão foi publicado no Diário da Justiça de 27/10/2006. O recurso versou sobre a irresignação da União Brasileira de Compositores – UBC contra acórdão proferido pelo Tribunal de Justiça do Estado do Rio de Janeiro, que, ao acolher a tese de que o princípio da ampla defesa (art. 5°, LV, CF/88) é aplicável aos processos internos das associações privadas, decidiu pela anulação da exclusão do sócio dos quadros da entidade por não ter sido oportunizado ao associado o direito de defesa e contraditório antes que tal punição lhe fosse infligida. A Segunda Turma do Supremo Tribunal Federal conheceu do Recurso Extraordinário da UBC, e, por maioria, negou-lhe provimento, reconhecendo, pois, a eficácia dos direitos fundamentais na seara privada. BRASIL. Supremo Tribunal Federal. Recurso Extraordinário n° 201.819/RJ. Segunda Turma, Relator Ministro Gilmar Mendes, julgado em 11.10.2005. Disponível em: <httpwww.stf.jus.brportaljurisprudencialistarJurisprudencia.asps1=%28RE%24.SCLA.+E+201819. NUME.%29+OU+%28RE.ACMS.+ADJ2+201819.ACMS.%29&base=baseAcordaos&url=httptinyurl.comb6y69xa>. Acesso em: 28 jan. 2014.

²²³ *Vide* CONCEIÇÃO, Isadora Albornoz Cutin; CONCEIÇÃO, Tiago de Menezes. A eficácia dos direitos fundamentais nas relações interprivadas – análise de jurisprudência do Supremo Tribunal Federal. *Revista da Ajuris*, Porto Alegre, a. 37, n. 118, p. 209-223, jun. 2010.

²²⁴ Não obstante este caso seja reconhecido como uma decisão que firmou precedente, esta Corte de Justiça, em outras situações, já tinha enfrentado a temática. Veja-se, a título exemplificativo, o Recurso Extraordinário n° 160.222/RJ, DJ 01/09/1995, de relatoria do Ministro Sepúlveda Pertence (decisão pela invalidação de contrato de trabalho por infringência ao direito fundamental à intimidade na medida em que se submetiam as operárias de uma fábrica de *lingeries* à revista íntima). BRASIL. Supremo Tribunal Federal. Recurso Extraordinário n° 160.222/RJ. Primeira Turma, Relator Ministro Sepúlveda Pertence, julgado em 11.04.1995. Disponível em: <http://www.stf.jus.br/portal/jurisprudencia/listarJurisprudencia.asp?s1=%28RE%24.SCLA.+E+160222.NUME.%29+OU+%28RE.ACMS.+ADJ2+160222. ACMS.%29&base=baseAcordaos&url=http://tinyurl.com/a92t73f>. Acesso em: 30 jan. 2014. Ainda, o Recurso Extraordinário n° 158.215/RS, DJ 07/06/1996, de relatoria do Ministro Marco Aurélio (invalidação de expulsão de membro de cooperativa por não ter sido observado a garantia do contraditório e da ampla defesa). BRASIL. Supremo Tribunal Federal. Recurso Extraordinário 158.215/RS. Segunda Turma, Relator Ministro Marco Aurélio, julgado em 30.04.1996. Disponível em: <http://www.stf.jus.br/portal/jurisprudencia/listarJurisprudencia.asp?s1=%28RE%24.SCLA.+E+158215.NUME.%29+OU+%28RE. ACMS.+ADJ2+158215.ACMS.%29&base=baseAcordaos&url=http://tinyurl.com/alc5gzp>. Acesso em: 30 jan. 2014.

da vontade não confere aos particulares, no domínio de sua incidência e atuação, o poder de transgredir ou de ignorar as restrições postas e definidas pela própria Constituição".[225]

Em outras palavras, o que se preconiza é a incidência, direta e imediata, das normas da Constituição sobre relacionamentos interprivados,[226] já que a proteção individual do Código Civil liberal-burguês hoje se dá constitucionalmente por meio da tutela da dignidade da pessoa humana.[227] Em virtude disso, pode-se sustentar a eficácia direta e imediata do paradigma ético-jurídico vinculante da sustentabilidade nas relações contratuais entre particulares.

Assim, na dicção de Eugênio Facchini Neto,[228]

[...] o fato de o constituinte ter incluído na Carta Magna vários princípios (mas também algumas regras) tipicamente de direito privado, faz com que todo direito privado, naquilo que é atingido potencialmente por tais princípios, deva ser interpretado em conformidade com a Constituição.

Há violações a direitos fundamentais nas relações entabuladas entre pessoas de Direito Privado, sejam elas físicas ou jurídicas. Logo, os princípios constitucionais atuam como limites à autonomia dos indivíduos e à sua liberdade contratual, condicionando seu exercício. Ressalte-se que "[...] as

---

[225] Trecho do voto do Ministro Celso de Mello no julgamento do Recurso Extraordinário nº 201.819/RJ. BRASIL. Supremo Tribunal Federal. Recurso Extraordinário nº 201.819/RJ. Segunda Turma, Relatora Ministra Ellen Gracie, Relator para o acórdão Ministro Gilmar Mendes, julgado em 11/10/2005. Disponível em: <http://redir.stf.jus.br/paginadorpub/paginador.jsp?docTP=AC&docID=388784>. Acesso em: 20 jan. 2014.

[226] Para Claus-Wilhelm Canaris: "Globalmente, a posição segundo a qual o legislador de direito privado só está vinculado mediatamente aos direitos fundamentais, isto é, 'por meio dos preceitos que dominam imediatamente essa área do direito', deve ser rejeitada sem rebuço, tanto por razões de lógica normativa, como por razões práticas. Afigura-se-me, aqui, que apenas uma espécie de teorema de Münchhausen poderia criar ao jurista de direito privado a possibilidade de se soerguer a si mesmo, pelas suas próprias forças, do atoleiro do direito constitucional. Assim, tal concepção conduz antes, em última instância, a uma 'liberdade do direito privado em face dos direitos fundamentais'". CANARIS, Claus-Wilhelm. *Direitos fundamentais e Direito Privado*. Tradução de: Ingo Wolfgang Sarlet e Paulo Mota Pinto. Coimbra: Almedina, 2003. p. 32. Complementa Wilson Steinmetz que, para os teóricos da eficácia mediata, "[...] as cláusulas gerais serviriam como cláusula de abertura para a 'influência' ou 'irradiação' dos direitos fundamentais no direito privado". STEINMETZ, Wilson. Princípio da proporcionalidade e atos de autonomia privada restritivos de direitos fundamentais. In: SILVA, Virgílio Afonso da (Org.). *Interpretação constitucional*. São Paulo: Malheiros, 2005. p. 11-53. p. 20.

[227] Art. 1º, CF/88: "A República Federativa do Brasil, formada pela união indissolúvel dos Estados e Municípios e do Distrito Federal, constitui-se em Estado Democrático de Direito e tem como fundamentos: [...] III – a dignidade da pessoa humana; [...]".

[228] FACCHINI NETO, Eugênio. Reflexões histórico-evolutivas sobre a constitucionalização do Direito Privado. In: SARLET, Ingo Wolfgang (Org.). *Constituição, direitos fundamentais e Direito Privado*. 2. ed., rev. e ampl. Porto Alegre: Livraria do Advogado, 2006. p. 13-62. p. 40. Nessa linha, continua o autor: "O fenômeno da constitucionalização do direito privado, ao implicar a leitura do direito civil (centro do direito privado) à luz da tábua axiológica da Constituição, apresenta um direcionamento bastante claro, pois implica um necessário compromisso do jurista com a eficácia jurídica (no mínimo) e com a efetividade social dos direitos fundamentais". (p. 50). Nesse particular, concorda-se com a lição de Ingo Wolfgang Sarlet, para quem eficácia jurídica é a aptidão para uma norma produzir efeitos (mesmo que não os produza, bastando estar apta para tanto). Eficácia social ou efetividade, por outro lado, representa a concretização efetiva dos efeitos peculiares a dada regra de Direito. SARLET, Ingo Wolfgang. *A eficácia dos direitos fundamentais*. Uma teoria geral dos direitos fundamentais na perspectiva constitucional. 11. ed. rev., atual. e ampl. Porto Alegre: Livraria do Advogado, 2012.

relações entre particulares são cada vez mais marcadas especialmente pelo incremento vertiginoso do chamado neoliberalismo, pelo uso desmedido do poder econômico e social".[229] Com isso, não raras vezes está-se diante de "[...] situações de evidente desequilíbrio de poder entre os atores privados, similar e até mesmo mais evidente do que encontrada nas relações entre os particulares e o Estado".[230]

Assim é que, nessa medida,

> [...] na verdade, a Constituição não toma a liberdade como um dado natural que lhe caiba proteger apenas através da limitação do arbítrio governamental. Ao inverso, ela reconhece que a miséria e a exclusão existentes na esfera social prejudicam a autonomia do cidadão, e por isso considera que a liberdade individual não é só limite, mas também tarefa, cuja persecução envolve deveres estatais comissivos, além de obrigações positivas e negativas impostas aos próprios particulares.[231]

Portanto, em razão da *repersonalização* do Direito Civil ou, dito de outro modo, de sua d*espatrimonialização*[232] – fruto da influência da constitucionalização do Direito Privado – e da perda de centralidade do Código Civil no campo privado, princípios do Direito Civil migraram para o Direito Constitucional. Têm-se, na atualidade, preceitos constitucionais que versam, por exemplo, sobre direitos da personalidade, família, propriedade, relações de consumo, enfim, inúmeras matérias importantes ao Direito Civil. Dessa forma, não é de estranhar que o direito ao meio ambiente sadio e ecologicamente equilibrado não mais se apresente como oponível ao Estado, mas também tenha reflexos no campo negocial privado.

Contudo, em que pese a vinculação direta e imediata dos particulares aos direitos fundamentais, sem necessidade de mediação legislativa, a maneira pela qual se opera a aplicação destes direitos não é homogênea, pleiteando diferentes soluções de acordo com o caso concreto.[233] Assim, nas relações privadas a "[...] incidência das normas de direitos fundamentais há

---

[229] TRAVINCAS, Amanda Costa Thomé; SOUZA, Italo R. Fuhrmann. Direitos fundamentais e Direito Privado: algumas aproximações acerca da eficácia e efetividade dos direitos fundamentais nas relações jurídicas entre particulares no Direito brasileiro. *Revista da Ajuris*, Porto Alegre, a. 37, n. 118, p. 29-55, jun. 2010. p. 48.

[230] TRAVINCAS, Amanda Costa Thomé; SOUZA, Italo R. Fuhrmann. Direitos fundamentais e Direito Privado: algumas aproximações acerca da eficácia e efetividade dos direitos fundamentais nas relações jurídicas entre particulares no Direito brasileiro. *Revista da Ajuris*, Porto Alegre, a. 37, n. 118, p. 29-55, jun. 2010. p. 48.

[231] SARMENTO, Daniel. Direitos fundamentais e relações privadas. 2. ed. Rio de Janeiro: Lumen Juris, 2006. p. 175.

[232] O fenômeno conhecido por *repersonalização* do Direito Civil ou *despatrimonialização* do Direito Civil implica a valorização da pessoa humana, que passa a ocupar lugar de destaque nas legislações privadas em detrimento do patrimônio. Isso decorre da migração da axiologia constitucional para as demais searas do Direito, em particular a valorização da tutela da dignidade da pessoa humana.

[233] Oportuno registrar que "[...] o que se percebe, desde logo, na esteira da melhor doutrina, é a inexistência de soluções uniformes nesta seara, já que a eficácia direta ou indireta apenas pode ser aferida à luz do caso concreto". SARLET, Ingo Wolfgang. *A eficácia dos direitos fundamentais*. Uma teoria geral dos direitos fundamentais na perspectiva constitucional. 8. ed. rev. e atual. Porto Alegre: Livraria do Advogado, 2007. p. 405.

de ser aferida caso a caso, com parcimônia, a fim de que não se comprima em demasia a esfera de autonomia privada do indivíduo".[234]

Em função da eficácia *erga omnes* dos direitos fundamentais e da aproximação do público e privado, deve-se afirmar o núcleo essencial da autonomia dos indivíduos e da liberdade contratual em diálogo com as garantias dos demais direitos fundamentais. Ou seja, a intensidade da eficácia desses direitos nas relações jurídico-privadas "[...] deve ser regulada e mensurada segundo parâmetros e exigências da Constituição e não segundo níveis de tolerância ou conveniência do direito privado".[235] Naturalmente, saliente-se que a incidência da tutela da sustentabilidade ambiental na seara privada não visa a extirpar o exercício da autonomia privada. Há que se prestigiar, de forma razoável e proporcional, a conciliação entre sustentabilidade e autonomia privada. Vale dizer, a sustentabilidade ambiental, para fins deste trabalho, limita e condiciona o exercício da autonomia privada nos contratos em que possam ocorrer danos ao meio ambiente. Trata-se da proposição de diálogo permanente entre sustentabilidade e autonomia privada, sem que uma aniquile a outra.

Na seara contratual, veja-se que

> [...] a função dos direitos fundamentais de imperativo de tutela também se aplica, em princípio, em relação à auto-vinculação por contrato. Ela tem aqui relevância especial, por um lado, se, pelo seu carácter personalíssimo, o bem protegido por direitos fundamentais, cujo exercício é contratualmente limitado, não estiver de todo à disposição do seu titular, ou se, pelo seu conteúdo fortemente pessoal, for especialmente sensível em relação a uma vinculação jurídica, e, por outro lado, se as possibilidades fácticas de livre decisão de uma das partes contratantes estiverem significativamente afectadas [...]. O facto de problemas deste tipo serem, em regra, resolvidos de modo puramente privatístico não impede a sua dimensão jurídico-constitucional, em caso de descida abaixo do mínimo de protecção imposto pelos direitos fundamentais, não devendo excluir-se, à partida, a possibilidade de uma queixa constitucional.[236]

Não se pode conceber, pois, a Constituição como mera diretriz política para o legislador infraconstitucional. Trata-se de norma com força vinculan-

---

[234] Trecho do voto do Ministro Joaquim Barbosa no julgamento do Recurso Extraordinário nº 201.819/RJ. BRASIL. Supremo Tribunal Federal. Recurso Extraordinário nº 201.819/RJ. Segunda Turma, Relatora Ministra Ellen Gracie, Relator para o acórdão Ministro Gilmar Mendes, julgado em 11/10/2005. Disponível em: <http://redir.stf.jus.br/paginadorpub/paginador.jsp?docTP=AC&docID=388784>. Acesso em: 20 jan. 2014.

[235] STEINMETZ, Wilson. *A vinculação dos particulares a direitos fundamentais*. São Paulo: Malheiros, 2004. p. 296.

[236] CANARIS, Claus-Wilhelm. *Direitos fundamentais e Direito Privado*. Tradução de: Ingo Wolfgang Sarlet e Paulo Mota Pinto. Coimbra: Almedina, 2003. p. 134-135. A título exemplificativo acerca da temática, Virgílio Afonso da Silva apresenta a seguinte situação: "[...] ambos os locatários estão devendo aluguéis e o locador resolve promover ação de despejo apenas contra um deles, por ter descoberto que esse locatário é portador do HIV; em relação ao outro locatário, o locador não nutre nem simpatia nem antipatia, mas, mesmo assim, aguarda uma solução conciliadora qualquer. Em um caso como esse, a despeito de ter uma configuração similar àquela do exemplo usado por Canotilho, dificilmente seria possível aceitar a correção jurídica da discriminação com base no respeito ao núcleo irredutível da autonomia da vontade. Isso porque, no caso por mim narrado, a intensidade da discriminação aproxima-se mais de um desrespeito à dignidade da pessoa humana, ou seja, a intensidade do desrespeito é grande demais para ser fundamentada por meio de um necessário respeito à autonomia privada". SILVA, Virgílio Afonso da. *A constitucionalização do Direito*. Os direitos fundamentais nas relações entre particulares. São Paulo: Malheiros, 2005. p. 165-166.

te. Destarte, a vinculação dos particulares aos direitos fundamentais exige ponderação de interesses. De qualquer modo, a autodeterminação dos particulares na seara privada está mitigada se em contraste com aquela exercida sob a égide liberal-burguesa. Não há mais espaço para liberdade absoluta. Portanto, sob essa ótica, a liberdade contratual só se apresenta juridicamente hígida se guardar respeito constitucional[237] à sustentabilidade, inclusive no tocante aos deveres anexos, como será sublinhado na sequência.

Adequado, nesse ponto, advertir que

> [...] em nome de uma ética contratual, que conjugue as virtudes da lealdade e da solidariedade – as quais não se mostram incompatíveis com os imperativos de previsibilidade e segurança –, esta união de interesses convergentes, que se constitui no contrato, deve obrigatoriamente traduzir-se pelo respeito mútuo dos parceiros e por um equilíbrio contratual mínimo.[238]

Dessa forma, no que tange à eficácia dos direitos fundamentais nas relações interprivadas, a Constituição irradia seus efeitos "[...] como limite para o legislador, como parâmetro hermenêutico para a legislação ordinária e para os atos negociais privados [...]".[239] Por seu turno, o Texto Magno também incide no Direito Privado "[...] como norma imediatamente aplicável, apta a disciplinar diretamente relações jurídicas, independentemente de mediação legislativa".[240]

A codificação civil, e o Direito Privado como um todo, reclamam, à vista disso, uma interpretação sistemática e conforme à Constituição.[241] Destaca-se, portanto, a relevância da atividade hermenêutica, especialmente no que se refere à atuação da jurisdição constitucional.

Consignem-se aqui as lições de Juarez Freitas:

> Aplicando-se os conceitos formulados à Constituição, esta passa a ser vista como uma rede axiológica de princípios, de regras e de valores de ordem suprema, cuja função precípua é a de, evitando ou superando antinomias axiológicas, dar cumprimento aos objetivos fundamentais do Estado Democrático, entendidos de maneira dominantemente substancial. A sistemática interpretação da Lei Fundamental supõe, assim, uma consideração unitária e aberta que reconheça suas disposições sob o prisma dos nunca inteiramente inócuos princípios superiores. Há, como afirmado, eficácia direta e imediata, no núcleo essencial, de todos os princípios fundamentais.[242]

---

[237] Nesse sentido, consultar SARLET, Ingo Wolfgang. Direitos fundamentais e Direito Privado: algumas considerações em torno da vinculação dos particulares aos direitos fundamentais. In: —— (Org.). *A Constituição concretizada*: construindo pontes com o público e o privado. Porto Alegre: Livraria do Advogado, 2000. p. 107-163.

[238] LYRA JUNIOR, Eduardo Messias Gonçalves de. Contratos de adesão e condições gerais dos contratos. In: LÔBO, Paulo Luiz Netto; LYRA JUNIOR, Eduardo Messias Gonçalves de (Orgs.). *A teoria do contrato e o novo Código Civil*. Recife: Nossa Livraria, 2003. p. 43-76. p. 75.

[239] SARMENTO, Daniel. *Direitos fundamentais e relações privadas*. 2. ed. Rio de Janeiro: Lumen Juris, 2006. p. 325.

[240] SARMENTO, Daniel. *Direitos fundamentais e relações privadas*. 2. ed. Rio de Janeiro: Lumen Juris, 2006. p. 325.

[241] Sublinhe-se aqui a lição de Juarez Freitas no sentido de que "[...] a interpretação conforme a Constituição nada mais é do que uma das facetas da interpretação sistemática". FREITAS, Juarez. *A interpretação sistemática do Direito*. 5. ed. São Paulo: Malheiros, 2010. p. 82.

[242] FREITAS, Juarez. *A interpretação sistemática do Direito*. 4. ed. São Paulo: Malheiros, 2004. p. 182-183.

Tal ensinamento deve ser lido em conjunto com a noção de sistema jurídico descrita pelo mesmo autor:

> Entende-se apropriado conceituar o sistema jurídico como uma rede axiológica e hierarquizada topicamente de princípios fundamentais, de normas estritas (ou regras) e de valores jurídicos cuja função é a de, evitando ou superando antinomias em sentido lato, dar cumprimento aos objetivos justificadores do Estado Democrático, assim como se encontram substanciados, expressa ou implicitamente, na Constituição.[243] [grifo do autor].

Compreende-se, pois, que a interpretação sistemática requer esforços conjuntos do Poder Público e dos particulares no intuito de que se afirmem os fundamentos constitucionais e se concretizem os objetivos republicanos. Veja-se, por exemplo, que, na esfera ambiental, objeto desta pesquisa, se exige que se direcione a atuação em duas frentes: deveres do Estado e deveres exigíveis dos particulares.[244] Essa atuação deve ser conjunta, até porque ambos são corresponsáveis pelo equilíbrio ecológico. A par disso, como se percebe,

> [...] a primeira é a obrigação de o Estado, em cooperação com outros Estados e cidadãos ou grupos da sociedade civil, promover políticas públicas (econômicas, educativas, de orçamento) pautadas pelas exigências da sustentabilidade ecológica. A segunda relaciona-se com o dever de adopção de comportamentos públicos e privados amigos do ambiente de forma a dar expressão concreta à assumpção de *responsabilidade dos poderes públicos perante as gerações futuras*.[245] [grifo do autor].

Para finalizar, reitere-se que o fenômeno da constitucionalização do Direito Privado, e, com ele, a consequente vinculação dos particulares aos direitos fundamentais, não comprometem "[...] a autonomia do direito privado e, sobretudo, também não ameaçam uma das ideias centrais desse ramo do direito, a autonomia privada".[246] Isso em virtude de, no que se refere à incidência das normas de direito fundamental nas relações privadas,

> [...] sempre que possível, essa produção de efeitos, para usar uma expressão consagrada, se dá por intermédio do material normativo do próprio direito privado, o que garante a sua autonomia. O que muda, no entanto, se se comparar com a autonomia que o direito privado gozava especialmente até o século XIX, é o fato de que as normas desse ramo do direito devem ser interpretadas com base nos princípios de direitos fundamentais.[247]

---

[243] FREITAS, Juarez. *A interpretação sistemática do Direito*. 4. ed. São Paulo: Malheiros, 2004. p. 54.

[244] Há quem, por exemplo, ao discorrer sobre os deveres de proteção na doutrina *state action* do direito norte-americano (uma das teorias sobre a eficácia dos direitos fundamentais nas relações entre particulares), alerte para a responsabilidade do Estado por omissão: "La posibilidad de que una conducta privada supuestamente inconstitucional acabe imputándose a un poder público que no ha tenido ninguna participación o complicidad activa en su realización suscita lógicamente una intensa polémica. ¿Significa esto que un derecho constitucional puede ser violado por un particular que actúe sin la más mínima colaboración del Estado, pero con su tácita autorización?" BILBAO UBILLOS, Juan María. *Los derechos fundamentales en la frontera entre lo público y lo privado*. La noción de *State Action* en la jurisprudencia norteamericana. Madrid: McGraw-Hill, 1997. p. 143.

[245] CANOTILHO, José Joaquim Gomes. *Estado de Direito*. Lisboa: Gradiva, 1999. Colecção Cadernos Democráticos. v. 7. Cap. 6. Parte I. p. 44.

[246] SILVA, Virgílio Afonso da. *A constitucionalização do Direito*. Os direitos fundamentais nas relações entre particulares. São Paulo: Malheiros, 2005. p. 27.

[247] SILVA, Virgílio Afonso da. *A constitucionalização do Direito*. Os direitos fundamentais nas relações entre particulares. São Paulo: Malheiros, 2005. p. 27.

Portanto, o Direito Privado e, em particular, o Direito Civil (centro do Direito Privado) não está completamente absorvido pelo Direito Constitucional. Todavia, o Direito Privado, não obstante tenha seu próprio espaço, "[...] perdeu as suas antigas características de um direito individualista e materialista, para tornar-se mais sólido e ético, passando a ter uma verdadeira função social".[248] É precisamente sobre isto, ou seja, sobre a função social do contrato, no contexto da sustentabilidade multidimensional, que se refletirá no próximo item.

2.4. Autonomia privada, liberdade contratual e visão ampliada da função social

Para iniciar, registre-se que as expressões autonomia de vontade e autonomia privada não são sinônimas. Autonomia de vontade compreende a vontade livre do sujeito de se deixar determinar os comportamentos pelo seu livre-arbítrio, com conotação psicológica, tal como se alimentar, dormir, praticar esportes, etc., ao passo que autonomia privada implica o poder que os indivíduos possuem de se vincularem a outros, pelo exercício de sua própria vontade, estabelecendo direitos e deveres entre si com a respectiva tutela do Direito.

Por outro lado, alguns estudiosos do Direito Civil alertam para o fato de que "liberdade de contratar" e "liberdade contratual" não são expressões equivalentes. A liberdade de contratar "[...] revela a plena liberdade que cada um tem de realizar contratos, ou não os realizar, de acordo com a sua exclusiva vontade".[249] Já a liberdade contratual "[...] enfoca o momento em que as partes cuidam de discutir e acomodar o conteúdo do contrato e definem suas cláusulas".[250]

Assim, acerca da função social dos contratos e da funcionalização de institutos jurídicos, veja-se que

> [...] o modelo jurídico da *função social dos contratos* é instrumento promocional de ações que estejam de acordo com a principiologia do ordenamento e, portanto, com a função coativa de proibir contratos no âmbito da circulação de bens contrários aos interesses sociais, ou de estimular contratos que estejam conforme os interesses sociais.[251] [grifo do autor].

---

[248] FACCHINI NETO, Eugênio. Reflexões histórico-evolutivas sobre a constitucionalização do Direito Privado. In: SARLET, Ingo Wolfgang (Org.). *Constituição, direitos fundamentais e Direito Privado*. 2. ed., rev. e ampl. Porto Alegre: Livraria do Advogado, 2006. p. 13-62. p. 56.

[249] HIRONAKA, Giselda M. Fernandes Novaes. A função social do contrato. *Revista de Direito Civil*, São Paulo: Revista dos Tribunais, v. 45, p. 141-152, jul./set. 1990. p. 147.

[250] HIRONAKA, Giselda M. Fernandes Novaes. A função social do contrato. *Revista de Direito Civil*, São Paulo: Revista dos Tribunais, v. 45, p. 141-152, jul./set. 1990. p. 147. Neste trabalho, tais expressões serão utilizadas indistintamente, não obstante a diferença apontada.

[251] BRANCO, Gerson Luiz Carlos. *Função social dos contratos*: interpretação à luz do Código Civil. São Paulo: Saraiva, 2009. p. 271. Consulte-se também BRANCO, Gerson Luiz Carlos. *Limites dogmáticos da intervenção judicial na liberdade contratual com fundamento na função social dos contratos*. Estudos de Direito do Consumidor da Faculdade de Direito da Universidade de Coimbra, Coimbra, v. 08, p. 203-229, 2007. Na mesma linha, "[...] a ideia de função está presente no direito, no plano da compreensão global, quando

A autonomia dos particulares, bem como a liberdade de se autorregularem no âmbito privado, foram objeto de profunda transformação ao longo dos tempos. Nessa linha, não se concebe mais o contrato como outrora. Não é mais ele compreendido, pois, como instrumento exclusivamente promotor do exercício livre e irrestrito de vontade para a tutela dos interesses dos contratantes.

Nesse sentido, de acordo com a concepção liberal-burguesa,

> [...] no espaço privado existiriam relações entre partes iguais, que deveriam gozar de plena autonomia para regular seus próprios interesses. A mão invisível do mercado equacionaria os problemas sociais e promoveria o bem comum. Qualquer intervenção estatal na seara das relações econômicas e privadas era considerada como uma intrusão indevida.[252]

Ocorre que as exigências da contemporaneidade não mais admitem a constância desse entendimento. Muitas são as ocasiões, em uma sociedade assimétrica como a brasileira, onde o Estado, por meio de políticas regulatórias, almeja atenuar/erradicar tais assimetrias. Trata-se de objetivos pretendidos pelo constituinte de 1988.[253]

Do princípio do *pacta sunt servanda*, enaltecido no período liberal-burguês, o contrato hoje deve perseguir o cumprimento de sua função social.[254]

---

se pensa em que o conjunto de regras positivas deve ter um tipo de finalidade e buscar alcançar certos objetivos. [...] pode-se ver tal noção vinculada a algum ou a alguns institutos jurídicos específicos. Neste sentido é que se fala em função social da propriedade ou função social do contrato. Ao supor-se que um determinado instituto jurídico esteja funcionalizado, atribui-se a ele uma determinada finalidade a ser cumprida, restando estabelecido pela ordem jurídica que há uma relação de dependência entre o reconhecimento jurídico do instituto e o cumprimento da função". (p. 154). SILVA, Luis Renato Ferreira da. A função social do contrato no novo Código Civil e sua conexão com a solidariedade social. In: SARLET, Ingo Wolfgang (Org.). *O novo Código Civil e a Constituição*. 2. ed., rev. e ampl. Porto Alegre: Livraria do Advogado, 2006. p. 147-170. Ainda, da mesma forma, Francisco dos Santos Amaral Neto, para quem "[...] a funcionalização dos institutos jurídicos significa, então, que o direito em particular e a sociedade em geral, começaram a interessar-se pela eficácia das normas e dos institutos vigentes, não só no tocante ao controle ou disciplina social mas também no que diz respeito à organização e direção da sociedade, através do exercício de funções distributivas, promocionais ou inovadoras, abandonando-se a costumeira função repressiva, principalmente na relação do direito com a economia". (p. 37) Para maiores esclarecimentos, *vide* AMARAL NETO, Francisco dos Santos. A autonomia privada como princípio fundamental da ordem jurídica. Perspectivas estrutural e funcional. *Boletim da Faculdade de Direito da Universidade de Coimbra*. Estudos em Homenagem ao Prof. Doutor A. Ferrer-Correia, Coimbra, II, número especial, p. 5-41, 1989.

[252] SARMENTO, Daniel. *Direitos fundamentais e relações privadas*. 2. ed. Rio de Janeiro: Lumen Juris, 2006. p. 323.

[253] Art. 3º, CF/88: "Constituem objetivos fundamentais da República Federativa do Brasil: I – construir uma sociedade livre, justa e solidária; II – garantir o desenvolvimento nacional; III – erradicar a pobreza e a marginalização e reduzir as desigualdades sociais e regionais; IV – promover o bem de todos, sem preconceitos de origem, raça, sexo, cor, idade e quaisquer outras formas de discriminação".

[254] De acordo com o art. 421 do Código Civil brasileiro de 2002, "a liberdade de contratar será exercida em razão e nos limites da função social do contrato". Nesse diapasão, Jorge Cesa Ferreira da Silva alerta a "inclusão da função social no plano da eficácia". Porém, assinala que o legislador civil de 2002 também incluiu a função social no plano da validade conforme o art. 2.035, CC/02, o qual disciplina que "[...] a validade dos negócios e demais atos jurídicos, constituídos antes da entrada em vigor deste Código, obedece ao disposto nas leis anteriores, referidas no art. 2.045, mas os seus efeitos, produzidos após a vigência deste Código, aos preceitos dele se subordinam, salvo se houver sido prevista pelas partes determinada forma de execução". SILVA, Jorge Cesa Ferreira da. Princípios de Direito das Obrigações no novo Código Civil. In: SARLET, Ingo Wolfgang (Org.). *O novo Código Civil e a Constituição*. 2. ed., rev. e ampl. Porto Alegre: Livraria do Advogado, 2006. p. 119-146. p. 132.

Sabe-se que o referido princípio diz respeito à força obrigatória dos contratos, consistindo na ideia de que o contrato faz lei entre as partes envolvidas, impondo seu cumprimento em qualquer circunstância, já que não permite modificações de seu conteúdo. Assim, se indivíduos que se encontram em patamar de igualdade livremente manifestaram suas vontades de se autovincularem em um pacto, não poderiam, posteriormente, mudar "as regras do jogo" ou inadimplir, mesmo que parcialmente, o contratado, salvo em situações absolutamente imprevisíveis.

Hoje, com o advento de uma releitura constitucional de todos os ramos do Direito, inclusive do Direito Privado, o princípio da obrigatoriedade dos contratos está relativizado. O Código Civil brasileiro de 2002 contempla a teoria da imprevisão por meio dos arts. 317[255] e 478,[256] mitigando a obrigatoriedade dos contratos. A teoria da imprevisão consagrada no Código Civil de 2002 possui raízes na cláusula *rebus sic stantibus*, isto é, "enquanto as coisas estão assim" o contrato será cumprido. A ocorrência de situação imprevista pelas partes enseja a revisão do pacto, reajustando o mesmo à nova realidade fática.[257]

Nessa perspectiva, observe-se que,

---

[255] Art. 317: "Quando, por motivos imprevisíveis, sobrevier desproporção manifesta entre o valor da prestação devida e o do momento de sua execução, poderá o juiz corrigi-lo, a pedido da parte, de modo que assegure, quanto possível, o valor real da prestação".

[256] Art. 478: "Nos contratos de execução continuada ou diferida, se a prestação de uma das partes se tornar excessivamente onerosa, com extrema vantagem para a outra, em virtude de acontecimentos extraordinários e imprevisíveis, poderá o devedor pedir a resolução do contrato. Os efeitos da sentença que a decretar retroagirão à data da citação".

[257] É exatamente nesse sentido o seguinte julgado: "CONTRATOS E PROCESSUAL CIVIL. AGRAVO REGIMENTAL NO AGRAVO DE INSTRUMENTO. REVISÃO DE CLÁUSULAS CONTRATUAIS. CDC. POSSIBILIDADE. MITIGAÇÃO DO PRINCÍPIO DO PACTA SUNT SERVANDA. LEASING. DEVOLUÇÃO DO BEM ARRENDADO. RESTITUIÇÃO DO VRG PAGO ANTECIPADAMENTE. POSSIBILIDADE. ALEGAÇÕES RECURSAIS DESASSOCIADAS DOS FUNDAMENTOS DO ACÓRDÃO RECORRIDO. SÚMULA 284/STF. SUCUMBÊNCIA RECÍPROCA. SÚMULA 7/STJ. 1. A jurisprudência do STJ se posiciona firme no sentido que a revisão das cláusulas contratuais pelo Poder Judiciário é permitida, mormente diante dos princípios da boa-fé objetiva, da função social dos contratos e do dirigismo contratual, devendo ser mitigada a força exorbitante que se atribuía ao princípio do pacta sunt servanda. Precedentes. 2. Com a resolução do contrato de arrendamento mercantil por inadimplemento do arrendatário e a consequente reintegração do bem na posse da arrendadora, faz-se devido o cumprimento das parcelas vencidas e em aberto até a retomada do bem pelo arrendatário, ressalvando seu direito quanto à devolução ou compensação em seu favor dos valores pagos antecipadamente a título de VRG. A diluição do valor residual ao longo do prazo contratual, cuja cobrança é feita juntamente com as parcelas das contraprestações, não impede que o arrendatário, por sua livre opção e interesse, desista da compra do bem objeto do contrato de leasing. Retomada a posse direta do bem pela arrendadora, extingue-se a possibilidade de o arrendatário exercer a opção da compra; por conseguinte, o valor residual, que antecipadamente vinha sendo pago para essa finalidade, deve ser devolvido. Precedentes. 3. A alegação de que o acórdão recorrido procedera à alteração no indexador pactuado no contrato de arrendamento mercantil mostra-se completamente desassociada das questões tratadas e decididas pelo acórdão, caracterizando fundamentação deficiente e, por conseguinte, óbice à exata compreensão da controvérsia, o que atrai, de forma inexorável, a dicção da Súmula 284/STF. 5. É pacífico no STJ o entendimento segundo o qual a verificação do grau de sucumbência de cada parte, para fins de aplicação da norma contida no parágrafo único do art. 21 do CPC, enseja incursão à seara fático-probatória dos autos, vedada pela Súmula 7 desta Corte. 6. Agravo regimental não provido. BRASIL. Superior Tribunal de Justiça. AgRg no Ag 1383974/SC. Relator Ministro Luis Felipe Salomão, Quarta Turma, julgado em 13/12/2011, DJe 01/02/2012. Disponível em: <https://ww2.stj.jus.br/revistaeletronica/Abre_Documento.asp?sLink=ATC&sSeq=19500159&sReg=201002133630&sData=20120201&sTipo=5&formato=PDF>. Acesso em: 30 jan. 2014.

[...] no Brasil, a função social do contrato deu uma nova dimensão ao princípio da obrigatoriedade dos contratos porque a cláusula geral da função social do contrato[258] passou a ser considerada uma decorrência do princípio constitucional dos valores da solidariedade e da construção de uma sociedade mais justa.[259]

Como é evidente, as pessoas, físicas e jurídicas, negociam[260] o tempo inteiro sem maior consciência dos impactos de seus ajustes. Assim, a aquisição de alimentos, a locação de imóvel, o seguro, a contratação de plano de saúde e a compra de bilhete de passagem aérea são algumas das infindáveis relações contratuais entabuladas rotineiramente, sem maior controle, por exemplo, no atinente a seus impactos ambientais.

Além disso, essas contratações são influenciadas por falhas de mercado. Informações assimétricas, vulnerabilidades psicológicas, poder dominante e externalidades negativas (não precificadas) são algumas dessas vicissitudes.[261]

Diante disso, adverte-se que

[...] importa reconhecer que quanto mais sacrificada a liberdade e igualdade substanciais, maior haverá de ser o grau de proteção exercido pelo Estado no âmbito dos seus deveres gerais e específicos de proteção, atuando positivamente no sentido de compensar as desigualdades, mediante intervenção na esfera da autonomia privada e liberdade contratual.[262]

Note-se, nesse passo, por oportuno, que a autonomia privada se relaciona com a liberdade contratual, eis que esta última determina o conteúdo

---

[258] O autor se refere à "cláusula geral da função social do contrato". Há os que se referem à função social do contrato como um princípio dentro da ordem jurídica privada brasileira, tal como SALOMÃO FILHO, Calixto. *Função social do contrato*: primeiras anotações. Revista dos Tribunais, São Paulo, v. 823, p. 67-86, maio 2004; MARTINS-COSTA, Judith. Reflexões sobre o princípio da função social dos contratos. *Revista Direito GV*, São Paulo, v. 1, n. 1, p. 41-67, maio 2005; MARTINS-COSTA, Judith. Notas sobre o princípio da função social dos contratos. Revista Literária de Direito, São Paulo, n. 53, p. 17-21, ago./set. 2004. Para fins desta pesquisa, privilegiar-se-á o uso da expressão *princípio da função social do contrato* por se entender que se trata de uma norma-vetor que conduz à persecução de objetivos constitucionalmente traçados, sem contudo se enfrentar as diferenças apontadas pelos autores jusprivatistas entre princípios, cláusulas gerais e conceitos jurídicos indeterminados, eis que tal distinção escapa ao objeto de trabalho deste estudo.

[259] LUPION, Ricardo. Função social do contrato como função estabilizadora das relações contratuais empresariais. In: SAAVEDRA, Giovani Agostini; LUPION, Ricardo (Orgs.). *Direitos fundamentais*: Direito Privado e inovação. Porto Alegre: EDIPUCRS, 2012. p. 51-66. p. 61.

[260] "Até mesmo quando dormimos poderemos estar assumindo obrigações contratuais, como se dá com os fornecimentos de luz ou de água". LÔBO, Paulo Luiz Netto. Transformações gerais do contrato. *Revista Trimestral de Direito Civil*, Rio de Janeiro, v. 16, p. 103-113, out./dez. 2003. p. 103.

[261] *Vide*, sobre falhas de mercado, FREITAS, Juarez. *Direito fundamental à boa administração pública*. 3. ed. São Paulo: Malheiros, 2014. No prelo.

[262] SARLET, Ingo Wolfgang. Direitos fundamentais e Direito Privado: algumas considerações em torno da vinculação dos particulares aos direitos fundamentais. In: —— (Org.). *A Constituição concretizada*: construindo pontes com o público e o privado. Porto Alegre: Livraria do Advogado, 2000. p. 107-163. p. 153. Nesse sentido, Daniel Sarmento, ao dissertar sobre a denominada dimensão objetiva dos direitos fundamentais, a qual é "[...] ligada à compreensão de que consagram os valores mais importantes de uma comunidade política", afirma que, em virtude dessa dimensão, a eficácia dos direitos fundamentais deve ser sentida em todas relações jurídicas, inclusive as de ordem privada. Ainda, pondera: "Uma das consequências mais destacadas desta concepção é o reconhecimento de que as normas jurídicas em geral, especialmente as que consagram clausulas gerais e conceitos jurídicos indeterminados, devem ser interpretadas da forma que mais favoreça aos direitos fundamentais". SARMENTO, Daniel. *Direitos fundamentais e relações privadas*. 2. ed. Rio de Janeiro: Lumen Juris, 2006. p. 325.

do pacto. Destarte, a função social do contrato não anula o princípio da autonomia contratual, "[...] mas atenua ou reduz o alcance desse princípio quando presentes interesses metaindividuais ou interesse individual relativo à dignidade da pessoa humana".[263]

Assim, políticas intervencionistas adotadas por parte do Estado, em especial para proteção da liberdade individual em detrimento do exercício abusivo do poder econômico,[264] "[...] muitas vezes não constituem restrições à autonomia privada, mas promoção da mesma".[265] A partir de uma fácil constatação empírica, observa-se que a liberdade formal dos contratantes é, em numerosas situações, uma falácia. Veja-se, a título ilustrativo, o caso do contrato de trabalho, onde há quem diga que a liberdade formal dos contratantes nos contratos laborais é ilusória, "[...] fazendo irrespondível a afirmação atribuída a Lacordaire, de que entre o forte e o fraco é a liberdade que escraviza e a lei que liberta".[266]

Por outro lado, interessa pontuar que "[...] a função social do contrato não deve, nem pode, afastar o seu conteúdo econômico, cabendo conciliar os interesses das partes e os da sociedade".[267] Especialmente em face das acentuadas transformações do mundo globalizado, onde as fronteiras nacionais se tornam cada vez mais porosas, implausível conceber o contrato como veículo destinado única e exclusivamente à tutela dos interesses individuais e localizados.[268] A realidade demanda que se compreenda o contrato como um instrumento de cooperação. As partes contratantes cooperam para que seus interesses e os de toda a coletividade sejam prestigiados com a negociação.[269]

---

[263] Enunciado nº 23 aprovado na Jornada de Direito Civil do Centro de Estudos Jurídicos do Conselho da Justiça Federal realizado no período compreendido entre 11 a 15/09/2002. BRASIL. Conselho da Justiça Federal. Enunciado nº 23. Jornada de Direito Civil do Centro de Estudos Jurídicos, realizada de 11 a 15/09/2002. Disponível em: <http://columbo2.cjf.jus.br/portal/publicacao/download.wsp?tmp.arquivo=1296>. Acesso em: 28 jan. 2014.

[264] Sobre a temática, registre-se que "[...] a regulação da atividade econômica afeta diretamente o contrato, que por sua vez se delimita pela função social". LÔBO, Paulo Luiz Netto. Transformações gerais do contrato. *Revista Trimestral de Direito Civil*, Rio de Janeiro, v. 16, p. 103-113, out./dez. 2003. p. 108.

[265] SARMENTO, Daniel. *Direitos fundamentais e relações privadas*. 2. ed. Rio de Janeiro: Lumen Juris, 2006. p. 326.

[266] LÔBO, Paulo Luiz Netto. Transformações gerais do contrato. *Revista Trimestral de Direito Civil*, Rio de Janeiro, v. 16, p. 103-113, out./dez. 2003. p. 107.

[267] WALD, Arnoldo. A dupla função econômica e social do contrato. *Revista Trimestral de Direito Civil*, Rio de Janeiro, v. 17, p. 3-10, jan./mar. 2004. p. 3.

[268] Nas palavras de Lôbo: "A sociedade de massas multiplicou a imputação de efeitos negociais a um sem-número de condutas, independentemente da manifestação de vontade dos obrigados. A globalização econômica utiliza o contrato como instrumento de exercício de dominação dos mercados e de desafios aos direitos nacionais [...]". LÔBO, Paulo Luiz Netto. Transformações gerais do contrato. *Revista Trimestral de Direito Civil*, Rio de Janeiro, v. 16, p. 103-113, out./dez. 2003. p. 103.

[269] A jurisprudência tem acolhido este entendimento. Veja-se: "RECURSO ESPECIAL. AÇÃO DE PRESTAÇÃO DE CONTAS. CONTRATO DE COMPRA E FINANCIAMENTO DE AÇÕES DA COPESUL. PROGRAMA DE PRIVATIZAÇÃO. DEVER DE PRESTAR. FUNÇÃO SOCIAL DO CONTRATO. 1. O simples descontentamento da parte com o julgado não tem o condão de tornar cabíveis os embargos declaratórios, recurso de rígidos contornos processuais que serve ao aprimoramento da decisão, mas não à sua modificação, que só muito excepcionalmente é admitida. 2. Prestar contas significa demonstrar e comprovar todos os componentes de débito e de crédito vinculados à relação jurídica estabelecida

Desse modo, "[...] não desaparecem, pois, nem a autonomia da vontade, nem a liberdade de contratar; ambas mudam de conteúdo e de densidade",²⁷⁰ já que "[...] a sociedade necessita do bom funcionamento da circulação das riquezas e da segurança jurídica baseada na sobrevivência de relações contratuais eficientes e equilibradas".²⁷¹

Logo, tem-se que efetuar o controle do conteúdo do contrato²⁷² em favor da tutela constitucional da pessoa e do desenvolvimento sustentável. A propósito, o Direito Comunitário europeu começa a se inclinar nessa linha. Veja-se:

> Este pensamento tutelador influenciou claramente a directiva europeia sobre cláusulas abusivas em contratos (directiva 93/13/CEE, de 5 de Abril²⁷³). Aí se estabeleceu um controlo directo do conteúdo, ao abrigo da cláusula geral do art. 3º, nº 1, e da lista constante do anexo: são abusivas e não vinculativas as cláusulas quem dêem origem a "um desequilíbrio significativo em detrimento do consumidor, entre os direitos e obrigações das partes decorrentes do contrato".²⁷⁴

---

entre as partes. Tratando-se de contrato de compra e venda de ações colocadas no mercado em razão de programa de desestatização, cabe ao ente financeiro responsável pela operação prestar contas sobre a transação efetuada, informando a quantidade de moeda utilizada na aquisição, datas, preços, a efetiva entrega para a Câmara de liquidação e custódia; re-venda das ações e a que preços; quais os dividendos recebidos; o saldo do empréstimo por ocasião de sua liquidação, sem prejuízo de outras informações que advieram do ajuste firmado. 3. A função social do contrato veta seja o interesse público ferido pelo particular. 4. Recurso especial não-conhecido. BRASIL. Superior Tribunal de Justiça. REsp 1062589/RS. Relator Ministro João Otávio de Noronha, Quarta Turma, julgado em 24/03/2009, DJe 06/04/2009. Disponível em: <https://ww2.stj.jus.br/revistaeletronica/Abre_Documento.asp?sLink=ATC&sSeq=14339023&sReg=200801147779&sData=20110311&sTipo=5&formato=PDF>. Acesso em: 30 jan. 2014.

²⁷⁰ WALD, Arnoldo. A dupla função econômica e social do contrato. *Revista Trimestral de Direito Civil*, Rio de Janeiro, v. 17, p. 3-10, jan./mar. 2004. p. 5.

²⁷¹ WALD, Arnoldo. A dupla função econômica e social do contrato. *Revista Trimestral de Direito Civil*, Rio de Janeiro, v. 17, p. 3-10, jan./mar. 2004. p. 5.

²⁷² Acerca do controle do conteúdo do contrato, interessante passagem deve aqui ser reproduzida. Veja-se: "[...] a dimensão social do contrato ingressou paulatinamente na legislação e na doutrina pela via dos princípios da função social, da boa-fé objetiva e da equivalência material. O avanço maior deu-se pelo crescente controle jurídico do contrato, para realização dos três princípios sociais referidos, intervindo o legislador em vários setores da atividade negocial, utilizando-se principalmente de uma tríplice técnica de limitação da liberdade contratual, a saber: I – limitação da liberdade de conclusão ou de escolha do outro contratante, sobretudo nos setores de fornecimento de serviços públicos (água, luz, telefone, transporte etc.), ou monopolizados; II – limitação da liberdade de escolha do tipo contratual, quando a lei estabelece os tipos contratuais exclusivos em determinados setores, a exemplo dos contratos de licença, concessão ou cessão no âmbito da lei de direitos autorais, e dos contratos de parceria e arrendamento no âmbito do direito agrário; III – limitação da liberdade de determinação do conteúdo do contrato, parcial ou totalmente, quando a lei define o que ele deve conter de forma cogente, como no exemplo do inquilinato, dos contratos imobiliários, do contrato de turismo, do contrato de seguro e dos planos de saúde". LÔBO, Paulo Luiz Netto. Transformações gerais do contrato. *Revista Trimestral de Direito Civil*, Rio de Janeiro, v. 16, p. 103-113, out./dez. 2003. p. 110.

²⁷³ Trata-se da Diretiva nº 93/13, de 5 de abril de 1993, da antiga Comunidade Econômica Europeia (CEE). Com o Tratado de Maastricht, assinado em 7 de fevereiro de 1992 e em vigor em 1º de novembro de 1993, a *CEE* é substituída pela *União Europeia*. À unificação econômica proposta com a criação da CEE agregou-se o desafio da unificação política.

²⁷⁴ RIBEIRO, Joaquim de Sousa. Direito dos Contratos e regulação do mercado. Separata de: *Revista Brasileira de Direito Comparado*, Rio de Janeiro, n. 22, p. 203-223, 1º sem. 2002. p. 211. Tecendo comentários sobre esta Diretiva, Jorge Cesa Ferreira da Silva assevera que ela "[...] que serviu de base à harmonização do direito interno dos países da Comunidade Europeia, limita a sua atuação exclusivamente aos contratos de consumo. No entanto, o espírito é abrangente, de modo que, mesmo na Europa, se tem sustentado a possibilidade de alargamento para hipóteses semelhantes, ainda que não vinculadas exclusivamente às

Com relação a isso, anote-se a lição de Judith Martins-Costa,[275] para quem

> [...] diferentemente do que ocorria no passado, o contrato, instrumento por excelência da relação obrigacional e veículo jurídico de operações econômicas de circulação da riqueza, não é mais perspectivado desde uma ótica informada unicamente pelo dogma da autonomia da vontade. Justamente porque traduz relação obrigacional – relação de cooperação entre as partes, processualmente polarizada por sua finalidade – e porque se caracteriza como o principal instrumento jurídico de relações econômicas, considera-se que o contrato, qualquer que seja, de direito público ou privado, é informado pela função social que é atribuída pelo ordenamento jurídico, função esta, ensina Miguel Reale, que é "mero corolário dos imperativos constitucionais relativos à função social da propriedade e à justiça que deve presidir à ordem econômica".[276]

Nessa medida, "[...] o contrato não pode ser concluído, executado ou interpretado tendo em conta apenas os interesses individuais dos contratantes, mas o interesse social".[277] Até porque "[...] o exercício da autonomia privada nunca foi ilimitado, sua exteriorização sempre encontrou freios nos limites legais. Sendo a ordem pública e os bons costumes seus limites tradicionais".[278]

Dessa forma, é possível compreender-se que:

> A função social do contrato não deve ser interpretada como proteção especial do legislador em relação à parte economicamente mais fraca. Significa a manutenção do equilíbrio contratual e o atendimento dos interesses superiores da sociedade que, em determinados casos, podem não coincidir com os do contratante que aderiu ao contrato [...]. A ideia básica é o atendimento dos interesses da própria sociedade e do maior grupo de interessados, que não pode sofrer as consequências do comportamento de um deles.

---

relações de consumo". (p. 141). SILVA, Jorge Cesa Ferreira da. Princípios de Direito das Obrigações no novo Código Civil. In: SARLET, Ingo Wolfgang (Org.). *O novo Código Civil e a Constituição*. 2. ed., rev. e ampl. Porto Alegre: Livraria do Advogado, 2006. p. 119-146.

[275] FREITAS, Juarez. *A interpretação sistemática do Direito*. 4. ed. São Paulo: Malheiros, 2004. p. 182-183.

[276] MARTINS-COSTA, Judith. *A boa-fé no Direito Privado*. São Paulo: Revista dos Tribunais, 2000. p. 457.

[277] LÔBO, Paulo Luiz Netto. Transformações gerais do contrato. *Revista Trimestral de Direito Civil*, Rio de Janeiro, v. 16, p. 103-113, out./dez. 2003. p. 108. O autor ainda complementa que "[...] no Código Civil de 2002, a justiça social revela-se principalmente no avançado enunciado do art. 421". (p. 108).

[278] ALBUQUERQUE, Fabíola Santos. Liberdade de contratar e livre iniciativa. *Revista Trimestral de Direito Civil*, Rio de Janeiro, v. 15, p. 73-88, jul./set. 2003. p. 78. Nessa linha, Maria Celina Bodin de Moraes, ao discorrer sobre a causa dos contratos, aduz que: "Já a terceira utilidade do termo causa, agora enfim como elemento de restrição da autonomia dos privados, como a função propriamente social do negócio, esta tende a se consolidar com a mais apurada interpretação de alguns dispositivos do Código de 2002, em particular, a melhor compreensão do teor do art. 421. A este respeito, propõe-se a seguinte interpretação: quando a lei diz que 'a liberdade de contratar será exercida *em razão* e *nos limites* da função social do contrato", a expressão "em razão" serve a opor justamente autonomia privada à utilidade social. Assim, a liberdade de contratar não se dará, pois, *em razão da vontade privada*, como ocorria anteriormente, mas *em razão da função social* que o negócio está destinado a cumprir. Do mesmo modo, os limites da liberdade de contratar não mais estão, [...], na autonomia dos privados mas são estabelecidos pelo ordenamento, estando a lei encarregada de prescrever, ou recepcionar, justamente a função social dos institutos. [...] confirma que o ordenamento civil brasileiro não dá qualquer guarida a negócios abstratos, isto é, a negócios que estejam sujeitos, tão-somente, à vontade das partes, exigindo, ao contrário, que os negócios jurídicos sejam causais, cumpridores de uma função social". [grifo do autor]. Para aprofundamentos, sugere-se a leitura de MORAES, Maria Celina Bodin de. A causa dos contratos. *Revista Trimestral de Direito Civil*, Rio de Janeiro, v. 21, p. 95-119, jan./mar. 2005. p. 118-119.

[...] Só se poderá dizer cumpridora da função social prevista na lei a decisão que analisar o equilíbrio do contrato e as consequências diretas e indiretas para a coletividade, no curto, médio e longo prazos, de uma intervenção estatal, assegurando-se a adequada circulação das riquezas e não somente o interesse individual.[279]

Veja-se, portanto, que, a partir da perspectiva social do contrato, se passou a considerar os "[...] direitos de terceira geração, de natureza transindividual, protegendo-se interesses que ultrapassam os dos figurantes concretos da relação negocial, ditos difusos, coletivos ou individuais homogêneos".[280] Restrições transindividuais são estabelecidas à livre iniciativa,[281] como, por exemplo, as referentes à preservação do ambiente.

---

[279] WALD, Arnoldo. A dupla função econômica e social do contrato. *Revista Trimestral de Direito Civil*, Rio de Janeiro, v. 17, p. 3-10, jan./mar. 2004. p. 6 e 9.

[280] LÔBO, Paulo Luiz Netto. Transformações gerais do contrato. *Revista Trimestral de Direito Civil*, Rio de Janeiro, v. 16, p. 103-113, out./dez. 2003. p. 107-108. Ademais, oportuno transcrever o comentário de Gracielle Carrijo Vilela sobre a Reserva Particular do Patrimônio Natural (RPPN) no sentido de que: "A preservação do meio ambiente somente pode ser compreendida como, pois que outra compreensão não pode, obrigação pública e particular existir para um direito difuso, pertencente a todos (art. 225 da CF/88). É perfeito, nessa perspectiva, o incentivo que o Estado busca dar aos particulares, por meio da constituição das RPPNs, para que estes preservem suas áreas de interesse ecológico". VILELA, Gracielle Carrijo. RPPN e perpetuidade – os direitos de terceira geração em face da autonomia privada. In: VILELA, Gracielle Carrijo; RIEVERS, Marina (Orgs.). *Direito e meio ambiente*: reflexões atuais. Belo Horizonte: Fórum, 2009. p. 183-195. p. 193-194.

[281] Partindo da premissa de que "[...] a liberdade de contratar é a forma de exercício mais intensa do princípio da autonomia privada" (p. 73), Fabíola Santos Albuquerque, em seu artigo "Liberdade de contratar e livre iniciativa", indaga "[...] se a liberdade econômica, mais precisamente o princípio da livre iniciativa prevista em sede constitucional, detém colorido próprio, ou se é um corolário do princípio da liberdade de contratar". (p. 73). A fim de responder tal questionamento, a autora pondera, ao definir livre iniciativa, que "[...] a empresa é a principal expoente da livre iniciativa. Esta deve ser compreendida como a atividade econômica organizada dos fatores de produção, para a circulação de bens e serviços para o mercado" (p. 83). E conclui que "[...] a Constituição assegurou a todos o livre exercício de qualquer atividade econômica, desde que condicionada ao atendimento dos princípios da ordem econômica. O dispositivo constitucional sobre a livre iniciativa deve ser interpretado de maneira restrita e não ampla. É voltado somente àqueles que exercem uma atividade econômica. Destina-se ao homem empreendedor, ao empresário, àquele que vai organizar livremente a sua atividade produtiva e portanto definir o que, como, quando e onde produzir dentro dos limites legais e não para aqueles que praticam atos isolados integrantes do dia-a-dia dos particulares a exemplo dos inúmeros contratos que são firmados. Contratos são atos isolados, não se confundem com a atividade que é sempre voltada à consecução de um fim, inclusive social. Consequentemente, atos isolados não se enquadram no conceito de atividade econômica tutelada pela Constituição. [...] Estabelecida a distinção entre os princípios, fica claro que a Constituição em momento algum alberga a tutela do princípio da autonomia privada nem muito menos o da liberdade de contratar. Alberga, tão-somente, o princípio da livre iniciativa e com um foco interpretativo restrito aos que exercem atividade econômica e não aos que realizam ato isolado". (p. 84-85). "Além do que, o princípio da liberdade de contratar é um conceito jurídico ao contrário do da livre iniciativa, que é um conceito econômico". (p. 87). "Enquanto a liberdade de contratar está para o ato, a livre iniciativa está para a atividade". (p. 84). ALBUQUERQUE, Fabíola Santos. Liberdade de contratar e livre iniciativa. *Revista Trimestral de Direito Civil*, Rio de Janeiro, v. 15, p. 73-88, jul./set. 2003. No mesmo sentido, Ana Prata: "A autonomia negocial qualifica actos jurídicos individualizados, enquanto a liberdade de iniciativa econômica diz respeito a uma actividade que se desenvolve numa série de actos e de operações orientados para um resultado final unitário, uns de natureza material, outros de natureza jurídica, e entre estes também actos de autonomia negocial". (p. 199). E complementa: "[...] garantindo a Constituição a existência de um sector privado na economia – embora com as restrições que, quer do interior, quer do exterior, o conformam – tal garantia não é suficiente para se falar num princípio constitucionalmente tutelador da autonomia privada". (p. 200). PRATA, Ana. *A tutela constitucional da autonomia privada*. Coimbra: Almedina, 1982. Em sentido oposto e – registre-se no sentido adotado para fins desta pesquisa – Miguel Reale compreende que há tutela constitucional do princípio da liberdade de contratar: "[...] a liberdade de contratar – ou, mais amplamente, a liberdade negocial – está constitucionalmente assegurada, mesmo porque a livre iniciativa não passaria de um simulacro se ela, no plano prático da ação, não se pudesse consubstanciar em acordos ou convenções mediante os quais duas ou mais pessoas possam estabelecer

Observe-se que, dentro dos valores protegidos pela Constituição Federal brasileira de 1988, inquestionavelmente,

> [...] há a exigência de proteção ambiental. Essa constitui proposição indutiva de uma mudança no comportamento dos que exercem qualquer atividade econômica, servindo para incutir a necessidade de uma conscientização ambiental e propiciar o exercício de atividades ecologicamente corretas, e assim garantir o chamado desenvolvimento sustentável ou sustentado.
>
> A própria Constituição dispõe expressamente acerca de algumas exceções à livre iniciativa. São elas:
> - a hipótese de instalação de obra ou atividade potencialmente causadora de significativa degradação do meio ambiente, para a qual há exigência de estudo de prévio de impacto ambiental, sob pena de não ser autorizada (art. 225, IV);
> - liberdade de controlar a produção, a comercialização e o emprego de técnicas, métodos e substancias que comportem risco para a vida, a qualidade de vida e do meio ambiente (art. 225, V);
> - a utilização das áreas integrantes do patrimônio nacional far-se-á, na forma da lei, dentro de condições que assegurem a preservação do meio ambiente, inclusive quanto ao uso dos recursos naturais (art. 225, § 4º) e, por fim,
> - o desenvolvimento de uma atividade econômica impõe uma conduta ecologicamente correta, pois sendo aquela considerada lesiva ao meio ambiente, o infrator (pessoa física ou jurídica) responderá penal, civil e administrativamente (art. 225, § 3º).[282]

Assim é que o respeito e a promoção da norma do art. 225, *caput*, da Constituição Federal de 1988, relativamente ao direito fundamental ao meio ambiente ecologicamente equilibrado, devem pautar as negociações, tanto na esfera pública como na esfera privada. Se todo o contrato, público ou privado, possui uma função social e, ainda, se o meio ambiente saudável é um direito-dever de todos nós, atender-se às exigências de sustentabilidade ambiental é requisito para o cumprimento do comando contido no art. 421 do Código Civil brasileiro.[283]

---

campos distintos mas complementares de atividade, em livre competição com os demais". REALE, Miguel. *Questões de Direito Privado*. São Paulo: Saraiva, 1997. p. 95. Somando-se a esta posição, Francisco dos Santos Amaral Neto: "Reconhecida constitucionalmente a liberdade de iniciativa econômica, indirectamente se garante a autonomia privada, em face a íntima relação de instrumentalidade existente entre ambas. Conceitos conexos, mas não coincidentes, a autonomia privada tem caráter instrumental em face da liberdade de iniciativa econômica, pelo que as limitações que a esta se impõem também atuam quanto àquela". (p. 34). Conforme AMARAL NETO, Francisco dos Santos. A autonomia privada como princípio fundamental da ordem jurídica. Perspectivas estrutural e funcional. *Boletim da Faculdade de Direito da Universidade de Coimbra*. Estudos em Homenagem ao Prof. Doutor A. Ferrer-Correia, Coimbra, II, número especial, p. 5-41, 1989.

[282] ALBUQUERQUE, Fabíola Santos. Liberdade de contratar e livre iniciativa. *Revista Trimestral de Direito Civil*, Rio de Janeiro, v. 15, p. 73-88, jul./set. 2003. p. 83.

[283] No que tange aos contratos públicos, a Lei nº 12.349/10, que alterou a Lei nº 8.666/93, dá ao art. 3º a seguinte redação: "A licitação destina-se a garantir a observância do princípio constitucional da isonomia, a seleção da proposta mais vantajosa para a administração e a promoção do desenvolvimento nacional sustentável e será processada e julgada em estrita conformidade com os princípios básicos da legalidade, da impessoalidade, da moralidade, da igualdade, da publicidade, da probidade administrativa, da vinculação ao instrumento convocatório, do julgamento objetivo e dos que lhes são correlatos". No que se refere aos contratos privados há quem preconize, por exemplo, a partir do questionamento se a função social do contrato pode cumprir uma função estabilizadora das relações contratuais empresariais, que "[...] a resposta à indagação inicial deve estar, de um lado, no reconhecimento de uma *dimensão positiva* da função social da empresa pelo seu importante papel e relevância social do seu funcionamento em um sistema econômico capitalista. Com a geração e circulação de riquezas, a empresa gera os recursos finan-

Ora, como o contrato privado veda implicitamente danos ao ambiente e deve ser compreendido como instrumento de cooperação[284] entre as partes, importa examinar o comportamento dos contratantes, em termos de boa-fé objetiva e dos possíveis deveres contratuais anexos.

2.5. A contribuição dogmática da boa-fé objetiva para compreensão dos deveres anexos (laterais) que protegem a sustentabilidade nas relações contratuais

O Código Civil brasileiro de 2002 foi edificado com base nos princípios da socialidade, eticidade e operacionalidade, inspirados no culturalismo de Miguel Reale,[285] além do princípio da sistematicidade, o qual comanda que todas as normas que integram o sistema devem se comunicar e retroalimentar. Tal princípio da socialidade traduz a ideia de que os valores coletivos se destacam em relação aos valores individuais, contrastando com a concepção egoísta da codificação liberal-burguesa oitocentista. Já o princípio da eticidade revela que a tutela da pessoa humana é origem de todos os demais axiomas que regem as relações privadas, concedendo-se mais poder ao juiz para solucionar o caso concreto de forma mais justa e equitativa.[286] Por fim,

---

ceiros necessários para a implementação das políticas públicas do Estado de proteção à vida (segurança pública), à saúde (gratuidade do tratamento médico, com a construção de hospitais públicos e o fornecimento gratuito de medicamentos), ao meio ambiente saudável (promovendo a educação ambiental, a fiscalização e punição dos infratores)". [grifo do autor]. Maiores esclarecimentos podem ser obtidos examinando-se LUPION, Ricardo. Função social do contrato como função estabilizadora das relações contratuais empresariais. In: SAAVEDRA, Giovani Agostini; LUPION, Ricardo (Orgs.). *Direitos fundamentais*: Direito Privado e inovação. Porto Alegre: EDIPUCRS, 2012. p. 51-66. p. 52. Em sentido oposto, Rachel Sztajn, para quem, "[...] entendendo que a empresa é organização econômica que serve ao desenvolvimento nacional, teme que a aplicação da regra do art. 421 do Código Civil aos contratos empresariais, na maior parte dos casos representados por operações de longa duração e execução continuada, contratos incompletos dos economistas e cujas lacunas deveriam ser preenchidas para que a distribuição de riscos *ex post*, seja adequada, venha, por força de intervenção de magistrados, os quais, de regra, não têm informação completa sobre a operação, dará origem a efeitos de segunda ordem". (p. 201). SZTAJN, Rachel. Função social do contrato e direito de empresa. *Estudos de Direito do Consumidor* 2006/2007, Coimbra, n. 8, p. 171-202, mar. 2008.

[284] Trata-se da "[...] visão solidarista da obrigação, que se ocupou de compreender a relação obrigacional não mais com pólos antagônicos e de interesses meramente opostos, mas como vínculos de cooperação entre as partes". SILVA, Jorge Cesa Ferreira da. Princípios de Direito das Obrigações no novo Código Civil. In: SARLET, Ingo Wolfgang (Org.). *O novo Código Civil e a Constituição*. 2. ed., rev. e ampl. Porto Alegre: Livraria do Advogado, 2006. p. 119-146. p. 131.

[285] Consulte-se REALE, Miguel. *Experiência e cultura*. Campinas: Bookseller, 1999. Em uma síntese sobre a expressão do culturalismo de Miguel Reale no Código Civil de 2002, Gerson Branco salienta que "[...] o culturalismo enquanto corrente de pensamento que aponta a cultura como paradigma central das ciências e da filosofia possui diversas formas de expressão e consequências evidentes na construção do conteúdo das ciências. A consequência do culturalismo de Reale sobre as ciências é uma visão integrante do conhecimento, uma busca constante da relação entre o que é *a realidade* e o pensamento a respeito da própria realidade. A realidade é reconhecida como o resultado da ação do sujeito sobre o mundo, que ao mesmo tempo é atributiva de significado e que é determinada pela natureza". [grifo do autor]. BRANCO, Gerson Luiz Carlos. O culturalismo de Miguel Reale e sua expressão no novo Código Civil. In: MARTINS-COSTA, Judith; BRANCO, Gerson Luiz Carlos. *Diretrizes teóricas do novo Código Civil brasileiro*. São Paulo: Saraiva, 2002. p. 1-85. p. 38.

[286] REALE, Miguel. *Visão geral do Projeto de Código Civil*. Revista dos Tribunais, São Paulo, v. 752, p. 28, jun. 1998.

no que diz respeito à operacionalidade, esse princípio implica que as regras de Direito previstas no Código Civil são comandos que devem ser operacionalizados de modo eficaz.

Dessa forma, a atual codificação, que é enriquecida na sua estrutura por princípios, cláusulas gerais e conceitos indeterminados, revela a intenção legislativa de confeccionar um sistema aberto. Reconhece-se, assim, a falácia do dogma da completude, o qual era preconizado nas codificações oitocentistas. Como é cediço, o legislador não é onisciente e, tampouco, onipresente. A vagueza da linguagem dos princípios não é, pois, defeito e, sim, uma técnica legislativa. Isso demanda ampla compreensão hermenêutica e, consequentemente, implica o reconhecimento de maior poder ao juiz.

Entre os princípios que alimentam o sistema da codificação de 2002 está o da boa-fé objetiva, o qual se encontra insculpido no art. 422 do referido diploma.[287] Sua relação com a sustentabilidade não é difícil de perceber, uma vez que acarreta, entre outros, o dever anexo de cooperação, o qual não se coaduna com atitudes individualistas, hostis ao ambiente ou causadoras de danos ambientais. Com efeito, não poderia haver cooperação se o individualismo conduzisse a um negócio jurídico desviado das finalidades constitucionalmente estipuladas no art. 225. Ilustra bem o início desse entendimento posição jurisprudencial adotada pelo Tribunal de Justiça do Rio Grande do Sul.[288]

No que se refere às origens desse princípio, saliente-se que o italiano Emilio Betti foi um dos primeiros juristas a mencionar a aplicação objetiva do princípio da boa-fé. Já advertia que

> [...] a boa-fé contratual consiste não em um estado de ignorância, mas se aproxima de uma atitude cooperativa ativa, necessária para satisfazer as expectativas dos outros por meio de atitudes positivas próprias. Compreenda-se a negociação de boa fé, que hoje refere-se à lei e

---

[287] Art. 422, CC/02: "Os contratantes são obrigados a guardar, assim na conclusão do contrato, como em sua execução, os princípios de probidade e boa-fé". Registre-se que há autores que se referem à boa-fé objetiva como sendo uma cláusula geral dentro do sistema do Código Civil brasileiro de 2002, tal como MARTINS-COSTA, Judith. *A boa-fé no Direito Privado*. São Paulo: Revista dos Tribunais, 2000, ao alertar que "[...] a conveniência da inserção do princípio da boa-fé objetiva em cláusula geral [...]". (p. 518). Na mesma linha do que já foi apontado em nota, para fins desta pesquisa, não se irá enfrentar a distinção entre princípios jurídicos, cláusulas gerais e conceitos jurídicos indeterminados preconizada pelos civilistas pátrios, eis que tal estudo escapa ao objeto de trabalho desta obra. Anote-se, por oportuno, que irá se prestigiar o emprego da expressão princípio da boa-fé objetiva, por se entender que reflete um mandado de otimização do legislador civil de 2002 no que tange ao comportamento das partes contratantes.

[288] "APELAÇÃO CÍVEL. CONTRATOS AGRÁRIOS. OMISSÃO PELO ARRENDADOR DE GRAVAME DE PRESERVAÇÃO FLORESTAL NA ÁREA OBJETO DO ARRENDAMENTO. CORTE DE ÁRVORES PARA O PLANTIO DA SAFRA. BOA-FÉ OBJETIVA. AUSÊNCIA DO DEVER DE INDENIZAR. Considerando que a terra cuja fração foi objeto de arrendamento possuía gravame de preservação ambiental em 90.4% de sua extensão, e que tal dado foi deliberadamente omitido pelo autor ao demandado quando da celebração do contrato de arrendamento, acreditando este estar autorizado a cortar as árvores que impediam a execução do contrato, inviável sua responsabilização e condenação ao pagamento das perdas e danos reclamados. APELO DESPROVIDO. UNÂNIME". RIO GRANDE DO SUL. Tribunal de Justiça do Rio Grande do Sul. Apelação Cível Nº 70052349529. Nona Câmara Cível, Relator: Tasso Caubi Soares Delabary, Julgado em 28/08/2013. Disponível em: <http://www.tjrs.jus.br/busca/?q=APELA%C7%C3O+C%CDVEL.+CONTRATOS+AGR%C1RIOS.+OMISS%C3O+PELO+ARRENDADOR&tb=jurisnova&pesq=ementario&partialfields=tribunal%3ATribunal%2520de%2520Justi%25C3%25A7a%2520do%2520RS.%28TipoDecisao%3Aac%25C3%25B3rd%25C3%25A3o%7CTipoDecisao%3Amonocr%25C3%25A1tica%7CTipoDecisao%3Anull%29&requiredfields=&as_q=>. Acesso em: 30 jan. 2014.

tendo em conta a conclusão e interpretação do contrato, e, especialmente, no que diz respeito ao cumprimento das obrigações tomadas, e, como lealdade a um acordo, como o envolvimento no cumprimento das expectativas dos outros. É, essencialmente, lealdade e compromisso com a cooperação. É um critério de conduta inspirado e informado no interesse da outra parte.[289] [tradução livre].

No Brasil, o princípio da boa-fé objetiva foi incorporado ao art. 131 do Código Comercial de 1850.[290] Tratava-se de expressa regra de interpretação. O Código Civil de 1916, cujos três pilares eram a família, a propriedade e o contrato, "[...] nenhuma referência fez quanto à boa-fé objetiva, preferindo aplaudi-la em sua modalidade subjetiva,[291] principalmente no Direito das Coisas e no de Família e Sucessões".[292] O Código Civil de 2002, como referido, contemplou previsão expressa sobre a matéria em seu art. 422.

Compreende-se que a boa-fé objetiva impõe aos contratantes um agir correto, leal. Trata-se da tutela da confiança entre os particulares. Ela "[...] acaba por veicular a ideia de solidariedade",[293] já que é a "[...] porta de entrada por excelência dos direitos fundamentais e dos valores constitucionais".[294]

Assim, exige-se um agir correto, com boa-fé por parte dos contratantes quando, ao negociarem, exercitam sua autonomia privada. Saliente-se que "[...] toda atribuição de autonomia demanda, como fator de equilíbrio, a atri-

---

[289] "Invece la buona fede contrattuale consiste non già in uno stato di ignoranza, ma in un atteggiamento di fattiva cooperazi ne che porta ad adempiere l'altrui aspettativa con un positivo contegno próprio, da spiegare nell'interesse altrui. [...] Qui dobbiamo osservare che nella buona fede contrattuale, alla quale oggi la legge fa riferimento, sia con riguardo alla conclusione e all'interpretazione del contratto, sia soprattutto con riguardo all'adempimento dell'obrigazione assunta, [...] sia come fedeltà ad un accordo concluso, sia come impegno nell'adempimento delle altrui aspettative. Essa è essenzialmente fedeltà e impegno di cooperazione. [...] la 'bona fides' consiste in un criterio di condotta ispirata ed informata all'interesse della controparte, condotta diretta all' adempimento positivo della aspettativa di cooperazione di essa controparte BETTI, Emilio. *Teoria generale delle obbligazioni*. Prolegomeni: funzione economico-sociale dei rapporti d'obbligazione. Milano: Giuffrè, 1953. v. 1. p. 71, 77 e 79.

[290] Art. 131 do Código Comercial de 1850: "Sendo necessário interpretar as cláusulas do contrato, a interpretação, além das regras sobreditas, será regulada sobre as seguintes bases: 1 – a inteligência simples e adequada, que for mais conforme à boa fé, e ao verdadeiro espírito e natureza do contrato, deverá sempre prevalecer à rigorosa e restrita significação das palavras; 2 – as cláusulas duvidosas serão entendidas pelas que o não forem, e que as partes tiverem admitido; e as antecedentes e subsequentes, que estiverem em harmonia, explicarão as ambíguas; 3 – o fato dos contraentes posterior ao contrato, que tiver relação com o objeto principal, será a melhor explicação da vontade que as partes tiverem no ato da celebração do mesmo contrato; 4 – o uso e prática geralmente observada no comércio nos casos da mesma natureza, e especialmente o costume do lugar onde o contrato deva ter execução, prevalecerá a qualquer inteligência em contrário que se pretenda dar às palavras; 5 – nos casos duvidosos, que não possam resolver-se segundo as bases estabelecidas, decidir-se-á em favor do devedor".

[291] Distingue-se a boa-fé subjetiva da boa-fé objetiva. Enquanto a primeira está ligada à intenção do sujeito, a conduta do mesmo no caso concreto para fins de, por exemplo, adquirir a propriedade de imóvel por usucapião ordinária ou se ver indenizado por benfeitorias realizadas quando ignorava a existência de vício em sua posse, a boa-fé objetiva se vincula a um padrão de conduta correto e leal exigível dos contratantes.

[292] USTÁRROZ, Daniel. *A responsabilidade contratual no novo Código Civil*. Rio de Janeiro: Aide, 2003. p. 91-92.

[293] SILVA, Luis Renato Ferreira da. A função social do contrato no novo Código Civil e sua conexão com a solidariedade social. In: SARLET, Ingo Wolfgang (Org.). *O novo Código Civil e a Constituição*. 2. ed., rev. e ampl. Porto Alegre: Livraria do Advogado, 2006. p. 147-160. p. 169.

[294] SILVA, Jorge Cesa Ferreira da. Princípios de Direito das Obrigações no novo Código Civil. In: SARLET, Ingo Wolfgang (Org.). *O novo Código Civil e a Constituição*. 2. ed., rev. e ampl. Porto Alegre: Livraria do Advogado, 2006. p. 119-146. p. 142.

buição de responsabilidade".[295] Logo, ao se contratar, com o "[...] recebimento de autonomia de disposição, recebe-se também a responsabilidade pelas consequências das decisões tomadas".[296]

De um lado, pois, no que tange ao controle dos efeitos dos contratos, incluindo a eficácia com relação a terceiros, o exercício de autonomia privada deve-se conformar à função social do pacto.[297] Por outro lado, analisando-se a avença sob um ângulo interno, exige-se dos contratantes comportamentos que observem padrões de confiança e lealdade.

Convém salientar que, embora muitos sejam os significados da expressão *boa-fé no Direito*, no âmbito desta investigação importa o de ser ela reconhecida como aumento de deveres além dos que as partes contratantes expressamente manifestaram desejo de contrair – chamados deveres acessórios, secundários, conexos ou laterais –, tais como o dever de informação e o dever de cooperação. Com efeito, a boa-fé objetiva

> Endereça-se a todos os partícipes do vínculo e pode, inclusive, criar deveres para o credor, o que, tradicionalmente, era apenas considerado titular de direitos.
> [...]
> O mandamento de conduta engloba todos os que participam do vínculo obrigacional e estabelece, entre eles, um elo de cooperação, em face do fim objetivo a que visam.
> [...]
> Por meio da interpretação da vontade é possível integrar o conteúdo do negócio jurídico com outros deveres que não emergem diretamente da declaração.
> [...]
> O dever que se cumpre, ou se descumpre, é dever para com uma pessoa determinada. [...] A conformidade ou desconformidade do procedimento dos sujeitos com da relação com a boa-fé é, por igual, verificável apenas "in concreto", examinando-o o fato sobre o qual o princípio incide, e daí induzindo o seu significado.
> [...] há deveres que promanam da vontade e outros que decorrem da incidência do princípio da boa-fé e da proteção jurídica de interesses.
> [...]
> A medida da intensidade dos deveres secundários, ou anexos, é dada pelo fim do negócio jurídico. Mas, tal finalidade, no que toca à aplicação do princípio da boa-fé, não é apenas o fim da atribuição, de que normalmente se fala na teoria da causa. [...] Não se cuida, aí, de motivo, de algo psicológico, mas de um "plus" que integra o fim da atribuição e que está com ele inti-

---

[295] SILVA, Jorge Cesa Ferreira da. *Princípios de Direito das Obrigações no novo Código Civil*. In: SARLET, Ingo Wolfgang (Org.). *O novo Código Civil e a Constituição*. 2. ed., rev. e ampl. Porto Alegre: Livraria do Advogado, 2006. p. 119-146. p. 123.

[296] SILVA, Jorge Cesa Ferreira da. Princípios de Direito das Obrigações no novo Código Civil. In: SARLET, Ingo Wolfgang (Org.). *O novo Código Civil e a Constituição*. 2. ed., rev. e ampl. Porto Alegre: Livraria do Advogado, 2006. p. 119-146. p. 123. Nesse passo, o autor adverte, à página 25 deste ensaio, o que já deve ter restado claro ao longo do que foi exposto, isto é, que a autonomia privada tem função e sentido revelados na Constituição Federal. Veja-se o art. 1º, III que, ao prescrever a dignidade da pessoa humana como um dos fundamentos da República, permite se depreender que se tutela o livre desenvolvimento da personalidade. Ainda, o art. 170, que funda a ordem econômica, liga a autonomia privada com a livre iniciativa e também com outros princípios como a defesa do meio ambiente.

[297] Assim, "[...] se houver duas ou mais hipóteses de, satisfatoriamente, executar um mesmo contrato, dever-se-á escolher a que promova melhores benefícios sociais, como é o caso daquela que mais proteja o meio ambiente". SILVA, Jorge Cesa Ferreira da. Princípios de Direito das Obrigações no novo Código Civil. In: SARLET, Ingo Wolfgang (Org.). *O novo Código Civil e a Constituição*. 2. ed., rev. e ampl. Porto Alegre: Livraria do Advogado, 2006. p. 119-146. p. 134.

mamente relacionado. [...] O "plus" que integra o fim do negócio jurídico pode surgir, imediatamente, da atividade da pessoa com quem se contrata.[298]

Sem dúvida, cumpre realçar a importância do princípio da boa-fé para uma moderna concepção da relação obrigacional, já que a "[...] boa-fé objetiva e autonomia de vontade são princípios que se complementam e permitem que o Direito Contratual esteja apto a oferecer respostas aos anseios das pessoas",[299] na medida em que "[...] buscam exercer sua liberdade (obrigando-se pela própria vontade), mas que, ao mesmo tempo, também requerem alguma proteção às justas expectativas que possuem".[300] Mas urge dar passo além e dizer que a boa-fé objetiva não se mostra compatível com vontades ambientalmente lesivas.

Então, além de exercer função integrativa, fazendo incidir no contrato deveres laterais ou anexos de conduta, a boa-fé objetiva exerce uma função limitadora do eventual exercício abusivo de direitos subjetivos,[301] em função de também possuir finalidade interpretativa.[302] Adverte-se que:

> O princípio da boa-fé encontra no direito as mais variadas aplicações.
> [...]
> [...] começava a reconhecer-se no princípio da boa-fé uma fonte autônoma de direitos e obrigações; transforma-se a relação obrigacional manifestando-se no vínculo dialético e polêmico, estabelecido entre devedor e credor, elementos cooperativos necessários ao correto adimplemento.
> [...] disposições legislativas abertas, denominadas geralmente de "cláusulas gerais", em que ao juiz se facultara editar a regra do caso. Com a edição de conceitos abertos como o da boa-fé, a ordem jurídica atribui ao juiz a tarefa de adequar a aplicação judicial às modificações sociais, uma vez que os limites dos fatos previstos pelas aludidas cláusulas gerais são fugidios, móveis; de nenhum modo fixos.[303]

---

[298] SILVA, Clovis Veríssimo do Couto e. A obrigação como processo. São Paulo: Bushatsky, 1976. p. 29-30, 33, 36-37, 40-41.

[299] USTÁRROZ, Daniel. *A responsabilidade contratual no novo Código Civil*. Rio de Janeiro: Aide, 2003. p. 94.

[300] USTÁRROZ, Daniel. *A responsabilidade contratual no novo Código Civil*. Rio de Janeiro: Aide, 2003. p. 94.

[301] Nessa linha de raciocínio, Antonio Junqueira de Azevedo afirma que "[...] o princípio da boa-fé, sem desprezar a vontade contratual, procura ir além dela e tomar em consideração sua exteriorização e as repercussões dessa exteriorização – perante a outra parte contratante e até mesmo perante terceiros e o meio social". AZEVEDO, Antonio Junqueira de. *Estudos e pareceres de Direito Privado* – com remissões ao novo Código Civil. São Paulo: Saraiva, 2004. p. 167. Também juristas portugueses se manifestam corroborando este entendimento. Veja-se: "Pelos critérios da boa-fé alcançámos a indicação dos modos correctos de efectuar a prestação e de exigir o seu cumprimento; por eles preenchemos integrativamente o conteúdo vinculativo da relação; por eles, ainda, demarcamos certos limites do exercício legítimo de um poder formalmente reconhecido pela ordem jurídica, no quadro da cláusula geral do abuso do direito. [...] *Norma comportamental*, a boa-fé afirma-se, assim, também, nestas dimensões funcionais, e pelo menos em primeira linha, como *norma de responsabilidade*, fonte da obrigação de indemnizar, em caso de violação". [grifo do autor]. RIBEIRO, Joaquim de Sousa. A boa fé como norma de validade. Separata de: *Boletim da Faculdade de Direito da Universidade de Coimbra*: ARS IVDICANDI 91. AD HONOREM – 3. Estudos em homenagem ao Prof. Doutor António Castanheira Neves. DIAS, Jorge de Figueiredo; CANOTILHO, José Joaquim Gomes; COSTA, José de Faria (Orgs.). V. II: *Direito Privado*, Coimbra, p. 667-732, 2008. p. 668.

[302] Refira-se, ainda, que a boa-fé tem função de cominação de nulidade do contrato e de imposição do dever de ressarcir. *Vide* SILVA, Jorge Cesa Ferreira da. Princípios de Direito das Obrigações no novo Código Civil. In: SARLET, Ingo Wolfgang (Org.). *O novo Código Civil e a Constituição*. 2. ed., rev. e ampl. Porto Alegre: Livraria do Advogado, 2006. p. 119-146. p. 137.

[303] FRADERA, Véra Maria Jacob de (Org.). *O Direito Privado brasileiro na visão de Clovis do Couto e Silva*. Porto Alegre: Livraria do Advogado, 1997. p. 33, 37 e 39.

Importa que as partes respeitem a boa-fé objetiva, cujas funções interpretativas[304] e integrativa não poderiam estar ausentes em trabalho que relaciona contratos privados e sustentabilidade.

Interessa que o Direito Privado reconheça outros deveres assumidos pelas partes contratantes (além dos expressamente contraídos) – função integrativa da boa-fé –, tendo em vista os efeitos (com relação às próprias partes e também sobre terceiros) que o cumprimento ou descumprimento, total ou parcial, da avença pode acarretar. Assim, propõe-se uma releitura, na qual os princípios da função social do contrato e da boa-fé objetiva dialoguem no adimplemento de deveres principais ou conexos.

Diante disso, as obrigações assumidas contratualmente e os "deveres secundários" exigíveis das partes, os quais se fundamentam em uma apreciação objetiva da boa-fé, devem atentar para a concretização da regra contida no art. 225, *caput*, da Constituição Federal.

Com efeito, compreende-se que a boa-fé objetiva deve ser empregada como paradigma hermenêutico para garantir o equilíbrio[305] da relação contratual, considerando também os imperativos de equilíbrio ecológico.

Nessa altura, a análise do vínculo obrigacional dos contratantes não pode desconsiderar novos elementos jurídicos. Na dicção de Menezes Cordeiro:

> A complexidade intra-obrigacional traduz a idéia de que o vínculo obrigacional abriga, no seu seio, não um simples dever de prestar, simétrico a uma prestação creditícia, mas antes vários elementos jurídicos dotados de autonomia bastante para, de um conteúdo unitário, fazerem uma realidade composta.[306]

Ademais, sendo a obrigação dinâmica na linha proposta por Clóvis do Couto e Silva,[307] a tutela do interesse das partes tem de estar próxima da tutela

---

[304] Nessa linha: "[...] è propria dell'interpretazione giuridica per il suo stesso ufficio direttivo della condotta, bisogni liberarsi dal pregiudizio logicistico del positivismo legislativo, che ravvisa il compito dell'interpretazione in una ripetizione meccanica e in una traduzione letterale delle norme astratte in ordine a una pura 'sussunzione' delle fattispecie da decidere: [...]". BETTI, Emilio. *Diritto metodo ermeneutica*. Milano: Giuffrè, 1991. p. 547.

[305] Ao tecer comentários sobre a teoria da base objetiva do contrato, Clóvis do Couto e Silva aduz que "[...] o nosso sistema jurídico adota a teoria da base objetiva do negócio jurídico, em razão de a relação jurídica apresentar aspectos voluntarísticos, ou subjetivos, e objetivos, ou institucionais, resultantes da tensão entre o contrato e a realidade econômica. Esta tensão constitui, precisamente, a 'base objetiva' do contrato". FRADERA, Véra Maria Jacob de (Org.). *O Direito Privado brasileiro na visão de Clovis do Couto e Silva*. Porto Alegre: Livraria do Advogado, 1997. p. 96. Nesse sentido, o autor propõe que o juiz intervenha na relação contratual para reequilibrá-la visando a tutela do interesse das partes. Se assim o é, entende-se, para fins desta pesquisa, que também se garante ao julgador, se provocado para tanto, a adequação da avença, reequilibrando-a para prestigiar, ao lado dos proveitos dos particulares, interesses sociais, tais como o cuidado com o meio ambiente.

[306] CORDEIRO, António Manuel da Rocha e Menezes. *Da boa-fé no Direito Civil*. 2. reimpressão. Coimbra: Almedina, 2001. p. 586.

[307] "Com a expressão 'obrigação como processo' tenciona-se sublinhar o ser dinâmico da obrigação, as várias fases que surgem no desenvolvimento da relação obrigacional e que entre si se ligam com interdependência. [...] Os atos praticados pelo devedor, bem assim como os realizados pelo credor, repercutem no mundo jurídico, nele ingressam e são dispostos e classificados segundo uma ordem, atendendo-se aos conceitos elaborados pela teoria do direito. Esses atos, evidentemente, tendem a um fim. E é precisamente a finalidade que determina a concepção da obrigação como processo. A dogmática atual considera a

dos interesses da sociedade,[308] com o acréscimo de que, agora, isso só é viável se houver convergência alinhada com os objetivos de sustentabilidade.

Noutro contexto, tem razão Perlingieri, ao assinalar que:

> Não é inútil ser observado que também o interesse público se realizada mediante normas de comportamento e que, vice-versa, o interesse privado se manifesta por meio de regras organizacionais. Não se deve identificar o interesse público somente com os interesses superiores do Estado ou dos grupos intermediários, mas com a realização e implementação dos direitos inalienáveis do homem, o seu livre e pleno desenvolvimento. Os atos de autonomia precisam de um denominador comum na medida em que permitem o objetivo de estabelecer funções e interesses dignos de proteção das partes e interesses comunitários. E a utilidade social. Há sempre a necessidade de que atos e atividades não sejam conflitantes com a segurança, a liberdade, a dignidade humana. Portanto, não apenas os direitos individuais, mas também deveres de solidariedade e às vezes as obrigações legais específicas para contrato devem honrar compromissos com interesses de todos. Solidariedade não só econômica, mas também social e familiar.[309] [tradução livre].

Assim, além da justiça comutativa e distributiva,[310] há que se zelar pela realização plena de justiça socioambiental, nos ajustes contratuais em geral. É que a sustentabilidade, mormente em sua dimensão ambiental, condiciona a eficácia contratual, atuando como incontornável limitador da autonomia privada. Isso se aplica a todo e qualquer contrato que produza impacto ambiental, com ênfase para os contratos agrários, item do próximo capítulo.

---

finalidade, que polariza o vínculo, como a ele inerente". SILVA, Clovis Veríssimo do Couto e. *A obrigação como processo*. São Paulo: Bushatsky, 1976. p. 10-11.

[308] Nesse sentido: "[...] tutti gli istituti del diritto privato poggino su di una relazione di mezzi ad un fine e costituiscano strumenti per la realizzazione di uno o più obiettivi consistenti nella realizzazione dell'interesse o degli interessi cui l'istituto tende". MAZZAMUTO, Salvatore. *Dottrine dell'autonomia privata dall'Italia all'Europa*. Europa e Diritto Privato, rivista trimestrale, Milano, n. 3, p. 591-629, 2009. p. 625.

[309] "Non è inutile infatti osservare che anche l'interesse pubblico si realizza mediante norme di comportamento [...] e che, viceversa, l'interesse privato si manifesta pur attraverso non poche norme organizzative. [...] identificare l'interesse pubblico non con l'interesse superiore dello Stato o dei gruppi intermedi in quanto tali ma con la realizzazione e l'attuazione dei diritti inviolabili dell'uomo, del suo pieno e libero sviluppo. [...] Dunque fondamenti diversificati degli atti di autonomia, là dove però essi hanno un comune denominatore nella necessità che siano atti tendenti a realizzare interessi e funzioni meritevoli di tutela e socialmente utili. E nell'utilità sociale v'è sempre e comunque l'esigenza che atti e attività non siano in contrasto con la sicurezza, la libertà, la dignità umana [...] Attuazione quindi non soltanto di diritti soggettivi ma anche di doveri di solitarietà e a volte di specifici obblighi legali a contrarre [...] Solitarietà non soltanto economica ma [...] ache sociale e familiare [...]". PERLINGIERI, Pietro. L'incidenza dell'interesse pubblico sulla negoziazione privata. Rassegna di Diritto Civile, *Rivista di diritto civile*, pubblicazione trimestrale diretta da Pietro Perlingieri, Napoli, n. 4, p. 933-948, 1987. p. 935-936 e 938.

[310] "Diferentemente da justiça comutativa (dar a cada um o que é seu, considerando cada um como igual – transportando-se para o contrato o princípio da igualdade jurídica formal) e da justiça distributiva (dar a cada um o que é seu, considerando a desigualdade de cada um – no plano contratual, atribuindo mais tutela jurídica ao contratante que o direito presume vulnerável, a exemplo do trabalhar, do inquilino, do consumidor, do aderente), a justiça social implica transformação, promoção, mudança, segundo o preciso estalão constitucional: "reduzir as desigualdades sociais" (art. 3º, III, e 170, VII, da Constituição brasileira)". LÔBO, Paulo Luiz Netto. Transformações gerais do contrato. *Revista Trimestral de Direito Civil*, Rio de Janeiro, v. 16, p. 103-113, out./dez. 2003. p. 108. Sobre o significado dos termos justiça comutativa e justiça distributiva, *vide* SMORTO, Guido. Autonomia contrattuale e diritto europeo. Europa e diritto privato, Rivista trimestrale, Milano, n. 2, p. 325-410, 2007, em especial na p. 402, onde o autor tece comentários sobre a "giustizia commutativa, giustizia come salvaguardia dell'equivalenza soggettiva dello scambio e giustizia distributiva".

3. Sustentabilidade ambiental e os contratos agrários

Para consolidar, sublinhe-se que a pesquisa propõe a hipótese de que a função social dos contratos, disciplinada no art. 421 do Código Civil, está vinculada ao cumprimento das exigências da sustentabilidade ambiental. Assim, a sustentabilidade ambiental (art. 225, *caput*, da Constituição Federal de 1988), compreendida nesta pesquisa como valor, objetivo, princípio, regra e dever jurídico a ser perseguido por todos – leia-se pelo Poder Público e pelos particulares – ao irradiar seus efeitos para o Direito como sistema atua como agente limitador da autonomia privada, condicionando seu exercício. Entende-se, porém, que o cumprimento dos mandamentos da sustentabilidade ambiental para satisfazer a função social dos contratos não é requisito para todo e qualquer contrato privado, mas tão somente àqueles que produzem impactos ambientais, tais como os contratos agrários. É exatamente o que se pretende aprofundar neste capítulo.

3.1. Considerações gerais sobre os contratos agrários

Consoante o Direito Agrário[311] e legislação em vigor, especialmente as normas contidas no Decreto nº 59.566, de 14 de novembro de 1966, que regulamenta a Lei nº 4.504, de 30 de novembro de 1964 (Estatuto da Terra), os contratos agrários são o arrendamento rural e a parceria rural.[312] Tais

---

[311] "Conjunto de princípios e de normas, de direito público e de direito privado, que visa a disciplinar as relações emergentes da atividade rural, com base na função social da terra. E a expressão 'atividade rural' compreende, além da posse e uso da terra, a sua exploração em qualquer das várias modalidades, quer agrícola, quer pecuária, agroindustrial ou extrativa". SODERO, Fernando Pereira. *Direito Agrário e reforma agrária*. São Paulo: Livraria Legislação Brasileira, 1968. p. 31-32. O autor, na mesma obra, acrescenta que: "A definição que propusemos leva em conta os três elementos que se coordenam para a estabilidade e o desenvolvimento social e econômico do homem rural: o sujeito do direito, ou seja, o empresário, o ser humano em função da terra; o objeto – a empresa agrícola – o complexo de produção formado pelo homem-terra-comunidade; e o fim – a finalidade do complexo de normas jurídicas especializadas – a boa utilização da terra – função social da propriedade". (p. 36-37).

[312] O art. 1º do Decreto nº 59.566/66 adverte que "[...] o arrendamento e a parceria são contratos agrários que a lei reconhece, para o fim de posse ou uso temporário da terra, entre o proprietário, quem detenha a posse ou tenha a livre administração de um imóvel rural, e aquele que nela exerça qualquer atividade agrícola, pecuária, agroindustrial, extrativa ou mista (art. 92 da Lei nº 4.504 de 30 de novembro de 1964 – Estatuto da Terra – e art. 13 da Lei nº 4.947 de 6 de abril de 1966)". Em complemento a isso, o art. 2º

contratos são aqueles celebrados com a finalidade de posse ou uso temporário da terra, onde nela se exerça qualquer atividade agrícola, pecuária, agroindustrial, extrativa ou mista (art. 1º do Decreto nº 59.566/66), independentemente da localização geográfica do imóvel a ser explorado.[313] A rigor, para efeitos desta pesquisa, não se admitem contratos agrários atípicos ou inominados. A atipicidade de uma espécie contratual reside no fato de não haver legislação específica que a discipline no ordenamento jurídico brasileiro.[314] Veja-se que contratos como, por exemplo, o comodato, a locação de serviços e a empreitada, que muitas vezes derivam de relações jurídicas entabuladas em razão de atividades desenvolvidas na terra, já possuem tipificação legal no Código Civil brasileiro de 2002.[315] Nesse enfoque, são con-

---

do mesmo Decreto disciplina que "[...] todos os contratos agrários reger-se-ão pelas normas do presente Regulamento, as quais serão de obrigatória aplicação em todo o território nacional e irrenunciáveis os direitos e vantagens nelas instituídos (art.13, inciso IV da Lei nº 4.947-66)". Analise-se também o art. 39 do Decreto nº 59.566/66, o qual dispõe que "[...] quando o uso ou posse temporária da terra for exercido por qualquer outra modalidade contratual, diversa dos contratos de Arrendamento e Parceria, serão observadas pelo proprietário do imóvel as mesmas regras aplicáveis a arrendatários e parceiros [...]". Nesse sentido, o legislador agrarista anuncia expressamente que não se admite atipicidade nos contratos agrários. Declara-se que a legislação que rege a matéria é detalhista, impondo-se tais regramentos a qualquer outro contrato – que não seja arrendamento ou parceria – mas onde haja o uso ou posse temporária da terra para aquelas finalidades acima discriminadas.

[313] O art. 4º da Lei nº 4.504/64 adverte que: "Para os efeitos desta Lei, definem-se: I – 'Imóvel Rural', o prédio rústico, de área contínua qualquer que seja a sua localização que se destina à exploração extrativa agrícola, pecuária ou agroindustrial, quer através de planos públicos de valorização, quer através de iniciativa privada; [...]". Nessa medida, oportuno lembrar que "[...] no Direito Agrário, afasta-se o critério geográfico para a distinção entre imóvel rural e imóvel urbano. Pelo critério geográfico, seriam urbanos os imóveis situados no perímetro urbano e nas áreas de expansão urbana. Seriam rurais os localizados fora destas áreas. O Direito Agrário substitui o critério geográfico pelo da destinação. Tal destinação (exploração agrícola, pecuária, extrativa vegetal, florestal ou agroindustrial) é o que submete o imóvel ao regime da legislação agrária. [...] De outra forma, o Código Tributário Nacional, para a classificação de uma propriedade como rural ou urbana, não adota o critério da destinação, mas o critério da localização do imóvel. Assim, para os efeitos deste Código, é rural o imóvel que se encontra na zona rural, e é urbano aquele que se localiza na zona urbana do Município, conforme seus arts. 29 e 32". BORGES, Roxana Cardoso Brasileiro. Função social da propriedade rural. In: BARROSO, Lucas Abreu; MIRANDA, Alcir Gursen de; SOARES, Mário Lúcio Quintão (Orgs. e colabs.). *O Direito Agrário na Constituição*. Rio de Janeiro: Forense, 2005. p. 271-303. p. 272-273.

[314] Art. 425, CC/02: "É lícito às partes estipular contratos atípicos, observadas as normas gerais fixadas neste Código".

[315] Ao comentar os contratos usados com frequência no meio rural, Melina Lemos Vilela ratifica o entendimento de que não existem contratos agrários atípicos. Veja-se: "No contrato de roçado, o ocupante roçou ou queimou o mato, preparou o terreno para a cultura, mas ao final entrega ao proprietário o resto da colheita, aqui o objetivo principal é a limpeza e preparação da terra para a próxima lavoura. O contrato de pastoreio, pastagem ou invernagem, que tem características e elementos análogos ao contrato de arrendamento, e também admite o contrato na forma de parceria, no qual se repartem as utilidades, portanto o pastoreio se trata da cessão da posse de um imóvel com o fim específico de pastagem, no qual o vínculo contratual possa ser de parceria ou de arrendamento, sem perder suas características, aqui não haverá a cessão da posse da terra, buscando somente a utilização da terra para os animais usarem o pasto por um certo período, para alimentação, mediante remuneração e por um breve período. O cambão é um contrato no qual o proprietário empresta o uso de uma fração de terra ao trabalhador, mediante a prestação de trabalho de dias de trabalho, em área diversa daquela emprestada pelo proprietário. E por último o contrato do Fica é um contrato que se caracteriza pela entrega dos animais, que ficam em poder do proprietário do imóvel, tendo em vista que o proprietário dos animais busca espaço físico para deixar seus animais, independentemente da engorda desses animais. Também mencionamos outras formas de contrato, que estão previstos no Código Civil, tais como empreitada, comodato e depósito, porém entendemos que apesar de serem muito utilizados no meio rural não deverão ser caracterizados como contratos atípicos, pois há disposição deles no Código Civil". VILELA, Melina Lemos. Contratos agrários. *Revista de Direito Imobiliário*, São Paulo, a. 35, v. 73, p. 307-358, jul./dez. 2012. p. 354.

tratos agrários somente o arrendamento e a parceria, os quais são objeto de reflexão neste capítulo.

Na mesma linha, importa referir que as expressões contratos "agrários" e contratos "rurais" não possuem significado equivalente. Aos contratos agrários interessa a finalidade, qual seja posse ou uso temporário da terra para exercício de qualquer atividade agrícola, pecuária, agroindustrial, extrativa ou mista (art. 1º do Decreto nº 59.566/66), esteja o imóvel a ser utilizado localizado no âmbito rural ou urbano.[316] Os contratos rurais são aqueles celebrados em zonas classificadas como rurais, não necessariamente havendo posse ou uso temporário da terra para os fins acima especificados.

A seguir, considerações acerca do suporte legal dos contratos agrários serão tecidas.

3.1.1. Breves referências históricas sobre a legislação pertinente aos contratos agrários e seu suporte legal na contemporaneidade

Anote-se, inicialmente, que os contratos agrários somente foram objeto de disciplina legal a partir do advento do Código Civil de 1916 (Lei nº 3.071, de 1º de janeiro de 1916). Vale dizer, a legislação brasileira anterior nada regulamentou acerca da matéria, incluindo-se a omissão legislativa na Lei de Terra, de 1850.

O Código Civil de 1916 estabeleceu regras acerca dos prédios rústicos e do contrato de parceria agrícola, em seus arts. 1.211 a 1.215 e 1.410 a 1.423, respectivamente. Veja-se que o art. 1.211, mesmo que de forma tênue, já anunciava preocupação legislativa com a preservação dos recursos ambientais: "Art. 1.211. O locatário de prédio rústico utilizá-lo-á no mister a que se destina, de modo que o não danifique, sob pena de rescisão do contrato e satisfação de perdas e danos".

Registre-se, porém, que o Código Civil de 1916 dedicou poucas regras aos contratos que envolvem atividades agrárias, sendo compreendido, assim, como um diploma legal essencialmente urbano, não obstante a maior parte da população à época se concentrasse no meio rural.[317]

Foi o Estatuto da Terra que estabeleceu regras próprias para os contratos que tutelam a posse ou uso temporário da terra, onde nela se exerça qualquer atividade agrícola, pecuária, agroindustrial, extrativa ou mista.[318]

---

[316] No mesmo sentido: "[...] a utilização correta é somente a da palavra 'agrário'. O termo 'rural', por sua vez, só é utilizado nas espécies de contratos agrários, ou seja, arrendamento rural e parceria rural". FERREIRA, Pinto. *Curso de Direito Agrário*: de acordo com a Lei nº 8.629/93. São Paulo: Saraiva, 1994. p. 219.

[317] Nesse sentido, Arnaldo Rizzardo adverte que "[...] embora fosse o Brasil, ao tempo da aprovação do Código Civil de 1916 predominantemente rural, poucos eram os dispositivos reservados a questões rurais, sobressaindo o caráter de uma legislação eminentemente urbana. Tratou de um único contrato agrícola, que foi a parceria. Seus dispositivos tinham apenas função supletiva [...]". RIZZARDO, Arnaldo. *Contratos*. 9. ed. Rio de Janeiro: Forense, 2009. p. 1067.

[318] O Estatuto da Terra, em seu capítulo IV, intitulado "Do Uso ou da Posse Temporária da Terra" disciplina os contratos agrários com as modificações introduzidas pela Lei nº 11.443, de 5 de janeiro de 2007.

Tais regras estão previstas nos arts. 92 a 96 do Estatuto. Ademais, a Lei nº 4.947/66 (em seus arts. 13 a 15) também se dedicou aos contratos agrários, estabelecendo normas complementares. Por fim, o Estatuto da Terra e a Lei nº 4.947/66 foram regulamentados pelo Decreto nº 59.566/66, especialmente com relação às regras aplicáveis aos contratos do gênero. Tais legislações, com algumas modificações, até os dias atuais continuam disciplinando a matéria.

O Código Civil de 2002 não regulamentou os contratos agrários, mantendo a disciplina em lei especial, preservando sua atuação supletiva.[319] Inovou, contudo, ao condicionar o exercício da autonomia privada à função social do contrato em seu art. 421. Assim, além do cumprimento da função social da propriedade, mandamento disposto no art. 5º, XXIII, da Constituição Federal brasileira de 1988, os contratos agrários (e os demais contratos privados) devem desempenhar uma função social.

Os contratos agrários – destaque-se – possuem princípios e regras especiais que os distinguem dos demais contratos em geral. Tanto é assim que a legislação específica que regulamenta a matéria impõe cláusulas obrigatórias e irrenunciáveis, acarretando, dessa forma, uma maior limitação da liberdade contratual das partes contratantes.[320] Não obstante isso, a intangibilidade do contrato que já era diferenciada no âmbito dos contratos agrários, adquiriu, com o advento da regra insculpida no art. 421, CC/02, outra orientação para também observar.

Essa principiologia diferenciada aplicável aos contratos agrários será objeto de enfrentamento no próximo item.

3.1.2. Principiologia aplicável aos contratos agrários

O Estatuto da Terra, ao tratar dos contratos agrários, foi regulamentado pelo Decreto nº 59.566/66. O Decreto, por seu turno, tipifica tais contratos em arrendamento e parceria rural. Nesse sentido, o art. 1º do Decreto nº 59.566/66 estabelece que:

> O arrendamento e a parceria são contratos agrários que a lei reconhece, para o fim de posse ou uso temporário da terra, entre o proprietário, quem detenha a posse ou tenha a livre administração de um imóvel rural, e aquele que nela exerça qualquer atividade agrícola, pecuária, agroindustrial, extrativa ou mista (art. 92 da Lei nº 4.504 de 30 de novembro de 1964 – Estatuto da Terra – e art. 13 da Lei nº 4.947 de 6 de abril de 1966).

---

[319] O art. 92, § 9º, do Estatuto da Terra prescreve que "[...] para a solução dos casos omissos na presente lei, prevalecerá o disposto no Código Civil". Ademais, o decreto que regulamenta o Estatuto da Terra, Decreto nº 59.566, em seu art. 88, dispõe que "no que forem omissas as Leis nº 4.504, de 1964, nº 4.947, de 1966, e o presente Regulamento, aplicar-se-ão as disposições do Código Civil, no que couber".

[320] Nesse sentido: "Se de um modo geral a liberdade de dispor acerca de seus interesses por meio de contrato tem sido reduzida cada vez mais, nos contratos agrários essa autonomia é ainda menor". BARBOSA, Alessandra de Abreu Minadakis. A sistematização do Direito Privado Contemporâneo, o Novo Código Civil Brasileiro e os contratos agrários. In: BARROSO, Lucas Abreu; PASSOS, Cristiane Lisita (Orgs.). *Direito Agrário contemporâneo*. Belo Horizonte: Del Rey, 2004. p. 149-183. p. 173.

Desse modo, de acordo com a legislação, os contratos agrários tipificados em lei – objeto de estudo do livro – são o arrendamento e a parceria rural.

Veja-se que a essência da regulamentação legal desses contratos data de quase cinco décadas (Estatuto da Terra – Lei nº 4.504, de 30 de novembro de 1964, e o Decreto que o regulamenta – Decreto nº 59.566, de 14 de novembro de 1966). Todavia, já naquela época havia preocupações com os impactos ambientais que resultassem do desenvolvimento de atividades contratadas com exploração da terra.[321]

Assim, o Estatuto da Terra, ao disciplinar os direitos e obrigações relacionados aos bens imóveis rurais, adverte, já nos primeiros dispositivos, que seus comandos objetivam contemplar os princípios de justiça social, aumento de produtividade[322] e pleno emprego.[323] O uso e posse da terra estão limitados à sua exploração racional, com o necessário respeito aos recursos naturais. Para tanto, há que se atender a função social, em leitura atualizadora, socioambiental da propriedade.[324]

A função socioambiental da propriedade é, em verdade, o princípio que mais se evidencia entre aqueles com aplicabilidade aos contratos agrários, porque seu campo de abrangência é significativo.[325] Nesse passo, a

---

[321] Adverte-se que, para fins de delimitação do objeto de estudo desta pesquisa, a análise da função ambiental dos contratos agrários está atrelada a espaços geograficamente intitulados como rurais. No mesmo sentido, "[...] para efeitos da construção da ideia de função ambiental, a propriedade objeto de estudo é aquela que, [...], localiza-se fora de áreas urbanas, abrigando, em seus limites, elementos do meio ambiente natural protegidos pela legislação ambiental, tais como: florestas, rios, cursos d'água em geral, lagoas, lagos, morros, montanhas, restingas, dunas, mangues, exemplares da fauna ou da flora especialmente protegidos. A propriedade assim descrita coincide com a propriedade localizada em zona rural ou classificada como imóvel rural pela sua localização". BORGES, Roxana Cardoso Brasileiro. Função social da propriedade rural. In: BARROSO, Lucas Abreu; MIRANDA, Alcir Gursen de; SOARES, Mário Lúcio Quintão (Orgs. e colabs.). *O Direito Agrário na Constituição*. Rio de Janeiro: Forense, 2005. p. 271-303. p. 272-273.

[322] Art. 1º da Lei nº 4.504/64: "Esta Lei regula os direitos e obrigações concernentes aos bens imóveis rurais, para os fins de execução da Reforma Agrária e promoção da Política Agrícola. § 1º Considera-se Reforma Agrária o conjunto de medidas que visem a promover melhor distribuição da terra, mediante modificações no regime de sua posse e uso, a fim de atender aos princípios de justiça social e ao aumento de produtividade".

[323] Art. 1º da Lei nº 4.504/64: "[...] § 2º Entende-se por Política Agrícola o conjunto de providências de amparo à propriedade da terra, que se destinem a orientar, no interesse da economia rural, as atividades agropecuárias, seja no sentido de garantir-lhes o pleno emprego, seja no de harmonizá-las com o processo de industrialização do país".

[324] Art. 2º da Lei nº 4.504/64: "É assegurada a todos a oportunidade de acesso à propriedade da terra, condicionada pela sua função social, na forma prevista nesta Lei".

[325] "A doutrina da função social da propriedade, [...], foi incorporada ao Direito Agrário, com os princípios que informam, hoje, todo o seu conteúdo, em especial o que diz respeito ao novo conceito do chamado direito de propriedade. Este instituto da propriedade conserva, como vimos, seu caráter de 'direito', protegido, pela lei (Constituição Federal, Código Civil, legislação viária), não resta a menor dúvida, mas implica em *(sic)* uma série de deveres com relação ao seu proprietário, ou seja, o detentor do bem objeto do direito. Quem detém a posse ou a propriedade de um imóvel rural – e vamos tratar aqui apenas do Direito Agrário na sua forma positiva, que é o Estatuto da Terra – tem a obrigação de fazer este imóvel rural produzir, de acordo com o tipo de terra, com a sua localização no espaço geográfico do País, de acordo com a região geoeconômica em que se situa, etc". SODERO, Fernando Pereira. *O Estatuto da Terra*. Brasília: Fundação Petrônio Portella, 1982. p. 31. Na mesma linha: "Ao assegurar o direito da propriedade privada, e mesmo ao estimulá-lo, não quer a legislação brasileira que ele se efetive ao arrepio da função social, que lhe é inerente. Esta é uma limitação justa, porque exequível; justa, porque conforme a

Lei n° 4.504/64, em seu art. 2°, estabelece os requisitos que, de modo concomitante, devem ser perseguidos para o atendimento desse princípio:

> Art. 2°
> [...]
> § 1° A propriedade da terra desempenha integralmente a sua função social quando, simultaneamente:
> a) favorece o bem-estar dos proprietários e dos trabalhadores que nela labutam, assim como de suas famílias;
> b) mantém níveis satisfatórios de produtividade;
> c) assegura a conservação dos recursos naturais;
> d) observa as disposições legais que regulam as justas relações de trabalho entre os que a possuem e a cultivem. [...].

Na mesma linha, o legislador constituinte de 1988, ao inserir o direito de propriedade[326] dentre os direitos e garantias fundamentais assegurados aos brasileiros e aos estrangeiros residentes no País, impôs que o exercício deste direito deva se funcionalizar e, sobretudo em face do art. 170, VI,[327] terá de fazê-lo com a defesa do meio ambiente. Não se trata de ignorar os riscos de funcionalização contratual excessiva, arrolados por Gerson Branco.[328] Trata-se apenas de reconhecer o caráter mandatório direto do inciso XXIII do art. 5° do art. 170, VI, e, ainda, do art. 186[329] da Carta Maior, este último dispositivo versando especificamente sobre os requisitos para o atendimento da função socioambiental da propriedade rural.

Observa-se, pois, que tanto o Estatuto da Terra quanto a própria Constituição Federal, com o desiderato de minimizar os custos ambientais da exploração dos imóveis rurais, condicionam o uso da propriedade a imperativos socioambientais à diferença do que preconizava a visão funcionalista

---

lei natural; justa, porque imposta com moderação pelo legislador brasileiro. Função social da terra. Não é apenas a propriedade rural que tem uma função social a cumprir; mas, se falamos de direito agrário, é estritamente da função social da terra que trataremos. O Estatuto da Terra (art. 2°, § 1°) diz que 'a propriedade da terra desempenha integralmente a sua função social quando, simultaneamente: a) favorece o bem-estar dos proprietários e dos trabalhadores que nela labutam, assim como de suas famílias; b) mantém níveis satisfatórios de produtividade; c) assegura a conservação dos recursos naturais; d) observa as disposições legais que regulam as justas relações de trabalho entre os que a possuem e a cultivam'". BORGES, Paulo Torminn. Institutos básicos do Direito Agrário. São Paulo: Saraiva, 1995. p. 6-7.

[326] Art. 5°, CF/88: "Todos são iguais perante a lei, sem distinção de qualquer natureza, garantindo-se aos brasileiros e aos estrangeiros residentes no País a inviolabilidade do direito à vida, à liberdade, à igualdade, à segurança e à propriedade, nos termos seguintes: [...] XXII – é garantido o direito de propriedade; [...]".

[327] Art. 170, CF/88: "A ordem econômica, fundada na valorização do trabalho humano e na livre iniciativa, tem por fim assegurar a todos existência digna, conforme os ditames da justiça social, observados os seguintes princípios: [...] VI – defesa do meio ambiente, inclusive mediante tratamento diferenciado conforme o impacto ambiental dos produtos e serviços e de seus processos de elaboração e prestação; [...]".

[328] Vide sobre o risco de alargamento da função social, BRANCO, Gerson Luiz Carlos. Função social dos contratos: interpretação à luz do Código Civil. São Paulo: Saraiva, 2009. p. 270-304.

[329] Art. 186, CF/88: "A função social é cumprida quando a propriedade rural atende, simultaneamente, segundo critérios e graus de exigência estabelecidos em lei, aos seguintes requisitos: I – aproveitamento racional e adequado; II – utilização adequada dos recursos naturais disponíveis e preservação do meio ambiente; III – observância das disposições que regulam as relações de trabalho; IV – exploração que favoreça o bem-estar dos proprietários e dos trabalhadores".

clássica. Logo, nos contratos agrários se verifica importante mitigação da autonomia privada e liberdade contratual, em função de regulação, por assim dizer, constitucional.

A função socioambiental da propriedade, a imposição legal de direitos e vantagens irrenunciáveis às partes contratantes e o dirigismo[330] contratual se acentuam quando se investigam os princípios aplicáveis aos contratos agrários.[331]

A seguir, a função socioambiental da propriedade será objeto de estudo e reflexão.

3.1.2.1. Revisitando a função social da propriedade: da função econômico-social à função socioambiental da propriedade rural

O cumprimento da função socioambiental da propriedade – urbana[332] e rural – é um dos princípios basilares aplicáveis aos direitos reais na contemporaneidade. Superou-se a noção de que a propriedade é um direito absoluto, podendo o proprietário usar, gozar e fruir do bem de sua titularidade[333] unicamente como melhor lhe aprouver.[334] Já não mais é reconhecida como direito exclusivo e perpétuo, que assegura ao proprietário o direito de dispor de forma absoluta do bem.[335] Ultrapassou-se, assim, a fase onde

---

[330] Como já referido no capítulo anterior, a expressão "dirigismo" não tem conotação relacionada à polêmica sobre a "Constituição Dirigente", tema que refoge ao trabalho.

[331] Com o mesmo entendimento, cite-se MACHADO, João Sidnei Duarte. *A parceria agrícola no Direito brasileiro*. Porto Alegre: Sergio Antonio Fabris, 2004.

[332] Art. 182, CF/88: "A política de desenvolvimento urbano, executada pelo Poder Público municipal, conforme diretrizes gerais fixadas em lei, tem por objetivo ordenar o pleno desenvolvimento das funções sociais da cidade e garantir o bem-estar de seus habitantes. § 2º A propriedade urbana cumpre sua função social quando atende às exigências fundamentais de ordenação da cidade expressas no plano diretor".

[333] Sobre as funções derivadas das titularidades patrimoniais, em uma leitura que aproxima sustentabilidade e Direito Privado, consulte-se FACHIN, Luiz Edson. *Sustentabilidade e Direito Privado*: funções derivadas das titularidades patrimoniais. Interesse Público, Belo Horizonte, a. 14, n. 72, p. 45-54, mar./abr. 2012.

[334] Conforme ATAÍDE JUNIOR, Wilson Rodrigues. *Os direitos humanos e a questão agrária no Brasil*: a situação do sudeste do Pará. Brasília: Universidade de Brasília, 2006. p. 277: "[...] no século XIX, a propriedade era entendida como um direito absoluto do proprietário, no sentido de o proprietário fazer o que bem entender com sua propriedade, seja usando, dispondo e gozando dela do modo que mais lhe conviesse. Essa visão absoluta do direito de propriedade, herdada do Liberalismo e consagrada no Código Civil de Napoleão (art. 544), espalhou-se por vários códigos civis do mundo [...]". Registre-se que o Código Civil Brasileiro de 1916 também teve inspiração no Código Civil napoleônico. Oportuno, nesse passo, mencionar que "O tempo do Código de 1916 anuncia, propriamente, o começo do século, o regime jurídico da posse e da propriedade foi construído de olhos fechados para a vida concreta dos sujeitos e para o futuro. A transformação da terra em mercadoria furta do pedaço de chão a condição de lugar de vida e lhe outorga o título de espaço de desterro". FACHIN, Luiz Edson. O dever de indenizar os ocupantes de terras indígenas: análise da proposta de emenda à Constituição 409 de 2001. In: SILVA, Letícia Borges da; OLIVEIRA, Paulo Celso de (Coords.). *Socioambientalismo: uma realidade*. Curitiba: Juruá, 2007. p. 149-183. p. 175.

[335] "Argumenta-se, por outro lado, do gravame que a função social da propriedade representa em favor de um conceito mais atento ao interesse coletivo e menos voltado à utilização absoluta e privada. Hoje, realmente, já se imprime à propriedade privada um conjunto de limitações formais, composto por restrições e induzimentos que formam o conteúdo de sua função social. A partir da Constituição de Weimar, como se sabe, há progressivo reconhecimento de uma ordem econômica e social com implicações

inexistiam restrições ao exercício do direito de propriedade, priorizando-se apenas a obtenção de proveitos privados.[336]

Nos contratos que envolvem exploração de imóveis rurais, de forma acentuada, esse princípio se projeta. O cumprimento da função socioambiental exige que se desfrute do imóvel rural com ponderação, de modo a conjugar a satisfação de interesses individuais com proveitos coletivos[337] e não cometimento de danos transindividuais.

Assim, são normas de ordem pública, como a do atendimento da função socioambiental da propriedade, que orientam os contratos agrários, restrin-

---

para a questão da propriedade. Desde a Revolução Francesa se procurou dar um caráter 'democrático' à propriedade, abolindo privilégios, cancelando direitos perpétuos, porém esse fito ficou diretamente condicionado a determinados interesses econômicos e políticos. Isto é: a propriedade privada alterava suas concepções tradicionais para servir a uma nova classe em busca do poder. A fórmula de dominação econômica e política do feudalismo, que sucedeu ao Estado universal dos romanos, foi substituída pela Revolução Francesa com o império da igualdade formal e da liberdade formal. Desde que se proclamou que a propriedade obriga, nas legislações mereceu acolhida a intervenção de ideias que progressivamente construíram a doutrina da função social da propriedade, mas que na prática poucas transformações geraram. É possível dizer que a função social também se relaciona com o uso da propriedade alterando, portanto, alguns aspectos pertinentes a essa relação externa que é seu exercício. E por uso da propriedade é possível apreender o modo com que são exercitadas as faculdades ou os poderes inerentes ao direito de propriedade. A propriedade, assim, tem uma função social, princípio jurídico aplicado ao exercício das faculdades e poderes que lhe são inerentes. A função social também pode corresponder a limitações, em sentido largo, impostas ao conteúdo do direito de propriedade. Tais restrições dão nova feição teórica a esse direito, especialmente porque, em última análise, a inobservância do princípio constitucional da função social pode levar à perda da propriedade em favor do interesse público". FACHIN, Luiz Edson. Modalidades jurídicas da ocupação da terra nos assentamentos da reforma agrária. *Revista de Direito Agrário e Meio Ambiente*, Curitiba, v. 2, n. 2, p. 44-51, ago. 1987. p. 45-46.

[336] O Código Civil em vigor contempla essa concepção: "Art. 1.228. O proprietário tem a faculdade de usar, gozar e dispor da coisa, e o direito de reavê-la do poder de quem quer que injustamente a possua ou detenha. § 1º O direito de propriedade deve ser exercido em consonância com as suas finalidades econômicas e sociais e de modo que sejam preservados, de conformidade com o estabelecido em lei especial, a flora, a fauna, as belezas naturais, o equilíbrio ecológico e o patrimônio histórico e artístico, bem como evitada a poluição do ar e das águas". Nessa linha, sustenta-se que o § 1º do art. 1.228 do Código Civil de 2002 "[...] enfatiza as finalidades econômicas e sociais do direito de propriedade" e que isso acarreta "[...] a delimitação, pela função social, dos caracteres (absolutismo, exclusividade e irrevogabilidade) e dos elementos (usar, gozar e dispor da coisa e de reavê-la de quem quer que injustamente a possua ou detenha) do direito de propriedade". VIAL, Sandra Regina Martini. *Propriedade da terra*: análise sociojurídica. Porto Alegre: Livraria do Advogado, 2003. p. 218. Importante também observar que "[...] não há paralelo entre esta previsão e a legislação até então vigente, e, muito embora não esteja escrito que a propriedade obriga a um dever positivo de preservação e recuperação do meio ambiente, está implícito, com a tradução da função social da propriedade, elevada a princípio constitucional norteador e garantia fundamental pela Carta Constitucional de 1988. Nesta linha de raciocínio e interpretação é possível afirmar-se a existência de uma função ambiental da propriedade no Novo Código Civil. Nos demais parágrafos do art. 1.228 do Novo Diploma, constata-se a preocupação do Legislador Ordinário com o abuso de direito por parte dos proprietários, notadamente aqueles praticados com a intenção de prejudicar outrem, não se permitindo atividades que não tragam ao proprietário qualquer utilidade ou comodidade, conforme reza o § 2º. A desapropriação por interesse social aparece pela primeira vez num Código Civil Brasileiro, colocando o interesse da sociedade acima dos interesses dos proprietários, inclusive abrindo a possibilidade de desapropriação para fins de reforma agrária de áreas extensas que estejam na posse de considerável número de pessoas por mais de cinco anos, desde que de forma ininterrupta e de boa-fé, e com a realização de obras e serviços relevantes do ponto de vista social e econômico, conforme expressão do § 4º, do art. 1.228 do Novo Diploma Civil". *Vide* PETERS, Edson Luiz. *Meio ambiente & propriedade rural*. Curitiba: Juruá, 2003. p. 116.

[337] Adverte-se que "[...] a finalidade, determinada pelo ordenamento constitucional, de assegurar a existência digna é a utilidade social, que se traduz na função social do direito de propriedade, e que deve conviver com a utilidade individual, expressão do direito subjetivo". CAMARGO, Maria Auxiliadora Castro e. Sobre a função social da propriedade e a dignidade humana. In: BARROSO, Lucas Abreu; PASSOS, Cristiane Lisita (Orgs.). *Direito Agrário contemporâneo*. Belo Horizonte: Del Rey, 2004. p. 57-74. p. 69.

gindo, por vezes, a vontade dos contratantes diante das diretrizes disciplinadas em lei e na Carta.

A limitação da liberdade contratual por meio da imposição do cumprimento da função socioambiental pode ser apreciada sob três ângulos: econômico, social e ecológico. Veja-se:

> A terra é um fator produtivo indispensável para toda a humanidade e exerce três funções básicas:
> - dimensão econômica: produção, distribuição e circulação de bens *in natura* e industrializados e consumo destes bens oriundos da atividade rural, em outras palavras, da terra como espaço rural. Todo bem agrário, alimentício ou não, se constitui em riqueza, especialmente por seu valor econômico;
> - dimensão social: a riqueza formada pelos bens originados e propiciados pela terra transcendem o aspecto pessoal, individual para abranger o social, o coletivo e as necessidades de toda a população universal;
> - dimensão ecológica: as leis da natureza, em constante descoberta, obedecidas e aplicadas asseguram a vida e sobrevivência planetária, vegetal, animal e do homem que a integra.
> [...]
> A questão tridimensional da função da terra (econômica, social e ecológica) como espaço rural é interdependente e indissociável.[338]

Com efeito, como a exploração da terra está condicionada à sustentabilidade (nos moldes descritos no capítulo inicial), os contratos relativos à posse e ao uso temporário da terra, onde nela se exerça qualquer atividade agrícola, pecuária, agroindustrial, extrativa ou mista, por extensão, também estarão. Ademais, atender à função socioambiental do imóvel rural é contemplar as suas dimensões econômicas, sociais, ecológicas, jurídico-políticas e éticas. Em outras palavras, trata-se do atendimento de exigências típicas da sustentabilidade, que é multidimensional.

Logo, se os contratos não são unicamente expressão de autonomia privada em virtude da regra consubstanciada no art. 421, CC/02, destacadamente os contratos que envolvam atividades agrícolas, pecuárias, agroindustriais, extrativas ou mistas devem servir como instrumentos de cooperação entre as partes e destas com a sociedade como um todo. A função do contrato impõe que se vislumbre "[...] o contrato não como um simples modo de transferência de riqueza com efeitos apenas para os figurantes, mas como instituto que interessa a toda a sociedade".[339] Esse entendimento possui especial relevo nos contratos agrários.[340]

---

[338] ZIBETTI, Darcy Walmor. *Teoria tridimensional da função da terra no espaço rural*. Curitiba: Juruá, 2005. p. 113 e 119

[339] MACHADO, João Sidnei Duarte. *A parceria agrícola no Direito brasileiro*. Porto Alegre: Sergio Antonio Fabris, 2004. p. 80-81.

[340] Adverte BARBOSA, Alessandra de Abreu Minadakis. A sistematização do Direito Privado Contemporâneo, o Novo Código Civil Brasileiro e os contratos agrários. In: BARROSO, Lucas Abreu; PASSOS, Cristiane Lisita (Orgs.). *Direito Agrário contemporâneo*. Belo Horizonte: Del Rey, 2004. p. 149-183. p. 171: "O Direito Agrário sempre teve consonância com as premissas do Estado Social de Direito. A priorização da função social da propriedade, a preocupação com o progresso econômico e social do rurícola, o fortalecimento da economia nacional, o aumento da produtividade, a sustentabilidade, a justiça distributiva, entre diversos outros princípios que fundamentam o Direito Agrário, fazem desse ramo do Direito um

Os contratos agrários "[...] representam interesses coletivos ou gerais da sociedade, com normas prefixadas legalmente e acima da vontade das partes contratantes. São normas *obrigatórias, imperativas e irrenunciáveis*".[341] [grifo do autor]. Essas normas inafastáveis envolvem, entre outros aspectos, a exigência de respeito e preservação dos recursos naturais ao se trabalhar na terra. Ou seja, as restrições à autonomia privada impostas nos contratos agrários por meio de normas cogentes pressupõem a interdependência entre a função da propriedade rural e o atendimento da função do contrato agrário. Em outras palavras, a satisfação da função socioambiental do contrato agrário promove a efetivação da função socioambiental da propriedade rural.

Fora de dúvida, as limitações impostas pelo Poder Público para o exercício do direito de propriedade e da posse revelam, na dicção de Luiz Edson Fachin,[342] uma nítida reação anti-individualista:

> A função social da posse situa-se em plano distinto, pois, preliminarmente, a função social é mais evidente na posse e muito menos evidente na propriedade, que, mesmo sem uso, pode se manter como tal. A função social da propriedade corresponde a limitações fixadas no interesse público e tem por finalidade instituir um conceito dinâmico de propriedade em substituição ao conceito estático, representando uma projeção da reação anti-individualista. O fundamento da função social da propriedade é eliminar da propriedade privada o que há de eliminável. O fundamento da função social da posse revela o imprescindível, uma expressão natural da necessidade.

Na verdade, trata-se – sobretudo – de questão ética. Se à propriedade se determina o compromisso de honrar variadas funções – econômica, social e ecológica – no Estado Socioambiental de Direito[343] e se a noção de dignidade humana é elemento integrante da função da propriedade[344] –, pode-se perce-

---

dos mais condizentes com a sociedade". Ainda, no que se refere ao alinhamento das diretrizes do CC/02 com as premissas teóricas do Direito Agrário, a autora afirma que "[...] a socialidade é a marca do novo Código, que mais o diferencia do anterior. Se o Código de Beviláqua retratava um Estado Liberal, o novo denota o Estado Social, com todas as suas preocupações com o indivíduo, porém dentro de um contexto. É o reconhecimento dos interesses e direitos individuais, porém subjugados aos valores coletivos".

[341] FERREIRA, Pinto. *Curso de Direito Agrário*: de acordo com a Lei n. 8.629/63. 2. ed. São Paulo: Saraiva, 1995. p. 226.

[342] FACHIN, Luiz Edson. A função social da posse e a propriedade contemporânea: uma perspectiva da usucapião imobiliária rural. Porto Alegre: Sergio Antonio Fabris, 1988. p. 19-20.

[343] *Vide* SARLET, Ingo Wolfgang (Org.). *Estado socioambiental e direitos fundamentais*. Porto Alegre: Livraria do Advogado, 2010. Há quem refira que "[...] O Estado Socioambiental decorre de avanços normativos comprometidos com proteção do meio ambiente ecologicamente equilibrado. Sua construção está alicerçada à necessidade não só de assegurar uma vida digna em harmonia com a defesa da natureza e a garantia de vida futura, como também de formular uma política ambiental norteada por instrumentos jurídicos eficazes, qual seja a incorporação na legislação de valores éticos ambientais". TEIXEIRA, Orci Paulino Bretanha. *A fundamentação ética do estado socioambiental*. 2012. 149 f. Tese (Doutorado em Filosofia) – Faculdade de Filosofia e Ciências Humanas, Pontifícia Universidade Católica do Rio Grande do Sul, Porto Alegre, 2012. p. 96.

[344] Nesse sentido: "[...] se os direitos e deveres do proprietário dependem diretamente da natureza do bem, temos que, no caso específico da propriedade agrária, é dever do proprietário cuidar para que sua propriedade alcance os níveis satisfatórios de produtividade, de respeito e proteção ao meio ambiente e de obediência às normas que regulam as relações trabalhistas, como causa imediata da execução da função social do direito de propriedade, que é a garantia da sobrevivência e o respeito a dignidade humana (causa mediata). Desta forma, se a função social deve ser entendida como parte integrante do conceito de

ber o componente ético. O exercício do direito de propriedade, nessa linha, estaria condicionado por ditames éticos, já que "[...] ético é o uso normal da propriedade que traga alguma vantagem ao proprietário, traduzida pela comodidade ou utilidade, sem que perturbe ou prejudique terceiros".[345]

O exercício do direito de propriedade e a exploração da terra por meio de atividades agrárias tuteladas nos contratos do gênero demandam respeito à natureza, inclusive por uma ética, subjacente ao Estado Socioambiental, que

> [...] envolve não apenas considerações morais abstratas, mas também fatos sobre várias práticas. Uma vez que o foco principal da ética prática é sobre o que devemos fazer, é importante compreender as práticas que estamos avaliando e os atos que estamos contemplando. O nosso futuro está entrelaçado com a natureza, para todos os tipos de razões, tanto conceitual e empírica, eles não podem ser separados. O que acontece a seguir depende de nós. [...] cabe a nós escolhermos como viver. Seja através de ação ou omissão, vamos traçar o rumo para a vida na Terra.[346] [tradução livre].

Uma abordagem ética, confortada na axiologia constitucional, prescreve a preservação da biodiversidade, a exploração equilibrada e racional dos recursos naturais disponíveis do imóvel rural. Vincula-se à ideia de que o homem é parte integrante da natureza e dela depende, não obstante a lógica antropocêntrica de dominação imoderada da natureza.[347] Fato é que

> [...] a terra deve ser usada, mas não se deve esquecer que o uso não pode ser no sentido de esgotar a possibilidade de renovar a vida, de transformá-la a ponto de esterilizá-la, isto é, o uso está condicionado à manutenção da biodiversidade. Por isso, até pouco tempo atrás, uma

---

direito de propriedade, o respeito à dignidade humana também estaria implicitamente incluído no conceito já que a garantia de uma existência digna pode ser interpretada como a própria expressão da função social do *direito de propriedade*". [grifo do autor]. Vide CAMARGO, Maria Auxiliadora Castro e. Sobre a função social da propriedade e a dignidade humana. In: BARROSO, Lucas Abreu; PASSOS, Cristiane Lisita (Orgs.). *Direito Agrário contemporâneo*. Belo Horizonte: Del Rey, 2004. p. 57-74. p. 67. Para aprofundamentos, consulte-se FENSTERSEIFER, Tiago. *Direitos fundamentais e proteção do ambiente*: a dimensão ecológica da dignidade humana no marco jurídico-constitucional do Estado Socioambiental de Direito. Porto Alegre: Livraria do Advogado, 2008.

[345] MATTOS NETO, Antonio José de. Função ética da propriedade imobiliária no novo Código Civil. In: BARROSO, Lucas Abreu; PASSOS, Cristiane Lisita (Orgs.). *Direito Agrário contemporâneo*. Belo Horizonte: Del Rey, 2004. p. 75-85. p. 83.

[346] "This will involve not just abstract moral considerations, but also facts about various practices. Since the main focus of practical ethics is on what we ought to do, it is important to understand the practices we are assessing and the acts we are contemplating". (p. 101). Ainda, Dale Jamieson afirma que: "[...] our future is entwined with nature's; for all sorts of reasons, both conceptual and empirical, they cannot be pulled apart. What happens next depends on us. Not entirely, of course, for Mother Nature will make herself felt. But in the end she cannot say what gives our lives meaning. She can Law down the law but it is up to us to choose how to live. Whether through action or inaction, we will chart the course for life on Earth". (p. 205). JAMIESON, Dale. *Ethics and the environment: an introduction*. Cambridge: Cambridge University, 2008.

[347] MIRANDA, Alcir Gursen de. *Direito Agrário e Ambiental*: a conservação dos recursos naturais no âmbito agrário. Rio de Janeiro: Forense, 2003. p. 172 salienta que: "[...] quanto mais o homem evolui, quanto mais cria e aperfeiçoa conhecimentos técnico-científicos, quanto mais conhece os segredos da natureza, mais ele a domina. Mas com um domínio despótico, sem um equilíbrio, sem a sensatez de ser um dito racional. Atualmente, configura-se uma situação totalmente inversa à inicial, quando o homem precisava se proteger dos perigos da natureza; agora são os recursos naturais que precisam ser conservados, protegidos da agressividade do homem. Chega-se ao cúmulo de ter que criar zonas específicas para que os recursos naturais continuem a existir, zonas estas que podem ser reservas ecológicas, parques nacionais ou zoológicos; pois caso contrário o homem a destruirá". O autor pondera ainda que "[...] o homem é parte da natureza; portanto, dela é dependente, tanto no aspecto biológico como psicológico e, mais ainda, dependente também no aspecto econômico".

gleba inculta, entregue à vida selvagem, poderia ser considerada de uso nocivo, hoje não, porque a proteção do meio ambiente passou a ser princípio jurídico para a conservação do Planeta e está consagrado na Constituição Federal de 1988. Entretanto, as terras afetadas a ser propriedade privada têm a finalidade de uso produtivo e sua função social exige aproveitamento adequado e racional (artigo 186, I). Quando o Poder Público, por meio de lei considera que uma sorte de terra deve permanecer inculta, sem uso, ou com uso adequado para a manutenção da biodiversidade, cria o que chama de espaços ambientais protegidos ou unidades de conservação, e o tem feito com bastante regularidade; estes espaços, mesmo privados, têm uso restrito. Isto quer dizer que uma gleba inculta é aceitável e até desejável para o sistema jurídico. O que o sistema considera antissocial e ilegal é a manutenção de uma gleba privada inculta para servir de reserva de valor ou terra de especulação. Por isto, é coerente com o sistema a possibilidade de ocupação destas terras, seja pela não proteção do direito ali existente, seja pela desapropriação para fins de reforma agrária.[348]

Destarte, "[...] o proprietário rural exerce a função social, e eticamente é válida a sua propriedade, se cumprir com o manejo e utilização adequados dos recursos da natureza, bem como obedecer às boas relações de trabalho".[349] Reafirma-se, assim, que a sustentabilidade, disciplinada no art. 225, *caput*, da Constituição Federal de 1988, em todas as suas dimensões, incorpora-se à funcionalização nas relações privadas.

A dimensão ética da sustentabilidade impõe, ainda, o dever de cuidado. Cuidado e solidariedade[350] intergeracional. Nesse passo, oportunas as lições de Hans Jonas,[351] que compreende a responsabilidade como fundamento ético que a construção da sustentabilidade necessita.[352]

Reclama-se, portanto, nas relações contratuais, uma ética de responsabilidade para com o outro.[353] Nesse sentido:

> Ética da responsabilidade é o processo em permanente construção e apresenta-se como um novo horizonte para novas relações da presença do homem em cosmos; uma relação equilibra-

---

[348] MARÉS, Carlos Frederico. *A função social da terra*. Porto Alegre: Sergio Antonio Fabris, 2003. p. 125-126.

[349] MATTOS NETO, Antonio José de. Função ética da propriedade imobiliária no novo Código Civil. In: BARROSO, Lucas Abreu; PASSOS, Cristiane Lisita (Orgs.). *Direito Agrário contemporâneo*. Belo Horizonte: Del Rey, 2004. p. 75-85. p. 81.

[350] Sobre o tema, consulte-se DEMOLINER, Karine Silva. *O princípio da solidariedade no contexto de um Estado Socioambiental de Direito*. 2011. 226 f. Tese (Doutorado) – Faculdade de Direito, Pontifícia Universidade Católica do Rio Grande do Sul, Porto Alegre. 2011.

[351] JONAS, Hans. *The imperative of responsability*: in search of ethics for the technological age. Chicago and London: University of Chicago, 1984. Em português: JONAS, Hans. *O princípio da responsabilidade*: ensaio de uma ética para uma civilização tecnológica. Rio de Janeiro: PUC Rio, 2006.

[352] Adverte o autor que as responsabilidades do homem para com a natureza e as gerações vindouras são precedentes a qualquer outra obrigação ou compromisso derivado de contratos: "[...] evidently, in moral (as distinct from legal) status, the natural is the stronger, if less defined, sort of responsibility, and what is more, it is the original from which any other responsibility ultimately derives its more or less contingent validity. This is to say, if there were no responsibility 'by nature' there could be none 'by contract'". JONAS, Hans. *The imperative of responsability*: in search of ethics for the technological age. Chicago and London: University of Chicago, 1984. p. 90.

[353] Aqui interessante observar que "[...] o imperativo responsabilidade de Hans Jonas quer nos dizer que podemos arriscar a nossa vida, porém, não a vida em humanidade, das gerações futuras por causa da atual. Este imperativo remete-nos a um futuro possível para que a vida permaneça como dimensão de nossa responsabilidade". TEIXEIRA, Orci Paulino Bretanha. *A fundamentação ética do estado socioambiental*. 2012. 149 f. Tese (Doutorado em Filosofia) – Faculdade de Filosofia e Ciências Humanas, Pontifícia Universidade Católica do Rio Grande do Sul, Porto Alegre, 2012. p. 60.

da do ser humano com a natureza, que aponta o caminho para preservação e desenvolvimento da vida em todas as suas formas, mostrando que é possível um trajeto de conscientização, de nova valoração, capaz de levar o homem a outros comportamentos em sua relação com o ambiente.[354]

Logo, as aspirações das partes contratantes não podem mais negligenciar as exigências da natureza.[355] Desse modo, se, de um lado, a função social é um dos princípios que regem a ordem econômica brasileira,[356] por outro, a exploração, notadamente da propriedade rural, objeto específico deste trabalho, deve estar condicionada aos comandos do § 1º do art. 1.228 do Código Civil,[357] uma vez que "[...] os proprietários de recursos naturais e bens ambientais, seja a que título for, sob o ponto de vista ético não são senão gestores desse patrimônio".[358]

Assim, "a propriedade, enquanto direito subjetivo,[359] justifica-se por suas razões de realização pessoal e de utilidade social. Decorre daí que tanto a função social como a pessoal hão de informar o seu exercício, tal qual informam o próprio direito".[360]

---

[354] TEIXEIRA, Orci Paulino Bretanha. *A fundamentação ética do estado socioambiental*. 2012. 149 f. Tese (Doutorado em Filosofia) – Faculdade de Filosofia e Ciências Humanas, Pontifícia Universidade Católica do Rio Grande do Sul, Porto Alegre, 2012. p. 46.

[355] Alerta-se: "What is our present conception of the future? How does our image of the future affect the choices we are making in the present? Do we still believe that we have the power to shape our collective future on Earth and choose from among the alternative futures one that preserves our deepest values and makes life better than it is in the present? Or do we have our own crisis of confidence in humanity's future?". GORE, Al. *The future*. London: WH Allen, 2013. p. xxx.

[356] Art. 170, CF/88: "A ordem econômica, fundada na valorização do trabalho humano e na livre iniciativa, tem por fim assegurar a todos existência digna, conforme os ditames da justiça social, observados os seguintes princípios: [...] III – função social da propriedade; [...]".

[357] Art. 1.228, CC/02: "[...] § 1º O direito de propriedade deve ser exercido em consonância com as suas finalidades econômicas e sociais e de modo que sejam preservados, de conformidade com o estabelecido em lei especial, a flora, a fauna, as belezas naturais, o equilíbrio ecológico e o patrimônio histórico e artístico, bem como evitada a poluição do ar e das águas".

[358] MILARÉ, Édis. *Direito do ambiente*: a gestão ambiental em foco: doutrina, jurisprudência, glossário. 7. ed., rev., atual. e reform. São Paulo: Revista dos Tribunais, 2011. p. 157.

[359] Atenta-se para o fato de que "[...] a vinculação do direito subjetivo à noção de função social apenas começa a surgir no século XX, tendo como grande marco a Constituição Alemã de 1919, embora a Constituição Mexicana de 1917 também já existisse sob este novo paradigma, que foi adotado pela Constituição Federal de 1988. [...] A Constituição de Weimar estabelecia: 'a propriedade obriga', ou seja, obriga ao proprietário. [...] A função consiste numa atividade exercida no interesse não apenas do sujeito que a executa, mas, principalmente, no interesse da sociedade. A função ambiental se volta para a manutenção do equilíbrio ecológico enquanto interesse de todos, beneficiando a sociedade e aquele que a exerce". BORGES, Roxana Cardoso Brasileiro. Função social da propriedade rural. In: BARROSO, Lucas Abreu; MIRANDA, Alcir Gursen de; SOARES, Mário Lúcio Quintão (Orgs. e colabs.). *O Direito Agrário na Constituição*. Rio de Janeiro: Forense, 2005. p. 271-303. p. 274-275. Corroborando a concepção de que o direito de propriedade impõe deveres ao proprietário, registre-se também que "[...] praticamente todos os países latino-americanos escreveram suas leis de reforma agrária [...]. Sem pretender fazer o sofrido exercício de ler uma a uma, podemos dizer que todas, de uma ou outra forma, com mais precisão ou em termos vagos, reconheceram que a propriedade obriga e a obrigação do proprietário é cumprir determinada função social, com este ou outro nome". MARÉS, Carlos Frederico. *A função social da terra*. Porto Alegre: Sergio Antonio Fabris, 2003. p. 89.

[360] ARONNE, Ricardo. *Propriedade e domínio*: A teoria da autonomia. Titularidades e direitos reais nos fractais do Direito Civil-Constitucional. 2. ed., rev. e ampl. Porto Alegre: Livraria do Advogado, 2014. p. 133. Nesse sentido, o autor observa que "[...] Distinguem-se duas intervenções no direito de propriedade, fruto de sua função social. A primeira tem cunho limitador de tal direito, de modo que seu exercício ou

Desse modo, convém notar que

> [...] a função social de um bem da vida haverá de ser apreciada tópica e axiologicamente, na medida em que uma propriedade agrícola exercerá funções distintas em face de suas características físicas, topográficas, necessidades regionais e sociais, fatores esses passíveis ainda de variação histórica.[361]

Nesse ponto, interessante evocar Hans Jonas,[362] que busca mostrar a necessidade de uma axiologia de conteúdo universal, a partir de ontologia baseada na particularidade do nosso momento histórico. [tradução livre]

Endossando tal entendimento, pondera-se que

> [...] a publicização da posse revela a sua importância ao uso e gozo das coisas pelas pessoas, para a satisfação de suas necessidades vitais. Trata-se de concessão à necessidade, ao lado das exigências da política de implementação da reforma agrária, da imprescindível redistribuição de renda, e da reforma das relações de poder. Destarte, a propriedade abre-se para acolher dentro de si aqueles que não são detentores de titularidade jurídica de bem imóvel. Esta democratização opera-se pelo princípio constitucional da função social que agrega à propriedade valor ético, redimensionando-o, tornando, inclusive, como preceito de ordem pública pelo parágrafo único do art. 2.035 do Código Civil de 2002.[363]

Portanto, o exercício dos direitos está condicionado a ditames éticos, os quais contemplam, a um só tempo, o atendimento de necessidades ambientais, sociais e econômicas.[364] Importa destacar, porém, que "[...] inexistem fórmulas sobre função social, cuja apreensão do verdadeiro conteúdo da norma somente se dará em face do caso concreto".[365]

---

oponibilidade não se revele prejudicial à pluralidade da coletividade. A segunda intervenção é impulsionadora, intervindo de modo ativo, para que da propriedade derive um resultado socialmente valioso. Não é possível, portanto, aceitar a noção de que o conjunto de limitações impostos à propriedade é formal, eis que se mostra material, ante o conteúdo axiológico que traduz". (p. 134).

[361] ARONNE, Ricardo. *Propriedade e domínio*: A teoria da autonomia. Titularidades e direitos reais nos fractais do Direito Civil-Constitucional. 2. ed., rev. e ampl. Porto Alegre: Livraria do Advogado, 2014. p. 152.

[362] "Jonas mira a mostrare la necessità di un'assiologia contenutisticamente, e non solo formalmente, universale, a partire da un'ontologia fondata sulla particolarità del nostro momento storico". PIEVATOLO, M. Chiara. Hans Jonas: un'etica per la civiltà tecnologica. Il Politico, *Rivista Italiana di Scienze Politiche*, Università degli Studi di Pavia, Milano, a. LV, n. 2, p. 337-349, 1990. p. 337.

[363] FACHIN, Luiz Edson. O dever de indenizar os ocupantes de terras indígenas: análise da proposta de emenda à Constituição 409 de 2001. In: SILVA, Letícia Borges da; OLIVEIRA, Paulo Celso de (Coords.). *Socioambientalismo*: uma realidade. Curitiba: Juruá, 2007. p. 149-183. p. 176.

[364] Isso porque ética ambiental e desenvolvimento econômico não necessariamente devem exercer funções excludentes. Apropriada aqui a lição de Amartya Sen no sentido de que: "[...] Outra característica surpreendente é o contraste entre o caráter conscientemente 'não ético' da economia moderna e sua evolução histórica, em grande medida, como um ramo da ética. Não só o 'pai da economia moderna', Adam Smith, foi professor de filosofia moral na Universidade de Glasgow (reconhecidamente uma cidade assaz pragmática), mas também o assunto da economia foi por muito tempo considerado de certa forma uma ramificação da ética". SEN, Amartya. *Sobre ética e economia*. Tradução de: Laura Teixeira Motta. Revisão técnica de: Ricardo Doninelli Mendes. 8ª reimp. São Paulo: Companhia das Letras, 1999. p. 18.

[365] ARONNE, Ricardo. Propriedade e domínio: *A teoria da autonomia*. Titularidades e direitos reais nos fractais do Direito Civil-Constitucional. 2. ed., rev. e ampl. Porto Alegre: Livraria do Advogado, 2014. p. 152. O autor, acerca do assunto, assinala que "[...] para a correta compreensão do conteúdo material do princípio da função social, há de ser compreendido o princípio o qual ele densifica: o da igualdade". (p. 157). E, ainda, acrescenta que "[...] o princípio da igualdade alcança o sentido de igualdade de oportunidades e condições reais de vida. Em tal ponto, o princípio da igualdade traduz princípio impositi-

Com relação à função socioambiental da propriedade rural, veja-se que

[...] a função ambiental da propriedade obriga todos os proprietários, sejam eles públicos ou particulares. Na análise da função ambiental, o que diferencia o regime específico a atuar sobre uma propriedade não é o sujeito deste direito, mas o objeto deste direito, ou seja, os bens ambientais existentes num certo espaço territorial submetido ao direito de propriedade. A função ambiental da propriedade atua sobre um determinado objeto que, em última instância, é o meio ambiente amplamente considerado. Incide, de perto, sobre seus elementos isoladamente considerados, como as florestas, o solo, a diversidade de espécies. O cumprimento da função ambiental da propriedade é condição para o cumprimento da função social da propriedade. Esses deveres jurídicos do proprietário vão variar conforme a natureza do objeto sobre o qual recaia o direito de propriedade. Desta forma, os deveres jurídicos estabelecidos para o proprietário de um imóvel rural que abrigue espécies endêmicas poderão ser diferentes dos deveres do proprietário em cujo imóvel se encontrem nascentes de rios. Assim como os deveres jurídicos do proprietário de um imóvel urbano são diferentes do dono de uma propriedade rural. Desta forma, também não há apenas uma função ambiental da propriedade, mas várias funções ambientais, a depender da propriedade.[366]

O compromisso com o equilíbrio ecológico impõe estilo cooperativo[367] por todos que compõem a sociedade, atentando-se para o fato de que o exer-

---

vo de uma política de justiça social, de acesso à cultura, saúde, erradicação da miséria, e outras, como contraponto jurídico-constitucional impositivo de compensações de desigualdade de oportunidades e como sancionador da violação da igualdade por comportamento omissivo, passível de declaração de inconstitucionalidade. É nesse contexto que o princípio da função social da propriedade vem a densificar o princípio da igualdade, cidadania e o da dignidade da pessoa humana". (p. 160).

[366] BORGES, Roxana Cardoso Brasileiro. Função social da propriedade rural. In: BARROSO, Lucas Abreu; MIRANDA, Alcir Gursen de; SOARES, Mário Lúcio Quintão (Orgs. e colabs.). *O Direito Agrário na Constituição*. Rio de Janeiro: Forense, 2005. p. 271-303. p. 279. Salienta também a autora que "[...] há uma dupla proteção na ideia de função ambiental da propriedade: a proteção do meio ambiente e a proteção da própria propriedade. Assim como há a proteção do interesse difuso, há também a proteção do interesse individual do proprietário, na medida em que, enquanto se protege o interesse da sociedade, também o proprietário, titular da função, é protegido. [...] Dessa forma, a proteção ambiental deve ser vista não apenas como uma limitação do direito de propriedade, mas também como uma proteção à própria propriedade rural, para que a utilidade desta não seja ameaçada por lesões ambientais que possam advir de seu uso inadequado, em desacordo com as regras de manutenção do equilíbrio ecológico. Esta visão de dupla função protetora é facilmente obtida a partir da leitura dos §§ 2º e 3º do art. 9º da Lei nº 8.629/93 [...]". (p. 280-281).

[367] Vide AXELROD, Robert. *The evolution of cooperation*. New York: Basic Books, 1984. Em português: AXELROD, Robert. *A evolução da cooperação*. Tradução de: Jusella Santos. São Paulo: Leopardo, 2010. Nessa obra, investiga-se como indivíduos que almejam satisfazer seus interesses podem cooperar entre si, sem serem forçados a tanto. Robert Axelrod preconiza no livro que, se não houver cooperação, as perdas e prejuízos serão por todos suportados em função de uma competição generalizada. Nesse sentido: "Today, the most important problems facing humanity are in the arena of international relations, where independent, egoistic nations face each other in a state of near anarchy. Many of these problems take the form of na iterated Prisioner's Dilemma. Examples can include arms races, nuclear proliferation, crisis bargaining, and military escalation. Therefore, the advice to players of the Prisioner's Dilemma might serve as good advice to national leaders as well: don't be envious, don't be the first to defect, reciprocate both cooperation and defection, and don't be too clever. There is a lesson in the fact that simple reciprocity succeeds without doing better than anyone with whom it interacts. It succeeds by eliciting cooperation from others, not by defeating them. We are used to thinking about competitions in which there is only one winner, competitions such as football or chess. But the world is rarely like that. In a vast range of situations, mutual cooperations can be better for both sides than mutual defection. The key to doing well lies not in overcoming others, but in eliciting their cooperation". AXELROD, Robert. *The evolution of cooperation*. p. 8. Disponível em: <http://www-ee.stanford.edu/~hellman/Breakthrough/book/pdfs/axelrod.pdf>. Acesso em: 03 out. 2013. Ademais, acerca da necessária criação de vínculos e cooperação entre os indivíduos, apresentando uma perspectiva evolutiva sobre os caminhos percorridos para que

cício dos direitos reclama a persecução dos deveres que lhes são inerentes.³⁶⁸ Nesse diapasão, a

> [...] propriedade se constitui, objetivamente, de um direito relativo, composto de prestações jurídicas positivas e negativas, enquanto uma obrigação bilateralizada entre o titular e os demais indivíduos, em um sentido macro, a englobar a coletividade e o Estado, fundada na convivência conflitual dos princípios da função social e da propriedade privada.³⁶⁹

Salienta-se, dessa forma, que

> [...] o novo contorno dado ao direito de propriedade foge do domínio do Direito Privado, imiscuindo-se no Direito Público, como em nossa época vem ocorrendo no Direito como um todo, bem como, à luz da visão sistemática da ciência jurídica contemporânea, traz dinamicidade ao instituto em tela, ante os conceitos abertos que decorrem dos princípios que concorrem, relativizando-se consoante o caso concreto. O Direito Civil resta constitucionalizado, "publicizado", por se alimentar de valores que fogem de sua regulação e o imbricam em um sentido de coletividade e cidadania, classicamente inconcebíveis na espécie.³⁷⁰

---

sociedades avançadas fossem formadas, consulte-se WILSON, Edward O. *The social conquest of earth*. New York: Liveright Publishing Corporation, 2012. Em português: WILSON, Edward O. *A conquista social da terra*. Tradução de: Ivo Korytovski. São Paulo: Companhia das Letras, 2013. Interessante mencionar que, na publicação em língua portuguesa, o autor assinala que "[...] todos os membros normais das sociedades humanas são capazes de se reproduzir e a maioria compete entre si para tal. Além disso, os grupos humanos são formados de alianças altamente flexíveis, não apenas entre os membros da família, mas entre as famílias, sexos, classes e tribos. Esse vínculo se baseia na cooperação entre os indivíduos ou grupos que se conhecem mutuamente e são capazes de distribuir propriedade e *status* na esfera pessoal". (p. 27-28). Ademais, pontua que "para jogar o jogo à maneira humana, as populações em evolução tiveram de adquirir um grau crescente de inteligência. Tiveram de sentir empatia pelos outros, avaliar as emoções, tanto de amigos como de inimigos, julgar as intenções de todos eles e planejar uma estratégia para as interações sociais. Consequentemente, o cérebro humano tornou-se ao mesmo tempo altamente inteligente e intensamente social. Teve de desenvolver cenários mentais de relacionamentos pessoais rapidamente, de curto e longo prazos. Suas lembranças tiveram de retroceder ao passado distante para evocar cenários antigos e avançar futuro adentro para imaginar as consequências de cada relacionamento. A amígdala e outros centros controladores das emoções do cérebro e do sistema nervoso autônomo governavam os planos de ação alternativos. Assim nasceu a condição humana, egoísta em certos momentos, abnegada em outros, os dois impulsos muitas vezes em conflito". (p. 28).

³⁶⁸ "Se habla más de los derechos que de los deberes humanos; más aún, esta última parece una denominación casi chocante y, desde luego, muy poco utilizada. Sin embargo unos y otros tienen la misma fuente y punto de partida y ambos, entre si, mutuamente se relacionan y se asisten para lograr su efectiva realización. Ambos se basan em el reconocimiento de que el hombre es el centro del derecho – 'lato sensu' considerado, – dimana de él, por encontrarse em él, en virtud de su própria existencia en la sociedad o por su actuación en la misma. La existencia humana desenvuelta en la sociedad, exige que a cada hombre se le reconozcan 'sus' derechos y, al proprio tiempo, se lê reclame el ejercicio adecuado de 'sus' próprios deberes". BIDART, Adolfo Gelsi. *De derechos, deberes y garantias, del hombre comum*. Montevideo: Fundacion de Cultura Universitária, 1987. p. 119. Do mesmo modo: "All the objects which the legislator is called upon to distribute among the members of the community may be reduced to two classes: 1st. Rights; 2nd. Obligations. Rights are in themselves advantages, benefits, for him who enjoys them. Obligations, on the contrary, are duties, charges, onerous to him who ought to fulfil them". BENTHAN, Jeremy. *The theory of legislation*. Bombay: Oceana Publications, 1975, p. 57.

³⁶⁹ ARONNE, Ricardo. *Propriedade e domínio*: a teoria da autonomia. Titularidades e direitos reais nos fractais do Direito Civil-Constitucional. 2. ed., rev. e ampl. Porto Alegre: Livraria do Advogado, 2014. p. 139.

³⁷⁰ ARONNE, Ricardo. *Propriedade e domínio*: a teoria da autonomia. Titularidades e direitos reais nos fractais do Direito Civil-Constitucional. 2. ed., rev. e ampl. Porto Alegre: Livraria do Advogado, 2014. p. 135. Nessa linha de pensamento, o Tribunal Regional Federal da 4ª Região condenou um proprietário paranaense pela prática de danos ambientais em suas terras com a queimada de vegetação em Área de Preservação Permanente (APP). A decisão foi assim ementada: "ADMINISTRATIVO. APELAÇÃO CÍVEL. AMBIENTAL. ÁREA DE PRESERVAÇÃO PERMANENTE. DESTRUIÇÃO DE VEGETAÇÃO. DANOS AMBIENTAIS COMPROVADOS. POSSIBILIDADE DE CONDENAÇÃO POR DANOS MORAIS

Sob o enfoque que se pretende neste trabalho, reflexões que envolvam meio ambiente e propriedade exigem "[...] como precondição à eleição de novos paradigmas que, no mínimo, sejam capazes de não tomar Homem e Natureza como pólos excludentes".[371] Até porque

> [...] a propriedade em si mesma não existe, não é um bem tangível. Ela nada mais é do que o reconhecimento de uma relação entre um determinado sujeito e um bem qualquer. Este reconhecimento é promovido pelo ordenamento jurídico, o qual vai determinar os requisitos para que se reconheçam e determinem a existência e os limites desta relação. Sem normas jurídicas, não há "direito de propriedade".[372]

O respeito ao meio ambiente assegura uma existência humana digna. Garante vida com dignidade para gerações presentes e vindouras. Atesta dignidade para além da vida humana. Fundamental, nessa perspectiva, "[...] olhar o direito e, consequentemente, a propriedade, sob a ótica do sujeito concreto, ser humano reconhecido em sua concepção ética e digna como valor supremo a ser protegido".[373] Veja-se que

> [...] o que se percebe, na realidade, é que parte importante da doutrina passa a pensar em possibilidades para a construção de um direito que liberte. Na descrição crítica da edificação do Direito Civil nucleado, tradicionalmente, em torno do patrimônio, e na busca de uma nova con-

---

CAUSADOS À COLETIVIDADE. CUMULAÇÃO COM A RECUPERAÇÃO DA ÁREA DEGRADADA. PROVIMENTO DA APELAÇÃO DO IBAMA. IMPROVIMENTO DA APELAÇÃO DO RÉU. UNÂNIME". BRASIL. Tribunal Regional Federal da 4ª Região. Apelação Cível nº 5000029-37.2011.404.7014/PR. Terceira Turma, Relator Carlos Eduardo Thompson Flores Lenz, julgado em 08/08/2013. Disponível em: <https://eproc.trf4.jus.br/eproc2trf4/controlador.php?acao=acessar_documento_publico&doc=413759 68300920431010000000077&evento=41375968300920431010000000016&key=a9534677dabba2d52072384a 30c709336dbba2a35eff152b63d633920d6a75e2>. Acesso em: 30 jan. 2014. De acordo com o Desembargador-Relator, "[...] ao serem causados graves danos ao meio ambiente, toda a coletividade é prejudicada, pois essas lesões prejudicam todo um ecossistema natural subjacente à vida. São afetadas tanto as presentes gerações como as futuras, que devem herdar um meio ambiente saudável e ecologicamente equilibrado". BRASIL. Tribunal Regional Federal da 4ª Região. Apelação Cível nº 5000029-37.2011.404.7014/PR. Terceira Turma, Relator Carlos Eduardo Thompson Flores Lenz, julgado em 08/08/2013. Disponível em: <https://eproc.trf4.jus.br/eproc2trf4/controlador.php?acao=acessar_documento_publico&doc=413759 68300920431010000000076&evento=41375968300920431010000000016&key=be600344e40cae87dc607fc90f 028cfdad69af3389a15657ec039b7ae3bdb0ad>. Acesso em: 30 jan. 2014.

[371] RAMPAZZO, Sônia Elisete. A questão ambiental no contexto do desenvolvimento econômico. In: BECKER, Dinizar Fermiano (Org.). *Desenvolvimento sustentável*: necessidade e/ou possibilidade? 4. ed. Santa Cruz do Sul: EDUNISC, 2002. p. 161-190. p. 183.

[372] ZAVASCKI, Francisco Prehn. *Constituição do crédito tributário pelo cidadão-contribuinte*. Sapucaia do Sul: Notadez, 2010. p. 35. Elucidativas, nesse ponto, as palavras escritas cerca de duzentos anos atrás pelo filósofo Jeremy Benthan: "Property is nothing but a basis of expectation; the expectation of deriving certain advantages from a thing which we are said to possess, in consequence of the relation in which we stand towards it. [...] The idea of property consists in an established expectation; in the persuasion of being able to draw such or such an advantage from the thing possessed, according to the nature of the case. Now this expectation, this persuasion, can only be the work of law. I cannot count upon the enjoyment of that which i regard as mine, except through the promise of the law which guarantees it to me. It is law alone which permits me to forget my natural weakness. It is only through the protection of law that i am able to inclose a field, and to give myself up to its cultivation with the sure though distant hope of harvest. [...] Property and law are born together, and die together. Before laws were made there was no property; take away laws, and property ceases". BENTHAN, Jeremy. *The theory of legislation*. Bombay: Oceana Publications, 1975. p. 68-69.

[373] FACHIN, Luiz Edson; GONÇALVES, Marcos Alberto Rocha; FACHIN, Melina Girardi. *Morte e vida Severina*: um ensaio sobre a propriedade rural no Brasil contemporâneo a partir das lentes literárias. Disponível em: <http://www.fachinadvogados.com.br/artigos/FACHIN%20Morte%20e%20Vida.pdf>. Acesso em: 15 out. 2013. p. 16.

cepção de patrimônio que coloque no centro das relações jurídicas e pessoal e seus respectivos valores personalíssimos, especialmente, dentre eles, aquele jungido de uma existência digna. Este giro subjetivo do fenômeno jurídico, aqui tratado a partir da perspectiva do direito à propriedade, importa as noções de despatrimonialização, pluralismo e solidariedade.[374]

Por essas considerações verifica-se que a exploração da terra, por intermédio de atividades econômicas que nela se realizam por meio de contratos, requer aproximação com a ideia de solidariedade, a qual influencia a funcionalização da propriedade e do contrato. Fala-se aqui da solidariedade e da equidade intergeracional, que implicam a superação do preconceito de que a natureza existe para ser subjugada e conquistada.[375]

Nesse ponto, necessário se faz resgatar o diálogo travado entre a dimensão filosófica da equidade intergeracional proposta por Hans Jonas e sua dimensão jurídica enunciada por Edith Brown Weiss:

> [...] [Hans Jonas] desenvolve a teoria da responsabilidade, cujo arquétipo é o da responsabilidade parental, para explicar como é necessário um (novo) imperativo categórico que ultrapasse a noção kantiana de dignidade da pessoa humana e de solidariedade com o outro, baseada em uma (nova) responsabilidade, ínsita à existência do próprio ser e em relação não só à vida humana; [...]
> Já na dimensão jurídica, estudada sob a perspectiva do princípio (doutrina) da equidade intergeracional, de Edith Brown Weiss, estabelece-se a necessidade da conservação da diversidade das opções, da qualidade e do acesso aos recursos naturais e culturais pelos (atuais) beneficiários do Planeta Terra. Cabe a esses a função de *guardiões do Planeta* para que as futuras gerações tenham opção, qualidade e acesso equitativo aos recursos antes citados.[376] [grifo do autor].

À vista da sociedade de riscos,[377] a equidade solicita uma compreensão holística do desenvolvimento sustentável, com base em conceitos-chaves,

---

[374] FACHIN, Luiz Edson; GONÇALVES, Marcos Alberto Rocha; FACHIN, Melina Girardi. Morte e vida Severina: um ensaio sobre a propriedade rural no Brasil contemporâneo a partir das lentes literárias. Disponível em: <http://www.fachinadvogados.com.br/artigos/FACHIN%20Morte%20e%20Vida.pdf>. Acesso em: 15 out. 2013. p. 15. Adicionam os autores, ainda, que "[...] o texto da Constituição passa a ser representado como continente de um núcleo do enunciado normativo. [...] A partir desta nova concepção, o texto da norma não resta despido de sentido, ao revés: possui um sentido *indicativo* fornecendo balizas para a construção da norma jurídica e um sentido *delimitador* da concretização dentro dos limites do que é admissível em face da democracia e ao Estado de Direito". [grifo do autor]. p. 8.

[375] Examine-se a obra de LOVELOCK, James. *Gaia*: a new look at life on earth. 3rd. ed. Oxford: Oxford University, 2000. Neste livro, o autor estrutura sua teoria, a partir do que denomina "Hipótese Gaia" em referência à deusa grega da Terra, no sentido de que se pertence a um todo maior e, dessa forma, o destino humano depende muito mais do que se faz para Gaia – um organismo vivo – do que das escolhas particulares propriamente ditas.

[376] BOLSON, Simone Hegele. *A dimensão filosófico-jurídica da equidade intergeracional*: reflexões sobre as obras de Hans Jonas e Edith Brown Weiss. Direito Fundamentais & Justiça. Revista do Programa de Pós-Graduação Mestrado e Doutorado em Direito da PUCRS, Porto Alegre, a. 6, n. 19, p. 210-236, abr./jun. 2012. p. 233-234. *Vide* também WEISS, Edith Brown. In fairness to future generations and sustainable development. Disponível em: <http://digitalcommons.wcl.american.edu/cgi/viewcontent.cgi?article=1498&context=auilr>. Acesso em: 23 jan. 2013.

[377] Ao dissertar sobre a realidade dos riscos disseminados na sociedade e seus reflexos na responsabilidade civil, Luiz Edson Fachin leciona que "[...] na medida em que existe um espaço reflexivo que é testemunha de um consumo emocional global, onde limites passam a inexistir gradativamente; onde danos de uma rotina excessivamente individualista evidenciam-se em excrescência e onde a felicidade apresenta-se não mais como *fato*, mas sim como *paradoxo*, passa a ser, então, nitidamente plausível e (mais que isso) *possível* conceber a existência de uma *esfera social* de *solidari*edade e *corresponsabilidade*". [grifo

tais como "necessidades" e "limitações ao meio ambiente".[378] Bem por isso cumpre notar que é sob essa orientação que, dentre os objetivos da Política Nacional de Meio Ambiente instituída pela Lei nº 6.938, de 31 de agosto de 1981, tem-se a "[...] compatibilização do desenvolvimento econômico-social com a preservação da qualidade do meio ambiente e do equilíbrio ecológico" (art. 4º, I). Há que se perceber, nesse contexto, que "[...] para o desenvolvimento sustentável ser alcançado é necessária uma visão integrada dos direitos humanos que perpasse não apenas pela seara ambiental, mas também pelos planos econômico-social e político-democrático".[379]

Por evidente, o mundo dos contratos, tendo em mente o art. 421 do Código Civil, não poderia ficar alheio a exigências como as contidas na Lei nº 8.629, de 25 de fevereiro de 1993, que, em seu art. 9º, compreende "[...] adequada a utilização dos recursos naturais disponíveis quando a exploração se faz respeitando a vocação natural da terra, de modo a manter o potencial produtivo da propriedade" (§ 2º). Da mesma maneira, o § 3º desse artigo considera a "[...] preservação do meio ambiente a manutenção das características próprias do meio natural e da qualidade dos recursos ambientais, na medida adequada à manutenção do equilíbrio ecológico da propriedade e da saúde e qualidade de vida das comunidades vizinhas".[380] Como se vê, a sustentabilidade, mormente em sua feição ambiental, desponta, em toda força normativa, como novo quesito obrigatório de controle do conteúdo dos contratos agrários, inclusive para efeitos de eventual nulidade, sem prejuízo de outras cominações.

---

do autor]. *Vide* FACHIN, Luiz Edson. *Da felicidade paradoxal à sociedade de riscos*: reflexões sobre risco e hiperconsumo. In: LOPEZ, Teresa Ancona; LEMOS, Patrícia Faga Iglecias; RODRIGUES JUNIOR, Otavio Luiz. (Coords.). *Sociedade de risco e Direito Privado*: desafios normativos, consumeristas e ambientais. São Paulo: Atlas, 2013. p. 380-393. p. 391.

[378] *Vide* SARLET, Ingo Wolfgang; FENSTERSEIFER, Tiago. *Direito Constitucional Ambiental*: estudos sobre a Constituição, os direitos fundamentais e a proteção do ambiente. São Paulo: Revista dos Tribunais, 2011.

[379] FACHIN, Melina Girardi. Os caminhos do desenvolvimento sustentável a partir do *Human Rights Approach*. Disponível em: <http://www.fachinadvogados.com.br/artigos/OS%20CAMINHOS%20DO%20DESENVOLVIMENTO.pdf>. Acesso em: 15 out. 2013. p. 16. Esclarecedoras também as conclusões da autora acerca do tema do desenvolvimento sustentável. Veja-se: "[...] pode-se concluir que o direito ao desenvolvimento sustentável congrega quatro importantes vertentes que se somam na proteção da pessoa humana, quais sejam: 1. O sujeito principal do direito ao desenvolvimento é o indivíduo, eis a razão pela qual o direito ao desenvolvimento é um direito, antes de mais nada, humano de realização das capacidades humanas; 2. O desenvolvimento ganha novas potencialidades quando vinculado à perspectiva sustentável vertida na necessidade da proteção, promoção e precaução do meio humano necessário a nossa sobrevivência e das gerações futuras; 3. A perspectiva econômica e social do direito ao desenvolvimento exige esforços complexos na realização destas capacidades humanas que perpassam pela existência de condições materiais – ao lado das liberdades formais – que garantam uma vida minimamente digna; 4. O direito ao desenvolvimento possui também uma vertente política democrática de empoderamento dos indivíduos. A participação democrática é central para as demandas pela plena realização de uma vida em dignidade em que os indivíduos possam gozar e expandir suas liberdades reais para que possam, com consciência, escolher e preencher de significado os caminhos de sua existência digna". (p. 18-19).

[380] Com referência ao atendimento da função socioambiental da propriedade rural, a Lei nº 8.629/93 também disciplina que: "[...] Art. 6º Considera-se propriedade produtiva aquela que, explorada econômica e racionalmente, atinge, simultaneamente, graus de utilização da terra e de eficiência na exploração, segundo índices fixados pelo órgão federal competente. § 1º O grau de utilização da terra, para efeito do caput deste artigo, deverá ser igual ou superior a 80% (oitenta por cento), calculado pela relação percentual entre a área efetivamente utilizada e a área aproveitável total do imóvel. § 2º O grau de eficiência na exploração da terra deverá ser igual ou superior a 100% (cem por cento) [...]".

Portanto, em se reconhecendo o meio ambiente ecologicamente equilibrado como direito fundamental e a proteção ambiental como dever fundamental,[381] imprescindível, a partir da ecologização do Direito, defenderem-se as responsabilidades compartilhadas[382] a fim de se assegurar, além do desenvolvimento econômico-social, o mínimo existencial ecológico e a proibição de retrocesso em matéria ambiental.[383]

No próximo item, as cláusulas contratuais de sustentabilidade, por força de lei, serão analisadas.

3.1.2.2. Cláusulas obrigatórias nos contratos agrários: a irrenunciabilidade de direitos e garantias e sua íntima conexão com a sustentabilidade multidimensional

Ao lado do atendimento da função socioambiental da propriedade rural, outra orientação que se faz presente na principiologia aplicável aos contratos agrários é a determinação, por parte do legislador, da observância compulsória de determinadas cláusulas contratuais por parte dos contratantes. Inobstante não sejam contempladas por escrito na avença contratual, subentende-se que tais cláusulas foram inseridas no pacto, eis que são obrigatórias.

---

[381] Veja-se que "[...] a interpretação do artigo 225 de nossa Constituição permite-nos afirmar que a proteção ao meio ambiente, para além de um *direito fundamental* do cidadão, é um *dever fundamental*. [...] Tendo a proposta de uma vida digna e justa, do ponto de vista individual e coletivo, e assumindo o pressuposto de que o meio ambiente necessita ser tutelado por diversos ramos do Direito, emerge a necessidade de constituição de uma esfera de deveres associada ou não aos direitos fundamentais. Esses deveres fundamentais norteiam o *ethos* de obtenção de uma vida digna, solidária, com liberdade e igualdade". [grifo do autor]. MEDEIROS, Fernanda Luiza Fontoura de. *Meio ambiente*: direito e dever fundamental. Porto Alegre: Livraria do Advogado, 2004. p. 122-123.

[382] Convém recordar os ensinamentos de Amartya Sen, para quem "[...] considerações éticas poderiam introduzir à maximização de algum outro objetivo que não o bem-estar da própria pessoa, bem como induzir reações que levam o bem-estar pessoal a alicerçar-se em uma base mais ampla que o consumo do indivíduo. As implicações de diferentes considerações éticas sobre essas características distintas incorporadas ao comportamento autointeressado podem ser sistematicamente analisadas". SEN, Amartya. Sobre ética e economia. Tradução de: Laura Teixeira Motta. Revisão técnica de: Ricardo Doninelli Mendes. 8ª reimp. São Paulo: Companhia das Letras, 1999. p. 97. Na mesma obra, referindo-se o autor ao Dilema do Prisioneiro, adverte que nele "[...] cada pessoa tem uma estratégia individual 'estritamente dominante', ou seja, independentemente do que as outras vierem a fazer, os objetivos de cada pessoa são mais bem atendidos seguindo-se essa estratégia dominante (e 'orientada para o próprio objetivo'). Ao mesmo tempo, os objetivos de todos teriam sido respectivamente mais bem atendidos se houvessem seguido uma estratégia diferente (e mais cooperativa). Dada a escolha 'orientada para o próprio objetivo', está claro que cada pessoa de fato seguirá a estratégia não cooperativa, e, portanto, todas terminarão em uma situação inferior à que obteriam com a estratégia cooperativa". (p. 98). E, por fim, Amartya Sen acrescenta que "[...] o comportamento, em última análise, também é uma questão social, e pensar em termos do que 'nós' devemos fazer ou qual deve ser 'nossa estratégia' pode refletir um senso de identidade que encerra o reconhecimento dos objetivos de outras pessoas e das interdependências mútuas existentes. Embora os objetivos de outras pessoas possam não estar incorporados aos nossos próprios, o reconhecimento da interdependência pode sugerir que certas regras de comportamento sejam seguidas, regras essas que não necessariamente possuem um valor intrínseco, mas são de enorme importância *instrumental* na promoção dos respectivos objetivos dos membros desse grupo". (p. 101). [grifo do autor].

[383] *Vide* MOLINARO, Carlos Alberto. *Direito Ambiental* – proibição de retrocesso. Porto Alegre: Livraria do Advogado, 2007.

A respeito do tema, o art. 13[384] do Decreto nº 59.566/66, ao regulamentar o Estatuto da Terra, de acordo com as normas de Direito Agrário fixadas pela Lei nº 4.947/66, é detalhista. O legislador foi tão minucioso na redação do dispositivo legal acerca das cláusulas contratuais de acolhimento obrigatório nos contratos agrários que pequeníssima margem para o exercício da autonomia privada dos contratantes restou.[385] Disciplinaram-se prazos mínimos dos contratos agrários visando à conservação dos recursos naturais, proibição de renúncia das partes a direitos e vantagens estabelecidas em lei, direito de preferência na renovação do contrato e na aquisição do imóvel, direito à indenização por benfeitorias feitas no imóvel, entre outros.

Merece menção que possuem especial relevância, para fins desta pesquisa, no que se referem às cláusulas obrigatórias nos contratos agrários, as

---

[384] "Nos contratos agrários, qualquer que seja a sua forma, contarão obrigatoriamente, cláusulas que assegurem a conservação dos recursos naturais e a proteção social e econômica dos arrendatários e dos parceiros-outorgados a saber: I – proibição de renúncia dos direitos ou vantagens estabelecidas em Leis ou Regulamentos, por parte dos arrendatários e parceiros-outorgados; II – observância das seguintes normas, visando à conservação dos recursos naturais: a) prazos mínimos, na forma da alínea 'b', do inciso XI, do art. 95 e da alínea 'b', do inciso V, do art. 96 do Estatuto da Terra: – de 3 (três), anos nos casos de arrendamento em que ocorra atividade de exploração de lavoura temporária e/ou de pecuária de pequeno e médio porte; ou em todos os casos de parceria; – de 5 (cinco), anos nos casos de arrendamento em que ocorra atividade de exploração de lavoura permanente e/ou de pecuária de grande porte para cria, recria, engorda ou extração de matérias primas de origem animal; – de 7 (sete), anos nos casos em que ocorra atividade de exploração florestal; b) observância, quando couberem, das normas estabelecidas pela legislação agrária e pelo Código Florestal e de seu regulamento; c) observância de práticas agrícolas admitidas para os vários tipos de exportação intensiva e extensiva para as diversas zonas típicas do país, fixados na legislação vigente; III – fixação, em quantia certa, do preço do arrendamento, a ser pago em dinheiro ou no seu equivalente em frutos ou produtos, na forma do art. 95, inciso XII, do Estatuto da Terra e do art. 17 do Regulamento, e das condições de partilha dos frutos, produtos ou lucros havidos na parceria, conforme preceitua o art. 96 do Estatuto da Terra e o art. 39 do Regulamento; IV – bases para as renovações convencionadas seguido o disposto no artigo 95, incisos IV e V do Estatuto da Terra e art. 22 do Regulamento; V – causas de extinção e rescisão, de acordo com o determinado nos artigos 26 a 34 do Regulamento; VI – direito e formas de indenização quanto às benfeitorias realizadas, ajustadas no contrato de arrendamento; e, direitos e obrigações quanto às benfeitorias realizadas, com consentimento do parceiro-outorgante, e quanto aos danos substanciais causados pelo parceiro-outorgado por práticas predatórias na área de exploração ou nas benfeitorias, instalações e equipamentos especiais, veículos, máquinas, implementos ou ferramentas a ele cedidos (art. 95, inciso XI, letra 'c' e art.96, inciso V, letra 'e' do Estatuto da Terra); VII – observância das seguintes normas, visando à proteção social e econômica dos arrendatários e parceiros-outorgados: a) concordância do arrendador ou do parceiro-outorgante, à solicitação de crédito rural feita pelos arrendatários ou parceiros-outorgados; b) cumprimento das proibições fixadas no art. 93 do Estatuto da Terra, a saber: – prestação do serviço gratuito pelo arrendatário ou parceiro-outorgado; – exclusividade da venda dos frutos ou produtos ao arrendador ou ao parceiro-outorgante; – obrigatoriedade do beneficiamento da produção em estabelecimento determinado pelo arrendador ou pelo parceiro-outorgante; – obrigatoriedade da aquisição de gêneros e utilidades em armazéns ou barracões determinados pelo arrendador ou pelo parceiro-outorgante; – aceitação pelo parceiro-outorgado, do pagamento de sua parte em ordens, vales, borós, ou qualquer outra forma regional substitutiva da moeda; c) direito e oportunidade de dispor dos frutos ou produtos repartidos da seguinte forma (art. 96, inciso V, letra 'f' do Estatuto da Terra): – nenhuma das partes poderá dispor dos frutos ou dos frutos ou produtos havidos antes de efetuada a partilha, devendo o parceiro-outorgado avisar o parceiro--outorgante, com a necessária antecedência, da data em que iniciará a colheita ou repartição dos produtos pecuários; – ao parceiro-outorgado será garantido o direito de dispor livremente dos frutos e produtos que lhe cabem por força do contrato; – em nenhum caso será dado em pagamento ao credor do cedente ou do parceiro-outorgado, o produto da parceria, antes de efetuada a partilha".

[385] "Neste aspecto, ganham os contratos agrários caráter de interesse público, já que a autonomia da vontade dos contratantes é limitada pela imposição legal de cumprir regras ecológicas. [...] Não se limita apenas à terra o entendimento supra, mas abrange todos os recursos naturais a considerar que é a união dos mesmos que assegura aos povos sua existência por meio da alimentação, respondendo o emprego de tais meios por importantes volumes da economia". MACHADO, João Sidnei Duarte. *A parceria agrícola no Direito brasileiro*. Porto Alegre: Sergio Antonio Fabris, 2004. p. 107-108.

alíneas "a", "b" e "c" do inciso II do art. 13 do Decreto nº 59.566/66, eis que todas buscam assegurar a conservação dos recursos naturais. A alínea "a" estabelece prazos mínimos para as contratações do gênero. A alínea "b", por sua vez, disciplina observância, quando couber, das normas estabelecidas pela legislação agrária e pelo Código Florestal. E, por fim, a alínea "c" prescreve observância de práticas agrícolas admitidas para os vários tipos de exportação intensiva e extensiva para as diversas zonas típicas do país.

Observe-se, a partir disso, o parágrafo único do art. 12[386] do Decreto nº 59.566/66, o qual dispõe que "[...] as partes poderão ajustar outras estipulações que julguem convenientes aos seus interesses, desde que não infrinjam o Estatuto da Terra, a Lei nº 4.947/66 e o presente Regulamento", evidenciando-se, nesse contexto, o primado da ordem pública sobre conveniências privadas. Em verdade, o segundo artigo do Decreto em comento anuncia a enxuta oportunidade para o exercício da liberdade contratual,[387] eis que "[...] todos os contratos agrários reger-se-ão pelas normas do presente Regulamento, as quais serão de obrigatória aplicação em todo o território nacional e irrenunciáveis os direitos e vantagens nelas instituídos" e "[...] qualquer estipulação contratual que contrarie as normas estabelecidas neste artigo, será nula de pleno direito e de nenhum efeito". (parágrafo único do art. 2º do Decreto nº 59.566/66).[388]

Resta claro, pois, que a tutela da conservação dos recursos naturais renováveis, desde 1964, com o Estatuto da Terra, já era objeto de preocupação

---

[386] O *caput* deste artigo apresenta indicações acerca do conteúdo dos contratos agrários escritos: "Art. 12. Os contratos escritos deverão conter as seguintes indicações: I – Lugar e data da assinatura do contrato; II – Nome completo e endereço dos contratantes; III – Características do arrendador ou do parceiro-outorgante (espécie, capital registrado e data da constituição, se pessoa jurídica, e, tipo e número de registro do documento de identidade, nacionalidade e estado civil, se pessoa física e sua qualidade (proprietário, usufrutuário, usuário ou possuidor); IV – característica do arrendatário ou do parceiro-outorgado (pessoa física ou conjunto família); V – objeto do contrato (arrendamento ou parceria), tipo de atividade de exploração e destinação do imóvel ou dos bens; VI – Identificação do imóvel e número do seu registro no Cadastro de imóveis rurais do IBRA (constante do Recibo de Entrega da Declaração, do Certificado de Cadastro e do Recibo do Imposto Territorial Rural); VII – Descrição da gleba (localização no imóvel, limites e confrontações e área em hectares e fração), enumeração das benfeitorias (inclusive edificações e instalações), dos equipamentos especiais, dos veículos, máquinas, implementos e animais de trabalho e, ainda, dos demais bens e ou facilidades com que concorre o arrendador ou o parceiro-outorgante; VIII – Prazo de duração, preço do arrendamento ou condições de partilha dos frutos, produtos ou lucros havidos, com expressa menção dos modos, formas e épocas desse pagamento ou partilha; IX – Cláusulas obrigatórias com as condições enumeradas no art. 13 do presente Regulamento, nos arts. 93 a 96 do Estatuto da Terra e no art. 13 da Lei 4.947/66; X – foro do contrato; XI – assinatura dos contratantes ou de pessoa a seu rogo e de 4 (quatro) testemunhas idôneas, se analfabetos ou não poderem assinar".

[387] "A proibição de não se renunciar atinge de forma inexorável a liberdade contratual. Mas a ideia do legislador foi calcada na busca de proteção ao homem que só dispõe de seu trabalho como fator de contraprestação contratual. Entendendo que essa vontade se subsumia na vontade do arrendador ou parceiro-outorgante e que, por isso, poderia procurar retirar alguns direitos e vantagens estatuídos na lei, o legislador chamou a si essa proteção com o claro intuito de fazer justiça social". BARROS, Wellington Pacheco. *Curso de Direito Agrário*. Doutrina, jurisprudência e exercícios. 5. ed., rev. e atual. Porto Alegre: Livraria do Advogado, 2007. v. 1. p. 124-125.

[388] "Por causa dessa determinação, nenhum acordo entre as partes pode vigorar caso venha a contrariar direta ou indiretamente tanto o espírito como a letra da lei, já que tal ofensa tornará nulo de pleno direito o contrato celebrado. Também não pode ocorrer renúncia a nenhum dos privilégios estatuídos em lei. A renúncia é inviável, e os atos assim praticados não terão eficácia; são equivalentes ao ato não praticado". *Vide* FERREIRA, Pinto. *Curso de Direito Agrário*: de acordo com a Lei n. 8.629/63. 2. ed. São Paulo: Saraiva, 1995. p. 226.

jurídica, embora tímida. Nesse sentido, um dos autores que é referência no estudo do Direito Agrário brasileiro, há tempos manifestava essa inquietação:

> [...] a conservação dos recursos naturais é uma incumbência ínsita no atendimento da própria atividade agrária de produção, estampando a tarefa adjutória de estímulo e resguardo dos frutos da terra. [...] verificamos o interesse de agir, tanto dos particulares como do ente público.
>
> De um lado, competirá aos próprios produtores, ainda que com auxílio incidental de órgãos governamentais, tomar providências como estas: provocar fertilidade dos terrenos (adubação, drenagem); evitar degradação do solo (curvas de nível, entupimento de sulcos); prevenir doenças dos animais e atacar as pragas do criatório (abertura de cacimbas, construção de tanques); guarnecer os seus proveitos (galpões, silos, resfriadores) etc.
>
> De outro modo, as atividades preservativas vão sobressair no trabalho infra-estrutural [...], a risco do Poder Público, a quem incumbe também o dever de instituir um planejamento que não só beneficie os empreendimentos a que os entes privados dão curso, mas ainda defenda a integridade dos recursos nativos, afastando-os de indiscriminado aproveitamento, das práticas poluidoras e predatórias.[389]

Assim, a exigência de respeito aos recursos naturais, por meio de uma exploração racional e eficiente, em conjunto com a proteção econômico-social dos contratantes legalmente considerados vulneráveis – comandos que devem ser compulsoriamente contemplados nos contratos agrários – possui íntima conexão com a sustentabilidade multidimensional.

Apropriada, nesse sentido, a lição abaixo:

> Em uma perspectiva de interdependência, que também é aquela que orienta a compreensão do conteúdo do próprio direito fundamental ao meio ambiente, e do princípio da livre iniciativa (do modo como este se encontra protegido pela Constituição brasileira), as liberdades econômicas somente tem o seu exercício viabilizado sob o condicionamento de imperativos ecológicos, ao mesmo tempo em que a proteção do meio ambiente somente tem sua justificativa se esta também puder ser integrada com um dos pressupostos que viabilizam a existência humana, e de todas as demais formas de vida.[390]

---

[389] LARANJEIRA, Raymundo. Propedêutica do Direito Agrário. São Paulo: LTr, 1975. p 78- 79. Na mesma linha, em 1977: "A conjugação de todos os esforços, particulares e públicos, a criação de um sistema coordenativo e subordinativo destinado a desenvolver e harmonizar o emprego de meios de toda ordem, visando à preservação do meio-ambiente, necessitam de atuação concentrante e concertante do Estado e, porque esta atuação deve se dar dentro dos balizamentos jurídicos de valor, decorre e justifica-se a necessidade de um sistema de instrumentos legais – um Direito Ecológico". MOREIRA NETO, Diogo de Figueiredo. *Introdução ao Direito Ecológico e ao Direito Urbanístico*: instrumentos jurídicos para um futuro melhor. 2. ed. Rio de Janeiro: Forense, 1977. p. 21.

[390] AYALA, Patryck de Araújo. Direito Ambiental de segunda geração e o Princípio de Sustentabilidade na Política Nacional do Meio Ambiente. *Revista de Direito Ambiental*, v. 16, n. 63, p. 103-132, jul./set. 2011. p. 116. Acrescente-se a isso: "É nesta perspectiva que, segundo Ingo Wolfgang Sarlet, reside a importância de uma tutela compartilhada e integrada dos *direitos sociais* e dos *direitos ecológicos*, assegurando as condições mínimas para a preservação da qualidade de vida e ampliando o núcleo de direitos sociais, de modo a atender as novas exigências para uma vida digna, pois os direitos sociais básicos são aqueles relacionados à alimentação, moradia, assistência médica, educação, formação profissional, trabalho e tudo aquilo que puder ser reconhecido como parte integrante da nossa concepção de vida digna, como os direitos referentes ao meio ambiente saudável". [grifo do autor]. *Vide* CANDEMIL, Renata. Mudanças de paradigmas para uma sociedade sustentável: um novo desafio para o direito brasileiro? *Revista de Direito Ambiental*, São Paulo, v. 17, n. 68, p. 13-44, out./dez. 2012. p. 35. Para aprofundamentos sobre as ideias do autor citado, consulte-se SARLET, Ingo Wolfgang; FENSTERSEIFER, Tiago. *Direito Constitucional Ambiental*: estudos sobre a Constituição, os direitos fundamentais e a proteção do ambiente. São Paulo: Revista dos Tribunais, 2011.

Desse modo, a Constituição Federal brasileira de 1988, em seu art. 225, *caput*, ao reconhecer o direito ao meio ambiente ecologicamente equilibrado como direito fundamental, bem de uso comum do povo e essencial à sadia qualidade de vida, consagrou "[...] uma visão antropocêntrica alargada, onde a natureza não serve ao ser humano; é valorizado o equilíbrio ecológico e sua capacidade funcional".[391]

Como dito, no contexto do Estado Socioambiental, impõe-se aplicar o princípio da solidariedade econômica e social tendo em vista um desenvolvimento sustentável.[392] Daí é que

> [...] a afirmação política e normativa de um objetivo de solidariedade e de um compromisso com as gerações presentes e futuras, como os que se encontram expressos nos arts. 3º, I, e 225, *caput*, da CF/1988, impõe a sujeição do Estado e dos particulares ao dever de autorrestrição no livre exercício da autonomia da vontade.[393]

Interessante, a propósito, lembrar que

> [...] o art. 225, *caput*, da CF/1988 também define um direito fundamental ao meio ambiente como um dos instrumentos que poderia viabilizar esta realidade adicional para o conceito de existência digna, comprometida com um projeto de justiça que não se restringe ao tempo, e que se tem sua definição sujeita à revisão permanente das demandas condicionadas por padrões intergeracionais de justiça.[394]

Compreende-se que a irrenunciabilidade de direitos e garantias, estatuída pela legislação agrária no art. 13 do Regulamento, visa a tutelar existência digna, justiça social e desenvolvimento sustentável, ao mesmo tempo. Ou seja, há que se superar a postura de negligência com a natureza, uma

---

[391] BARBOSA, Haroldo Camargo. Meio ambiente, Direito fundamental e da personalidade: da conexão às consequências na reparação. *Revista de Direito Ambiental*, São Paulo, v. 17, n. 68, p. 49-74, out./dez. 2012. p. 71. E o autor adiciona: "Constata-se numa análise mais criteriosa que o constituinte de 1988, na verdade, transcende o próprio direito à vida, pois do ordenamento jurídico constitucional depreende-se que o indivíduo tem direito não simplesmente à vida, mas à qualidade de vida, donde seja perfeitamente possível a realização plena da personalidade humana". (p. 58).

[392] Aconselha-se que é "[...] Importante que as normas de Direito Econômico brasileiro sejam reformadas, tornando o seu comprometimento além do lucro e do crescimento econômico, acrescentando os diversos fatores que compõem as relações sociais, regulando a apropriação dos recursos naturais, conforme o novo paradigma de um Estado de Direito Socioambiental". *Vide* CANDEMIL, Renata. Mudanças de paradigmas para uma sociedade sustentável: um novo desafio para o direito brasileiro? *Revista de Direito Ambiental*, São Paulo, v. 17, n. 68, p. 13-44, out./dez. 2012. p. 41.

[393] AYALA, Patryck de Araújo. Direito Ambiental de segunda geração e o Princípio de Sustentabilidade na Política Nacional do Meio Ambiente. *Revista de Direito Ambiental*, v. 16, n. 63, p. 103-132, jul./set. 2011. p. 108.

[394] AYALA, Patryck de Araújo. Direito Ambiental de segunda geração e o Princípio de Sustentabilidade na Política Nacional do Meio Ambiente. *Revista de Direito Ambiental*, v. 16, n. 63, p. 103-132, jul./set. 2011. p. 116. No sentido de que o projeto de justiça ambiental, econômica e social não se limita a dado espaço de tempo, necessitando de constante revisão acerca das exigências a serem atendidas prioritariamente, pode-se dizer que o mesmo ocorre com a essência do contrato – agrário ou não, que se vê revisitada e reconstruída continuamente. Nesse diapasão é que Luiz Edson Fachin, ao resenhar o livro GLITZ, Frederico Eduardo Zenedin. *Contrato e sua conservação*: lesão e cláusula de *hardship*. Curitiba: Juruá, 2008, sublinha que a obra resenhada contribui para a reflexão e para se "reconstruir paradigmas que podem, no porvir, edificar pontes entre o direito e o justo, e entre a justiça sócio-contratual e a dignidade da pessoa humana. Dos riscos podem emergir, sem dúvida, novas possibilidades". *Vide* FACHIN, Luiz Edson. A permanente construção teórica e prática do contrato. *Revista Trimestral de Direito Civil* (RTDC), Rio de Janeiro, a. 9, v. 34, p. 245-246, abr./jun. 2008. p. 246.

vez que os danos ambientais se propagam para além dos sujeitos.[395] Os contratantes têm responsabilidades pelo futuro. Nesse cenário, pode-se afirmar que as cláusulas de observância obrigatória nos contratos agrários, que impõem, numa acepção lata, a preservação da natureza com a realização de justiça distributiva, encapsulam deveres de cooperação e de cuidado. Nessa linha, diz-se que, quando o Direito pugna por deveres (responsabilidade social) não é em nome de um código de conduta ideal, mas sim como uma pré-condição, um requisito, dos direitos.[396] Recorda-se ainda que "[...] direitos têm custos sociais assim como orçamentários"[397] e que "[...] o custo de efetivar direitos pode ser medido pelo preço de efetivar deveres".[398] [tradução livre].

Exige-se que a preservação ambiental – em sua concepção dinâmica (não há como manter a natureza intacta), – se dê associada ao bem-estar do outro, já que as gerações de seres vivos – humanos ou sob outra forma de vida – não existem de maneira desconectada.

Nesse passo, é falaciosa a ideia de que o mercado está apto a resolver todos os problemas numa perspectiva de desenvolvimento sustentável.[399] Fundamental é que "as necessidades dos grupos sociais possam ser atendidas a partir da gestão democrática da diversidade, nunca perdendo de vista o conjunto da sociedade".[400]

As cláusulas de observância compulsória nos contratos agrários devem ser lidas nessa perspectiva, ou seja, o meio ambiente, num horizonte constitucional, é direito fundamental[401] e, no âmbito do Direito Privado, deve ser reconhecido como direito da personalidade:

---

[395] "[...] el daño se propaga entre varios sujetos – incluso sin vinculo jurídico entre ellos – y recae en un interés común [...] la naturaleza del bien categoriza el daño, ya que a partir de él se propagan los efectos nocivos respecto de quienes disfrutan, usan o se benefician con el objeto conculcado. La comunicabilidad de intereses concurrentes no deriva de los sujetos, sino de un objeto público, cuyo daño expande sus efectos a una pluralidad de personas". PEÑA CHACÓN, Mario. Daño social, daño moral colectivo y daños punitivos. *Revista de Direito Ambiental*, São Paulo, v. 17, n. 68, p. 103-126, out./dez. 2012. p. 112.

[396] "When American law enforces social responsability, it does not ordinarily do so in the name of an ideal code of conduct. Instead, American Law usually imposes responsabilities as the counterparts, or preconditions, of rigths. The responsabilities of poluters are the mirror image of the rights of the public to a nontoxic environment". HOLMES, Stephen; SUNSTEIN, Cass R. *The cost of rights*: why liberty depends on taxes. New York: Norton, 2000. p. 145.

[397] "[...] rights have social costs as well as budgetary costs". HOLMES, Stephen; SUNSTEIN, Cass R. *The cost of rights*: why liberty depends on taxes. New York: Norton, 2000. p. 21.

[398] "[...] the cost of enforcing rights can be chalked up to the price of enforcing their correlative duties". *Vide* HOLMES, Stephen; SUNSTEIN, Cass R. *The cost of rights*: why liberty depends on taxes. New York: Norton, 2000. p. 47.

[399] "[...] the market by itself demonstrably does not solve all problems. Indeed, in the environmental domain, perfectly functioning markets are the exception rather than the rule. Governments can try to correct these market failures, for example by restricting pollutant emissions or limiting access to open-access resources, which can improve welfare and lead to greater efficiency". FULLERTON, Don; STAVINS, Robert. *How economists see the environment*. Nature, Austin: Macmillan, v. 395, p. 433-434, 1 oct. 1998. p. 434.

[400] ALMEIDA, Jalcione. A Problemática do Desenvolvimento Sustentável. In: BECKER, Dinizar Fermiano (Org.). *Desenvolvimento Sustentável*: Necessidade e/ou Possibilidade? 4. ed. Santa Cruz do Sul: EDUNISC, 2002. p. 21-29. p. 29.

[401] Lembre-se aqui que os direitos fundamentais são os direitos humanos positivados nas Cartas Políticas de cada país. Diante disso, note-se que "[...] desertificação mundial, chuva ácida, melhor controle da

O direito ao ambiente equilibrado além de estar entre os direitos fundamentais, estaria também entre os direitos personalíssimos, por ser aquele que proporciona condições mínimas para o desenvolvimento digno da personalidade humana, sendo, no entanto, o meio ambiente ecologicamente equilibrado, pressuposto da implementação plena do direito à vida e saúde, pois só os que tiverem vida com qualidade e saúde poderão exercitar os mais direitos.[402]

Infelizmente, no que se refere à exploração da propriedade rural, há sucessivos relatos de comportamentos predatórios, preterindo-se a conservação dos recursos ambientais para o usufruto das futuras gerações.[403] Não mais se concebe, porém, olvidar a interdependência de nossas ações na Terra.[404]

É sabido, por outro lado, que

[...] a natureza é pródiga, mas também frágil e seu equilíbrio delicado. E há limites que não podem ser transpostos sem que a integridade do sistema seja prejudicada. Atualmente, estamos próximos de alguns desses limites, por exemplo: apropriação humana dos produtos da fotossíntese, aquecimento global, ruptura na camada de ozônio, desertificação e a extinção da biodiversidade; além do risco de ver ameaçada a nossa própria sobrevivência.[405]

Logo, a observância da sustentabilidade ambiental nos contratos agrários é compulsória para fins de atendimento do mandamento insculpido no

---

produção de alimentos, esforços para tornar os assentamentos humanos mais habitáveis, enfim, qualquer ação preventiva em um desses campos (relativos ao meio ambiente), acaba melhorando ou protegendo alguns direitos humanos. Isso porque meio ambiente e os referidos direitos estão inter-relacionados, em razão de que qualquer melhora direta no meio ambiente reflete positivamente na qualidade de vida e, consequentemente, no direito à vida dos seres humanos que dependem diretamente desse meio; a garantia de implementação dos direitos humanos, e não somente dos direitos à vida ou à saúde, mas também de outros direitos, depende de um meio ambiente equilibrado e saudável. Somente em um meio ambiente saudável podemos fazer uso dos nossos direitos fundamentais, e a recíproca também é verdadeira. Quanto mais o meio ambiente é atingido, fatalmente os referidos direitos são atingidos também". Vide ATAÍDE JUNIOR, Wilson Rodrigues. *Os direitos humanos e a questão agrária no Brasil*: a situação do sudeste do Pará. Brasília: Universidade de Brasília, 2006. p. 125.

[402] BARBOSA, Haroldo Camargo. Meio ambiente, Direito fundamental e da personalidade: da conexão às consequências na reparação. *Revista de Direito Ambiental*, São Paulo, v. 17, n. 68, p. 49-74, out./dez. 2012. p. 72. Vide também CERQUEIRA, Walter Rocha de. Os direitos da personalidade e o direito ao meio ambiente. In: VILELA, Gracielle Carrijo; RIEVERS, Marina (Orgs.). *Direito e meio ambiente*: reflexões atuais. Belo Horizonte: Fórum, 2009. p. 29-45; e LEITÃO, João Menezes. Instrumentos de Direito Privado para protecção do ambiente. *Revista Jurídica do Urbanismo e do Ambiente*, Coimbra, n. 7, p. 29-65, jun. 1997.

[403] "Os latifundiários, convictos de que o crescimento do volume exportado compensa, beneficiam-se com a política de porteiras abertas para quem queira vender. O velho pensamento 'mato em pé, dono deitado na cova' persiste por causa da ausência de uma economia verde e de empreendimentos valorizando produtos nativos da floresta. [...] A cadeia de devastação, da mesma forma que no efeito dominó, tomba florestas, diminui a água, reduz o processo de sequestro de carbono da atmosfera, desertifica e contamina o ar. [...] A soja, ao alimentar a avicultura, a suinocultura e a pecuária leiteira pelo mundo afora, reserva espaço que dificilmente cederá para a cana-de-açúcar, destinada à produção do bioetanol. Por causa da demanda, cabe a ambas invadir cerrados e florestas. Exatamente como no caso das drogas ilícitas, existe oferta se houver procura". PROCÓPIO, Argemiro. *Subdesenvolvimento sustentável*. 5. ed. Curitiba: Juruá, 2011. p. 28-29.

[404] "Temos desconhecido a amplitude e a interdependência de nossas ações, de modo que tendemos a viver como se não existisse nada fora de nossa pessoa e habitat construído. É surpreendente fazer a arqueologia difícil que nos mostra como o homem urbano moderno perdeu o contato com sua base biológica, ambiental, ética e social até, na medida em que se degrada, valorativamente, a noção do que seja um sujeito em relação – com o outro, com os meios naturais, com a vida". [grifo do autor]. Examine-se PELIZZOLI, M. L. *A emergência do paradigma ecológico*: reflexões ético-filosóficas para o século XXI. Petrópolis: Vozes, 1999. p. 153.

[405] RAMPAZZO, Sônia Elisete. A questão ambiental no contexto do desenvolvimento econômico. In: BECKER, Dinizar Fermiano (Org.). *Desenvolvimento sustentável*: necessidade e/ou possibilidade? 4. ed. Santa Cruz do Sul: EDUNISC, 2002. p. 161-190. p. 173.

art. 421 do Código Civil de 2002 (função social do contrato), pois o direito fundamental ao meio ambiente ecologicamente equilibrado, previsto no art. 225, *caput*, da Constituição Federal, assume também roupagem de dever fundamental a todos oponível. Então, as regras do Direito Privado demandam interpretação ampliada e constitucionalizada, prestigiando-se os princípios jurídicos[406] que norteiam o sistema, onde se protege, de modo especial, os direitos e interesses da coletividade que se encontram, não raro, prejudicados nas relações entre as partes.[407]

Diante disso, o próprio resguardo da justiça social conduz ao dirigismo normativo nos pactos agrários. A autonomia privada, em especial nessas relações negociais, é, como frisado, muito restrita. A exigência do cumprimento da função socioambiental dos contratos a limita mais ainda. Nesse passo, o item a seguir tratará da questão do dirigismo estatal presente nos contratos agrários e sua relação com a sustentabilidade em suas múltiplas expressões.

3.1.2.3. Dirigismo estatal nos contratos agrários

A robusta presença do Estado, por meio da legislação, é flagrante nos contratos agrários. À época da entrada em vigor do Estatuto da Terra perseguia-se, com essa pronunciada intervenção estatal, o objetivo prioritário de equilibrar as relações de trabalho entabuladas por meio de avenças no espaço rural. A sustentabilidade, em sua dimensão social, naquele momento histórico já se manifestava. Observe-se que:

---

[406] Segundo o professor Humberto Ávila, "[...] *os princípios são normas imediatamente finalísticas, primariamente prospectivas e com pretensão de complementaridade e de parcialidade, para cuja aplicação se demanda uma avaliação da correlação entre o estado de coisas a ser promovido e os efeitos decorrentes da conduta havida como necessária à sua promoção*". [grifo do autor]. Vide ÁVILA, Humberto. Teoria dos Princípios – da definição à aplicação dos princípios jurídicos. 12. ed., ampl. São Paulo: Malheiros, 2011. p. 78-79.

[407] Acolhendo-se esse entendimento: "APELAÇÃO CÍVEL. RESPONSABILIDADE CIVIL. CONTRATOS AGRÁRIOS. DESMATAMENTO DE ÁREA DE PRESERVAÇÃO PERMANENTE PELO ARRENDATÁRIO. DANO MORAL. DANO MATERIAL. RECONHECIMENTO. 1. Preliminarmente, não há que se falar em ilegitimidade ativa, porquanto não está a autora a postular danos morais ambientais coletivos, em ação civil pública, para a qual obviamente não teria legitimidade, considerando o rol de legitimados previsto no art. 5º da Lei 7.347/85. Como se percebe da petição inicial, o dano moral alegado deriva do dano ambiental havido na propriedade particular da autora, para o qual tem legitimidade ad causam. 2. Comprovado nos autos que o réu, arrendatário das terras da propriedade da autora, desmatou área de preservação permanente, gerando considerável dano ambiental, é de se impor o dever de indenizar os danos. 3. A derrubada de mata nativa, no caso concreto, pode ter acarretado um dano ambiental cujos direitos pertencem inalienavelmente à coletividade, não pode ser definido individualmente à demandante, mormente quando a derrubada de árvores em sua propriedade, ressalvado qualquer outro aspecto de ordem sentimental não invocado nos autos, serviu para dimensionar o valor de indenização para danos materiais, não é possível o deferimento de danos morais. POR MAIORIA, DERAM PARCIAL PROVIMENTO AO APELO DO RÉU, VENCIDA A RELATORA QUE PROVIA EM MENOR EXTENSÃO À UNANIMIDADE, NEGARAM PROVIMENTO AO APELO DA AUTORA". RIO GRANDE DO SUL. Tribunal de Justiça do Rio Grande do Sul. Apelação Cível nº 70034878546. Nona Câmara Cível, Relatora Marilene Bonzanini Bernardi, julgado em 21/07/2010. Disponível em: <http://www.tjrs.jus.br/busca/?q=CONTRATOS+AGR%C1RIOS.+DESMATAMENTO+DE+%C1REA+DE+PRESERVA%C7%C3O+PERMANENTE+&tb=jurisnova&partialfields=tribunal%3ATribunal%2520de%2520Justi%25C3%25A7a%2520do%2520RS.%28TipoDecisao%3Aac%25C3%25B3rd%25C3%25A3o%7CTipoDecisao%3Amonocr%25C3%25A1tica%7CTipoDecisao%3Anull%29&requiredfields=&as_q=>. Acesso em: 30 jan. 2014.

Com a vigência do Estatuto da Terra, o Código Civil deixou de ter aplicação nas relações agrárias, pois a nova disposição legal retirou das partes muito daquilo que a lei civil pressupõe como liberdade de contratar. Substituiu, portanto, a autonomia de vontade pelo *dirigismo estatal*. Ou seja, o Estado passou a dirigir a vontade das partes nos contratos que tivessem por objeto o uso ou posse temporária do imóvel rural. A ideia implantada pelo legislador residiu na admissão de que o proprietário rural impunha sua vontade ao homem que utilizasse suas terras de forma remunerada. E essa imposição subreptícia retirava deste último a liberdade de contratação, pois ele apenas aderia à vontade maior do proprietário. A figura interventora do Estado era, assim, necessária para desigualar essa desigualdade, com uma legislação imperativa, porém de cunho mais protetivo àquele naturalmente desprotegido.[408] [grifo do autor].

As cláusulas de acolhimento obrigatório nos contratos agrários previstas no Estado de Terra e no Decreto que o regula – apreciadas no item anterior da pesquisa – demonstram a interferência do Poder Público: os contratantes devem estrita obediência à lei quanto aos prazos mínimos dos pactos, direitos e deveres impostos às partes, critérios para fixação de preços, formas de pagamento, entre outros.

Nem sempre esse dirigismo é proporcional. Constata-se, sob um ângulo, que a legislação agrarista, dentre as cláusulas de compulsório respeito nos contratos agrários, dispõe, com certa timidez, sobre o uso racional e eficiente dos recursos naturais. Por outro ângulo, o dirigismo do Estado nestas espécies contratuais minimiza em excesso o exercício das liberdades individuais com exigências que não se justificariam. Ou seja, o Estado impõe a tutela ambiental contratual ao mesmo tempo em que tolhe demasiadamente o poder dos particulares de consolidarem suas vontades negociais de forma diferente da legislada.[409]

---

[408] BARROS, Wellington Pacheco. *Curso de Direito Agrário*. Doutrina, jurisprudência e exercícios. 5. ed., rev. e atual. Porto Alegre: Livraria do Advogado, 2007. v. 1. p. 114. Pertinente registrar também a lembrança de Carlos Frederico Marés para quem "[...] o Estatuto da terra, regulamenta o uso da terra por terceiros, chamando a isso de uso temporário, apesar de deixar claro que os contratos podem se perpetuar no tempo, porque estabelece prazos mínimos de vigência, mas não máximos. Há uma franca intervenção do Estado na vontade dos contratantes que não têm liberdade de fixar preços, nem prazos, nem formas de pagamento inferiores aos da lei". *Vide* MARÉS, Carlos Frederico. *A função social da terra*. Porto Alegre: Sergio Antonio Fabris, 2003. p. 110.

[409] Ao indivíduo, sujeito de direitos, mas também de deveres, não mais se assegura uma liberdade irrestrita para a satisfação de suas aspirações. É nessa linha de raciocínio que Carlos Eduardo Pianovski Ruzyk, cotejando a tutela jurídica com a figura de Fausto de Goethe – homem com o desejo incontido e permanente – ao realizar uma digressão evolutiva do Direito Civil sobretudo no século XIX, adverte que, à época, "[...] a liberdade do sujeito no âmbito privado assume a expressão que a lei civil codificada lhe oferece – com a contrapartida da segurança do uso, gozo e disposição da propriedade, espaço privilegiado de exercício dessa liberdade. A liberdade do sujeito de direito (do 'Fausto' aqui proposto) se converte, assim, em autonomia da vontade exercida no âmbito da propriedade. Exercer essa autonomia tem um preço: inserir-se na qualidade de sujeito de direito integrante das relações jurídicas predefinidas no Código Civil". (p. 4-5). E acrescenta o autor, no que se refere à interpretação requerida contemporaneamente do Direito Civil, por exemplo, a interpretação da função social dos contratos, que "[...] ainda que o emprego das cláusulas gerais seja um inequívoco avanço que, seguramente, pode facilitar a efetivação de direitos fundamentais nas relações travadas sob a égide do Direito Civil, resumir-se essa incidência à mediação realizada por essas cláusulas se apresentaria como um novo agrilhoamento da pessoa humana ao sujeito de direito codificado". (p. 12). *Vide* PIANOVSKI RUZYK, Carlos Eduardo. Ensaio sobre a autonomia privada e o sujeito de direito nas codificações civis, ou "A aspiração fáustica e o pacto de Mefisto". Disponível em: <http://www.fachinadvogados.com.br/artigos/Ensaio%20sobre%20a%20autonomia.pdf>. Acesso em: 15 out. 2013.

Como quer que seja, a sustentabilidade ambiental é requisito incontornável para que a função dos contratos agrários seja adimplida (e, por consequência, também haverá o cumprimento da função socioambiental da propriedade rural).

Os pactos agrários disciplinam o uso da terra. Neles, regras são definidas sobre sua exploração temporária, a colheita e divisão dos frutos e lucros obtidos, as atividades econômicas realizadas no campo, sejam elas agrícolas, pecuárias, agroindustriais, extrativas, mistas, etc. Os contratos agrários, como qualquer outro contrato, regulamentam o exercício de atividades econômicas.[410] E, nessa conjuntura, "[...] a sustentabilidade do desenvolvimento exige, ao contrário do comumente afirmado, a democratização do Estado e não seu abandono e substituição pelo mercado".[411]

Nesse sentido, no contexto da sustentabilidade multidimensional afirma-se que

> [...] para combinar com os compromissos de eliminar desigualdades sociais e regionais, a Constituição não poderia repetir a velha propriedade privada do Código de Napoleão, absoluta e acima de todos os outros direitos. A propriedade privada teria que ser desenhada como uma consequência dos novos direitos coletivos à vida, ao fim de desigualdades e ao meio ambiente ecologicamente equilibrado.[412]

Assim é que o meio ambiente surge como valor em si mesmo, o qual demanda compromisso ético-jurídico.[413] Os contratos que se dão nesse âmbito devem preservar, além dos direitos, interesses e prerrogativas dos contratantes, os direitos da coletividade – nomeadamente, o direito à sustentabilidade ambiental. Em havendo conflito, o interesse privado deve ser sacrificado.[414]

---

[410] "O contrato é antes de tudo um fenômeno econômico THEODORO JÚNIOR, Humberto. *O contrato e sua função social*. 2. ed. Rio de Janeiro: Forense, 2004. p. 97.

[411] VARGAS, Paulo Rogério. O insustentável discurso da sustentabilidade. In: BECKER, Dinizar Fermiano (Org.). *Desenvolvimento sustentável*: necessidade e/ou possibilidade? 4. ed. Santa Cruz do Sul: EDUNISC, 2002. p. 211-240. p. 238. Alerta-se, ainda, que "[...] Assim, com um Estado democratizado, sob controle da sociedade civil, poderiam se resolver várias questões que dizem respeito à sustentabilidade do crescimento econômico pois, se é certo que não se pode esperar a recuperação do processo de crescimento nas econômicas capitalistas, principalmente nos países subdesenvolvidos, sem que se incremente a disponibilidade dos recursos produtivos, também torna-se irreal imaginar que tal recuperação possa adquirir um caráter de sustentabilidade se não se resolvem as situações de extrema desigualdade no acesso e distribuição dos recursos naturais, econômicos e políticos, entre as classes mais desprivilegiadas do anárquico mundo do capital". (p. 238-239).

[412] MARÉS, Carlos Frederico. *A função social da terra*. Porto Alegre: Sergio Antonio Fabris, 2003. p. 115-116.

[413] "Surge el ambiente como nuevo valor ético o jurídico, que los Estados se encargan de proteger prohibiendo su degradación. La atención de lo venidero se convierte en cometido estatal, así como la garantía de la supervivencia futura". DUQUE CORREDOR, Roman J. *El Derecho agrario y su vocacion regional*. Sentido y principios funcionales. Derecho y Reforma Agraria, Mérida, n. 24, p. 27-31, 1993. p. 27.

[414] Nesse sentido: "AGRAVO DE INSTRUMENTO. CONTRATOS AGRÁRIOS. ARRENDAMENTO RURAL. DESPEJO. QUEBRA CONTRATUAL. DANOS AMBIENTAIS. DEFERIMENTO DA LIMINAR. Em que pese a existência de versões fáticas diametralmente opostas, controvertidas entre si, em juízo de cognição sumária é possível vislumbrar a verossimilhança das alegações da parte autora, a alicerçar a manutenção do deferimento da liminar. Hipótese em que, em sede de cognição sumária, verificou-se a prática do 'empurra mato', que consiste em alargamento da área de cultivo em detrimento da vegetação protegida pela legislação ambiental. Inteligência dos artigos 32, IV e 27 do Decreto nº 59.566/66. AGRAVO DE INSTRUMENTO DESPROVIDO. UNÂNIME". RIO GRANDE DO SUL. Tribunal de

Isso porque, ao se proteger o meio ambiente, está-se a proteger – simultaneamente – direitos individuais e coletivos.[415]

Daí a importância da atividade interpretativa para o Direito, em virtude de que

> [...] os diversos modos de interpretar uma norma jurídica, a partir do regime em que ela se contextualiza, não permitem, de modo estanque, afastar matizes diferentes, princípios que, na integração do Direito, permitem que seja atingido o *telos* do sistema jurídico em sua totalidade.[416] [grifo do autor].

Nesse sentido, as regras de observância compulsória nos contratos agrários e o dever de tutela do meio ambiente prescrito no art. 225, *caput*, CF/88, exigem uma interpretação que dê conta da interdependência entre o Direito Civil e o Direito Ambiental.[417] Nesse quadro, é possível concluir que a interpretação dos negócios agrários não pode deixar de feita sem que a funcionalização a ilumine. Tal inferência reside no fato de que:

Justiça do Rio Grande do Sul. Agravo de Instrumento n° 70042629154. Nona Câmara Cível, Relatora Iris Helena Medeiros Nogueira, julgado em 29/06/2011. Disponível em: <http://www.tjrs.jus.br/busca/?q=70042629154&tb=jurisnova&partialfields=tribunal%3ATribunal%2520de%2520Justi%25C3%25A7a%2520do%2520RS.%28TipoDecisao%3Aac%25C3%25B3rd%25C3%25A3o|TipoDecisao%3Amonocr%25C3%25A1tica|TipoDecisao%3Anull%29&requiredfields=&as_q=>. Acesso em: 30 jan. 2014.

[415] "El conflicto socioambiental resulta de una disputa alrededor de intereses respecto del uso de dichos bienes ambientales, los cuales están vinculados a la valoración que los actores establecen sobre ellos. [...] Es fundamental que el bien ambiental sea "valorado", es decir que sea o se vuelva "significativo" para los actores. Esta valoración no tiene un solo sentido. Es decir, puede reflejar múltiples intereses. Consideramos que son tres los supuestos que explican, al menos para el caso peruano, la mayoría de los casos. En primer lugar, el valor socioeconómico de los bienes como insumos para actividades productivas. [...] Un segundo elemento, es la protección directa de la salud y la vida de las personas y otros bienes que conforman su patrimonio. [...] Un tercer elemento, es la incorporación del bien ambiental a la identidad colectiva. [...] Se trata de una valoración que conlleva puntos de referencia de la persona y del grupo respecto del territorio y de sus formas de vida". *Vide* QUISPE, Ivan Lanegra. El derecho ambiental y los conflictos sociales: reflexiones a partir del caso peruano. *Revista de Direito Ambiental*, São Paulo, v. 16, n. 63, p. 49-67, jul./set. 2011. p. 53-54.

[416] FAYET JÚNIOR, Ney; CURVELO, Alexandre Schubert. Da análise de contas nas licitações públicas a partir de critérios substanciais – entre a discricionariedade, a ilegalidade e a infração penal. In: FAYET JÚNIOR, Ney; MAYA, André Machado. *Ciências penais*: perspectivas e tendências da contemporaneidade. Curitiba: Juruá, 2011. p. 261-300. p. 298.

[417] Nessa linha, destaca-se que: "Having in mind that Environmental Law forms protective law and legal elements for environmental values and rights it is obvious that relations between Ecology Law and Civil Law have special importance". JOLDZIK, Vladan. Mutual relation and boundaries of Ecology Law and the other law branches. *Revista Mestrado em Direito*, Osasco, n. 2, p. 49-65, ago./dez. 2011. p. 63. E acrescenta-se também: "Main characteristic of Civil Law is that it regulates property relations between persons (physical or artificial) as subjects of law and legislature. These relations are expressed as a general object of studying and regulation by Civil Law. Regulation itself, of those relations, is based, mainly, on dispositive rules – rules expressed in so called dispositive norms, norms that permit choice (disposition) in personal approach to the concrete law relation forming. This means that subjects, who are independently entering mentioned relation, are forming, by their will, dispositions for regulation of concrete relation, or relations, on the base of the general rules and within the scope of Civil Law. In forming of disposition, or dispositions, they formally possess equal will. This means: Possibility of its expression in making ability for subjects, in accordance with their will, to re-regulate, or break up this relation. [...] That mean, in essence: They are conceiving ecology-law and civil-law relation, and from this reason is present freedom, as well as equity of their will, in forming disposition (dispositions) by which the property relation, composed within wider ecology-law relation, is regulated". (p. 60-61).

[...] se os contratos em geral devem atender a uma função social, mais ainda os contratos agrários, pois apenas um contrato que cumpre sua função social pode propiciar que a propriedade cumpra esta mesma função.[418]

É, pois, sob essa orientação que importa construir uma hermenêutica jurídica,

[...] ligada à percepção civil-constitucionalista de índole prospectiva cujo *devir* encontra-se orientado pela *aletheia* de conceitos e relações jurídicas submetidos à contraprova histórica da concretude, visando sempre à promoção do *ser* como *humano* de necessidade e liberdade, *constituído dialeticamente* por intermédio de sua própria *ação*.[419] [grifo do autor].

Em convergência, recompõe-se axiologicamente o conteúdo dos direitos privados. Impõe-se ajustá-los aos fins maiores do sistema, ultrapassando os interesses eminentemente individuais. Sublinhe-se que

[...] as preocupações ambientalistas e seus consequentes efeitos na economia criam o padrão da sustentabilidade do desenvolvimento, que, por sua vez, requer uma reformulação ou releitura de padrões não somente de produção como também de atividades jurídicas.[420]

Nessa medida, interpreta-se a função socioambiental como vetor-chave do controle do conteúdo de qualquer contrato e de seus deveres anexos.[421]

---

[418] BARBOSA, Alessandra de Abreu Minadakis. A sistematização do Direito Privado Contemporâneo, o Novo Código Civil Brasileiro e os contratos agrários. In: BARROSO, Lucas Abreu; PASSOS, Cristiane Lisita (Orgs.). *Direito Agrário contemporâneo*. Belo Horizonte: Del Rey, 2004. p. 149-183. p. 177.

[419] FACHIN, Luiz Edson. Pressupostos hermenêuticos para o contemporâneo Direito Civil brasileiro: elementos para uma reflexão crítica. *Revista do Tribunal Regional Federal da 4ª Região*, Porto Alegre, a. 23, n. 80, p. 13-58, 2012. p. 50. Ainda, importante registrar que "[...] como a constituição do Direito se dá gradativa e dialeticamente, abarcando leis elaboradas em momentos histórico-ideológicos bastante distintos, busca-se uma hermenêutica crítica, que conceba no Direito a complexidade da vida, interpretando-o a partir de seus *princípios e valores fundamentais*; [...] Remarque-se: como a *hermenêutica está para além do puro e simples interpretar*, uma vez que transcende o que está escrito, compondo um colóquio dialético entre leitor e texto, premente se faz sua construção em um sistema *dialeticamente aberto*, que submeta perenemente as normas aos preceitos constitucionais e à contraprova da realidade. [...] a maior contribuição trazida ao Direito Civil contemporâneo por uma hermenêutica diferenciada pode ser a consciência crítica e dialética para com a realidade de uma hermenêutica que não é somente a interpretação do mundo, mas também a sua transformação pelo próprio sujeito que nele está inserto. [...] É somente por meio da *hermenêutica* como *compreensão* e *ação constitutiva* do próprio sujeito que se alcançará a imperiosa *sensibilidade jurídica* à renovação do Direito, reconhecendo-se as necessidades do presente e conformando-lhe um *modo de olhar* socialmente eficaz". (p. 56-57). [grifo do autor].

[420] SALDANHA, Alexandre Henrique Tavares. *Função socioambiental dos contratos e instrumentalidade pró-sustentabilidade*: limites ao exercício de autonomias públicas e privadas. Veredas do Direito, Belo Horizonte, v. 8, n. 16, p. 99-114, jul./dez. 2011. p. 113. Cabível aqui fazer-se um raciocínio analógico com o princípio do poluidor-pagador, o qual propugna que a pessoa ou pessoas responsáveis pela poluição (o poluidor) devem pagar os custos de lidar com essa poluição (reduzindo ou eliminando a poluição): "As difficult as it is has proven to apply the polluter-pays principle, as easy it is to understand: in principle, the person or persons responsible for pollution (the polluter) should pay for the costs of dealing with that pollution (reducing, presenting, or eliminating the pollution). This basic explanation of the principle is easy on the eyes and ears: it is hard to contest with the logic that polluters should clean up after themselves. [...] An element of 'equity' or 'fairness' is reflected in the PPP by its focus on internalizing negative externalities into the price of products, rather than imposing these costs on society. At the same time, the proportionality element of the PPP means it is 'inequitable' to impose costs on polluters for dealing with pollution they did not contribute to". BLEEKER, Arne. Does the polluter pay? The polluter-pays principle in the case law of the European Court of Justice. *European Energy and Environmental Law Review*, Netherlands, v. 18, n. 6, p. 289-305, dec. 2009. p. 290-291.

[421] Trata-se da criação de deveres outros entre os contratantes além dos expressamente clausulados: "E proprio la tecnologia, con i suoi sviluppi planetari e non del tutto prevedibili, ci fa balenare incontro il

A partir daí, entende-se que "[...] a responsabilidade de todas as partes contratantes pelo dano ambiental decorrente do contrato é solidária, ainda que quem tenha realizado materialmente a atividade poluidora tenha sido apenas uma delas".[422]

Logo, é preciso que o contrato seja benéfico para os indivíduos que o firmam e para as gerações presentes e futuras.[423] Assim é que:

> A configuração contemporânea da autonomia privada, circunscrita pela lei de modo a propiciar a não afronta, pelo contratante mais forte, à liberdade do mais fraco, é o elemento fulcral dessa incidência do princípio da dignidade da pessoa sobre os contratos. Essa funcionalização da liberdade contratual (expressão da autonomia privada) à dignidade da pessoa tem status constitucional, uma vez que, em sentido amplo, decorre do comando do artigo 170 da Constituição, que, expressamente, prevê que a livre iniciativa será exercida em função da existência digna e da justiça social.[424]

---

futuro, in un modo inusitato, appunto perchè gli effetti della tecnica sono cumulativi, a lungo termine e non tutto prevedibili e controllabili. I nostri nuovi poteri, con la loro capacità di determinare il futuro, ci dovrebbero imporre nuovi doveri". PIEVATOLO, M. Chiara. Hans Jonas: un'etica per la civiltà tecnologica. Il Politico, *Rivista Italiana di Scienze Politiche*, Università degli Studi di Pavia, Milano, a. LV, n. 2, p. 337-349, 1990. p. 341-342. Os deveres ambientais anexos ao pacto derivam do fato de que "[...] a excessiva rigidez orientadora dos contratos tem sido paulatinamente substituída por novos paradigmas voltados para a construção de relação contratual mais justa, mesmo que isso importe em flexibilização dos parâmetros contratuais até então adotados. Importante para o deslinde da questão, ainda esmiuçando o princípio da boa-fé aplicado aos contratos, anotar que a adoção deste preceito implica, para ambas as partes, o surgimento de deveres anexos ao contrato e que devem ser aplicados durante toda a relação contratual, e até mesmo após o término desta". FACHIN, Luiz Edson. *Soluções práticas de Direito – pareceres*: contratos e responsabilidade civil. São Paulo: Revista dos Tribunais, 2011. v. 1. p. 80.

[422] BORGES, Roxana Cardoso Brasileiro. Função ambiental do contrato: proposta de operacionalização do princípio civil para a proteção do meio ambiente. Disponível em: <http://sisnet.aduaneiras.com.br/lex/doutrinas/arquivos/180907.pdf>. Acesso em: 06 mar. 2013. Nessa linha de pensamento, a autora acrescenta que "[...] a revisão judicial ambiental do contrato pode levar à alteração do seu conteúdo, com modificação das obrigações de ambas as partes, seja no que se refere aos aspectos técnicos da atividade, seja quanto ao equilíbrio econômico do contrato".

[423] Tal entendimento se alinha com o Princípio 4 da Declaração do Rio sobre Meio Ambiente e Desenvolvimento – ECO 92: "Para alcançar o desenvolvimento sustentável, a proteção ambiental constituirá parte integrante do processo de desenvolvimento e não pode ser considerada isoladamente deste". Nessa linha, o desenvolvimento sustentável "[...] embora tenha nos humanos a sua preocupação central e está longe de admitir uma igualdade biológica, considera que os demais seres possuem valor intrínseco e que devem ser protegidos independentemente de qualquer utilidade específica atual ou que possam a vir a ter no futuro CABRAL, Antonio; COELHO, Leonardo (Orgs.). *Mundo em transformação*: caminhos para o desenvolvimento sustentável. Belo Horizonte: Autêntica, 2006. p. 37. Saliente-se, ademais, que: "O desenvolvimento sustentável local requer uma abordagem de *baixo para cima*, envolvendo todos os segmentos, e não apenas os mais dinâmicos ou os que integram cadeias produtivas globalizadas. O desenvolvimento adquire significado local com o envolvimento de múltiplos atores locais explicitando suas demandas. É desse modo que o local pode comparecer com autonomia ante o processo de globalização". (p. 35). [grifo do autor].

[424] FACHIN, Luiz Edson; PIANOVSKI RUZYK, Carlos Eduardo. A dignidade da pessoa humana no Direito contemporâneo: uma contribuição à crítica da raiz dogmática do neopositivismo constitucionalista. Disponível em: <http://www.anima-opet.com.br/pdf/anima5-Conselheiros/Luiz-EdsonFachin.pdf>. Acesso em: 10 nov. 2013. p. 21. Nesse contexto, saliente-se também que "[...] a constitucionalização pode ser entendida como sinônimo de *humanização* do direito civil brasileiro, na esteira de uma necessária e impostergável reforma do conceito de sujeito de direito, de vez que o pensar jurídico privado nasce desta categoria jurídica. O abandono de uma certa visão egoísta colocará o indivíduo como ser coletivo, no centro dos interesses, no trilhar da igualdade substancial, como legítimo destinatário da norma civil". [grifo do autor]. FACHIN, Luiz Edson. *Teoria crítica do Direito Civil*: à luz do novo Código Civil brasileiro. 3. ed., rev. e atual. Rio de Janeiro: Renovar, 2012. p. 16-20.

É nesse cenário que exsurgem obrigações públicas e privadas em prol do meio ambiente,[425] que não podem ser afastadas da regência dos contratos agrários. De fato, os particulares se deparam com limitação no exercício de sua autonomia privada para exploração do imóvel rural, em especial no que tange a espaços territoriais ambientalmente protegidos e à imposição de deveres a fim de se assegurar o uso adequado e racional dos recursos naturais.[426] [427]

Após tais considerações, o item a seguir enfrentará as peculiaridades dos contratos agrários previstos na lei pátria – quais sejam o arrendamento e a parceria rural – considerando-se, ao tratar o assunto, que "[...] as funções social e ambiental dos contratos agrários [...] integram o conjunto de princípios estruturantes do Estado de Direito Democrático e Ambiental"[428] e, por isto, vinculam toda e qualquer atividade hermenêutica desses negócios jurídicos.

---

[425] Nesse sentido, colaciona-se trecho do voto-vista proferido pelo então Ministro do Superior Tribunal de Justiça Teori Albino Zavascki no julgamento do Recurso Especial nº 605.323 – MG (2003/0195051-9), julgado em 18.08.2005 pela Primeira Turma do Tribunal sob a relatoria do Ministro José Delgado: "[...] O sistema jurídico de proteção ao meio ambiente, disciplinado em normas constitucionais (CF, art. 225, § 3º) e infraconstitucionais (Lei 6.938/81, arts. 2º e 4º), está fundado, entre outros, nos princípios da prevenção, do poluidor-pagador e da reparação integral. Deles decorrem, para os destinatários (Estado e comunidade), deveres e obrigações de variada natureza, comportando prestações pessoais, positivas e negativas (fazer e não fazer), bem como de pagar quantia (indenização dos danos insuscetíveis de recomposição *in natura*), prestações essas que não se excluem, mas, pelo contrário, se cumulam, se for o caso. [...]". BRASIL. Superior Tribunal de Justiça. Recurso Especial nº 605.323 – MG (2003/0195051-9). Primeira Turma, Relator Ministro Teori Albino Zavascki, julgado em 18.08.2005. Disponível em: <http://db.natlaw.com/interam/br/en/cl/clbren00002.pdf>. Acesso em: 28 jan. 2014.

[426] "È noto infatti che il danno all'ambiente si presenta il più delle volte come il risultato di attività inquinanti, che possono a volte essere prese in considerazione singolarmente, a volte invece essere il risultato di reciproca interazione dando luogo a fenomeni di stratificazione delle immissioni. [...] Il problema dell'identificazione del danno ambientale non si ferma qui: un'unica azione dannosa potrà infatti dar luogo sia ad un danno individuale che ad una danno all'ambiente in senso stretto". POZZO, Barbara. La nuova direttiva 2004/35 del Parlamento europeo e del Consiglio sulla responsabilità ambientale in materia di prevenzione e riparazione del danno. *Rivista Giuridica dell'Ambiente*, Milano: Giuffrè, n. 1, p. 1-17, 2006. p. 16.

[427] "Na sociedade globalizada contemporânea – caracterizada pela coexistência de gigantescas concentrações de poder, bem como por claros objetivos economicistas, os quais implicam, de um lado, a busca da rentabilidade máxima e, de outro, a ausência manifesta de compromisso social –, cristalizaram-se, material e culturalmente, riscos em relação aos quais os seres humanos se devem orientar. O presente é uma temporalidade confusa, complexa, conturbada pela sensação de aceleração que se imprime na dinâmica social, implicando o 'fim das certezas'. O risco social parece disseminado por toda parte, transbordando pela Modernidade e acentuando os níveis de ansiedade da tensa rede de relações sociais. À medida que se constrói e se estende a mundialização das forças produtivas – nesse atual estágio estratégico do neoliberalismo disciplinador –, agudizam-se contradições históricas e potencializam-se novas, particularmente as que se relacionam às enormes consequências ecológicas, o que é a marca desse corrente quadro social pós-industrial complexo, que desde o final do século XX se vem consolidando". FAYET JÚNIOR, Ney; FRAGA, Ricardo Carvalho. *Dos acidentes de trabalho*: questões penais e extrapenais – uma abordagem ampla do contexto da sociedade de risco. Porto Alegre: Núria Fabris, 2013. p. 37-38.

[428] BARROSO, Lucas Abreu. A função socioambiental dos contratos agrários. In: BARROSO, Lucas Abreu; MANIGLIA, Elisabete; MIRANDA, Alcir Gursen de (Orgs.). *A lei agrária nova*: biblioteca científica de Direito Agrário, Agroambiental, Agroalimentar e do Agronegócio. Curitiba: Juruá, 2012. v. 3, p. 119-140. p. 139.

3.1.3. Contratos agrários: arrendamento e parceria rural

Os contratos agrários (arrendamento e parceria rural)[429] são definidos no Decreto nº 59.566/66. No contrato de arrendamento,[430] uma pessoa se obriga a ceder à outra, mediante contraprestação pecuniária, em prazo determinado ou não, a exploração de um imóvel rural (ou partes dele) com a finalidade de nele ser exercida atividade de exploração agrícola, pecuária, agroindustrial, extrativa ou mista. Já a parceria[431] representa um contrato agrário onde há partilha de riscos e resultados, com comunhão de esforços. Nela o parceiro-outorgante se obriga a ceder ao parceiro-outorgado, para fins de atividades de exploração definidas em lei, por tempo determinado ou não, o uso de imóvel rural (ou de partes do mesmo) mediante compartilhamento de responsabilidades e divisão dos frutos e lucros.[432]

---

[429] Conforme o art. 1º do Decreto nº 59.566/66: "O arrendamento e a parceria são contratos agrários que a lei reconhece, para o fim de posse ou uso temporário da terra, entre o proprietário, quem detenha a posse ou tenha a livre administração de um imóvel rural, e aquele que nela exerça qualquer atividade agrícola, pecuária, agroindustrial, extrativa ou mista (art. 92 da Lei nº 4.504 de 30 de novembro de 1964 – Estatuto da Terra – e art. 13 da Lei nº 4.947 de 6 de abril de 1966)". Nesse ponto, adequado registrar que "[...] em nosso País, convém salientar que o arrendamento e a parceria se propagaram por razões bastante peculiares. Se por um lado os imigrantes europeus não se acostumaram com a atividade laboral subordinada, já que aqui chegavam com a intenção de se transformarem em pequenos proprietários, por outro o latifundiário não estava acostumado a lidar com as exigências do trabalho livre. Assim, foram implantados estes sistemas de cultivo da terra, a fim de promover a conciliação das inadaptações de ambas as partes. Já em 1879, o Dec. 2.827 dispôs detalhadamente sobre a parceria no campo". *Vide* COLUCCI, Viviane. Os princípios gerais do contrato agrário. *Revista de Direito Civil, Imobiliário, Agrário e Empresarial*, São Paulo, a. 10, n. 37, p. 81-94, jul./set. 1986. p. 89.

[430] Art. 3º do Decreto nº 59.566/66: "Arrendamento rural é o contrato agrário pelo qual uma pessoa se obriga a ceder à outra, por tempo determinado ou não, o uso e gozo de imóvel rural, parte ou partes do mesmo, incluindo, ou não, outros bens, benfeitorias e ou facilidades, com o objetivo de nele ser exercida atividade de exploração agrícola, pecuária, agroindustrial, extrativa ou mista, mediante certa retribuição ou aluguel, observados os limites percentuais da Lei. § 1º Subarrendamento é o contrato pelo qual o Arrendatário transfere a outrem, no todo ou em parte, os direitos e obrigações do seu contrato de arrendamento. § 2º Chama-se Arrendador o que cede o imóvel rural ou o aluga; e Arrendatário a pessoa ou conjunto familiar, representado pelo seu chefe que o recebe ou toma por aluguel. § 3º O Arrendatário outorgante de subarrendamento será, para todos os efeitos, classificado como arrendador". Assim, a partir da dicção legal, oportuno lembrar que o subarrendamento é viável "desde que o arrendatário tenha sido devidamente autorizado com o prévio e expresso consentimento do arrendador para tal fim. Neste caso, o arrendatário transfere a outrem, no todo ou em parte, de forma onerosa, os direitos e obrigações do contrato originário, ou ainda, cede ou empresta o imóvel rural de forma gratuita". ASSIS, Andrea Tavares Ferreira de. *Contratos agrários típicos*: os principais aspectos jurídicos do arrendamento rural e parceria rural sob a perspectiva da função social da propriedade. In: GARCEZ, Sergio Matheus. *Direito Agrário contemporâneo*. Goiânia: Vieira, 2012. p. 89-107. p. 97.

[431] Art. 4º do Decreto nº 59.566/66: "Parceria rural é o contrato agrário pelo qual uma pessoa se obriga a ceder à outra, por tempo determinado ou não, o uso específico de imóvel rural, de parte ou partes do mesmo, incluindo, ou não, benfeitorias, outros bens e ou facilidades, com o objetivo de nele ser exercida atividade de exploração agrícola, pecuária, agroindustrial, extrativa vegetal ou mista; e ou lhe entrega animais para cria, recria, invernagem, engorda ou extração de matérias primas de origem animal, mediante partilha de riscos do caso fortuito e da força maior do empreendimento rural, e dos frutos, produtos ou lucros havidos nas proporções que estipularem, observados os limites percentuais da lei (artigo 96, VI do Estatuto da Terra). Parágrafo único. Para os fins deste Regulamento denomina-se parceiro outorgante, o cedente, proprietário ou não, que entrega os bens; e parceiro-outorgado, a pessoa ou o conjunto familiar, representado pelo seu chefe, que os recebe para os fins próprios das modalidades de parcerias definidas no art. 5º'".

[432] Importa referir a chamada "falsa parceria", onde se estipulam obrigações outras ao parceiro outorgado, além das vinculadas ao objeto do contrato de parceria rural, e que possuem natureza trabalhista. O parágrafo único do inciso VII do art. 96 do Estatuto da Terra disciplina a matéria ao advertir que "[...] os

Por sua vez, as modalidades do contrato de parceria rural são a parceria agrícola, pecuária, agroindustrial, extrativa e mista, consoante disciplina o art. 5º do Regulamento.[433]

Convém registrar, acerca do assunto, que a distinção entre o arrendamento rural e a parceria rural reside na

> [...] forma da contraprestação pelo uso da terra, pois na parceria há somente a cessão parcial específica da terra, a ser definida pelo tipo de exploração, quer seja, rural, agrícola, agroindustrial ou extrativa, os direitos e as obrigações da posse do proprietário e do parceiro são divididos de forma a terem os resultados partilhados entre si, quer seja de lucros ou prejuízos, ao contrário do arrendamento que transfere a posse integral, mesmo que temporária mediante uma remuneração, cujo *quantum* é definido em lei.[434]

Note-se que, ao contrário do parceiro,[435] o arrendatário é sempre explorador direto[436] do imóvel rural, suportando todas as despesas e riscos do empreendimento (art. 7º, *caput*, e §§ 1º e 2º, do Decreto nº 59.566/66).

---

contratos que prevejam o pagamento do trabalhador, parte em dinheiro e parte percentual na lavoura cultivada, ou gado tratado, são considerados simples locação de serviço, regulada pela legislação trabalhista, sempre que a direção dos trabalhos seja de inteira e exclusiva responsabilidade do proprietário, locatário do serviço a quem cabe todo o risco, assegurando-se ao locador, pelo menos, a percepção do salário-mínimo no cômputo das duas parcelas". Nesse contexto, lembre-se também que há quem diferencie os contratos agrários dos denominados contratos agrícolas, onde, nesses últimos, ter-se-ia a locação de serviços agropecuários (mão de obra) com a correspondente percepção de salários. Para maiores aprofundamentos, indica-se leitura de FRAGA, Luiz Fernando; VAL, Pedro Bruning do. A função social da propriedade rural como limitador da autonomia da vontade nos contratos agrários e sua aplicação pelo Poder Judiciário. In: MEDEIROS NETO, Elias Marques de (Coord.). *Aspectos polêmicos do agronegócio*: uma visão através do contencioso. São Paulo: Castro Lopes, 2013. p. 791-811, em especial p. 801.

[433] Art. 5º do Decreto nº 59.566/66: "Dá-se a parceria: I – agrícola, quando o objeto da cessão for o uso de imóvel rural, de parte ou partes do mesmo, com o objetivo de nele ser exercida a atividade de produção vegetal; II – pecuária, quando o objetivo da cessão forem animais para cria, recria, invernagem ou engorda; III – agroindustrial, quando o objeto da sessão for o uso do imóvel rural, de parte ou partes do mesmo, ou maquinaria e implementos, com o objetivo de ser exercida atividade de transformação de produto agrícola, pecuário ou florestal; IV – extrativa, quando o objeto da cessão for o uso de imóvel rural, de parte ou partes do mesmo, e ou animais de qualquer espécie, com o objetivo de ser exercida atividade extrativa de produto agrícola, animal ou florestal; V – mista, quando o objeto da cessão abranger mais de uma das modalidades de parceria definidas nos incisos anteriores".

[434] VILELA, Melina Lemos. Contratos agrários. *Revista de Direito Imobiliário*, São Paulo, a. 35, v. 73, p. 307-358, jul./dez. 2012. p. 320. Ainda sobre a diferença entre tais espécies contratuais diz-se que "[...] os contratos de arrendamento e parceria distinguem-se, apenas, em função dos encargos devidos pelo usuário da terra e dos riscos do empreendimento, observando-se os mesmos critérios quanto aos demais pressupostos legais, ou seja, o uso do imóvel para os fins da exploração definida no contrato, com a inclusão ou não de benfeitorias, os prazos contratuais mínimos conforme o tipo de exploração e os limites legais quanto à retribuição pelo uso da terra, assim como as cláusulas obrigatórias de preservação de seus recursos naturais". FERRETO, Vilson. *Contratos agrários*: aspectos polêmicos. São Paulo: Saraiva, 2009. p. 7.

[435] Art. 96 da Lei nº 4.504/64 (Estatuto da Terra): "[...] § 1º Parceria rural é o contrato agrário pelo qual uma pessoa se obriga a ceder à outra, por tempo determinado ou não, o uso específico de imóvel rural, de parte ou partes dele, incluindo, ou não, benfeitorias, outros bens e/ou facilidades, com o objetivo de nele ser exercida atividade de exploração agrícola, pecuária, agroindustrial, extrativa vegetal ou mista; e/ou lhe entrega animais para cria, recria, invernagem, engorda ou extração de matérias-primas de origem animal, mediante partilha, isolada ou cumulativamente, dos seguintes riscos: I – caso fortuito e de força maior do empreendimento rural; II – dos frutos, produtos ou lucros havidos nas proporções que estipularem, observados os limites percentuais estabelecidos no inciso VI do caput deste artigo; III – variações de preço dos frutos obtidos na exploração do empreendimento rural".

[436] "Exploração direta é aquela em que o beneficiário da exploração assume riscos do empreendimento, custeando despesas necessárias. Aquele que exercer atividades de exploração será chamado de culti-

Por outro lado, permite-se que, em um único imóvel, sejam exploradas atividades sob a forma de arrendamento e de parceria rural, demandando, destarte, a celebração de dois contratos distintos.[437] Ademais, autoriza-se que haja a transformação do contrato de parceria para arrendamento, e vice-versa.[438]

Os contratos agrários possuem forma livre[439] e admitem prova exclusivamente testemunhal, qualquer que seja o seu valor.[440]

Importa observar, nessa perspectiva, que possuem relevo no arrendamento e parceria rurais contratos reconhecidos por lei como avenças agrá-

---

vador direto. Os arrendatários serão sempre admitidos como cultivadores diretos. [...] Cultivo direto e pessoal é a exploração direta na qual o proprietário, ou arrendatário ou o parceiro, e seu conjunto familiar, residindo no imóvel e vivendo em mútua dependência, utilizam assalariados em número que não ultrapassa o número de membros ativos daquele conjunto. Quem exercer a atividade de exploração da forma acima será chamado de cultivador direto e pessoal". MAFRA FILHO, Francisco de Salles Almeida. *Dos contratos agrários*: alguns comentários à sua regulamentação. Fórum de Direito Urbano e Ambiental – FDUA, Belo Horizonte, a. 4, n. 22, p. 2605-2614, jul./ago. 2005. p. 2608.

[437] Art. 6º do Decreto nº 59.566/66: "Ocorrendo entre as mesmas partes e num mesmo imóvel rural avenças de arrendamento e de parceria, serão celebrados contratos distintos, cada qual regendo-se pelas normas específicas estabelecidas no Estatuto da Terra, na Lei nº 4.947-66 e neste Regulamento. Parágrafo único. Reger-se-ão pelas normas do presente Regulamento, os direitos e obrigações dos atuais meeiros, terceiros quartistas, parcentistas ou de qualquer outro tipo de parceiro-outorgado, cujo contrato estipule, no todo ou em parte, a partilha em frutos, produtos ou no seu equivalente em dinheiro".

[438] Art. 50 do Decreto nº 59.566/66: "O parceiro-outorgante e o parceiro-outorgado poderão a qualquer tempo, dispor livremente sobre a transformação do contrato de parceria no de arrendamento". Nesse sentido: "Podem os contratos ter natureza mista, entre os mesmos contratantes, relativamente ao mesmo imóvel rural, ou seja, arrendamento para determinado tipo de atividade desenvolvida individualmente e parceria para outra atividade, explorada por ambos os contratantes, sendo admitida a transformação do contrato, de parceria para arrendamento ou deste para aquela. Em sendo celebrado contrato de natureza mista, entre os mesmos contratantes, relativamente ao mesmo imóvel rural, deverão ser formalizados dois contratos distintos: um para o arrendamento e outro para a parceria, tendo em vista a diversidade de sua natureza e dos respectivos encargos, com direitos e obrigações diversos, assim definidos pela legislação agrária. Poderão os contratantes, se assim o convierem, a qualquer tempo, transformar a natureza do contrato, de parceria para arrendamento, ou vice-versa ou, sendo de natureza mista, escolher, mediante novo ajuste, aquele que melhor expressa a finalidade a que se propõem, com vistas à exploração do imóvel rural, tudo consoante estabelecido nas normas regulamentadoras do Estatuto da Terra, fixadas pelo Decreto nº 59.566/66". FERRETO, Vilson. *Contratos agrários*: aspectos polêmicos. São Paulo: Saraiva, 2009. p. 5.

[439] Art. 11 do Decreto nº 59.566/66: "Os contratos de arrendamento e de parceria poderão ser escritos ou verbais. Nos contratos verbais presume-se como ajustadas as cláusulas obrigatórias estabelecidas no art. 13 deste Regulamento".

[440] Art. 14 do Decreto nº 59.566/66: "Os contratos agrários, qualquer que seja o seu valor e sua forma poderão ser provados por testemunhas (artigo 92, § 8º, do Estatuto da Terra)". Nesse sentido são os precedentes do Superior Tribunal de Justiça: "[...] III – Irrelevância da discussão acerca da aplicabilidade das regras probatórias do Código de Processo Civil nos contratos agrários, em razão do disposto no artigo 98, §§ 8º e 9º do Estatuto da Terra, pois, a despeito da corrente adotada, a conclusão será no sentido do cabimento da prova testemunhal no caso em tela". BRASIL. Superior Tribunal de Justiça. Recurso Especial nº 651.315/MT. Relator Ministro Casto Filho, Terceira Turma, julgado em 09.08.2005. Disponível em: <https://ww2.stj.jus.br/revistaeletronica/Abre_Documento.asp?sLink=ATC&sSeq=1903667&sReg=200302247090&sData=20050912&sTipo=5&formato=PDF>. Acesso em: 28 jan. 2014. Veja-se também voto da lavra do Ministro Luis Felipe Salomão por ocasião da relatoria do Recurso Especial nº 164.442/MG: "E ainda vale lembrar outra passagem de Oswaldo e Silvia Opitz: '[...] Esses modos de provar-se o contrato agrário aplicam-se quando incidir o ET, embora o art. 92, § 8º, e art. 14 do Regulamento dizem que 'os contratos agrários, qualquer que seja o seu valor e sua forma, poderão ser provados por testemunhas', querem mostrar que não impõem forma especial e que não há limite de valor que impeça a prova unicamente testemunhal, como ocorre com os arts. 135 e 141 do CC'". BRASIL. Superior Tribunal de Justiça. Recurso Especial nº 164.442/MG. Relator Ministro Luis Felipe Salomão, Quarta Turma, julgado em 21/08/2008. Disponível em: <https://ww2.stj.jus.br/revistaeletronica/Abre_Documento.asp?sLink=ATC&sSeq=4169077&sReg=199800108246&sData=20080901&sTipo=91&formato=PDF>. Acesso em: 28 jan. 2014.

rias, muito além dos benefícios econômicos visados, os ganhos sociais e ambientais que tais pactos proporcionam. Tutela-se o direito ao desenvolvimento. Dito em outras palavras, cumpre sublinhar que

> [...] a relação dos direitos econômicos, sociais e culturais com a questão agrária dá-se em dois pontos principais. O primeiro deles é com relação ao direito, que todos possuem, ao trabalho; este é um direito básico de todo ser humano porque é com o trabalho que realizamos e construímos nosso sentido de ser e estar no mundo, nos realizamos como pessoa humana, mas acima de tudo, é com o trabalho que garantimos a nossa sobrevivência e o sustento de nossas necessidades básicas, bem como daqueles que dependem de nós e do nosso trabalho. Daí a importância do direito ao trabalho como um direito fundamental.
>
> [...] O segundo ponto na relação existente entre os direitos econômicos, sociais e culturais e a questão agrária é o direito que toda pessoa tem de se proteger contra a fome, e a obrigação que os Estados-Partes têm de concretizar medidas de reforma agrária que assegurem a exploração e a utilização dos recursos naturais de forma mais eficiente [...].[441]

Disciplina-se, assim, a exploração econômica dos imóveis rurais perseguindo-se, ao lado disto, a concretização de justiça social e, mais recentemente, a equidade intergeracional. Quer dizer, a custódia do meio ambiente também se faz presente nesse cenário, pois ao desenvolvimento econômico-social obtido com pactos agrários devem-se integrar considerações de ordem ecológica a fim de se atender, integradamente, a sustentabilidade.[442]

Nesse horizonte, a axiologia constitucional se faz refletir e concretizar por meio da interpretação sistemática do Direito, já que "[...] não se interpreta a Constituição em tiras, aos pedaços".[443] O direito à sustentabilidade ambiental consagrado constitucionalmente (art. 225, *caput*, CF/88) incide di-

---

[441] ATAÍDE JUNIOR, Wilson Rodrigues. Os direitos humanos e a questão agrária no Brasil: a situação do sudeste do Pará. Brasília: Universidade de Brasília, 2006. p. 153 e 155. Endossando-se essa ideia, sobre os contratos agrários, comenta-se que "[...] os tipos contratuais possuem extenso rol de cláusulas obrigatórias, de ordem pública, que não podem ser afastadas pela vontade das partes, visando a proteger o hipossuficiente, ao mais fraco na relação jurídica, enfim, ao possuidor, arrendatário ou parceiro. A legislação visualiza que estes possuem a terra com o propósito de produzir alimentos e matéria-prima, retirando do seu trabalho o seu sustento. De outro lado, ao proprietário, que rentabiliza o imóvel pela cessão da posse a terceiro, pesa um conjunto de obrigações e limitações derivadas desta relação social, política e econômica desigual, inspirada na condição cultural inferior do homem do campo conceituado pela lei que o toma como premissa na realidade brasileira da década de 60". GODOY, Luciano de Souza. Uma visão dos contratos agrários à luz dos precedentes do Superior Tribunal de Justiça. GODOY, Luciano de Souza. Uma visão dos contratos agrários à luz dos precedentes do Superior Tribunal de Justiça. In: MEDEIROS NETO, Elias Marques de (Coord.). *Aspectos polêmicos do agronegócio*: uma visão através do contencioso. São Paulo: Castro Lopes, 2013. p. 377-394. p. 381-382.

[442] "L'indebitamento di molti paesi in via di sviluppo comporta la necessità di produrre in eccedenza al fine di aumentare le esportazioni e pagare il debito estero e relativi interessi. Una maggior produttività implica l'impoverimento delle popolazioni dei paesi debitori e l'abuso delle risorse naturali. Il ritmo economico imposto dall'esterno genera la necessità di aumentare le esportazioni senza attenzione verso l'insostenibilità ecologica e con la promozione di un commercio internazionale iniquo nonché di un intercambio ecologico sbilanciato tra i paesi dei due schieramenti. [...] Il principio dello sviluppo sostenibile e il principio di integrazione delle considerazioni ambientali dovrebbero eliminare le divergenze tra economia ed ecologia derivanti dalla disparità di sviluppo degli Stati". PENTINAT, Susana Borràs. L'impatto ambientale e la clausola della condizionalità: globalizzazione sostenible? *Rivista Giuridica dell'Ambiente*, Milano: Giuffrè, n. 3-4, p. 391-416, 2006. p. 394-395.

[443] GRAU, Eros Roberto. A ordem econômica na Constituição de 1988 (interpretação e crítica). 12. ed., rev. e atual. São Paulo: Malheiros, 2007. p. 166. Apropriado também aqui lembrar a lição do professor Juarez Freitas no sentido de que "[...] a interpretação sistemática tem de levar em consideração a abertura do sistema [...]". FREITAS, Juarez. *A interpretação sistemática do Direito*. 5. ed. São Paulo: Malheiros, 2010. p. 67.

retamente nos contratos agrários (art. 421, CC/02), mercê da Carta e, secundariamente, das aludidas cláusulas compulsórias desses pactos previstas no Estatuto da Terra e seu Regulamento (Lei nº 4.504/64 e Decreto nº 59.566/66, respectivamente), em especial àquelas atinentes à preservação dos recursos naturais e sua adequada utilização.[444]

A sustentabilidade, no âmbito agrarista, requer que

> [...] os subsistemas sejam considerados no contexto dos sistemas maiores dos quais eles fazem parte. Por exemplo, silvicultura, agricultura, pastagem e pesca são todos partes de ecossistemas maiores. Em geral, é possível manter um subsistema por um longo período de tempo se os recursos, a partir de um sistema mais amplo ou a partir de alguma fonte externa, são usados para sustentar o subsistema.[445] [tradução livre].

De outra parte, a respeito dos prazos, o Estatuto da Terra, no que se refere ao arredamento rural, presume como mínimo o prazo de três anos para o contrato firmado por tempo indeterminado. Adverte, ademais, que os prazos de arrendamento terminarão sempre depois de ultimada a colheita.[446] A previsão legal acerca dos prazos contratuais mínimos garante o não exaurimento dos recursos naturais da terra, impedindo explorações predatórias. Flagrante a aproximação desse comando com a sustentabilidade, em especial em sua dimensão ambiental, para fins de proteção da natureza.

Com relação à parceria rural e aos prazos mínimos para contratações do gênero, o Estatuto prevê regra semelhante, priorizando a preocupação ecológica ao lado do atendimento dos interesses privados.[447]

---

[444] "El desarrollo sostenible es un principio que tiene la fuerza y los efectos que tengan los preceptos que lo integran. Si se considera que son parte del principio de desarrollo sostenible el medio ambiente (artículo 45 CE) y el desarrollo económico (artículo 128.1 CE) entonces el principio de desarrollo sostenible disfruta del peso que tengan en el ordenamiento jurídico estos preceptos. De acuerdo con Pieto Sanchís, y con gran parte de la doctrina, afirma el autor, ésta es una característica que se puede aplicar a todos los princípios constitucionales: 'los principios recogidos en enunciados normativos tienen el valor jurídico propio de las fuentes que los recogen, ni más ni menos' (1998: 51). También es preciso insistir en que éste es un principio que no se puede interpretar dejando de lado a la Constitución. La Constitución tiene que interpretarse como un todo. El principio de desarrollo sostenible es un principio que forma parte de ésta y que se examina siempre partiendo y de acuerdo con su texto. El principio de desarrollo sostenible no es un principio externo a la Constitución, forma parte de ésta". VAQUÉS, Mar Aguilera. *El desarrollo sostenible y la Constitución española*. Barcelona: Atelier, 2000. p. 111.

[445] "The current use of the term 'sustainability' requires that sub-systems be considered in the context of the larger systems of which they are a part. For example, forestry, farming, grazing, and fishing are all part of the larger ecosystems. In general, it is possible to sustain a sub-system a long time if resources, either from the larger system or from some external source, are used to sustain the sub-system". CASTLE, Emery N.; BERRENS, Robert P.; POLASKY, Stephen. The economics of sustainability. *Natural Resources Journal*, New Mexico, v. 36, n. 4, p. 715-730, 1996. p. 726-727.

[446] Art. 95 da Lei nº 4.504/64: "Quanto ao arrendamento rural, observar-se-ão os seguintes princípios: I – os prazos de arrendamento terminarão sempre depois de ultimada a colheita, inclusive a de plantas forrageiras temporárias cultiváveis. No caso de retardamento da colheita por motivo de força maior, considerar-se-ão esses prazos prorrogados nas mesmas condições, até sua ultimação; II – presume-se feito, no prazo mínimo de três anos, o arrendamento por tempo indeterminado, observada a regra do item anterior; [...]".

[447] Art. 96 da Lei nº 4.504/64: "Na parceria agrícola, pecuária, agroindustrial e extrativa, observar-se-ão os seguintes princípios: I – o prazo dos contratos de parceria, desde que não convencionados pelas partes, será no mínimo de três anos, assegurado ao parceiro o direito à conclusão da colheita, pendente, observada a norma constante do inciso I, do artigo 95; [...]".

O Decreto nº 59.566/66, por seu turno, ao regulamentar a Lei nº 4.504/64, evidenciando o já comentado dirigismo contratual do Estado nas avenças agrárias,[448] consolida, dentre as cláusulas contratuais de observância obrigatória, prazos mínimos para os pactos agrários.[449]

Sublinhe-se, nesse ponto, que a legislação agrarista, ao fixar tempos mínimos para exploração do imóvel rural por meio dos contratos de arrendamento ou parceira, permite o advento de práticas de uso sustentável da terra.

Sobre os preços praticados no contrato de arrendamento rural, o Estatuto da Terra apresenta regra[450] que acompanha, inevitavelmente, as exigências da sustentabilidade. No caso, trata-se da perspectiva social da sustentabilidade, já que se zela pela realização de justiça distributiva no campo.[451] [452]

---

[448] "O Direito Agrário, sistematizado no Estatuto da Terra [...] estruturou um conjunto de regras consideradas de ordem pública, imperativas, irrenunciáveis e eminentemente protetivas daqueles que trabalham a terra, tendo como escopo a realização da sonhada Reforma Agrária, em prol do desenvolvimento econômico e de uma melhor distribuição de riquezas. A propriedade passou a ter nítida função socioambiental e a liberdade nas avenças agrárias foi substituída pelo dirigismo contratual, com reflexos nos contratos agrários, aos quais se impuseram prazos mínimos de vigência, segundo as atividades e limites de remuneração conforme os tipos de contrato. Estabeleceram-se restrições ao direito de retomada do imóvel pelo proprietário, reconhecendo-se ao usuário da terra o direito preferencial à renovação do contrato, a par de sua renovação compulsória e à aquisição do imóvel, em igualdade de condições com terceiros. Em realidade, o Estatuto da Terra não revogou o Direito de Propriedade, estabelecendo apenas limites e restrições ao seu exercício [...]". Vide FERRETO, Vilson. Contratos agrários: aspectos polêmicos. São Paulo: Saraiva, 2009. p. XIII-XIV (Apresentação da obra).

[449] Art. 13 do Decreto nº 59.566/66: "Nos contratos agrários, qualquer que seja a sua forma, contarão obrigatoriamente, cláusulas que assegurem a conservação dos recursos naturais e a proteção social e econômica dos arrendatários e dos parceiros-outorgados a saber (Art. 13, incisos III e V da Lei nº 4.947/66); [...] II – Observância das seguintes normas, visando à conservação dos recursos naturais: a) prazos mínimos, na forma da alínea 'b', do inciso XI, do art. 95 e da alínea 'b', do inciso V, do art. 96 do Estatuto da Terra: de 3 (três) anos nos casos de arrendamento em que ocorra atividade de exploração de lavoura temporária e ou de pecuária de pequeno e médio porte; ou em todos os casos de parceria; de 5 (cinco) anos nos casos de arrendamento em que ocorra atividade de exploração de lavoura permanente e ou de pecuária de grande porte para cria, recria, engorda ou extração de matérias primas de origem animal; de 7 (sete) anos nos casos em que ocorra atividade de exploração florestal; [...]".

[450] Art. 95, XII da Lei nº 4.504/64: "[...] a remuneração do arrendamento, sob qualquer forma de pagamento, não poderá ser superior a 15% (quinze por cento) do valor cadastral do imóvel, incluídas as benfeitorias que entrarem na composição do contrato, salvo se o arrendamento for parcial e recair apenas em glebas selecionadas para fins de exploração intensiva de alta rentabilidade, caso em que a remuneração poderá ir até o limite de 30% (trinta por cento)".

[451] Ademais, acerca da matéria, o Regulamento estabelece que "Art. 18. O preço do arrendamento só pode ser ajustado em quantia fixa de dinheiro, mas o seu pagamento pode ser ajustado que se faça em dinheiro ou em quantidade de frutos cujo preço corrente no mercado local, nunca inferior ao preço mínimo oficial, equivalha ao do aluguel, à época da liquidação. Parágrafo único. É vedado ajustar como preço de arrendamento quantidade fixa de frutos ou produtos, ou seu equivalente em dinheiro". E ainda: "Art. 19. Nos contratos em que o pagamento do preço do arrendamento deva ser realizado em frutos ou produtos agrícolas, fica assegurado ao arrendatário o direito de pagar em moeda corrente, caso o arrendador exija que a equivalência seja calculada com base em preços inferiores aos vigentes na região, à época desse pagamento, ou fique comprovada qualquer outra modalidade de simulação ou fraude por parte do arrendador (art. 92, § 7º do Estatuto da Terra)".

[452] "'A cláusula que fixa o preço do arrendamento rural em quantidade de produtos é nula (Decreto nº 59.566, de 1966, art. 18) e deve ser substituída pelo que for apurado, por arbitramento, em liquidação de sentença.' (STJ, Ementa do Acórdão do Recurso Especial nº 407.130/RS, Relator Ministro Ari Pargendler, 3ª Turma, j. em 27.06.2002)". Outros julgados do STJ corroboram esse entendimento. Acerca disso, Luciano de Souza Godoy enumera, por exemplo, além do Recurso Especial nº 407.130/RS acima citado, as seguintes decisões: STJ, Recurso Especial nº 566.520, Relator Ministro Aldir Passarinho Junior, 4ª Turma, j. em 11.05.2004; STJ, Recurso Especial nº 641.222/RS, Relator Ministro Humberto Gomes de Barros,

No que tange à participação dos frutos do contrato de parceria rural, o art. 96, inciso VI, do Estatuto da Terra aduz percentuais que limitam a quota percebida pelo proprietário.[453] Uma vez mais, a aproximação de tal regra com os comandos da sustentabilidade, em sua dimensão social, é inquestionável. Trata-se da tutela da justiça social no campo.

Refletindo-se sobre as regras legais acerca da fixação do preço no arrendamento e da partilha dos frutos da parceria rural, resta flagrante – reprise-se – a acentuada intervenção estatal no âmbito dos pactos agrários. O saliente dirigismo contratual presente nas legislações que datam de 1964 (Estatuto da Terra) e 1966 (Regulamento), culminando na Carta de 1988, justifica a imposição de especiais deveres de conduta.[454] Pretende-se equilibrar os vínculos obrigacionais entre os contratantes, tendo em vista a premissa de que os arrendatários e parceiros-outorgados, em regra, são considerados hipossuficientes nessas relações.[455]

3ª Turma, j. em 05/08/2004. *Vide* GODOY, Luciano de Souza. Uma visão dos contratos agrários à luz dos precedentes do Superior Tribunal de Justiça. In: MEDEIROS NETO, Elias Marques de (Coord.). *Aspectos polêmicos do agronegócio*: uma visão através do contencioso. São Paulo: Castro Lopes, 2013. p. 377-394. p. 388.

[453] Art. 96, inciso VI do Estatuto da Terra: "[...] na participação dos frutos da parceria, a quota do proprietário não poderá ser superior a: a) 20% (vinte por cento), quando concorrer apenas com a terra nua; b) 25% (vinte e cinco por cento), quando concorrer com a terra preparada; c) 30% (trinta por cento), quando concorrer com a terra preparada e moradia; d) 40% (quarenta por cento), caso concorra com o conjunto básico de benfeitorias, constituído especialmente de casa de moradia, galpões, banheiro para gado, cercas, valas ou currais, conforme o caso; e) 50% (cinquenta por cento), caso concorra com a terra preparada e o conjunto básico de benfeitorias enumeradas na alínea 'd' deste inciso e mais o fornecimento de máquinas e implementos agrícolas, para atender aos tratos culturais, bem como as sementes e animais de tração, e, no caso de parceria pecuária, com animais de cria em proporção superior a 50% (cinquenta por cento) do número total de cabeças objeto de parceria; f) 75% (setenta e cinco por cento), nas zonas de pecuária ultraextensiva em que forem os animais de cria em proporção superior a 25% (vinte e cinco por cento) do rebanho e onde se adotarem a meação do leite e a comissão mínima de 5% (cinco por cento) por animal vendido; g) nos casos não previstos nas alíneas anteriores, a quota adicional do proprietário será fixada com base em percentagem máxima de dez por cento do valor das benfeitorias ou dos bens postos à disposição do parceiro;". O Decreto nº 59.566/66 reproduz em seu art. 35 e parágrafos o conteúdo do art. 96, VI do Estatuto, porém o *caput* do artigo (I a V) há que ser adequado de acordo com as alterações introduzidas pela Lei nº 11.443 de 2007 no que se refere aos percentuais máximos da quota do parceiro-outorgante na partilha dos frutos da parceria.

[454] "[...] a atuação do Estado no sentido de orientar os particulares através do dirigismo contratual não tem como finalidade a negação da liberdade de contratar, mas, conforme estamos vendo, ele vem, em muitos casos, ao encontro de alguns conceitos, como o da regulamentação legal do contrato, que tem por escopo evitar a ocorrência de abusos que muitas vezes não é causada apenas pela excessiva liberdade de contratar, mas que se afigura como fruto das desigualdades sociais emergentes da carência cultural e material, ou como ocorre com frequência, de ambas. [...] Nessa nova realidade social dos contratos e, muito especialmente, no que diz respeito aos relacionados com as atividades produtivas do campo, surgem especiais deveres de conduta para os seus figurantes, que servem de causa limitadora do exercício [...] de direitos subjetivos". *Vide* MACHADO, João Sidnei Duarte. *A parceria agrícola no Direito brasileiro*. Porto Alegre: Sergio Antonio Fabris, 2004. p. 162-163.

[455] Fato é que, na atualidade, não se pode afirmar que em todas as conjecturas os arrendatários e os parceiros-outorgados sempre serão considerados hipossuficientes nas relações contratuais agrárias, pois o cenário dos contratos no campo se alterou profundamente da década de 60 do século passado para os dias de hoje. Com a evolução da atividade econômica e social e, precipuamente, do agronegócio, hoje não há mais necessariamente desequilíbrio contratual nos casos em que, por exemplo, tem-se pessoas jurídicas como uma das partes na parceria rural. O Judiciário, inclusive, já foi consultado e se manifestar acerca da possibilidade de inexistir hipossuficiência entre os contratantes nos pactos dessa natureza e, diante disso, ter-se a possibilidade da aplicabilidade do Código Civil em detrimento da legislação agrária. Decidiu, porém, que "[...] prevalecem as causas obrigatórias, de ordem pública. Cita-se precedente no qual duas companhias dedicadas ao agronegócio litigam: 'Não tem apoio a tese sustentada pelo Acórdão

Há também previsão legal aplicável aos contratos agrários assegurando o direito à renovação automática dos contratos de arrendamento ou parceria[456] e o direito de preferência,[457] em igualdade de condições com terceiros, na aquisição do imóvel por parte do arrendatário.[458]

Dentre os direitos previstos em lei, cabe ainda referir a possibilidade de indenização por benfeitorias e o direito de retenção, os quais se encontram disciplinados no art. 95, inciso VIII, do Estatuto.[459]

---

recorrido sobre a exclusão do arrendamento rural do Estatuto da Terra quando as partes envolvidas desfrutarem boa situação econômica, a dispensar o tratamento legal favorável. A disciplina legal agasalha a discriminação, com o que é inaplicável aos contratos agrários o art. 1.197 do Código Civil.' (STJ, Recurso Especial nº 112.144/SP, Relator Ministro Carlos Alberto Menezes Direito, 3ª Turma, j. em 24.11.1997)". Conforme GODOY, Luciano de Souza. Uma visão dos contratos agrários à luz dos precedentes do Superior Tribunal de Justiça. In: MEDEIROS NETO, Elias Marques de (Coord.). *Aspectos polêmicos do agronegócio*: uma visão através do contencioso. São Paulo: Castro Lopes, 2013. p. 377-394. p. 382.

[456] Consoante o art. 92, § 5º, do Estatuto da Terra: "A posse ou uso temporário da terra serão exercidos em virtude de contrato expresso ou tácito, estabelecido entre o proprietário e os que nela exercem atividade agrícola ou pecuária, sob forma de arrendamento rural, de parceria agrícola, pecuária, agroindustrial e extrativa, nos termos desta Lei. [...] § 5º A alienação ou a imposição de ônus real ao imóvel não interrompe a vigência dos contratos de arrendamento ou de parceria ficando o adquirente sub-rogado nos direitos e obrigações do alienante".

[457] Art. 92 do Estatuto da Terra: "[...] § 3º No caso de alienação do imóvel arrendado, o arrendatário terá preferência para adquiri-lo em igualdade de condições, devendo o proprietário dar-lhe conhecimento da venda, a fim de que possa exercitar o direito de perempção dentro de trinta dias, a contar da notificação judicial ou comprovadamente efetuada, mediante recibo. § 4º O arrendatário a quem não se notificar a venda poderá, depositando o preço, haver para si o imóvel arrendado, se o requerer no prazo de seis meses, a contar da transcrição do ato de alienação no Registro de Imóveis". Tais regras são reproduzidas no art. 22, §§ 1º a 4º, do Decreto nº 59.566/66. Importa referir, ademais, sobre o direito à renovação automática do contrato, que, consoante o art. 95, V do Estatuto "os direitos assegurados no inciso IV do caput deste artigo não prevalecerão se, no prazo de 6 (seis) meses antes do vencimento do contrato, o proprietário, por via de notificação extrajudicial, declarar sua intenção de retomar o imóvel para explorá-lo diretamente ou por intermédio de descendente seu;" *Vide* também os arts. 7º e 8º do Regulamento acerca do que se compreende por exploração direta do imóvel rural. Por fim, registre-se que se a terra à venda estiver sendo explorada por mais de um arrendatário, o direito de preempção só poderá ser exercido para aquisição total da área, sendo possibilitado a qualquer dos arrendatários obter o imóvel para si mediante o pagamento do preço.

[458] Observe-se que somente goza do direito de preferência na aquisição do imóvel, desde que em igualdade de condições com terceiros, o arrendatário. Tal direito não se estende ao parceiro, conforme jurisprudência do STJ: "Tratando-se, no caso, de contrato de parceria e não de arrendamento inviável a Ação de Preferência, instituto próprio apenas deste último, tanto pela previsão legal (§3º, art. 92, Estatuto da Terra), como pela própria natureza de cada um desses contratos: no arrendamento há uma relação que se aproxima da locação, o arrendador apenas aufere sua renda; na parceria ocorre verdadeira sociedade, com partilha do resultado positivo ou negativo, índole que não se coaduna com o exercício de preferência de um parceiro em relação aos outros". Trata-se de trecho do voto do Ministro-Relator. BRASIL. Superior Tribunal de Justiça. Recurso Especial nº 97.405/RS. Relator Ministro Ruy Rosado de Aguiar, Quarta Turma, julgado em 15.10.1996. Disponível em: <https://ww2.stj.jus.br/processo/jsp/ita/abreDocumento.jsp?num_registro=199600350019&dt_publicacao=18-11-1996&cod_tipo_documento=3>. Acesso em: 28 jan. 2014. Ainda: "O direito de preferência que se confere ao arrendatário rural não alcança o contrato de parceria". Trata-se da ementa da decisão. BRASIL. Superior Tribunal de Justiça. Recurso Especial nº 264.805/MG. Relator Ministro Cesar Asfor Rocha, Quarta Turma, julgado em 21.03.2002. Disponível em: <https://ww2.stj.jus.br/websecstj/cgi/revista/REJ.cgi/IMGD?seq=36672&nreg=200000633119&dt=20020617&formato=PDF>. Acesso em: 30 jan. 2014.

[459] Art. 95 da Lei nº 4.504/64: "[...] VIII – o arrendatário, ao termo do contrato, tem direito à indenização das benfeitorias necessárias e úteis; será indenizado das benfeitorias voluptuárias quando autorizadas pelo proprietário do solo; e, enquanto o arrendatário não for indenizado das benfeitorias necessárias e úteis, poderá permanecer no imóvel, no uso e gozo das vantagens por ele oferecidas, nos termos do contrato de arrendamento e das disposições do inciso I deste artigo; [...]". Os arts. 24 e 25 do Regulamento também disciplinam a matéria, a saber: "Art. 24. As benfeitorias que forem realizadas no imóvel rural objeto de arrendamento, podem ser voluptuárias úteis e necessárias, assim conceituadas: I – voluptuárias,

Outros direitos e os deveres entre as partes nos contratos de arrendamento e parceria restam prescritos nos arts. 93 e 94 da Lei nº 4.504/64.[460]

Oportuno salientar que, além das causas de extinção[461] e despejo[462] dos contratos de arrendamento previstas no Regulamento, o seu art. 27 elenca a

---

as de mero deleite ou recreio, que não aumentam o uso habitual do imóvel rural, ainda que o tornem mais agradável ou sejam de elevado valor; II – úteis, as que aumentam ou facilitam o uso do imóvel rural; e III – necessárias, as que tem por fim conservar o imóvel rural ou evitar que se deteriore e as que decorram do cumprimento das normas estabelecidas neste Regulamento para a conservação de recursos naturais. Parágrafo único. Havendo dúvida sobre a finalidade da benfeitoria, e quanto à sua classificação prevalecerá o que for ajustado pelos contratantes". e "Art 25. O arrendatário, no término do contrato, terá direito à indenização das benfeitorias necessárias e úteis. Quanto às voluptuárias, somente será indenizado se sua construção for expressamente autorizada pelo arrendador (art. 95, VIII, do Estatuto da Terra). § 1º Enquanto o arrendatário não for indenizado das benfeitorias necessárias e úteis, poderá reter o imóvel em seu poder, no uso e gozo das vantagens por ele oferecidas, nos termos do contrato de arrendamento (art. 95, VIII do Estatuto da Terra). § 2º Quando as benfeitorias necessárias ou úteis forem feitas às expensas do arrendador dando lugar a aumento nos rendimentos da gleba, terá ele direito a uma elevação proporcional da renda, e não serão indenizáveis ao fim do contrato, salvo estipulação em contrário".

[460] Art. 93 da Lei nº 4.504/66: "Ao proprietário é vedado exigir do arrendatário ou do parceiro: I – prestação de serviço gratuito; II – exclusividade da venda da colheita; III – obrigatoriedade do beneficiamento da produção em seu estabelecimento; IV – obrigatoriedade da aquisição de gêneros e utilidades em seus armazéns ou barracões; V – aceitação de pagamento em "ordens", "vales", "borós" ou outras formas regionais substitutivas da moeda. Parágrafo único. Ao proprietário que houver financiado o arrendatário ou parceiro, por inexistência de financiamento direto, será facultado exigir a venda da colheita até o limite do financiamento concedido, observados os níveis de preços do mercado local". E art. 94 do mesmo diploma legal: "É vedado contrato de arrendamento ou parceria na exploração de terras de propriedade pública, ressalvado o disposto no parágrafo único deste artigo. Parágrafo único. Excepcionalmente, poderão ser arrendadas ou dadas em parceria terras de propriedade púbica, quando: a) razões de segurança nacional o determinarem; b) áreas de núcleos de colonização pioneira, na sua fase de implantação, forem organizadas para fins de demonstração; c) forem motivo de posse pacífica e a justo título, reconhecida pelo Poder Público, antes da vigência desta Lei". Além disso, os arts. 40 e 41 do Decreto nº 59.566/66 estabelecem os direitos e deveres entre os arrendadores e arrendatários: "Art. 40. O arrendador é obrigado: I – a entregar ao arrendatário o imóvel rural objeto do contrato, na data estabelecida ou segundo os usos e costumes da região; II – a garantir ao arrendatário o uso e gozo do imóvel arrendado, durante todo o prazo do contrato (artigo 92, § 1º do Estatuto da Terra); III – a fazer no imóvel, durante a vigência do contrato, as obras e reparos necessários; IV – a pagar as taxas, impostos, foros e toda e qualquer contribuição que incida ou venha incidir sobre o imóvel rural arrendado, salvo de outro modo não houver convencionado". e "Art. 41. O arrendatário é obrigado: I – a pagar pontualmente o preço do arrendamento, pelo modo, nos prazos e locais ajustados; II – a usar o imóvel rural, conforme o convencionado, ou presumido, e a tratá-lo com o mesmo cuidado como se fosse seu, não podendo mudar sua destinação contratual; III – a levar ao conhecimento do arrendador, imediatamente, qualquer ameaça ou ato de turbação ou esbulho que, contra a sua posse vier a sofrer, e ainda, de qualquer fato do qual resulte a necessidade da execução de obras e reparos indispensáveis à garantia do uso do imóvel rural; IV – a fazer no imóvel, durante a vigência do contrato, as benfeitorias úteis e necessárias, salvo convenção em contrário; V – a devolver o imóvel, ao término do contrato, tal como o recebeu com seus acessórios; salvo as deteriorações naturais ao uso regular. O arrendatário será responsável por qualquer prejuízo resultante do uso predatório, culposo ou doloso, quer em relação à área cultivada, quer em relação às benfeitorias, equipamentos, máquinas, instrumentos de trabalho e quaisquer outros bens a ele cedidos pelo arrendador".

[461] Art. 26 do Decreto nº 59.566/66: "O arrendamento se extingue: I – Pelo término do prazo do contrato e do de sua renovação; II – Pela retomada; III – Pela aquisição da gleba arrendada, pelo arrendatário; IV – Pelo distrato ou rescisão do contrato; V – Pela resolução ou extinção do direito do arrendador; VI – Por motivo de for maior, que impossibilite a execução do contrato; VII – Por sentença judicial irrecorrível; VIII – Pela perda do imóvel rural; IX – Pela desapropriação, parcial ou total, do imóvel rural; X – por qualquer outra causa prevista em lei".

[462] Art. 32 do Decreto nº 59.566/66: "Só será concedido o despejo nos seguintes casos: I – Término do prazo contratual ou de sua renovação; II – Se o arrendatário subarrendar, ceder ou emprestar o imóvel rural, no todo ou em parte, sem o prévio e expresso consentimento do arrendador; III – Se o arrendatário não pagar o aluguel ou renda no prazo convencionado; IV – Dano causado à gleba arrendada ou às colheitas, provado o dolo ou culpa do arrendatário; V – se o arrendatário mudar a destinação do imóvel rural; VI – Abandono total ou parcial do cultivo; VII – Inobservância das normas obrigatórias fixadas no

violação às exigências da sustentabilidade ambiental como motivo que autoriza a rescisão da avença agrária:

> Art. 27. O inadimplemento das obrigações assumidas por qualquer das partes, e a inobservância de cláusula asseguradora dos recursos naturais, prevista no art. 13, inciso II, letra "c", deste Regulamento, dará lugar facultativamente à rescisão do contrato, ficando a parte inadimplente obrigada a ressarcir a outra das perdas e danos causados (art. 92, § 6º do Estatuto da Terra).

Veja-se que a regra acima transcrita, contida no art. 27 do Decreto nº 59.566/66, demonstra preocupação legislativa com a sustentabilidade, embora o faça de forma ainda tímida, já que prescreve que a inobservância de cláusula asseguradora dos recursos naturais enseja "facultativamente" a rescisão da avença. Trata-se de uma aproximação inicial com a tutela da sustentabilidade, a qual é endossada, de forma destacadamente abrangente, pela Carta de 1988.

Apropriada aqui a lição de Luiz Edson Fachin sobre a relativização das titularidades e sua íntima ligação com a promoção da sustentabilidade:

> Podemos dizer que a propriedade, a posse, a empresa e os bens em geral compõem aquilo que aqui definimos por titularidades. E é a partir de uma aplicação ampla e eficaz da função social, instituto apto a promover a sustentabilidade, que defendemos a relativização das titularidades, a ponderação de direitos no caso concreto e a força criativa dos fatos, tudo amparado por uma hermenêutica principiológica de índole constitucional, cuja abertura axiológica reside no reconhecimento da imperiosa função social das titularidades.[463]

---

art. 13 deste Regulamento; VIII – Nos casos de pedido de retomada, permitidos e previstos em lei e neste regulamento, comprovada em Juízo a sinceridade do pedido; IX – se o arrendatário infringir obrigação legal, ou cometer infração grave de obrigação contratual". Conveniente, nesse passo, registrar que "[...] o não pagamento do preço do arrendamento rural caracteriza hipótese de despejo e não de reintegração de posse: 'Se os arrendatários não cumprem as obrigações assumidas em contrato de arrendamento agrícola e nem pagam as sacas dos cereais colhidos na área arrendada, a ação devida para a retomada do imóvel rural é a de despejo, nos termos do art. 32 do Decreto n. 59.566/66, e não a de reintegração de posse (cf. AgRg na MC n. 1.407/SP, Relator Ministro BUENO DE SOUZA, DJ de 27.10.1998).' (STJ, Recurso Especial n. 399.222/GO, Relator Ministro Jorge Scartezzini, 4ª Turma, j. em 09.03.2006)". *Vide* GODOY, Luciano de Souza. Uma visão dos contratos agrários à luz dos precedentes do Superior Tribunal de Justiça. In: MEDEIROS NETO, Elias Marques de (Coord.). *Aspectos polêmicos do agronegócio*: uma visão através do contencioso. São Paulo: Castro Lopes, 2013. p. 377-394. p. 388. Além disso, observe-se que a insustentabilidade ambiental gerada por práticas na exploração dos imóveis rurais, conforme art. 32, incisos IV, VII e IX do Regulamento também autoriza o despejo. A jurisprudência acolhe esse entendimento. Veja-se: "AGRAVO DE INSTRUMENTO. CONTRATOS AGRÁRIOS. ARRENDAMENTO RURAL. DESPEJO. MANUTENÇÃO DA TUTELA ANTECIPADA. DESOCUPAÇÃO DA ÁREA ARRENDADA. Presentes os requisitos necessários ao deferimento da tutela antecipada, uma vez que há verossimilhança no direito alegado e risco de dano irreparável ou de difícil reparação, em razão da gravidade da infração ambiental cometida, com imposição de multa, que, em princípio, caracteriza a inobservância da cláusula asseguradora dos recursos naturais, em face dos arts. 27 e 32, IV, VII e IX, do Decreto nº 59.566/66, c/c o seu art. 13, II, e art. 92, § 6º, do Estatuto da Terra. Assim, mesmo em juízo de cognição sumária, é prudente manter a tutela antecipada que determinou a desocupação da área arrendada no prazo de trinta dias. AGRAVO DE INSTRUMENTO DESPROVIDO. UNÂNIME". RIO GRANDE DO SUL. Tribunal de Justiça do Rio Grande do Sul. Agravo de Instrumento nº 70051348456. Nona Câmara Cível, Relator: Leonel Pires Ohlweiler, Julgado em 12/12/2012. Disponível em: <http://www.tjrs.jus.br/busca/?q=70051348456&tb=jurisnova&pesq=ementario&partialfields=tribunal%3ATribunal%2520de%2520Justi%25C3%25A7a%2520do%2520RS.%28TipoDecisao%3Aac%25C3%25B3rd%25C3%25A3o|TipoDecisao%3Amonocr%25C3%25A1tica|TipoDecisao%3Anull%29&requiredfields=&as_q=>. Acesso em: 30 jan. 2014.

[463] FACHIN, Luiz Edson. Sustentabilidade e Direito Privado: funções derivadas das titularidades patrimoniais. Interesse Público, Belo Horizonte, a. 14, n. 72, p. 45-54, mar./abr. 2012. p. 48-49. O autor destaca, ademais, que "[...] não é, pois, a função social mero limite, mas elemento interno das titularidades, cujo desiderato está em seu contributo à coletividade, à pessoa concretamente considerada e ao meio em que

Ratifica-se, pois, a ideia de que o atendimento das exigências da sustentabilidade, tais como a preservação dos recursos naturais e a sua exploração racional, é requisito funcional dos contratos agrários. A exploração inadequada da terra e de seus recursos por meio de contratos celebrados no âmbito rural apresenta riscos de que se produzam, em futuro próximo, significativos retrocessos ambientais e danos irreversíveis no ecossistema do local arrendado ou objeto de parceria. Outro aspecto que merece lembrança é o fato de que há mútua relação entre as dimensões da sustentabilidade,[464] em especial a sustentabilidade social e ambiental. Isso implica que "[...] a pobreza pode levar à degradação ambiental, e a degradação ambiental pode contribuir para a pobreza"[465] [tradução livre], o que também se aplica às avenças agrárias.

Há que se registrar, por fim, no que tange às regras legais sobre direitos e deveres em contratos agrários, que se autoriza a aplicação das normas do arrendamento rural aos contratos de parceria, no que se apresentar compatível.[466]

Após tais apontamentos, quer-se grifar, ilustrativamente, que arrendador e arrendatário respondem por danos ambientais, por exemplo, em função de queimada, nada importando que o contrato eventualmente a permitisse.[467] Quer dizer, a liberdade contratual não paralisa a tutela suficiente de interesses sociais indisponíveis e valiosos.[468] Não custa lembrar que a

---

ela está inserida". (p. 50). Na mesma linha: "O presente trabalho se insere nesse movimento que implica, tal como uma *virada de Copérnico*, numa recentralização das relações jurídicas mais em torno da pessoa (em seu sentido concreto e pleno) menos ao redor do patrimônio em si mesmo. [...] Fenômenos como a *constitucionalização* de institutos de base do Direito Civil, superando, ao menos em parte, a artificial dicotomia entre o universo jurídico público e o santuário privado clássico, apontam para esse repensar presente na *repersonalização*, fundamento antropocêntrico do Direito Civil para eclipsar os dogmas da oitocentista civilístico". [grifo do autor]. *Vide* FACHIN, Luiz Edson. O "aggiornamento" do Direito Civil brasileiro e a confiança negocial. In: —— (Coord.). Repensando fundamentos do Direito Civil brasileiro contemporâneo. 2ª tir. Rio de Janeiro: Renovar, 2000. p. 115-149. p. 116.

[464] *Vide* FREITAS, Juarez. *Sustentabilidade*: direito ao futuro. 2. ed. Belo Horizonte: Fórum, 2012. Em especial o Capítulo 2 da obra.

[465] "[...] poverty can lead to environmental degradation, and environmental degradation can contribute to poverty". Além disso, acrescenta o autor: "People in poor countries like Nepal with little in the way of heat and energy resources are reduced to deforestation, stripping the land of trees and bush to obtain fuel for heating and cooking, wich leads to soil erosion, and thus to further impoverishment. Globalization, by increasing the interdependence among the people of the world, has enhanced the need for global collective action and the importance of global public goods". STIGLITZ, Joseph. E. *Globalization and its discontents*. Londres: Penguim Group, 2002. p. 224.

[466] Art. 48 do Decreto nº 59.566/66: "Aplicam-se à parceria, nas formas e tipos previstos no Estatuto da Terra e neste Regulamento, as normas estatuídas na Seção I deste Capítulo, e as relativas à sociedade, no que couber (art. 96, VII do Estatuto da Terra)". O mesmo se encontra positivado no art. 96, inciso VII do Estatuto da Terra.

[467] GOIÁS. Tribunal de Justiça de Goiás. Apelação Cível nº 72.052-0/188 (200301506897). Primeira Câmara Cível, Relator: Leobino Valente Chaves. Data do Julgamento: 02/03/2004. Disponível em: <http://www.tjgo.jus.br/index.php/consulta-atosjudiciais>. Acesso em: 23 jan. 2014. A decisão se encontra assim ementada: "Apelação cível. Ação civil pública ambiental. Parceria. Proprietário. Ilegitimidade passiva afastada. Não há como afastar a responsabilidade do parceiro proprietário na ação civil pública que visa, inclusive, a reparação de dano ambiental provocado pela queimada de cana-de-açúcar. Apelação cível conhecida e parcialmente provida".

[468] De acordo com as lições do Prof. Tepedino, a solidariedade ambiental não pode ser atribuída exclusivamente aos proprietários privados. Exige-se uma atuação conjunta dos particulares e Poderes Públicos.

função socioambiental do contrato, no âmbito da Carta Maior, determina uma exploração do imóvel rural economicamente proveitosa, socialmente justa e ambientalmente sustentável.

Sabe-se que difícil é a tarefa de definição precisa de dano ambiental – de modo abrangente – compreendendo toda sua magnitude, extensão e suas possíveis implicações nos ecossistemas terrestres.[469] E é justamente por isso que a defesa do ambiente exige controle mais efetivo do conteúdo dos contratos. Advoga-se, entretanto, que "[...] uma estratégia eficaz de ação ambiental requer a superação da abordagem de 'comando e controle' e a promoção de comportamentos voluntários por parte de todos os atores sociais para a proteção do meio ambiente".[470] [tradução livre].

Tendo-se em mente a função socioambiental dos contratos, ter-se-á, a seguir, o tratamento da questão das externalidades ambientais e os contratos agrários.

Vide TEPEDINO, Gustavo. A função social da propriedade e o meio ambiente. *Revista Trimestral de Direito Civil* (RTDC), Rio de Janeiro, a. 10, v. 37, p. 127-148, jan./mar. 2009. Nessa linha, sublinha-se: "O Estado contemporâneo ampliou suas atribuições, tornando-se um gestor dos interesses ambientais, que tem como titulares as presentes e as futuras gerações, que vincula, por isso, a Administração Pública em seu compromisso com a defesa da qualidade ambiental. Dessa forma, o Direito deixou de ser só instrumento de garantia exclusiva do interesse privado ou do próprio Estado, alargando-se para se tornar também um mecanismo para o melhor cumprimento do interesse coletivo, consubstanciado na sadia qualidade de vida e na continuidade da permanência da vida na Terra. Por isso, no conflito entre o interesse de grupos e do próprio Estado, o interesse que deverá permanecer ou prevalecer é o que melhor atenda à possibilidade de uma vida futura com qualidade e segurança ambiental". TEIXEIRA, Orci Paulino Bretanha. Responsabilidade administrativa ambiental. In: BORATTI, Larissa Verri; SCHMIDT, Cíntia; TEIXEIRA, Orci Paulino Bretanha (Orgs.). *Política municipal ambiental*: perspectivas da gestão local do meio ambiente. Porto Alegre: Paixão, 2011. p. 139-164. p. 144. Oportuno, ainda, nessa perspectiva, registrar que "[...] o Direito não pode ser somente isso que está aí, mas sim uma síntese de múltiplas determinações e de conquistas sociais, sempre almejando saber 'para que serve e a quem serve o Direito' FACHIN, Luiz Edson. A "reconstitucionalização" do Direito Civil brasileiro. In: ——. *Questões do Direito Civil brasileiro contemporâneo*. Rio de Janeiro: Renovar, 2008. p. 1-20.

[469] "La definición del concepto de daño medioambiental exige una delimitación positiva y negativa. A los efectos de la Ley, tiene la consideración de 'daño medioambiental' los daños a las espécies silvestres y a los hábitats, a las aguas, a la ribera del mar y de las rías (questión ésta no incluída en la Directiva 2004/35/CE) y al suelo. Por daño debe entenderse 'el cambio adverso mensurable de un recurso natural o el prejuicio mensurable a un servicio de recursos naturales, tanto si se produce directa como indirectamente'. La Ley no sólo se refiere a los daños medioambientales sino que también se aplica a las amenazas inminentes de que tales daños ocurran. Se considera que existe una amenaza inminente de daños cuando concurra una probabilidad suficiente de que se produzcan daños medioambientales en un futuro próximo". ALONSO, Noemí Blázquez; MONTERO, Guillermina Yanguas. La nueva responsabilidad medioambiental. *Revista de Derecho Urbanístico y Medio Ambiente*, Madrid, n. 245, p. 101-145, nov./2008. p. 105-106.

[470] "Un'efficace strategia di azione ambientale richiede il superamento dell'approccio di 'comando e controllo' e la promozione di comportamenti volontari da parte di tutti gli attori sociali verso la protezione dell'ambiente". MONTINI, Massimiliano. La strategia d'azione ambientale per lo sviluppo sostenibile in Italia. *Rivista Giuridica dell'Ambiente*, Milano, Giuffrè, a. 18, n. 2, p. 405-417, mar./abr. 2003. p. 406. Adicione-se: "Occorre una rivisitazione degli strumenti della politica ambientale in direzione del miglioramento della legislazione di protezione ambientale e della sua applicazione; dell'integrazione dell'ambiente nelle politiche di settore e nei mercati; dell'attuazione della riforma fiscale ecologica; della mitigazione delle esternalità ambientali e della eliminazione dei sussidi perversi; della introduzione della contabilità ambientale; della maggiore efficacia dei processi di informazione e partecipazione del pubblico; della crescita del ruolo decisionale dei cittadini; dello sviluppo della ricerca scientifica e tecnologica; della formazione e dell'informazione". (p. 406).

3.2. Contratos agrários e externalidades negativas: riscos de danos e impactos ambientais

Beck[471] lembra que se vive em sociedade de risco. Com efeito, convive-se diuturnamente com riscos dos mais diversos tipos: iminência de guerras, pestes, acidentes nucleares, aéreos, marítimos, terrestres, danos ambientais, violência urbana, escassez de água e alimentos, entre tantos outros.

Riscos são, pois, inerentes a qualquer empreendimento. Fato é que "[...] a nulidade do risco é um fator que não cabe na equação socioambiental dos dias que correm".[472] Nesse sentido, constata-se que as externalidades negativas se fazem presentes no exercício de qualquer atividade econômica, incluindo-se os contratos agrários.[473]

Convém marcar, no âmbito de investigação desta pesquisa, que

[...] uma externalidade ocorre quando a produção ou consumo de um determinado bem, por um indivíduo ou empresa afeta diretamente os interesses de outro indivíduo ou empresa. O dano ambiental é um caso típico de externalidade, pois, na sua incidência sobre terceiros, inexiste qualquer mediação; ela é direta, sem qualquer mecanismo de mercado ou jurídico.[474]

Logo, deve-se compreender que

[...] a partir do ponto de vista estritamente econômico, a externalidade leva a uma superprodução que excede o que se produziria realmente se a empresa levasse em conta os custos reais. A chave para alcançar um nível ótimo consiste em induzir os maximizadores do benefício privado para restringir sua produção ao máximo nível para que seja o melhor do ponto de vista social e não só do ponto de vista privado. Isto se alcança mediante políticas públicas que obriguem a empresa a funcionar ao longo da curva de custo marginal social e não ao longo da curva de custo marginal privado, o que implica que a "externalidade" seja "internalizada".[475]

---

[471] BECK, Ulrich. *La sociedad del riesgo: hacia una nueva modernidad*. Tradução de: Jorge Navarro, Daniel Jiménez e Maria Rosa Corrás. Barcelona: Paidós, 1998. Diz-se que "[...] essa realidade vigente, denominada por Beck de 'sociedade de risco', propicia o aparecimento de demandas sociais inéditas, ante o sentimento generalizado de insegurança que abarca a coletividade, decorrente do surgimento de 'novos riscos'. Trata-se, por assim dizer, de riscos novos – ou de antigos que vêm de adquirir especial intensidade em virtude de novas condições históricas – que se assomam aos antigos, ainda em plena constância, geradores de um importante quadro de insegurança social ou de cultura fóbica, amplificando, permanentemente, pela ação dos meios de comunicação". FAYET JÚNIOR, Ney; FRAGA, Ricardo Carvalho. *Dos acidentes de trabalho*: questões penais e extrapenais – uma abordagem ampla do contexto da sociedade de risco. Porto Alegre: Núria Fabris, 2013. p. 38-39.

[472] *Vide* ALEMAR, Aguinaldo. Dano ao ambiente e responsabilização no século XXI. *Revista do Centro de Estudos de Direito do Ordenamento do Urbanismo e do Ambiente* (CEDOUA), Coimbra, a. XIV, n. 27, p. 85-99, 2011. p. 99.

[473] Do ponto de vista ambiental, adverte-se que "[...] é, pois, possível dizer que, ainda que o proprietário ou o contratante desempenhem em sua atividade uma função econômica, caso desrespeitem o meio ambiente, perderão a tutela constitucional de suas titularidades, o que inclui o direito de propriedade, uma vez que não foi respeitada a função social como um todo, seja por meio do desrespeito a direitos trabalhistas, sociais, ambientais ou econômicos". FACHIN, Luiz Edson. *Sustentabilidade e Direito Privado*: funções derivadas das titularidades patrimoniais. Interesse Público, Belo Horizonte, a. 14, n. 72, p. 45-54, mar./abr. 2012. p. 50.

[474] ANTUNES, Paulo de Bessa. *Dano ambiental*: uma abordagem conceitual. Rio de Janeiro: Lumen Juris, 2000. p. 214.

[475] LORENZETTI, Ricardo Luis. *Teoria geral do Direito Ambiental*. São Paulo: Revista dos Tribunais, 2010. p. 34.

Dessa forma, o contrato que, de algum modo, direto ou indireto, contribua à exploração insustentável da terra, seja em arrendamento, seja em parceria rural, provoca externalidades negativas,[476] eis que impactos ambientais de extensão e gravidade diversas podem de tal utilização decorrer. Os danos ambientais que nascem de atividades agrárias predatórias costumam acarretar também reflexos nocivos à saúde humana, além do ambiente como valor autônomo.[477] É exatamente nesse contexto que alguns chegam a cogitar de danos morais ambientais[478] e, inclusive, da possibilidade de serem eles também ligados intimamente aos direitos da personalidade.[479]

---

[476] Não obstante as externalidades negativas potencialmente produzidas pelas atividades desenvolvidas em contratos agrários sejam objeto de estudo nesta parte do trabalho, lembre-se que também se pode compreender as externalidades sob um enfoque positivo. Observa-se, por exemplo, que "[...] no campo comercial, pode-se mencionar o 'rótulo verde' que promove o *design*, a produção, comercialização e utilização de produtos que tenham repercussões reduzidas no meio ambiente durante todo seu ciclo de vida e proporcionar aos consumidores mais informação sobre as repercussões ecológicas dos produtos. Isso provoca como incentivo que os produtores compitam entre si para que o produto seja mais valorizado. Também as auditorias ambientais permitem dar credibilidade a uma empresa sobre o cumprimento de normas de qualidade ambiental e brindar certeza acerca dos passivos contingentes que existem neste âmbito". LORENZETTI, Ricardo Luis. *Teoria geral do Direito Ambiental*. São Paulo: Revista dos Tribunais, 2010. p. 36-37.

[477] "O direito intergeracional relacionado ao meio ambiente não pode ser concretizado sem que se pense no meio ambiente como valor autônomo juridicamente considerado, servindo, inclusive, como limite ao exercício de direitos subjetivos. Está, assim, a garantia de preservação do meio ambiente dissociada da ideia de posição jurídica individual, tanto no que se refere a um pretenso direito subjetivo ao meio ambiente como a qualquer outro direito subjetivo". LEITE, José Rubens Morato; FERREIRA, Maria Leonor Paes Cavalcanti. Estado de Direito Ambiental no Brasil: uma visão evolutiva. In: FARIAS, Talden; COUTINHO, Francisco Seráphico da Nóbrega (Orgs.). *Direito Ambiental*: o meio ambiente e os desafios da contemporaneidade. Belo Horizonte: Fórum, 2010. p. 116-129. p. 124.

[478] "O dano ambiental constitui uma expressão ambivalente, que pode, ao mesmo tempo, designar alterações nocivas ao meio ambiente e, ainda, os efeitos que tal alteração provoca na saúde das pessoas e de seus interesses. A lesão ambiental coletiva, desta forma, se distancia muito da versão tradicional de dano, pois diz respeito a um bem de interesse comum, indivisível, e trata-se de um direito fundamental de todos. Contudo, a lesão ao meio ambiente pode refletir no interesse ou direito individual e então há a incidência do dano ambiental reflexo". LEITE, José Rubens Morato. Dano extrapatrimonial ou moral ambiental e sua perspectiva no Direito brasileiro. In: MILARÉ, Édis (Org.). *Ação civil pública*: Lei 7.347/1985 – 15 anos. São Paulo: Revista dos Tribunais, 2002. p. 458-492. p. 458. Merece nota, por outro lado, que doutrina e jurisprudência não são unânimes em reconhecer a existência do dano moral ambiental. Veja-se: "Não há dúvida que a lesão a um direito de natureza difusa, como, por exemplo, um dano ao ambiente natural ou ecológico, pode, em tese, acarretar também dano moral. Assim, a destruição de um conjunto florestal plantado por antepassado de determinado indivíduo, para quem as plantas teriam, por essa razão, grande valor afetivo, certamente pode ensejar a configuração de duplo dano: ambiental e moral. Da mesma forma, a destruição de um patrimônio artístico ou cultural ou a ofensa a outros direitos transindividuais são eventos que, teoricamente, podem desencadear danos de diversa natureza, inclusive moral. Todavia, isso não significa que o dano moral, nesses casos, assuma, ele próprio, a natureza transindividual. A vítima do dano moral é, necessariamente, uma pessoa. É que o dano moral envolve, necessariamente, dor, sentimento, lesão psíquica, afetando 'a parte sensitiva do ser humano, como a intimidade, a vida privada, a honra e a imagem das pessoas', ou seja, 'tudo aquilo que molesta gravemente a alma humana, ferindo-lhe gravemente os valores fundamentais inerentes à sua personalidade ou reconhecidos pela sociedade em que está integrado'. Assim, não se mostra compatível com o dano moral a ideia de transindividualidade (= da indeterminabilidade individual do sujeito passivo e da indivisibilidade da ofensa e da reparação) da lesão e do direito lesado". ZAVASCKI, Teori Albino. *Processo coletivo*: tutela de direitos coletivos e tutela coletiva de direitos. São Paulo: Revista dos Tribunais, 2009. p. 41.

[479] Nessa linha: "O dano moral se traduz como uma lesão a interesse juridicamente protegido, outra particularidade deveras importante deve ser agregada, qual seja, a sua íntima ligação com os direitos de personalidade". RUARO, Regina Linden. Responsabilidade civil do Estado por dano moral. *Direito & Justiça*, Porto Alegre, a. 24, v. 26, p. 145-166, 2002/2. p. 151. No mesmo sentido: "A proteção do ambiente, no sistema jurídico brasileiro, tem uma dupla valência, isto é, trata-se de uma visão antropocêntrica alargada, que abrange, ao mesmo tempo, um direito do homem e a manutenção da capacidade do ecossistema.

Ao se enfrentar o tema das externalidades negativas, derivadas de contratos agrários, aqui se põe à mostra a emergência da "tragédia dos bens comuns"[480] e da má "distribuição de custos ambientais".[481] Em função disso, requer-se que Poderes Públicos e particulares internalizem os custos sociais e ambientais[482] das atividades produtivas. E devem fazê-lo de forma cooperativa[483] e solidária.[484] Como destacado, não mais se admite compreender que crescimento econômico e sustentabilidade ocupem polos opostos e excludentes[485] nas relações públicas e privadas. No âmbito das atividades agrá-

---

Trata-se de um direito fundamental, intergeracional, intercomunitário, constitucionalmente garantido e ligado a um direito da personalidade, posto que diz respeito à qualidade de vida da coletividade. Ademais, o meio ambiente ecologicamente equilibrado é um dos bens e valores indispensáveis à personalidade humana, considerado essencial à sadia qualidade de vida, portanto, à dignidade social. Nesta acepção, o direito da personalidade ao meio ambiente justificar-se-ia, porque a existência de um ambiente salubre e ecologicamente equilibrado representa uma condição especial para um completo desenvolvimento da personalidade humana. Com efeito, se a personalidade humana se desenvolve em formações sociais e depende do meio ambiente para sua sobrevivência, não há como negar um direito análogo a este". LEITE, José Rubens Morato. Dano extrapatrimonial ou moral ambiental e sua perspectiva no Direito brasileiro. In: MILARÉ, Édis (Org.). *Ação civil pública*: Lei 7.347/1985 – 15 anos. São Paulo: Revista dos Tribunais, 2002. p. 458-492. p. 471.

[480] Vide sobre o assunto HARDIN, Garrett. *The tragedy of the commons*. Science, New York, New Series, v. 162, n. 3859, p. 1243-1248, dec. 1968. A esse respeito, Ricardo Luis Lorenzetti leciona que "[...] a ausência de estímulos individuais para a tutela de bens coletivos gera o que se denomina: a 'tragédia dos bens comuns', porque há uma superutilização derivada da falta de incentivos para cuidá-los; se ninguém é proprietário, não há quem se preocupe em cuidar do bem. O acesso ilimitado a estes bens provoca grandes prejuízos: a quantidade e diversidade de espécies marinhas existentes está diminuindo drasticamente, os cursos de água se contaminam, a biodiversidade diminui pela ação humana. Não há mecanismos de mercado para adjudicar os recursos entre interesses competitivos, e ninguém tem interesse na proteção". *Vide* LORENZETTI, Ricardo Luis. *Teoria geral do Direito Ambiental*. São Paulo: Revista dos Tribunais, 2010. p. 35.

[481] "O argumento central é a distribuição de custos. Nenhuma pessoa razoável deseja a extinção de peixes e animais, mas quando decidimos protegê-los também devemos definir quem deve arcar com a responsabilidade. Se considerarmos que é de interesse público empregar direitos privados para proteger espécies em extinção, deveríamos nos responsabilizar pelos custos". *Vide* LORENZETTI, Ricardo Luis. *Teoria geral do Direito Ambiental*. São Paulo: Revista dos Tribunais, 2010. p. 35-36.

[482] Apresentando a degradação ambiental como um custo social, *vide* PIGOU, A. C. The economics of welfare. London: Macmillan, 1932. Ainda, sobre custos sociais, no sentido de serem eles indicativos para que o sujeito de titularidades altere seu comportamento junto ao meio (ex.: proprietário de terra) e não somente "falhas do mercado", fundamental o exame de COASE, Ronald. *The problem of social costs*. The Journal of Law and Economics, Chicago, v. III, p. 1-44, oct. 1960.

[483] Salienta-se que "[...] coletivamente, as metas de qualidade ambiental, o desenvolvimento sustentável e a biodiversidade estabelecem uma ambiciosa agenda. Isso significa que toda a sociedade deve trabalhar em direção ao desenvolvimento de iniciativas efetivas para criação de políticas ambientais. E no centro desses esforços está o processo de planejamento no qual agentes públicos, indústria e cidadãos comuns participam. No contexto dos problemas ambientais, esse processo envolve uma série de decisões sobre avaliação e resposta aos riscos ambientais". Examine-se THOMAS, Janet M.; CALLAN, Scott J. *Economia ambiental*: fundamentos, políticas e aplicações. São Paulo: Cengage Learning, 2010. p. 27.

[484] "Más allá de los límites que acotan las soberanías de los Estados nacionales, la solidaridad debe ser un imperativo no sólo ético, sino también práctico, impuesto por la base internacional de la mayoría de los sistemas naturales y por la necesidad de limitar, en aras del desarrollo sostenible, un excesivo uso de los recursos, lo que requiere obligadamente de asistencias y transvases". MARTÍN MATEO, Ramón. *Manual de Derecho Ambiental*. 3. ed. Navarra: Thomson Aranzadi, 2003. p. 44.

[485] Embora haja quem refira que "[...] o desenvolvimento humano reduziu-se ao desenvolvimento econômico, perdendo as demais dimensões da vida e da espécie humana". BECKER, Dinizar Fermiano. Sustentabilidade: um novo (velho) paradigma de desenvolvimento regional. In: —— (Org.). *Desenvolvimento sustentável*: necessidade e/ou possibilidade? 4. ed. Santa Cruz do Sul: EDUNISC, 2002. p. 31-98. p. 64. O autor complementa: "Este primado da racionalidade econômica pressupõe transformação das outras racionalidades. Por isso, precisam transitar da velha para uma nova ciência; do velho método científico para um novo método; do velho rigor científico para um novo rigor; da democracia político-formal para

rias, por exemplo, infere-se que "[...] a discussão sobre o desenvolvimento sustentável para a agricultura implica repensar as formas de produção e a (re)definição das relações entre produtores e natureza".[486] Não por acaso, pondera-se que

> [...] como poderiam ser compensados os custos socioambientais resultantes do deslocamento de produção devido à liberalização do comércio agrícola? "Até hoje, os mercados não têm sido capazes de alocar recursos e gerar comportamentos 'sustentáveis' porque o problema não reside no mecanismo de mercado *per se*, mas em como os parceiros estão organizados e em quão eficaz sejam as regras estabelecidas para promover um comportamento ambientalmente sadio".[487]

Assim, fundamental sublinhar que as questões que envolvem o meio ambiente[488] não podem ser bem equacionadas, mediante antigas contraposições rígidas entre as esferas do público e do privado. Isso porque

> [...] impende realçar que a construção de um mundo sustentável é tarefa que não cabe inteiramente ao Estado, só dele exigível. Ao contrário, os deveres associados a essa mudança de paradigma devem ser cobrados de qualquer pessoa, em especial dos agentes econômicos. Daí que não basta dirigir a norma constitucional apenas contra o Estado, pois a defesa do meio ambiente há de ser dever de todos – aliás, como bem disposto no art. 225. [...] Em especial o art. 225 fica clara esta opção legislativa do constituinte, que, ao tratar da questão ambiental, reconhece a "indissolubilidade entre Estado e sociedade civil". A tutela ambiental não é um daqueles valores sociais onde basta assegurar uma liberdade negativa, orientada a rejeitar a intervenção ilegítima ou o abuso do Estado. Além de ditar o que o Estado não deve fazer (= dever negativo) ou o que lhe cabe empreender (= dever positivo), a norma constitucional estende seus tentáculos a todos os cidadãos, parceiros do pacto democrático, convencida de que só assim chegará à sustentabilidade.[489]

---

a democracia sócio-real; da ciência econômica tradicional para a ciência econômica ecológica; do velho progresso para um novo progresso; do velho socialismo-real para o novo socialismo-democrático; do velho desenvolvimento para o ecodesenvolvimento; do desenvolvimento econômico para o desenvolvimento sustentável". (p. 65).

[486] SOTO, William Héctor Gómez. Desenvolvimento sustentável, agricultura e capitalismo. In: BECKER, Dinizar Fermiano (Org.). *Desenvolvimento sustentável*: necessidade e/ou possibilidade? 4. ed. Santa Cruz do Sul: EDUNISC, 2002. p. 99-120. p. 117. Acrescenta-se, ainda, que "[...] no processo de transição do modelo vigente para um modelo sustentável, é necessário adotar uma estratégia que possibilite a combinação adequada dos recursos naturais, genéticos, técnicos e humanos. É preciso levantar as características socioeconômicas das propriedades rurais, a história de seu desenvolvimento e as necessidades das famílias rurais". (p. 117-118).

[487] LUSTOSA, Maria Cecília Junqueira. Industrialização, meio ambiente, inovação e competitividade. In: MAY, Peter; LUSTOSA, Maria Cecília; VINHA, Valéria da (Orgs.). *Economia do meio ambiente*: teoria e prática. Rio de Janeiro: Elsevier, 2003. p. 155-215. p. 214.

[488] "A peculiaridade do debate do Estado de Direito Ambiental exige que a reflexão a respeito da preservação do ambiente não possa restringir-se a Estados isolados apenas. Assim, aumenta a complexidade da questão quando se constata que o ambiente é uno, não se restringindo a realidades estanques diversas conforme fronteiras geográficas". Consulte-se LEITE, José Rubens Morato; FERREIRA, Maria Leonor Paes Cavalcanti. Estado de Direito Ambiental no Brasil: uma visão evolutiva. In: FARIAS, Talden; COUTINHO, Francisco Seráphico da Nóbrega (Orgs.). *Direito Ambiental*: o meio ambiente e os desafios da contemporaneidade. Belo Horizonte: Fórum, 2010. p. 116-129. p. 120.

[489] BENJAMIN, Antonio Herman de Vasconcellos e. O meio ambiente na Constituição Federal de 1988. *Informativo Jurídico da Biblioteca Oscar Saraiva*, São Paulo, v. 19, n. 1, p. 37-80, jan./jun. 2008. p. 66-67. Acerca dos deveres negativos e positivos derivados do direito ao meio ambiente equilibrado e sadio, o autor aduz que se tem "[...] primeiro, no *caput* do art. 225, uma obrigação explícita genérica, substantiva e positiva de defesa e preservação do meio ambiente ('impondo-se ao Poder Público e à coletividade o dever de defendê-lo e preservá-lo'). Além disso, o texto constitucional forjou uma obrigação genérica, substantiva

Naturalmente, além de envolver esforços conjuntos e múltiplos dos atores nacionais,[490] as questões ambientais também demandam atuação cooperativa em nível internacional.[491] As externalidades negativas produzidas pela exploração inadequada e devastadora dos recursos da natureza podem ensejar danos transfronteiriços, cujas consequências mais nefastas somente se verificam em longo prazo. É preciso, à vista disso, que o Direito interno de cada Estado[492] e as normas de Direito Internacional[493] estejam afinados para a proteção ambiental, sem excetuar as relações contratuais privadas.

---

e negativa, mas implícita, de não degradar o meio ambiente, também abrigada no *caput* do art. 225. Em ambos os casos estamos diante de deveres *erga omnes*, em que temos como coobrigados, indistintamente, o Poder Público, os indivíduos e a coletividade. Terceiro, um conjunto amplo de deveres explícitos e especiais do Poder Público, independentemente de ser ele degradador ou não, dispostos no art. 225, *caput* e § 1º [...]. Por último, temos um leque de deveres explícitos e especiais, exigíveis de particulares ou do Estado (art. 225, §§ 2º e 3º) – este, agora, na posição de degradador potencial ou real (como minerador, por exemplo)". (p. 67-68).

[490] "A Constituição Federal da República Federativa de 1988 adotou, assim como a Lei da Política Nacional do Meio Ambiente, dispositivos que protegem o meio ambiente de maneira integrada e não apenas fragmentada como fizeram as legislações esparsas ambientais anteriores. Sem dúvidas, o meio ambiente deve ser protegido de maneira sistêmica, pois ele próprio é um sistema cujas partes são interdependentes. Impende registrar que tanto a Lei da Política Nacional do Meio Ambiente quanto a Constituição Federal sofreram intensa influência da Conferência de Estocolmo realizada em 1972, na Suécia. Entre os princípios adotados pela Conferência de Estocolmo encontram-se: 1) princípio da solidariedade intergeracional, devendo o meio ambiente ser protegido para as presentes e futuras gerações; 2) princípio do uso racional dos recursos naturais; e 3) princípio da cooperação entre os Estados com o objetivo de proteger o meio ambiente. Um outro documento que influenciou a Constituição Federal de 1988, em especial, foi o relatório denominado Nosso Futuro Comum, também conhecido como Relatório Brundtland, publicado em 1987, resultado das preocupações da Organização das Nações Unidas com a necessidade de se efetivar o desenvolvimento sustentável". *Vide* LEITE, José Rubens Morato; FERREIRA, Maria Leonor Paes Cavalcanti. Estado de Direito Ambiental no Brasil: uma visão evolutiva. In: FARIAS, Talden; COUTINHO, Francisco Seráphico da Nóbrega (Orgs.). *Direito Ambiental*: o meio ambiente e os desafios da contemporaneidade. Belo Horizonte: Fórum, 2010. p. 116-129. p. 116-117.

[491] Dissertando-se acerca da Declaração de Joanesburgo sobre o Desenvolvimento Sustentável, a denominada "Cimeira da Terra", ocorrida na África do Sul em 2002, em especial no que se refere ao seu último capítulo, o qual versa sobre o "Plano de Implementação", dedicado à estrutura institucional para o desenvolvimento sustentável, afirma-se que ele requer, para sua efetivação, participação dos Estados – inclusive por meio de políticas das Nações Unidas e de outras instituições internacionais – e pleno envolvimento da sociedade civil. Veja-se: "L'ultimo capitolo del Plan of Implementation (cap. X, para. 120-153) è dedicato alla struttura istituzionale per lo sviluppo sostenibile e in esso emerge la dimensione 'politica' dello stesso: il buon governo, un solido sistema istituzionale fondato su basi democratiche, la pace e la sicurezza collettivi, lo Stato di diritto, sono tutti elementi essenziali per uno sviluppo davvero sostenibile (para. 120bis, 123) e a questo fine gli Stati devono impegnarsi anche a concludere i negoziati su una convenzione delle Nazioni Unite contro la corruzione (para. 122 sub. f); la partecipazione e il coinvolgimento della società civile e di tutti gli stakeholders in generale devono essere incrementati (para. 121 sub. g, 146bis, 147, 150) e lo sviluppo sostenibile deve essere integrato in tutte le politiche del sistema delle Nazioni Unite e delle altre istituzioni internazionali rilevanti (para. 122, 125 ss.)". FODELLA, Alessandro. Il vertice di Johannesburg sullo sviluppo sostenibile. *Rivista Giuridica dell'Ambiente*, Milano: Giuffrè, n. 2, p. 385-402, 2003. p. 398.

[492] No âmbito do Direito Português, fala-se em acordos para a tutela do meio ambiente, os quais congregam interesses público e privado, em função da complexidade da lei ambiental e das dificuldades em se cumpri-la: "Uma das notas mais características da Administração dos nossos dias traduz-se na crescente substituição dos actos administrativos por instrumentos consensuais na definição do direito aplicável em concreto às relações jurídico-administrativas, em especial em sectores caracterizados pela grande complexidade e contraposição de interesses públicos e privados, tais como o urbanístico e o ambiental". Vide Resumo do artigo de MAÇAS, Maria Fernanda. Os acordos sectoriais como um instrumento da política ambiental. *Revista do Centro de Estudos de Direito do Ordenamento do Urbanismo e do Ambiente* (CEDOUA), Coimbra, a. 3, n. 1, p. 37-54, 2000. Sobre acordos em matéria ambiental, examine-se também MELLO, Roberta Corrêa Vaz de. Acordos ambientais: um panorama luso-brasileiro. *Revista do Centro de Estudos de Direito do Ordenamento do Urbanismo e do Ambiente* (CEDOUA), Coimbra, a. XIV, n. 27,

Desse modo, diante das externalidades negativas que podem advir do desenvolvimento de atividades contratadas no âmbito agrário, questiona-se qual é o nível adequado de proteção do ambiente.[494] Em resposta a essa indagação,

> [...] a ferramenta defendida por economistas como os meios de estabelecer o nível apropriado de proteção ambiental é a análise do custo-benefício. A análise do custo-benefício é fundamental para os argumentos usados no debate da desregulamentação. Sob uma abordagem do custo-benefício o ambiente é protegido na medida em que os benefícios de fazê-lo excedam os custos. Ou, pondo em termos econômicos: o nível ideal de proteção ambiental ocorre quando o custo marginal de proteção equivale ao seu benefício marginal.[495] [tradução livre].

De tudo o que foi registrado, resta, por conseguinte, que

> [...] não há como se negar a existência de uma função econômica do contrato agrário. Porém, o contrato agrário não está alheio ao mundo que o cerca. A sua análise não está adstrita ao seu âmbito interno, pois, atualmente, se sabe que a sua eficácia possui um campo de incidência muito mais abrangente, produzindo efeitos não apenas entre as partes contratantes, mas também perante terceiros. Não vivemos mais num ambiente liberal, impregnado de ideias indi-

---

p. 101-121, 2011. Ainda sobre acordos ambientais: "As governments and business around the world experiment with an increasing variety of new means of promoting environmental objectives, many have started to develop different types of voluntary environmental agreements – agreements negotiated between industry and either the government and/or a community or public interest representative. Although these instruments are not new, the level of interest and actual use of agreements has increased dramatically in recent years". BREGHA, François; MOFFET, John. An overview of issues with respect to voluntary environmental agreements. *Journal of Environmental Law and Practice*, Toronto, v. 8, n. 1, p. 63-94, 1998. p. 63. E complementam os autores: "Many jurisdictions are using a variety of agreements for environmental purposes. In general, these initiatives should be seen as part of the trend to experiment with partnership-based, flexible, pro-active and integrative approaches to environmental protection which are alternatives to more traditional command and control, regulation-based measures. The increased interest in VEAs in Canada and elsewhere suggests that this instrument is worth exploring. It will be critically important to ensure, however, that VEAs are used only when they will be the most appropriate instrument, either alone or in combination with others". (p. 94).

[493] Consulte-se CANOTILHO, José Joaquim Gomes. Juridicização da ecologia ou ecologização do Direito. *Revista Jurídica do Urbanismo e do Ambiente*, Coimbra, n. 4, p. 69-79, dez. 1995. Ainda, sobre Direito Internacional do Ambiente, recomenda-se análise do texto SANTANA, Heron José de. Princípios e regras de *Soft Law*: novas fontes de Direito Internacional Ambiental. *Revista Brasileira de Direito Ambiental*, Curitiba, a. 1, v. 1, p. 97-131, jan./mar. 2005, onde o autor adverte que "[...] ainda que aos Estados seja reservado o direito de avaliar a situação e decidir se os aplicam ou não, não há como negar que os princípios e regras de *soft law* exercem um papel fundamental no desenvolvimento do direito internacional do meio ambiente, ao menos para deslegitimar a prática de atos que lhes sejam contrários". (p. 129).

[494] Muito sempre se questionou sobre quais são os níveis adequados de proteção ambiental, o que, no âmbito da Economia, pode se resolver por meio de uma análise de custo-benefício: "The tool advocated by economists as the means of establishing the appropriate level of environmental protection is cost-benefit analysis (CBA). CBA is fundamental to the arguments used in the deregulation debate. Under a CBA approach the environment is protected insofar as the benefits of doing so exceed the costs. Or to put it in economic terms: the optimal level of environmental protection occurs when the marginal cost of protection equates with its marginal benefit". STARKEY, Richard. Competitiveness, deregulation and environmental protection. In: COLLIER, Ute (Org.). *Deregulation in the European Union*. Environmental perspectives. Londres: Routledge, 1998. p. 23-41. p. 24.

[495] "The tool advocated by economists as the means of establishing the appropriate level of environmental protection is cost-benefit analysis (CBA). CBA is fundamental to the arguments used in the deregulation debate. Under a CBA approach the environment is protected insofar as the benefits of doing so exceed the costs. Or to put it in economic terms: the optimal level of environmental protection occurs when the marginal cost of protection equates with its marginal benefit". STARKEY, Richard. Competitiveness, deregulation and environmental protection. In: COLLIER, Ute (Org.). *Deregulation in the European Union*. Environmental perspectives. Londres: Routledge, 1998. p. 23-41. p. 24.

vidualistas. Hoje, os ideais coletivos ganham mais relevância. Nestes termos, todo o contrato agrário causa reflexos no mundo em que está inserido, possuindo um papel específico e essencial à sociedade. Daí a ideia de função social do contrato agrário, consagrada não apenas na legislação agrarista, como também no Código Civil Brasileiro, em seu artigo 421.[496]

Reforça-se, dessa maneira, a tese de que a sustentabilidade é requisito para o cumprimento da norma contida no art. 421, CC/02.

Por fim, uma vez que as atividades econômicas que exploram irracionalmente os bens ambientais, em avenças agrárias, podem gerar externalidades negativas, é preciso estudar tais contratos à luz da principiologia do Direito Ambiental, notadamente com relação aos princípios da prevenção e precaução. É o que se fará a seguir.

3.2.1. Análise dos contratos agrários à luz dos princípios da prevenção e precaução do Direito Ambiental

Preconiza o constituinte de 1988, na norma disposta no art. 225, *caput*, da Carta Maior, uma tutela ostensiva do meio ambiente, a qual impõe deveres negativos e obrigações a honrar por parte de toda a coletividade. Ao lado de obrigações de não fazer (não poluir, não desmatar...), têm-se deveres comissivos, que requerem a promoção da natureza.[497]

Nesse panorama, o Direito Ambiental se muniu de mandados para otimização da norma disciplinada no *caput* do art. 225 da Constituição Federal. Trata-se de concretizar a principiologia aplicável a essa seara do Direito, em especial os princípios da prevenção e precaução.

Constata-se que "[...] o princípio da prevenção, [...] atuará na perspectiva de um dano futuro, de ocorrência certa".[498] Partindo-se da premissa de

---

[496] GONÇALVES, Albenir Itaboraí Querubini; CERESÉR, Cassiano Portella. *Função ambiental da propriedade rural e dos contratos agrários*. São Paulo: Leud, 2013. p. 172. Ademais, infere-se que: "Não se pode pormenorizar o fato de que os contratos agrários, visivelmente dotados de conteúdo econômico e social, também possuem um conteúdo ambiental. Este último resulta diretamente do bem jurídico tutelado pelos aludidos negócios jurídicos: a propriedade rural. A propriedade rural possui uma função ambiental, já que é constituída de elementos que compõe o meio ambiente e que são legalmente protegidos. Essa função ambiental visa tanto a conservação dos recursos renováveis como a conservação da própria propriedade em si. E se tal propriedade é dotada desta função, como negar que o instrumento que possibilita a sua exploração não o tenha?" (p. 173).

[497] "O dever fundamental de proteção do ambiente, da mesma forma que ocorre com o próprio direito fundamental ao ambiente, transita simultaneamente, dada a sua complexidade, entre a função defensiva e a função prestacional, podendo haver preponderância, a depender sempre do caso concreto, de uma ou outra carga normativa. O estudo prévio de impacto ambiental, previsto no art. 225, § 1º, III, da CF/88, constitui, nesse sentido, manifestação do dever fundamental de proteção ambiental, limitando o direito de propriedade, a autonomia privada e a livre iniciativa dos atores econômicos e condicionando o exercício dos referidos direitos à realização de um comportamento positivo, ou seja, a realização do estudo de impacto ambiental para legitimar juridicamente a instalação de uma obra ou atividade causadora ou potencialmente causadora de significativa degradação do ambiente, ao qual se deverá dar publicidade – também caracterizando o dever de informação ambiental dos particulares. De certa forma, são deveres anexos ao exercício do direito de propriedade (e também da livre iniciativa) impostos em decorrência de limitações de cunho ecológico". Vide SARLET, Ingo Wolfgang; FENSTERSEIFER, Tiago. *Direito Constitucional Ambiental*: Constituição, direitos fundamentais e proteção do ambiente. 3. ed. São Paulo: Revista dos Tribunais, 2013. p. 243-244.

[498] TESSLER, Marga Inge Barth. Teoria geral da responsabilidade ambiental. *Revista CEJ*, Brasília, a. XI, n. 38, p. 4-12, jul./set. 2007. p. 8.

que a prevenção demanda pesquisa e informação, Paulo Affonso Leme Machado alerta que

> [...] a aplicação do princípio da prevenção comporta, pelo menos, doze itens: 1) identificação e inventário das espécies animais e vegetais de um território, quanto à conservação da natureza; 2) identificação das fontes contaminantes das águas e do ar, quanto ao controle de poluição; 3) identificação e inventário dos ecossistemas, com a elaboração de um mapa ecológico; 4) planejamento ambiental e econômico integrados; 5) ordenamento territorial ambiental para a valorização das áreas de acordo com a sua aptidão; 6) Estudo de Impacto Ambiental; 7) prestação de informações contínuas e completas; 8) emprego de novas tecnologias; 9) autorização ou licenciamento ambiental; 10) monitoramento; 11) inspeção e auditoria ambientais; 12) sanções administrativas ou judiciais.[499]

No âmbito da prevenção, a probabilidade de ocorrência de dano ambiental futuro, derivada de determinado empreendimento, é certa. Nesse campo, indaga-se qual o risco conhecido de provável dano futuro ao ambiente deve ser obstado, em virtude de que "[...] do ponto de vista ético, a prevenção do que ainda não ocorreu é muito complexa, pois o futuro pode não ser exatamente como imaginamos que ele será".[500] Refira-se que esse princípio demanda a escolha de riscos:

> Um aspecto do PP[501] que tem sido muito pouco ressaltado pela doutrina especializada é que prevenir riscos ou danos implica *escolher* quais os riscos ou os danos pretendemos prevenir e quais aceitamos correr. Se feita racionalmente a escolha, escolheremos o risco menor em preferência ao maior. Contudo, nem sempre as escolhas são feitas racionalmente, pois a *percepção* do risco nem sempre guarda alguma relação com o *risco real* e, muitas vezes, a escolha é feita com base na percepção e não no risco real.[502] [grifo do autor].

Por outro lado, o princípio constitucional da precaução[503] envolve incerteza científica quanto à plausividade da ocorrência futura de um dano à natureza produto de dado empreendimento.[504] Sobre a incerteza científi-

---

[499] MACHADO, Paulo Affonso Leme. *Direito Ambiental brasileiro*. 21. ed., rev., atual. e ampl. São Paulo: Malheiros, 2013. p. 122-123. O autor complementa seu raciocínio, aduzindo que "[...] a aceitação do princípio da prevenção não para somente no posicionamento mental a favor de medidas ambientais acauteladoras. O princípio de prevenção deve levar à criação e à prática de política pública ambiental, através de planos obrigatórios. A Convenção sobre o Direito Relativo à Utilização dos Cursos de Água Internacionais para Fins Diversos dos de Navegação, de 1997, aponta os fatores relevantes para a utilização equitativa e razoável dos cursos de água (art. 6º). A legislação brasileira prevê a realização de planos em diversos setores ambientais, tais como: hídrico (Lei 9.433/1997), saneamento básico (Lei 11.445/2007), resíduos sólidos (Lei 12.305/2010), segurança de barragem (Lei 12.334/2010). No Brasil, quando a Lei 6.938/1981 diz, em seu art. 2º, que em sua Política Nacional do Meio Ambiente observará como princípios a 'proteção dos ecossistemas, com a preservação das áreas representativas', e 'a proteção de áreas ameaçadas de degradação', está indicando especificamente onde aplicar-se o princípio da prevenção. Não seria possível proteger sem aplicar medidas de prevenção". (p. 122-123).

[500] ANTUNES, Paulo de Bessa. *Princípio da precaução*: breve análise da sua aplicação pelo Tribunal Regional Federal da 1ª Região. Interesse Público, Belo Horizonte, a. IX, n. 43, p. 41-74, maio/jun. 2007. p. 45.

[501] Abreviação utilizada pelo autor ao comentar o princípio da prevenção.

[502] ANTUNES, Paulo de Bessa. *Princípio da precaução*: breve análise da sua aplicação pelo Tribunal Regional Federal da 1ª Região. Interesse Público, Belo Horizonte, a. IX, n. 43, p. 41-74, maio/jun. 2007. p. 48.

[503] Examine-se SUNSTEIN, Cass R. *Laws of fear – beyond the precautionary principle*. Cambridge: Cambridge University, 2005.

[504] "O princípio da precaução, como estrutura indispensável ao Estado de justiça ambiental, busca verificar a necessidade de uma atividade de desenvolvimento e os potenciais de risco ou perigo desta. Parte-se

ca acerca de possíveis danos ambientais a serem produzidos, comenta-se que:

> Mesmo se formos capazes de identificar esses novos problemas ambientais e sua escala potencial, nosso conhecimento a respeito deles é limitado por incerteza científica. Nós não sabemos quão cedo o aquecimento global vai acontecer, ou o quão severo será. Nem sabemos como os diferentes ecossistemas ou plantas e espécies animais irão responder à mudança climática.[505] [tradução livre].

Ao se diferenciar os princípios a partir de suas nomenclaturas, percebe-se que

> [...] *prevenção* é substantivo do verbo prevenir, a significar ato ou efeito de antecipar-se, chegar antes, ao passo que *precaução* é substantivo do verbo precaver-se e sugere cuidados antecipados, ou seja, cautela para que uma ação não resulte em efeitos indesejáveis.[506] [grifo do autor].

E, somando-se a isso, acrescenta-se que

> [...] *prevenção* exige certeza científica, ou seja, existência de elementos seguros que estejam a indicar risco de dano em potencial, ao passo que a *precaução* qualifica-se pela incerteza científica em torno da existência de risco de perigo potencial.[507] [grifo do autor].

Confrontando-se tais princípios, diz-se que o princípio da prevenção possui como elementos:

> [...] (a) altíssima e intensa probabilidade (certeza) de dano especial e anômalo; (b) atribuição e possibilidade de o Poder Público evitá-lo; e (c) o ônus estatal de produzir a prova da excludente reserva do possível ou outra excludente de causalidade, no caso da configuração do evento danoso. [...] Já o princípio constitucional da precaução, igualmente dotado de eficácia direta e imediata, estabelece (não apenas no campo ambiental), mas nas relações de Administração em geral) a obrigação de adotar medidas antecipatórias e proporcionais mesmo nos casos de incerteza quanto à produção de danos fundadamente temidos (juízo de forte verossimilhança). A não observância do dever configura omissão antijurídica, que, à semelhança do que sucede com a ausência da prevenção cabível, tem o condão de gerar dano (material e/ou moral) injusto e, portanto, indenizável, dispendiosamente absorvido pela castigada massa dos contribuintes.[508]

---

dos pressupostos que os recursos ambientais são finitos e os desejos e a criatividade do homem infinitos, exigindo uma reflexão através da precaução, se a atividade pretendida, ou em execução, tem como escopo a manutenção dos processos ecológicos e de qualidade de vida". LEITE, José Rubens Morato; AYALA; Patryck de Araújo. *Dano ambiental*: do individual ao coletivo extrapatrimonial. 4. ed., rev., atual. e ampl. São Paulo: Revista dos Tribunais, 2011. p. 55.

[505] "Even as we are able to identify these new environmental problems and their potential scale, our knowledge of them is limited by scientific uncertainty. We do not know how soon global warming will occur, or how severe it will be. Nor do we know how different ecosystems or plant and animal species will respond to a changing climate". FINDLEY, Roger W. The future of environmental law. *Revista de Direito Ambiental*, São Paulo, v. 8, n. 31, p. 9-19, jul./set. 2003. p. 12.

[506] COUTINHO, Francisco Seráphico da Nóbrega. Confrontações teóricas entre o princípio da precaução, a nova hermenêutica e a prática jurisdicional. In: FARIAS, Talden; COUTINHO, Francisco Seráphico da Nóbrega. *Direito Ambiental*: o meio ambiente e os desafios da contemporaneidade. Belo Horizonte: Fórum, 2010. p. 47-69. p. 59.

[507] COUTINHO, Francisco Seráphico da Nóbrega. Confrontações teóricas entre o princípio da precaução, a nova hermenêutica e a prática jurisdicional. In: FARIAS, Talden; COUTINHO, Francisco Seráphico da Nóbrega. *Direito Ambiental*: o meio ambiente e os desafios da contemporaneidade. Belo Horizonte: Fórum, 2010. p. 47-69. p. 60.

[508] FREITAS, Juarez. *Discricionariedade administrativa e o direito fundamental à boa administração pública*. 2. ed. São Paulo: Malheiros, 2009. p. 101. Ademais, Freitas esclarece ser inaceitável a adoção de providências de precaução fundadas em medos demasiados: "No cotejo, pois, com o princípio da prevenção,

Oportuno registrar, ademais, que a aplicação do princípio da precaução exige que se atente para o princípio da proporcionalidade.⁵⁰⁹ A partir desse entendimento,

> [...] observa-se que o princípio da precaução não pode deixar de ser aplicado pelo Estado sob pena de violação à cláusula de vedação de inoperância e, de outra banda, não pode ser aplicado indiscriminadamente sob pena de violação à cláusula da vedação de excesso.⁵¹⁰

Nesse horizonte, a tutela da sustentabilidade requer uma atuação sistêmica, já que

> [...] o direito do ambiente, que tem a ver com os direitos ou interesses difusos, deve ser encarado na sua globalidade, como um todo harmônico, onde a proteção da fauna e da flora tem a ver também com os interesses vitais do homem, não sendo possíveis compartimentações artificiais neste domínio.⁵¹¹

Isto é, diante de colisões de direitos entre interesses individuais e sociais⁵¹² ligadas ao uso dos recursos naturais, o tratamento da matéria am-

---

a diferença sutil reside no grau estimado de probabilidade da ocorrência do dano (certeza *versus* verossimilhança). Como quer que seja, ao tratar da precaução, a administração pública, no exercício de suas competências, igualmente precisa agir na presunção de que a interrupção do nexo de causalidade consubstancia, no plano concreto, atitude mais adequada que a liberação do liame. Decerto, inadmissível a tomada das medidas de precaução como fruto de temores excessivos ou desarrazoados. Para figurar hipótese, seria estridente demasia, consoante o atual estado de conhecimentos, cogitar a proibição do uso de celulares simplesmente por medo mórbido quanto aos efeitos nocivos de toda e qualquer radiação. Escusado assinalar que a insuficiência reticente e a dose irrealista de precaução, cada uma a seu modo, conduzem à idêntica frustração do direito à boa administração pública". (p. 103). Imprescindível, pois, nessa conjuntura, o uso de proporcionalidade, vedando-se excessos e inoperâncias: "O princípio da precaução deve sempre observar o princípio da proporcionalidade e, obviamente, as cláusulas que dele são corolários. As vedações de excesso e de inoperância devem estar sempre presentes no manejo do princípio da precaução pelo Estado em suas três funções: administrativas, judiciária e legislativa. Assim o ato administrativo que deve visar sempre a um fim de interesse público não pode ser excessivo a ponto de mutilar direitos e destruir garantias constitucionais e nem insuficiência a ponto de nenhuma finalidade atingir e nenhum direito tutelar". Vide WEDY, Gabriel. *O princípio constitucional da precaução*: como instrumento de tutela do meio ambiente e da saúde pública. Belo Horizonte: Fórum, 2009. p. 120.

⁵⁰⁹ Sobre os direitos fundamentais e o princípio da proporcionalidade, consulte-se ALEXY, Robert. *Teoria dos direitos fundamentais*. Tradução de: Virgílio Afonso da Silva. São Paulo: Malheiros, 2008.

⁵¹⁰ WEDY, Gabriel. O princípio constitucional da precaução: como instrumento de tutela do meio ambiente e da saúde pública. Belo Horizonte: Fórum, 2009. p. 123. Examine-se também FREITAS, Juarez. *Princípio da precaução*: vedação de excesso e de inoperância. Interesse Público, Porto Alegre, a. VII, n. 35, p. 33-48, jan./fev. 2006.

⁵¹¹ CANOTILHO, José Joaquim Gomes. *Proteção do ambiente e direito de propriedade* (crítica de jurisprudência ambiental). Coimbra: Coimbra, 1995. p. 33. Nesse sentido: "Uma das maiores dificuldades parece estar na mediação correta da importância e a ponderação adequada dos interesses individuais, coletivos/difusos e públicos envolvidos, que, muitas vezes, não são congruentes. Somente nos últimos anos progrediram o estudo e a discussão sobre os valores constitucionais colidentes da liberdade empresarial, do desenvolvimento econômico e da defesa ambiental. Torna-se necessário o exercício de um sopesamento concreto dos interesses sociais envolvidos, para podermos chegar a solução que correspondem às metas fixadas na legislação. Assim, pode-se observar um tipo de ponderação deformada, na qual os tribunais costumam dar ampla preferência aos interesses públicos 'tradicionais' como a criação e manutenção de empregos, a produção de bens, a geração de tributos etc. Comparados com estes interesses econômicos, os julgadores costumam relegar ao segundo plano interesses difusos. Nesse processo de decisão, não é permissível 'jogar' uma geração (ou: dimensão) de direitos contra a outra, nesse caso: a segunda (direitos sociais, exemplo: emprego) contra a terceira (o meio ambiente saudável)". KRELL, Andreas J. Ordem jurídica e meio ambiente na Alemanha e no Brasil: alguns aspectos comparativos. *Revista de Direito Ambiental*, São Paulo, v. 8, n. 31, p. 178-206, jul./set. 2003. p. 199-200.

⁵¹² A respeito da colisão de direitos, Tepedino comenta limitações administrativas impostas por lei ao particular com base na função socioambiental da propriedade, tais como obrigações dos adquirentes de

biental, dada sua complexidade, reclama ponderação de valores e cautela, exigindo tomada de decisões sob uma perspectiva de longo prazo, em razão da interdependência das questões socioeconômicas e ecológicas.[513] Dito de outra maneira, percebe-se que

> [...] os benefícios do uso insustentável das florestas tendem a ser de curto prazo e locais. Se um proprietário de terras corta e vende madeira, e então converte a terra em pastagens e plantações, ele imediatamente percebe o valor das toras e logo percebe o valor do gado e da plantação. Por contraste, o custo do uso insustentável tende a ser de longo prazo e externo, isto é, eles são sofridos pelas comunidades nacionais e globais. Entre os custos a longo prazo do desmatamento estão a perda da biodiversidade e a mudança do clima.[514] [tradução livre].

Como consequência, é essencial compreender que "[...] a atividade econômica não pode ser exercida em desarmonia com os princípios destinados a tornar efetiva a proteção do meio ambiente".[515] Logicamente, a assertiva vale também para os contratos agrários.

A precaução de riscos ambientais incertos, entendida como um mandamento desenvolvido a partir do princípio da prevenção, a todos obriga. Ou seja,

> é evidente, pois, que o princípio da precaução está a impor ao Poder Público, mas também ao Estado-Juiz e por que não aos particulares, a consideração de que, em relação ao meio ambiente, em havendo dúvida fundada sobre o potencial lesivo (risco de perigo potencial) de uma determinada obra ou atividade, deve-se adotar a precaução necessária ao resguardo da higidez do meio ambiente.[516]

áreas de reserva florestal com deveres de reflorestamento derivados de exploração predatória da terra pelo proprietário anterior. O autor alerta também sobre o tema da colisão de direitos para o fato de que, a fim de se garantir direitos como a moradia, permite-se, por vezes, o assentamento de comunidades em áreas de preservação ambiental. Para aprofundamentos, indica-se a leitura de TEPEDINO, Gustavo. A função social da propriedade e o meio ambiente. *Revista Trimestral de Direito Civil* (RTDC), Rio de Janeiro, a. 10, v. 37, p. 127-148, jan./mar. 2009.

[513] "La interdependencia circular existente entre los procesos económicos, ecológicos, culturales y el bienestar humano en la modernidad, han generado como resultado del uso inadecuado de los recursos, niveles de contaminación y degradación que en algunos supuestos sobrepasan los límites de la auto recuperación de los sistemas generando daños irreversibles. [...] Lograr un desarrolo más perdurable no es solo responsabilidad de los poderes públicos si bien estos deben asumir el mayor grado de responsabilidad es también una responsabilidad de las empresas de los diferentes niveles organizativos y de la sociedad toda". LOVECE, Graciela. El ecosistema sustentable. La publicidad al medioambiente. *Revista de Direito Ambiental*, São Paulo, v. 8, n. 29, p. 36-48, jan./mar. 2003. p. 42.

[514] "The benefits from unsustainable use of forests tend to be short-term, and local. If a landowner cuts and sells timber, and then converts the land to pasture or crops, he immediately realizes the value of the logs and soon realizes the value of the cattle or crops. By contrast, the costs of unsustainable uses tend to be long-term and external, that is, they are suffered by the national and global communities. Among the long-term costs of deforestation are the loss of biodiversity and climate change". FINDLEY, Roger W. The future of environmental law. *Revista de Direito Ambiental*, São Paulo, v. 8, n. 31, p. 9-19, jul./set. 2003. p. 13-14.

[515] FERNANDES, Patrícia Vieira dos Santos. A importância dos princípios da precaução e da prevenção na busca do desenvolvimento sustentável. L & C – *Revista de Administração Pública e Política*, Brasília, a. XIV, n. 156, p. 33-34, jun. 2011. p. 33. Adiciona, ainda, a autora: "É exatamente nesse contexto que surge a necessidade do desenvolvimento sustentável, ou seja, aquele economicamente factível, ecologicamente adequado, socialmente justo e culturalmente equitativo, sem discriminações". (p. 33).

[516] COUTINHO, Francisco Seráphico da Nóbrega. Confrontações teóricas entre o princípio da precaução, a nova hermenêutica e a prática jurisdicional. In: FARIAS, Talden; COUTINHO, Francisco Seráphico da Nóbrega. *Direito Ambiental*: o meio ambiente e os desafios da contemporaneidade. Belo Horizonte: Fórum, 2010. p. 47-69. p. 62.

Imprescindíveis, em se tratando de meio ambiente, posturas acautelatórias, onde se procure equacionar proveitos privados e benefícios coletivos ou, com outras palavras, onde se atente para a capacidade renovatória dos recursos naturais e a vedação de práticas ambientalmente nocivas.[517]

Constata-se a necessidade de uma postura preventiva com vistas à garantia de direito ao futuro,[518] que também se revela em sede de direito comparado:

---

[517] Veja-se que o Judiciário brasileiro tem acolhido os princípios da prevenção e precaução, pronunciando-se em prol da proteção ambiental: "Agravo regimental no pedido de suspensão. Grave lesão à ordem e economia públicas. Inexistência. Pedido de suspensão indeferido. Agravo regimental desprovido. I – Consoante a legislação de regência (v.g. Lei n. 8.437/1992 e n. 12.016/2009) e a jurisprudência deste Superior Tribunal e do c. Pretório Excelso, somente será cabível o pedido de suspensão quando a decisão proferida contra o Poder Público puder provocar grave lesão à ordem, à saúde, à segurança e à economia públicas. II – Não se mostra viável na presente senda o exame do acerto ou desacerto de *decisum*, não podendo o incidente ser utilizado com o objetivo de discutir o próprio mérito da ação principal, *in casu*, a necessidade, ou não, de se observar a Lei de Parcelamento de Solo Urbano nos licenciamentos e aprovações dos condomínios que estão sendo implementados no Município de Concórdia. III – Em relação à alegação de grave lesão à ordem econômica, depreende-se dos autos especial preocupação de que da forma como os empreendimentos condominiais estão sendo tratados pelas autoridades locais surjam efeitos potencialmente danosos à saúde pública em razão de provável avanço imobiliário desordenado. IV – Entendo que os provimentos judiciais os quais se pretende a suspensão não tem o condão de gerar lesão à ordem pública do Município do Concórdia, já que ao Poder Judiciário incumbe fazer cessar qualquer ilegalidade que seja levada a seu conhecimento, ainda que tal medida possa frustrar, em algumas situações, o implemento de políticas públicas urbanas, no presente caso, a expansão imobiliária no município de Concórdia, considerada, pelas decisões ora ainda impugnadas, maléfica ao meio ambiente. V – Assim, entendo prestigiado o interesse público da municipalidade já que as rr. decisões impugnadas apenas conferiram eficácia ao princípio ambiental da prevenção, haja vista o conhecimento notório de que o crescimento urbano desordenado pode comprometer os serviços essenciais tais como, água, esgoto e segurança. Agravo regimental desprovido". BRASIL. Superior Tribunal de Justiça. AgRg na Suspensão de Liminar e de Sentença nº 1.744 SC (2013/0107749-0). Corte Especial, Relator Ministro Felix Fischer, julgado em 07.08.2013. Disponível em: <https://ww2.stj.jus.br/revistaeletronica/Abre_Documento.asp?sLink=ATC&sSeq=30342932&sReg=201301077490&sData=20130826&sTipo=5&formato=PDF> Acesso em: 28 jan. 2014. Da mesma forma: "Administrativo. Ambiental. Mandado de Segurança preventivo. Cultivares de soja. Variação na cor do hilo. Ausência de norma regulamentadora. Omissão do Ministério da Agricultura, Pecuária e Abastecimento. Não ocorrência. Necessidade de estudos técnico-científicos. Direito líquido e certo não evidenciado. Mandado de Segurança denegado. 1. Insurge-se a impetrante contra a omissão da autoridade coatora em normatizar a questão da variação da tonalidade de cor do hilo das sementes de soja. 2. O meio ambiente equilibrado – elemento essencial à dignidade da pessoa humana –, como 'bem de uso comum do povo e essencial à sadia qualidade de vida' (art. 225 da CF), integra o rol dos direitos fundamentais. Nesse aspecto, por sua própria natureza, tem o meio ambiente tutela jurídica respaldada por princípios específicos que lhe asseguram especial proteção. 3. O direito ambiental atua de forma a considerar, em primeiro plano, a prevenção, seguida da recuperação e, por fim, o ressarcimento. 4. A controvérsia posta em exame no presente *mandamus* envolve questão regida pelo direito ambiental que, dentre os princípios que regem a matéria, encampa o princípio da precaução. 5. Deve prevalecer, no presente caso, a precaução da administração pública em liberar o plantio e comercialização de qualquer produto que não seja comprovadamente nocivo ao meio ambiente. E, nesse sentido, o Ministério da Agricultura, Pecuária e Abastecimento – MAPA tem tomado as providências e estudos de ordem técnico-científica para a solução da questão, não se mostrando inerte, como afirmado pela impetrante na inicial. 6. Não se vislumbra direito líquido e certo da empresa impetrante em plantar e comercializar suas cultivares, até que haja o deslinde da questão técnico-científica relativa à ocorrência de variação na cor do hilo das cultivares. 7. Mandado de segurança denegado". BRASIL. Superior Tribunal de Justiça. MS 16074 / DF (201100123180). 1ª Seção, Relator Ministro Arnaldo Esteves Lima, julgado em 09.11.2011. Disponível em: <https://ww2.stj.jus.br/revistaeletronica/Abre_Documento.asp?sLink=ATC&sSeq=18867295&sReg=201100123180&sData=20120621&sTipo=5&formato=PDF>. Acesso em: 28 jan. 2014.

[518] FREITAS, Juarez. *Sustentabilidade*: direito ao futuro. Belo Horizonte: Fórum, 2011; e FREITAS, Juarez. *Sustentabilidade*: direito ao futuro. 2. ed. Belo Horizonte: Fórum, 2012.

Os princípios da precaução e da tutela preventiva constituem as regras fundamentais do ordenamento europeu em matéria da proteção ambiental. Da leitura do art. 174 do Tratado CE,[519] nota-se que, de acordo com uma escala hierárquica, vai-se da precaução à tutela preventiva até a técnica de tutela de tipo meramente reparador, dando uma particular relevância para a correção do dano ambiental na fonte, a fim de evitar maiores danos. O ordenamento comunitário visa a alavancar objetivo de prevenção de danos ambientais, em vez de proteger o meio ambiente com as técnicas para a compensação do dano já verificado. Neste complexo desenvolvimento de regras e princípios, ressalta-se a aplicação dos instrumentos de análise econômica do direito, adequados para avaliar e medir a eficácia e a eficiência das escolhas. [...] A aplicação do princípio da precaução implica, em essência, a adoção de decisões cautelares, quando, na presença de riscos sérios ou irreversíveis, ainda não seja possível determinar com certeza, com base no conhecimento científico disponível, uma exata relação entre causa e efeito. A avaliação do ponto de vista científico sobre a existência de um risco não justifica a adoção de qualquer medida de proteção a ponto de eliminá-lo, uma vez que ainda é prioritário definir previamente o nível de aceitação do mesmo que se está disposto a suportar do ponto de vista social. Para isso, é necessário, portanto, realizar, através de uma análise específica, uma avaliação prévia da relação entre o nível de risco tido como aceitável e seus efeitos (custo-benefício), da medida que se pretende adotar.[520] [tradução livre].

Destarte, em um contexto de sustentabilidade multidimensional, o princípio da precaução é

[...] instrumento de gestão de risco,[521] de questionamento para a tomada de decisão fundada em atitudes responsáveis e posturas preocupadas com a existência e a qualidade de vida das

---

[519] O autor refere-se à Comunidade Europeia ao utilizar a abreviação "CE", a qual, no âmbito do Direito Comunitário europeu, era composta pela Comunidade Europeia do Carvão e do Aço (CECA), Comunidade Europeia de Energia Atômica (EAEC ou Euratom) e Comunidade Econômica Europeia (CEE). Cabe ressaltar que a Comunidade Econômica Europeia (CEE) foi substituída pela União Europeia com o Tratado de Maastricht de 1993. Para aprofundamentos, indica-se a leitura de MACHADO, Jónatas E. M. *Direito da União Europeia*. Coimbra: Wolters Kluwer Portugal/Coimbra, 2010.

[520] "I principi di precauzione e di tutela preventiva costituiscono le regole fondamentali dell'ordinamento europeo nel campo della tutela dell'ambiente. Dalla lettura dell'art. 174 del Trattato CE si nota che secondo una scala gerarchica si va dalla precauzione alla tutela preventiva sino alle tecniche di tutela di tipo meramente risarcitorio, dando una particolare rilevanza alla correzione del danno ambientale alla fonte, onde evitare il maggior danno. L'ordinamento comunitario si prefigge l'obietivvo di far leva sulla prevenzione dei danni ambientali piuttosto che tutelare l'ambiente con tecniche risarcitorie del danno già verificatosi. In Tale complesso sviluppo di regole e principi si avverte l'applicazione degli strumenti di analisi economica del diritto, idonei a valutare e misurare l'efficacia e l'efficienza delle scelte. [...] L'applicazione del principio di precauzione comporta, in sostanza, l'adozione di decisioni cautelative allorquando, in presenza di rischi gravi o irreversibili, non sia ancora possibile stabilire con certezza, sulla base delle conoscenze scientifiche disponibili, un'esatta relazione tra causa ed effetto. L'accertamento dal punto di vista scientifico della esistenza di un rischio non giustifica l'adozione di qualsivoglia misura di tutela in grado di eliminarlo in quanto è comunque prioritario definire previamente il livello di accettabilità dello stesso che si è disposti a sopportare da un punto di vista sociale. A tale scopo è quindi necessario procedere, attraverso una specifica analisi, ad una previa valutazione del rapporto tra il livello di rischio ipotizzato come accettabile e gli effetti (costi-benfici), della misura che si intende adottare". CUSENZA, Masia. Il recepimento della direttiva 2005/35/CE in Svezia. *Rivista Giuridica dell'Ambiente*, Milano, Giuffrè, n. 1, p. 81-111, 2010. p. 85-86.

[521] Esclarecedora, nesse passo, a seguinte passagem: "A avaliação de risco e a gestão de risco envolvem decisões difíceis e às vezes controvertidas. A tomada de decisão é difícil porque existe incerteza com relação aos perigos ambientais e às implicações para a saúde humana e a ecologia, especialmente no longo prazo. A controvérsia surge porque não há um claro consenso sobre como o governo deve reagir ao que se sabe sobre um determinado perigo. Ao admitir que não podem ser eliminados todos os riscos ambientais, os formuladores de políticas públicas têm de determinar o grau de risco que a sociedade pode tolerar – uma decisão sobre a qual normalmente existe um grande debate. Também precisam decidir qual política adotar para conseguir qualquer que seja o nível de risco considerado aceitável. Como as autoridades públicas justificam a escolha de um ou outro instrumento de política? Quais são os critérios que norteiam

presentes e futuras gerações. Assim sendo, fortalece a defesa ambiental com o envolvimento da comunidade científica na pesquisa para fundamentar o planejamento de projetos que visem à sadia qualidade de vida.[522]

E é nessa conjuntura de desejável prudência ecológica que à contratação agrária proíbe-se que resulte em atividade potencialmente danosa.[523] Isso se dá porque, em perspectiva de desenvolvimento sustentável, vigoram o princípio *in dubio pro natura*[524] e o princípio da solidariedade.[525]

---

esse processo de tomada de decisões, e eles são adequados?" *Vide* THOMAS, Janet M.; CALLAN, Scott J. *Economia ambiental*: fundamentos, políticas e aplicações. São Paulo: Cengage Learning, 2010. p. 143.

[522] TEIXEIRA, Orci Paulino Bretanha. *A fundamentação ética do estado socioambiental*. 2012. 149 f. Tese (Doutorado em Filosofia) – Faculdade de Filosofia e Ciências Humanas, Pontifícia Universidade Católica do Rio Grande do Sul, Porto Alegre, 2012. p. 127. O autor complementa: "O que se objetiva com a aplicação do princípio da precaução é tão somente demonstrar que a atividade que vier a utilizar recursos ambientais é segura – e não ausente de riscos. Seja prevenindo uma suspeição de perigo, seja garantindo suficiente margem de segurança da linha de perigo, trata da imposição na tomada de providências acauteladoras relativas a atividades sobre as quais não existe certeza científica quanto aos possíveis efeitos negativos. Basta haver suspeita de risco ao equilíbrio do ecossistema ou dúvida para que sejam efetivadas proibições de intervenções no ecossistema ou restrições ao uso dos recursos ambientais. Vale dizer que, nesse particular, a incerteza científica milita em favor do meio ambiente ecologicamente equilibrado". (p. 126).

[523] "A ausência de 'certeza científica' conduz, necessariamente, à realização de estudos e desenvolvimento de pesquisas, métodos e técnicas de análise e gestão dos riscos envolvidos, já que, em todo caso, o conhecimento humano, ainda que científico, não conseguirá ser dotado de certeza, pois que provisório por natureza, o que não implica em *(sic)* dizer que, por isso, seja possível agir sem qualquer precaução. Daí a imprescindibilidade de realização do estudo prévio de impacto ambiental, sem o que não se poderá iniciar ou deverá ser paralisada qualquer obra ou atividade que envolva dano ou risco potencial ao meio ambiental (segundos os princípios da prevenção e precaução, respectivamente, conforme mandamento constitucional (CR, art. 225, parg 1, IV)". COUTINHO, Francisco Seráphico da Nóbrega. Confrontações teóricas entre o princípio da precaução, a nova hermenêutica e a prática jurisdicional. In: FARIAS, Talden; COUTINHO, Francisco Seráphico da Nóbrega. *Direito Ambiental*: o meio ambiente e os desafios da contemporaneidade. Belo Horizonte: Fórum, 2010. p. 47-69. p. 64.

[524] "Para la construcción jurídica del concepto de medio ambiente han sido esenciales en nuestro país las contribuciones realizadas por el derecho comunitario y el derecho internacional que han colaborado a la conciencia de protección ambiental. En los años ochenta resalta la tensión entre protección del medio ambiente y desarrollo económico. Para superarla se acuñó la expresión de desarrollo sostenible, definida en el Informe Brundtland como 'el desarrolo que satisface las necesidades del presente sin poner en peligro la capacidad y necesidades de las generaciones futuras'. Es decir, impone el equilibrio entre el crecimiento económico (el factor económico), la cohesión social (factor social) y la protección del medio ambiente (factor ambiental). Además en los años ochenta se han impuesto otra serie de principios como el de 'in dubio pro natura'". AYALA, Vanesa Rodríguez; PÉREZ MORENO, Alfonso. Nuevas ramas del derecho: derecho urbanístico y derecho ambiental, Real Academia Sevillana de Legislación y Jurisprudencia 2007. *Revista de Derecho Urbanístico y Medio Ambiente*. Madrid, n. 244, p. 179-186, set./out. 2008. p. 183.

[525] "Más allá de los límites que acotan las soberanías de los Estados nacionales, la solidaridad debe ser un imperativo no sólo ético, sino también práctico, impuesto por la base internacional de la mayoría de los sistemas naturales y por la necesidad de limitar, en aras del desarrollo sostenible, un excesivo uso de los recursos, lo que requiere obligadamente de asistencias y transvases. Así la solidaridad aparece como complemento y a la vez consecuencia y corolario de la puesta en vigor de los principios antes enunciados". MARTÍN MATEO, Ramón. *Manual de Derecho Ambiental*. 3. ed. Navarra: Thomson Aranzadi, 2003. p. 44. Ademais, na seara dos direitos fundamentais, importante lembrar que os direitos de solidariedade, dentre os quais o direito ao meio ambiente saudável, constituem a chamada dimensão ecológica da dignidade humana: "Assim como outrora os direitos liberais e os direitos sociais formatavam o conteúdo da dignidade humana, hoje também os direitos da solidariedade, como é o caso especialmente do direito a viver em um ambiente sadio, equilibrado e seguro, passam a conformar o seu conteúdo, ampliando o seu âmbito de proteção". SARLET, Ingo Wolfgang; FENSTERSEIFER, Tiago. *Direito Constitucional Ambiental*: Constituição, direitos fundamentais e proteção do ambiente. 3. ed. São Paulo: Revista dos Tribunais, 2013. p. 73.

Ratifica-se que, no que tange ao objeto de pesquisa deste trabalho, as atividades realizadas por particulares no âmbito dos contratos agrários também se sujeitam a medidas preventivas[526] e precaucionais.[527] Nesse sentido,

> [...] os contratos agrários assumem um importante papel, atuando como instrumentos de realização da exploração da propriedade rural. Propriedade, esta, aliás, que comporta elementos do meio ambiente. E, como essa propriedade é o cerne, o objeto do contrato agrário, não se pode negar que o instrumento contratual que a tutela também contenha disposições de cunho ambiental.[528]

Em suma, diante da eficácia direta e aplicabilidade imediata dos direitos fundamentais,[529] a exploração da terra por meio do arrendamento ou parcerias rurais reclama a observância dos princípios da prevenção e precaução.[530] Logo, é fundamental adotar inédita postura acautelatória em se tratando da utilização dos recursos naturais a fim de se preservar o direito de todos, seja o do arrendador ou o do arrendatário, seja o do parceiro-outorgante ou o do parceiro-outorgado. Isso porque um pequeno dano ambiental cometido numa propriedade privada, como a queimada ilícita pode acabar, em longo prazo, assumindo proporção catastrófica.[531]

---

[526] "No direito brasileiro, a prevenção está estabelecida no art. 225, § 1º, inciso V, da Constituição Federal, bem como através do art. 54, §3º, da Lei 9.605/98, que penaliza criminalmente quem deixar de adotar medidas precaucionais exigidas pelo Poder Público. O princípio da precaução encontra-se consagrado também na Lei de Biossegurança, no seu art. 1 da Lei 11.105/2005". LEITE, José Rubens Morato; AYALA; Patryck de Araújo. *Dano ambiental*: do individual ao coletivo extrapatrimonial. 4. ed., rev., atual. e ampl. São Paulo: Revista dos Tribunais, 2011. p. 54.

[527] Especificamente acerca do princípio da precaução, adequada a explicação: "cuida-se de um princípio com *status* de princípio constitucional, dotado de valor jurídico autônomo, a ser aplicado direta e obrigatoriamente por todos aqueles que se encontram na posição de tomadores de decisões, sejam agentes públicos, sejam pessoas privadas". MIRRA, Álvaro Luiz Valery. Ação civil pública ambiental: aspectos da tutela jurisdicional de precaução relacionada à questão das mudanças climáticas. In: PALMA, Carol Manzoli; SACCOMANO NETO, Francisco; OLIVEIRA, Taísa Cristina Sibinelli de. *Direito Ambiental*: efetividade e outros desafios. São Paulo: Lex, 2012. p. 41-47. p. 43-44.

[528] GONÇALVES, Albenir Itaboraí Querubini; CERESÉR, Cassiano Portella. *Função ambiental da propriedade rural e dos contratos agrários*. São Paulo: Leud, 2013. p. 176.

[529] "[...] os Direitos Fundamentais são auto-aplicáveis *(sic)* inclusive na relação entre particulares, o simples fato de que ainda não existe uma lei específica que trate da Proteção de Dados Pessoais não é por si só bastante à defesa da inexistência de tutela". RUARO, Regina Linden. Responsabilidade civil do Estado por dano moral em caso de má utilização de dados pessoais. *Direitos Fundamentais & Justiça*, Porto Alegre, a. 1, n.1, p. 231-245, out./dez. 2007. p. 244.

[530] Infelizmente, há relatos de situações nas quais a aplicação dos princípios da prevenção e da precaução nas avenças agrárias foi preterida. Para ilustrar, *vide* jurisprudência, onde, no caso, a terra cuja fração foi objeto de arrendamento possuía gravame de preservação ambiental em 90,4% de sua extensão e tal dado foi deliberadamente omitido pelo arrendador quando da celebração do contrato. Diante dessa omissão, houve corte de árvores para plantio da safra por parte do arrendatário, acarretando dano ambiental significativo. Consulte-se a íntegra do julgado em RIO GRANDE DO SUL. Tribunal de Justiça do Rio Grande do Sul. Apelação Cível Nº 70052349529. Nona Câmara Cível, Relator: Tasso Caubi Soares Delabary, Julgado em 28/08/2013. Disponível em: <http://www.tjrs.jus.br/busca/?q=APELA%C7%C3O+C%CDVEL.+CONTRATOS+?AGR%C1RIOS.+OMISS%C3O+PELO+ARRENDADOR&tb=jurisnova&pesq=ementario&partialfields=tribunal%3ATribunal%2520de%2520Justi%25C3%25A7a%2520do%2520RS.%28TipoDecisao%3Aac%25C3%25B3rd%25C3%25A3o%7CTipoDecisao%3Amonocr%25C3%25A1tica%7CTipoDecisao%3Anull%29&requiredfields=&as_q=>. Acesso em: 30 jan. 2014.

[531] "Quando da aferição pericial do dano ambiental, importa ter em vista não apenas os efeitos pretéritos, já perfeitamente identificáveis, mas também os efeitos futuros, ainda não dimensionáveis, mas certamente prováveis, a partir de juízos científicos, identificando-se, além das medidas necessárias à reparação, as medidas relativas à prevenção dos impactos e o sistema de monitoramento do dano. [...]

Sob outro ângulo, convém registrar que

[...] quando se fala em "custo social", está-se tratando na verdade de um "custo" fictício, no sentido econômico, e para o qual não existe expressão monetária mediante transações voluntárias estabelecidas entre agentes que atuam no espaço dos direitos de propriedade. O problema, nesse caso, é o de estabelecer uma regulação da intensidade e extensão da exploração dos recursos naturais de modo a preservar o equilíbrio geral dos ecossistemas. A questão extrapola, portanto, a esfera dos empreendimentos individuais privados e se coloca na esfera global da ação humana sobre o meio ambiente. A regulação dos níveis de intervenção humana global sobre o meio ambiente, por outro lado, escapa à esfera dos empreendimentos privados, mesmo que eles sejam desenvolvidos, em escala individual, com métodos "sustentáveis". Ou seja, a "sustentabilidade" ecológica global não é idêntica à soma de intervenções "sustentáveis" da multiplicidade de agentes econômicos. Se essa proposição for considerada verdadeira, a regulação da extensão e intensidade globais em que se dá a exploração dos recursos naturais não pode se dar pela via do sistema de preços, que sanciona apenas projetos individualizados, dotados de custos privados. A preservação do equilíbrio dos ecossistemas se constitui assim como um bem público que só poderia ser regulado na esfera política, à luz do interesse coletivo, caracterizado por processos democráticos de legitimação.[532]

Portanto, vê-se que os princípios da prevenção e da precaução em comento irradiam seus efeitos além da seara do Direito que lhes é própria, ou seja, o Direito Ambiental. Tais comandos impõem ao Poder Público – seja em sua atividade legislativa,[533] administrativa ou judicante – bem como aos

---

A fim de dimensionar o dano ambiental, sustenta-se a necessidade de inversão do ônus da prova, o que pode ser determinado ainda na fase do inquérito civil, determinando à empresa investigada que custeie o diagnóstico ambiental da área impactada, aferindo todas as peculiaridades do dano, pretéritas e futuras". STEIDGLEDER, Annelise Monteiro. Aspectos jurídicos da reparação de áreas contaminadas por resíduos industriais. *Revista de Direito Ambiental*, São Paulo, a. 8, n. 29, p. 127-166, jan./mar. 2003. p. 156. Apropriada, nesse passo, interessante reflexão acerca das externalidades negativas produzidas por danos ao ambinete, as limitações ambientais e o crecimento de longo prazo: "How environmental limitations affect long-run growth. In thinking about this issue, it is important to distinguish between environmental factor for which there are well-defined property rights – notably natural resources and land – and those for which there are not – notably pollution-free air and water. The existence of property rights for an environmental good has two important implications. The first is that markets provide valuable signals concerning how the good should be used. Suppose, for example, that the best available evidence indicates that the limited supply of oil will be an important limitation on our ability to produce in the future. This means that oil will command a high price in the future. But this in turn implies that the owners of oil do not want to sell their oil cheaply today. Thus oil commands a high price today, and so current users have an incentive to conserve. In short, evidence that the fixed amount of oil is likely to limit our ability to produce in the future would not be grounds for government intervention. Such a situation, though unfortunate, would be addressed by the market. The second implication of the existence of property rights for an environmental good is that we can use the good's price to obtain evidence about its importance in production. For example, since evidence that oil will be an important constraint on future production would cause it to have a high price today, economists can use the current price to infer what the best available evidence suggests about oil's importance; they do not need to assess that evidence independently. With environmental goods for which there are no property rights, the use of a good has externalities. For example, firms can pollute without compensating the people they harm. Thus the case of government intervention is much stronger. And there is no market price to provide a handy summary of the evidence concerning the good's importance. As a result, economists interested in environmental issues must attempt to assess that evidence themselves". ROMER, David. *Advanced macroeconomics*. 3rd ed. New York: McGraw-Hill/Irwin, 2006. p. 37-38.

[532] ACSELRAD, Henri. Externalidade ambiental e sociabilidade capitalista. In: CAVALCANTI, Clovis (Org.). *Desenvolvimento e natureza*: estudos para uma sociedade sustentável. São Paulo: Cortez, 2001. p. 128-152. p. 131.

[533] Veja-se, por exemplo, sobre o tema da atividade legislativa e sustentabilidade, que "[...] no ordenamento brasileiro também podemos encontrar legislações que, na tentativa de tornar suas normas efetivas, elaboram um conceito de sustentabilidade, como é o caso da Lei do Snuc (Lei 9.985/2000), que define Uso

particulares diligenciarem em prol da sustentabilidade. Nesse particular, os empreendimentos privados que possam gerar riscos ao meio ambiente, tais como atividades desenvolvidas a partir de contratos agrários, devem ser apreciados de forma cuidadosa. Há que se avaliar qual o risco de dano ambiental se pretende ver evitado por meio da implementação – ou até mesmo da não implementação – de dada atividade,[534] já que, uma vez superada a incerteza científica dos riscos inerentes a determinadas operações, a tutela da precaução pode ser revisável.[535]

Flagrante, pois, que a autonomia privada em sede de contratos agrários passa a ser relativizada por novos princípios. A seguir, explora-se a ideia de que a sustentabilidade ambiental é requisito para o cumprimento da função dos contratos agrários.

Sustentável no seguinte texto legal: 'Art. 2º [...] XI – uso sustentável: exploração do ambiente de maneira a garantir a perenidade dos recursos ambientais renováveis e dos processos ecológicos, mantendo a biodiversidade e os demais atributos ecológicos, de forma socialmente justa e economicamente viável'". CANDEMIL, Renata. Mudanças de paradigmas para uma sociedade sustentável: um novo desafio para o direito brasileiro? *Revista de Direito Ambiental*, São Paulo, v. 17, n. 68, p. 13-44, out./dez. 2012. p. 26. Para aprofundamentos acerca do Sistema Nacional de Unidades de Conservação (SNUC), recomenda-se leitura de CASTRO, Helena Mata Machado de. Limitações administrativas ao direito de propriedade na legislação ambiental federal. In: VILELA, Gracielle Carrijo; RIEVERS, Marina (Orgs.). *Direito e meio ambiente*: reflexões atuais. Belo Horizonte: Fórum, 2009. p. 197-278. O texto aprecia "[...] as formas de intervenção e de restrição ao uso da propriedade particular impostas pelo Poder Público e as limitações administrativas". (p. 271). Ainda, comentários são tecidos sobre a Lei nº 9.985/00, que instituiu o Sistema Nacional de Unidades de Conservação (SNUC) e também se enfrentam questões ligadas a restrições impostas pela legislação florestal. Conclui-se, por fim, que "[...] o instituto das limitações administrativas na área do Direito Ambiental é de grande importância social, já que visa à preservação do meio ambiente, associada à ideia de sustentabilidade, objetivando-se, assim, que as gerações futuras possam usufruir dos recursos naturais hodiernamente preservados". (p. 272). Ademais: "A Lei n. 9.985/2000 instituiu o Sistema Nacional de Unidades de Conservação da Natureza e descreveu os regimes de domínio de cada unidade de conservação. Estabeleceram-se os tipos de unidades de conservação que são compatíveis com a propriedade privada, assim como se previu as que ensejam desapropriação. Outros espaços territoriais especialmente protegidos são compatíveis com a propriedade privada, como as áreas de preservação permanente, a reserva legal, a zona de amortecimento e os corredores ecológicos. Nestes espaços, a proteção do meio ambiente faz parte da função ambiental da propriedade rural". BORGES, Roxana Cardoso Brasileiro. Função social da propriedade rural. In: BARROSO, Lucas Abreu; MIRANDA, Alcir Gursen de; SOARES, Mário Lúcio Quintão (Orgs. e colabs.). *O Direito Agrário na Constituição*. Rio de Janeiro: Forense, 2005. p. 271-303. p. 302.

[534] "Desnecessário dizer que ao se estabelecer a precaução como princípio, esta não pode ser interpretada como uma cláusula geral, aberta e indeterminada. É necessário que se defina o que se pretende prevenir e qual o risco a ser evitado. Isto, contudo, só pode ser feito diante da análise das diferentes alternativas que se apresentam para a implementação ou não de determinado empreendimento ou atividade. A precaução inclusive deve levar em conta os riscos da não-implementação do projeto proposto". ANTUNES, Paulo de Bessa. Princípio da precaução: breve análise da sua aplicação pelo Tribunal Regional Federal da 1ª Região. *Interesse Público*, Belo Horizonte, a. IX, n. 43, p. 41-74, maio/jun. 2007. p. 43.

[535] "A tutela de precaução deve ser vista como uma tutela moderada, que, se de um lado implica a adoção de medidas de força em situações de incerteza, de outro lado é sempre revisável, uma vez superada a incerteza que levou à sua concessão, como é próprio das situações que ensejam a aplicação do princípio da precaução". MIRRA, Álvaro Luiz Valery. Ação civil pública ambiental: aspectos da tutela jurisdicional de precaução relacionada à questão das mudanças climáticas. In: PALMA, Carol Manzoli; SACCOMANO NETO, Francisco; OLIVEIRA, Taísa Cristina Sibinelli de. *Direito Ambiental*: efetividade e outros desafios. São Paulo: Lex, 2012. p. 41-47. p. 47.

3.3. Condicionantes da liberdade de contratar: a sustentabilidade ambiental como requisito para o cumprimento da função social dos contratos agrários

O contrato é compreendido como instrumento de cooperação.[536] Os contratantes cooperam para que seus interesses sejam contemplados durante a execução da avença. Além dos interesses eminentemente privados, sempre que possível as partes contratantes também devem perseguir, por meio do pacto, a concretização de benefícios para a sociedade como um todo.[537] Assim, em sendo a proteção ambiental dever e já que o direito ao ambiente sadio e ecologicamente equilibrado é direito difuso, as avenças agrárias, ao disciplinarem o uso e a posse da terra para fins de atividades agrícolas, pecuárias, agroindustriais, extrativas ou mistas, necessitam considerar o cuidado e a preservação ambiental, ao mesmo tempo em que prestigiam as atividades econômicas e as correspondentes vantagens auferidas individualmente pelas partes do contrato.[538] Isso porque, numa perspectiva de desenvolvimento sustentável, o envolvimento da sociedade civil com a salvaguarda ambiental é cogente.

---

[536] "O contrato é, hoje, um instrumento de cooperação que deve atender aos interesses tanto das partes quanto da sociedade, admitindo-se até a existência de uma *affectio contractus* não muito distinta do vínculo que une os sócios de uma empresa e que caracteriza a vida conjugal WALD, Arnoldo. O interesse social no direito privado. In: FACHIN, Luiz Edson; TEPEDINO, Gustavo (Coords.). *O Direito e o tempo*: embates jurídicos e utopias contemporâneas. Rio de Janeiro: Renovar, 2008. p. 77-101. p. 83. No mesmo sentido: "O contrato clássico era definido como vínculo entre interesses opostos, ou como acordo entre vontades opostas, com uma carga de antagonismo entre as partes. No contrato contemporâneo, a ideia de oposição é substituída pela de colaboração, devendo as partes respeitar as legítimas expectativas uma da outra e colaborar para a satisfação dos interesses de todos". BORGES, Roxana Cardoso Brasileiro. Reconstrução do conceito de contrato: do clássico ao atual. In: HIRONAKA, Giselda Maria Fernandes Novaes; TARTUCE, Flávio (Coords.). *Direito Contratual*: temas atuais. São Paulo: Método, 2007. p. 19-40. p. 38. Ainda, acrescenta a autora: "Deixando no passado a ideia de oposição, antagonismo e contrariedade entre as partes, chega-se à percepção da necessidade de atuação cooperativa entre os pólos da relação contratual, pois ambas têm interesses em jogo dependentes da atuação recíproca". (p. 27-28).

[537] Com esse entendimento, preconiza-se que "[...] a função social do contrato não deve, nem pode, afastar o seu conteúdo econômico, sendo necessário conciliar os interesses das partes e os da sociedade". WALD, Arnoldo. O interesse social no direito privado. In: FACHIN, Luiz Edson; TEPEDINO, Gustavo (Coords.). *O Direito e o tempo*: embates jurídicos e utopias contemporâneas. Rio de Janeiro: Renovar, 2008. p. 77-101. p. 81.

[538] "Há de ser superado o mito de um direito civil exclusivamente para regular relações patrimoniais, ao qual interesses extrapatrimoniais seriam alheios, escapando a liberdade existencial até mesmo da ordem jurídica. Bem ao contrário, no manejo dos instrumentos oferecidos pelo Código Civil, tenha-se em conta que, por trás da estrutura normativa das categorias e modelos ali estabelecidos, há uma distinção funcional fundamental entre relações jurídicas patrimoniais e relações jurídicas existenciais, a exigir técnicas diferenciadas de atuação do direito. As relações jurídicas patrimoniais, vistas na unidade do sistema, destinam-se a produzir riquezas, expressão da liberdade econômica, e ganham legitimidade ao cumprirem sua função social, incorporando deveres implícitos na promoção de princípios e objetivos fundamentais da República. Já as relações jurídicas existenciais, de outra parte, desprendidas da técnica do direito de propriedade, servem, elas próprias, à autonomia para agir livremente e exprimir valores existenciais, autorizadas pelo ordenamento como afirmação da dignidade humana, não restando, contudo, indenes (ao mundo jurídico e, sobretudo,) a deveres inerentes à compatibilização da liberdade individual com solidariedade constitucional". TEPEDINO, Gustavo. Dez anos de Código Civil e a abertura do olhar do civilista. *Revista Trimestral de Direito Civil* (RTDC), Rio de Janeiro, a. 13, v. 49, p. 101-105, jan./mar. 2012. p. 104-105.

Como assinalado, a constitucionalização do Direito Privado demanda uma releitura crítica de seus estatutos fundamentais.[539] Daí decorre que a clássica dicotomia entre Direito Público e Direito Privado está superada.[540] Tem-se a "humanização do Direito Civil"[541] ou sua "repersonalização",[542] e, com isso, a despatrimonialização das instituições,[543] a qual

> [...] não significa promover a aniquilação do aspecto patrimonial inerente ao Direito Civil, mas de cuidar para que as situações jurídicas sejam tuteladas de maneira qualitativamente diversa, isto é, privilegiando a dimensão existencial.[544]

---

[539] "A releitura crítica dos estatutos fundamentais do Direito Privado, para tanto, exige uma visita crítica e construtiva aos três pilares fundamentais do Direito Civil, e por consequência, do Direito Privado, quais sejam: a) o trânsito jurídico, calcado na noção do contrato, de obrigações e suas modalidades; b) das titularidades, fundamentalmente encimadas nas noções de posse e de apropriação de um modo geral; e c) o projeto parental, que se encontra assentado na noção de família". FACHIN, Luiz Edson. *Teoria crítica do Direito Civil*: à luz do novo Código Civil brasileiro. 3. ed., rev. e atual. Rio de Janeiro: Renovar, 2012. p. 31. Indicam-se leituras, do mesmo autor, acerca dessa revisitação crítica e constitucionalizada do Direito Civil: FACHIN, Luiz Edson. Apuntes breves sobre la reconstrucción del derecho contemporáneo brasileño a partir del derecho civil-constitucional. Disponível em: <http://www.fachinadvogados.com.br/artigos/FACHIN%20APUNTES.pdf>. Acesso em: 15 out. 2013; FACHIN, Luiz Edson; GONÇALVES, Marcos Alberto Rocha. Hermenêutica da autonomia da vontade como princípio informador da mediação e conciliação. Revista de Informação Legislativa, Brasília, a. 48, n. 190, p. 7-14, abr./jun. 2011; e FACHIN, Luiz Edson. O futuro do Direito e o direito ao futuro. Disponível em: <http://www.amb.com.br/portal/docs/noticias/noticia12712.pdf>. Acesso em: 15 out. 2013.

[540] "Na propedêutica do Direito Civil, tradicional é o estudo do Direito Objetivo que abre espaço para a divisão entre Direito Público e Direito Privado. A partir dessa dicotomia se apresentam hierarquia, técnicas e *standards* jurídicos. Essa separação não é tão-somente vencida pela assim denominada dispersão legislativa. A mudança é mais profunda. Público e estatal não mais se identificam por inteiro; privatismo e individualismo, a seu turno, cedem passo para interesses sociais e para a 'coexistencialidade'. A superação da divisão em pauta não fere, necessariamente, a unidade sistemática do Direito, inclusive porque ultrapassada também se encontra a fixação rígida de espaços normativos. Há searas novas, ambivalentes, nelas se inserindo interesses de dupla face, a exemplo da proteção à criança e ao adolescente, bem como no campo das relações de consumo que recaem sobre serviços bancários ou de entidades de crédito. Constata-se, pois, uma mudança de paradigmas". FACHIN, Luiz Edson. *Teoria crítica do Direito Civil*: à luz do novo Código Civil brasileiro. 3. ed., rev. e atual. Rio de Janeiro: Renovar, 2012. p. 242.

[541] "A constitucionalização pode ser entendida como sinônimo de humanização do direito civil brasileiro, na esteira de uma necessária e impostergável reforma do conceito de sujeito de direito, de vez que o pensar jurídico privado nasce desta categoria jurídica. O abandono de uma certa visão egoísta colocará o indivíduo como ser coletivo, no centro dos interesses no trilhar da igualdade substancial, como legítimo destinatário da norma civil". FACHIN, Luiz Edson. *Teoria crítica do Direito Civil*: à luz do novo Código Civil brasileiro. 3. ed., rev. e atual. Rio de Janeiro: Renovar, 2012. p. 16-20.

[542] "Os princípios aparecem em outro movimento que o Direito Privado começa a sofrer, o da 'repersonalização', que significa discutir os valores que o sistema jurídico colocou em seu centro e em sua periferia. O Código Civil brasileiro, efetivamente, tem o seu núcleo na noção de patrimônio, o que acaba por promover uma alteração espacial no interior da disciplina jurídica atinente às relações entre as pessoas. Esse movimento coloca no centro as pessoas e as suas necessidades fundamentais, tais como a habitação minimamente digna". FACHIN, Luiz Edson. *Teoria crítica do Direito Civil*: à luz do novo Código Civil brasileiro. 3. ed., rev. e atual. Rio de Janeiro: Renovar, 2012. p. 90.

[543] "Na sequência de uma renovada feição personalista do direito civil, se desenrola a tendência da despatrimonialização de suas instituições. Mesmo aquelas outrora marcadas por uma exclusiva função econômica, como a propriedade e o contrato, adquirem nos últimos tempos outras perspectivas funcionais, como a regulatória, a social e a ambiental". BARROSO, Lucas Abreu. Conceito e Funções. In: BARROSO, Lucas Abreu; MORRIS, Amanda Zoé (Coords.). *Direito dos contratos*. São Paulo: Revista dos Tribunais, 2008. v. 3. p. 39-49. p. 39 e ss. No mesmo sentido: "A equação contrária a este reposto personalismo é a perceptível *despatrimonialização* de suas clássicas instituições, mormente no que tange ao contrato. A par de sua milenar função econômica, desenvolve ele já agora outras perspectivas funcionais (regulatória, social e ambiental)". [grifo do autor]. BARROSO, Lucas Abreu. A teoria do contrato no paradigma constitucional. *Revista de Direito do Consumidor*, São Paulo, a. 21, v. 84, p. 149-169, out./dez. 2012. p. 165.

[544] PERLINGIERI, Pietro. *Perfis do Direito Civil*: introdução ao Direito Civil Constitucional. Tradução de: Maria Cristina de Cicco. Rio de Janeiro: Renovar, 1999. p. 33-34.

Nessa conjuntura de mudanças paradigmáticas, a teoria da interpretação também é afetada:

> O primeiro decênio da promulgação do Código Civil de 2002, por circunstâncias históricas conhecidas, associadas à afirmação da força normativa do Texto Constitucional de 1988, coincide com alteração profunda da Teoria da Interpretação, superando-se o isolamento do Direito Civil em sua artificial pureza de estruturas conceituais. O fenômeno pode ser confirmado por quatro constatações fundamentais identificadas no debate doutrinário e jurisprudencial brasileiros. Verifica-se, em primeiro lugar, o reconhecimento do sistema jurídico como sistema aberto, permeável à economia e à cultura, de tal sorte que o objeto cognitivo do civilista se expande para todos os matizes que, da tensão dialética com o texto da lei, permitem a extração da norma interpretada. Em seguida, e em consequência da constatação anterior, tem-se como patamar de relativo consenso o reconhecimento de que o Direito se afigura maior que o Código Civil e que o texto normativo, apreendendo, compreendendo e traduzindo a identidade cultural da sociedade. Em terceiro lugar, sublinhe-se o reconhecimento da complexidade do ordenamento, já que este não se reduz a um conjunto de normas homogeneamente promulgadas, abrangendo, ao revés, princípios e regras oriundos de fontes historicamente díspares e hierarquicamente diferenciados. Em quarto lugar, o reconhecimento de que o ordenamento, para ser como tal considerado, em perspectiva sistemática, deve ser necessariamente unitário, e que esta unidade imprescindível e inexorável do sistema, em face da complexidade que lhe é inerente, depende da harmonização axiológica e hierárquica no âmbito interpretativo.[545]

Sob essa perspectiva, enaltece-se a pessoa, que possui valor como tal, e não mais se lhe atribui valor em razão de ser proprietária de bens ou de gozar de alguns direitos e deveres como contratante. Consequentemente, essa carga valorativa constitucional deve se fazer presente na interpretação e aplicação do ordenamento jurídico como um todo, incluindo-se o Direito Privado. Destarte, afirma-se que "o direito axiológico respira fora de codificação".[546]

A funcionalização dos institutos[547] se revela, de maneira aguda, no controle de conteúdo dos contratos.[548] Trata-se do reconhecimento, na órbita

---

[545] TEPEDINO, Gustavo. Dez anos de Código Civil e a abertura do olhar do civilista. *Revista Trimestral de Direito Civil* (RTDC), Rio de Janeiro, a. 13, v. 49, p. 101-105, jan./mar. 2012. p. 101-102. Acrescente-se que "[...] o Código Civil pode considerar-se como um sistema aberto e flexível, pelos princípios, cláusulas gerais e conceitos indeterminados que o enriquecem, a justificar mudanças na metodologia realização do direito civil que, diversamente da concepção tradicional da interpretação jurídica, que tinha por objeto as normas de texto legal, a caracterizar um sentido hermenêutico-positivista, passa a ter sentido prático-normativo, que vê no jurista-intérprete o principal agente criador da norma para o caso concreto". AMARAL, Francisco. Uma carta de princípios para um Direito como ordem prática. In: FACHIN, Luiz Edson; TEPEDINO, Gustavo (Coords.). *O direito e o tempo*: embates jurídicos e utopias contemporâneas. Rio de Janeiro: Renovar, 2008. p. 129-142. p. 133.

[546] FACHIN, Luiz Edson. *Teoria crítica do Direito Civil*: à luz do novo Código Civil brasileiro. 3. ed., rev. e atual. Rio de Janeiro: Renovar, 2012. p. 296.

[547] "Menciona-se a funcionalização de certos institutos, como a função social da propriedade, dos contratos e, mais tarde, da empresa. Reconhecem-se essas atividades como legítimas na economia em que elas se inserem, mas também sobre elas estipula-se um conjunto de deveres inerentes ao seu próprio exercício". FACHIN, Luiz Edson. *Teoria crítica do Direito Civil*: à luz do novo Código Civil brasileiro. 3. ed., rev. e atual. Rio de Janeiro: Renovar, 2012. p. 89. Ademais, acerca da necessidade de equilíbrio entre os interesses públicos e privados, o autor, na mesma obra, adverte que: "A repercussão surge na propriedade imobiliária rural, com a adoção do interesse social que ingressa no direito positivo brasileiro. A ideia de interesse social corresponde ao início da distribuição de cargas sociais, ou seja, da previsão de que ao direito subjetivo da apropriação também correspondem deveres". (p. 317). E ainda: "Na tríplice repercus-

privada, de que deve haver equilíbrio entre os interesses individuais e o interesse social externo ao vínculo jurídico. Com isso, "[...] *eticização* e *economização* das relações contratuais são duas orientações que, de forma talvez surpreendente para muitos, convergem, pelo menos no âmbito aqui em causa".[549] [grifo do autor].

A compreensão funcional do contrato

> [...] deve ser entendida como princípio que, informado pelos princípios constitucionais da dignidade da pessoa humana (art. 1º, III), do valor social da livre iniciativa (art. 1º, IV) – fundamentos da República – e da igualdade substancial (art. 3º, III) e da solidariedade social (art. 3º, I) – objetivos da República – impõe às partes o dever de perseguir, ao lado de seus interesses individuais, a interesses extracontratuais socialmente relevantes, dignos de tutela jurídica, que se relacionam com o contrato ou são por ele atingidos.[550]

Embora a função seja termo polissêmico,[551] é necessário recordar que o comando disciplinado no art. 421 do Código Civil brasileiro de 2002 determina, induvidosamente, limitações e condicionamentos ao exercício da autonomia privada. Por outro lado, acolhe-se o entendimento de que a função social deve ser assimilada como um modelo do direito contratual, eis que "[...] é um dever que se concretiza na experiência social, ligada a fatos e exigências valorativas".[552]

---

são da igualdade (nas relações conjugais, nos contratos e na propriedade imobiliária) aparece o equilíbrio entre o interesse individual e o interesse exterior ao liame jurídico". (p. 321).

[548] *Vide* BRANCO, Gerson Luiz Carlos. *Função social dos contratos*: interpretação à luz do Código Civil. São Paulo: Saraiva, 2009. p. 226.

[549] *Vide* RIBEIRO, Joaquim de Sousa. "Economia do contrato", autonomia privada e boa fé. Boletim da Faculdade de Direito. Separata de: ARS IVDICANDI. *Estudos em Homenagem ao Prof. Doutor Jorge de Figueiredo Dias*. Coimbra: Coimbra, 2010. v. IV. p. 969-982. p. 974.

[550] TEPEDINO, Gustavo. Notas sobre a função social dos contratos. In: FACHIN, Luiz Edson; TEPEDINO, Gustavo (Coords.). *O Direito e o tempo: embates jurídicos e utopias contemporâneas*. Rio de Janeiro: Renovar, 2008. p. 395-405. p. 399. Do mesmo modo: "Além do tradicional estudo dos elementos estruturais do contrato, como as declarações de vontade, a proposta, a aceitação, as partes, o objeto, o conteúdo, o sistema civil-constitucional requer a análise funcional do contrato, o seu *telos*, a sua finalidade no ambiente interpartes e na sociedade, não merecendo proteção o pacto que se desvirtua do que o ordenamento jurídico tutela". *Vide* BORGES, Roxana Cardoso Brasileiro. Reconstrução do conceito de contrato: do clássico ao atual. In: HIRONAKA, Giselda Maria Fernandes Novaes; TARTUCE, Flávio (Coords.). *Direito Contratual*: temas atuais. São Paulo: Método, 2007. p. 19-40. p. 38-39.

[551] ALMEIDA, Carlos Ferreira de. A função econômico-social na estrutura do contrato. In: CORDEIRO, António Menezes; ALBUQUERQUE, Ruy de. (Coords.) *Estudos em memória do Professor Doutor José Dias Marques*. Coimbra: Almedina, 2007. p. 57-80. p. 58. Nessa passagem, ao tecer comentários sobre os múltiplos significados da palavra "função", o autor acrescenta: "Em sentido lógico-matemático, função significa a relação de correspondência entre os domínios de duas variáveis; em sentido orgânico, função significa cada um dos constituintes de uma estrutura; na linguagem comum, função tem um sentido instrumental, significativo da finalidade ou do meio destinado a atingir uma finalidade". (p. 58).

[552] BRANCO, Gerson Luiz Carlos. *Função social dos contratos*: interpretação à luz do Código Civil. São Paulo: Saraiva, 2009. p. 167-168. Comentando, ainda, sobre a compreensão da função social como sendo um modelo do direito contratual, o autor adverte: "Deriva de um conjunto de elementos de ordem histórica, valorativa e normativa, que determinam o conteúdo do dever-ser. A diferença entre o conceito de modelo adotado por Miguel Reale e os institutos jurídicos é a natureza prospectiva dos modelos, enquanto o estudo dos institutos jurídicos tem caráter estático. Nessa lógica, os contratos, a propriedade, a resolução por inadimplemento etc. não mais são estudados na perspectiva de algo dado pelo legislador, mas como modelos cuja consagração legislativa e aplicação dependerão de atos de escolha que conformam a norma segundo os valores que se quer realizar, em razão de fatos sociais e naturais anteriores". (p. 167-168).

Na verdade, adequado se entender que

[...] o contrato serve à liberdade contratual, e o grande desafio a ser enfrentado na aplicação da cláusula geral do artigo 421 é o de coadunar o contrato como instrumento para realização dos interesses das partes e ao mesmo tempo respeitar os valores determinados por imperativos sociais.[553]

No que se refere especificamente às avenças agrárias, observe-se que

[...] os contratos agrários foram os primeiros a chamar a atenção para a função social, tendo em vista que sua caracterização se dá justamente pela função: o uso ou posse temporária da terra, com a finalidade de nela ser desenvolvida atividade agrária. Ou seja, a função é tão essencial para os contratos agrários que integra o próprio contrato, pois, se houver o "arrendamento" de uma área rural para nela ser instalado um "sítio de lazer", as regras incidentes serão as do Código Civil a respeito da locação de coisas. Não haverá um verdadeiro arrendamento, cujas regras têm como condição de incidência que o imóvel objeto do contrato seja destinado a uma finalidade agrária (produção agrícola, extrativista ou agropecuária). A doutrina agrarista brasileira foi a primeira a vincular e tratar dogmaticamente a função social dos contratos, mediante referências à "função social da posse e uso da terra", tendo em vista a importância e a força da função social da propriedade nesse âmbito.[554]

Assim, em que pesem os contratos agrários serem regidos por legislação própria, o Texto Constitucional de 1988 a endossou,[555] ratificando o dever

---

[553] BRANCO, Gerson Luiz Carlos. *Função social dos contratos*: interpretação à luz do Código Civil. São Paulo: Saraiva, 2009. p. 304. O autor, na mesma obra, esclarece que "[...] há uma complementaridade no artigo 421, que permite o uso da tópica jurídica a partir de critérios sistemáticos, sem contradição entre a liberdade de contratar e a respectiva função social, derivada do princípio da socialidade. A 'liberdade individual' e a 'socialidade' estão condicionadas numa relação permanente e progressiva que impede a compreensão de uma sem a outra, pois formam uma unidade concreta em sua relação, na perspectiva de coimplicação e de funcionalidade, cujo resultado é uma totalidade de sentido ao contrato integrado na realidade econômica e social". (p. 200). E ainda pondera que "dialética complementaridade condiciona os dois fatores, 'liberdade individual' e 'socialidade' [...]". (p. 176). No mesmo sentido, Nelson Rosenwald, ao comentar o art. 421, CC/02, leciona: "A norma é propositalmente inserida ao início do Título V do Livro das Obrigações, pontificando o estudo dos contratos. O destaque é justificado: afinal, em poucas e bem colocadas palavras, demonstra-se imprescindível conjugação entre os princípios da liberdade e da solidariedade". ROSENWALD, Nelson. A função social do contrato. In: HIRONAKA, Giselda Maria Fernandes Novaes; TARTUCE, Flávio. *Direito Contratual*: temas atuais. São Paulo: Método, 2007. p. 81-111. p. 84. Por fim, na mesma oportunidade, destaca: "O solidarismo constitucional adicionou à autonomia privada a companhia de outros três princípios: a boa-fé objetiva; a função social do contrato e a justiça (ou equilíbrio) contratual. Estes três princípios não restringem a autonomia privada, pelo contrário: valorizam-na, equilibrando aquilo que a realidade crua tratou de desigualar, afinal o poder da vontade de uns é maior do que o de outros". (p. 83).

[554] BRANCO, Gerson Luiz Carlos. *Função social dos contratos*: interpretação à luz do Código Civil. São Paulo: Saraiva, 2009. p. 225-226. Acerca desse assunto, inclusive, há quem afirme que "[...] já se conheceu que o artigo 421 do Código Civil, que determina que a 'liberdade de contratar será exercida em razão e nos limites da função social do contrato', decorre do princípio constitucional da função social da propriedade". WALD, Arnoldo. O interesse social no direito privado. In: FACHIN, Luiz Edson; TEPEDINO, Gustavo (Coords.). *O Direito e o tempo*: embates jurídicos e utopias contemporâneas. Rio de Janeiro: Renovar, 2008. p. 77-101. p. 81. Da mesma forma, infere-se que "[...] a propriedade é o aspecto estático da atividade econômica, enquanto o contrato é seu segmento dinâmico. Assim, a função social da propriedade afeta necessariamente o contrato, como instrumento que a faz circular". CORTIANO JUNIOR, Eroulths. A função social dos contratos e dos direitos reais e o art. 2035 do Código Civil brasileiro: um acórdão do Superior Tribunal de Justiça. In: FACHIN, Luiz Edson; TEPEDINO, Gustavo (Coords.). *O Direito e o tempo*: embates jurídicos e utopias contemporâneas. Rio de Janeiro: Renovar, 2008. p. 359-393. p. 380.

[555] Sulaiman Miguel Neto apresenta ponderações sobre a concepção de função social contemplada no Estatuto da Terra e a prevista na Constituição Federal, onde registra que: "A nova disciplina jurídica é tenuemente vantajosa em relação à anterior. A inversão da ordem não implica reordenação da relevância, porque o requisito da simultaneidade continua presente. Referir-se ao aproveitamento racional e adequado se apresenta como mais razoável do que apenas demonstrar níveis satisfatórios de produtividade,

de sustentabilidade e o faz de forma mais abrangente. Igualmente, constata-se que a principiologia do Código Civil de 2002 (em especial o princípio da socialidade), bem como o comando do art. 421, CC/02, irradiam seus efeitos sobre as avenças agrárias,[556] enaltecendo a busca de justiça no campo por meio da equidade contratual. O que se propugna é que a equidade intergeracional, com todos os consectários, passe a ser objeto de controle.

Nesse prisma, conclui-se que a sustentabilidade, sobretudo em sua dimensão ambiental, tem de ser entendida como critério de avaliação da higidez dos contratos de arrendamento rural e parceria rural. Bem por isso, fundamental que se conjugue a exploração da terra e a preservação ambiental, já que "[...] não se apresentam [...], a terra e o seu uso como meros e iminentes meios de produção de alimentos, mas senão também, como bens essenciais da humanidade".[557]

O dever de mitigar o dano[558] também pode ser compreendido nessa perspectiva. Trata-se da tutela da confiança na seara contratual. Nesse passo,

---

pois esta pode existir e o aproveitamento não ser racional nem adequado. Mencionar meio ambiente é de longe mais abrangente do que apenas recursos naturais, embora a disposição anteriormente fosse mais conservacionista e o da CF é no sentido de utilizar adequadamente os recursos naturais ainda disponíveis, que pode gerar dúbias interpretações. Citar apenas 'justas relações de trabalho', a qual implicava um forçado juízo de valor. O favorecimento do bem-estar referido pelo inciso IV do art. 186 da CF é bem mais amplo que a expressão contida no ET, a qual se referia apenas aos trabalhadores daquela propriedade concretamente considerada (a expressão era 'que nela labutam'); essa limitação caiu por terra, pois agora a referência é aos trabalhadores em geral, inclusive os que nela labutam [...]".MIGUEL NETO, Sulaiman. *Questão agrária*: doutrina, legislação e jurisprudência. Campinas: Bookseller, 1997. p. 127.

[556] "A principiologia do Código Civil submete todas as regras que disciplinam 'a liberdade contratual', por isso o princípio da socialidade e a compreensão funcional do contrato também atingem aqueles contratos que estão disciplinados fora do Código, seja eles em leis extravagantes ou em microssistemas legislativos". BRANCO, Gerson Luiz Carlos. *Função social dos contratos*: interpretação à luz do Código Civil. São Paulo: Saraiva, 2009. p. 114. No mesmo sentido: "[...] adoção de uma legislação específica para regulamentar as atividades agrárias não exclui as regras do direito comum, as quais ainda terão aplicação subsidiária nas relações contratuais agrárias mas que deverão estar sempre conjugadas com o princípio constitucional que privilegia a função social da terra. [...] o próprio Código Civil de 2002, inspirado no princípio solidarista que norteou o novo direito constitucional brasileiro, preceituou tanto sobre obrigatoriedade de se atender à função social da propriedade (art. 1228, § 1º), como estabeleceu limitação na vontade das partes contratantes quando inseriu no art. 421 a função social do contrato". *Vide* ASSIS, Andrea Tavares Ferreira de. Contratos agrários típicos: os principais aspectos jurídicos do arrendamento rural e parceria rural sob a perspectiva da função social da propriedade. In: GARCEZ, Sergio Matheus. *Direito Agrário contemporâneo*. Goiânia: Vieira, 2012. p. 89-107. p. 105.

[557] HIRONAKA, Giselda M. Fernandes Novaes. *Atividade agrária e proteção ambiental*: simbiose possível. São Paulo: Cultural Paulista, 1997. p. 119. Nesse sentido, a autora, no mesmo livro, alerta: "O comprometimento do homem que desenvolve a atividade agrária, de resto como de qualquer outro agente econômico envolvido na dinamização dos bens de produção, revela, hoje, um comprometimento muito mais elevado que aquele do passado, cuja finalidade atentava exclusivamente para a produtividade, sob a égide exclusive do paradigma do progresso". (p. 132). E finaliza lecionando: "Sabe-se que o uso racional do solo e demais recursos naturais renováveis, no que respeita ao desenvolvimento da atividade agrária de produção, importa – primeiro e antes – na conformação do conteúdo econômico da função social, eis que funcionaliza a propriedade de bens de produção dinamizados para a produtividade e para a geração de empregos. Por este ângulo, a função social encontra-se voltada à promoção do progresso, admitindo um crescimento econômico derivado do modo de produção capitalista. Contudo, não apenas isto contém o dispositivo constitucional em fulcro, o art. 186, que explicita o perfil da função social que envolve e perpassa a propriedade imobiliária rural. O comando da norma expõe exigências que extrapolam o mero indicador 'uso racional', para repercutir na vertente ecológica que imanta o princípio da função social pelo seu paradigma ambiental". (p.131).

[558] Consulte-se FRADERA, Véra Maria Jacob de. Pode o credor ser instado a diminuir o próprio prejuízo? *Revista Trimestral de Direito Civil* (RTDC), Rio de Janeiro, v. 19, p. 109-119, jul./set. 2004. *Vide* também

em se tratando de avenças agrárias, em que é flagrante o interesse social,[559] o dever de mitigar os danos ambientais oriundos da utilização da terra é inafastável, em virtude de que a sua violação acarreta não somente perdas de ordem econômica, mas, também, em última instância, o comprometimento do equilíbrio ecológico.

Merece menção também que, não obstante, em regra, os contratos só vincularem as partes que o compõem e sobre elas produzirem efeitos, em se tratando de contratos agrários, admite-se a eficácia transubjetiva do pacto, a qual reforça a tutela ambiental. Veja-se:

> [...] a mais prestante – e inovadora – eficácia do art. 421 diz respeito, no entanto, à extensão da eficácia – positiva e negativa – a terceiros não-determinados e a bens de interesse comum. Para além de a função social atual como limite à ação individual em face de direitos e interesses de terceiros, atua também positivamente, impondo deveres de atuação. Como exemplo que de imediato saltam à mente estão os contratos que, de alguma forma, envolvem o meio ambiente e a tutela da concorrência. A Constituição Federal situa a defesa do meio-ambiente como um dos princípios cardeais da ordem econômica (Título VII, Da Ordem Econômica e Financeira, art. 170, inciso VI) consistindo a preservação do meio ambiente, na forma do art. 186, inciso II, da mesma Constituição, uma das condições de concretização da função social da propriedade rural. O art. 225 – que inaugura o Capítulo IV do Título VIII constitucional – assegura "a todos" o direito ao meio ambiente ecologicamente equilibrado; qualifica o meio ambiente entre os bens, como "bem de uso comum do povo"; atribui-lhe o caráter de essencialidade à sadia qualidade de vida (princípio da essencialidade do meio-ambiente). Assim, em consonância a essa especial qualificação, a atividade contratual não apenas deve ser "não-lesiva": deve ser preventiva e promocional do meio ambiente. Como consequência, não apenas a responsabilidade contratual pela segurança e garantia do meio-ambiente deve ser estendida a toda a cadeira contratual, caso haja dano, quanto se impõe aos contratantes deveres positivos de atenção, prevenção, resguardo e fiscalização.[560]

SCHREIBER, Anderson. *A proibição de comportamento contraditório*: tutela da confiança e venire contra *factum proprium*. 2. ed., rev. e atual. Rio de Janeiro: Renovar, 2007; e ZANETTI, Cristiano de Sousa. A mitigação do dano e alocação da responsabilidade. Revista Brasileira de Arbitragem, São Paulo, n. 35, p. 28-36, jul./ago./set. 2012.

[559] Interessante a lição de Gerson Luiz Carlos Branco no sentido de que o interesse social está presente em todo o contrato. Observe-se: "A função social deve ser realizada na 'dimensão singular' do contrato, pois continua em vigor o princípio da eficácia relativa das convenções, apesar da possibilidade da eficácia transubjetiva naqueles casos em que a lei expressamente permite tal eficácia. A sociedade não é parte da relação contratual, e o 'interesse social' presente em todos os contratos não pode ser confundido com o 'interesse público', que excepcionalmente pode estar presente, mas que não tem vínculo direto com a função social do contrato". BRANCO, Gerson Luiz Carlos. *Função social dos contratos*: interpretação à luz do Código Civil. São Paulo: Saraiva, 2009. p. 299. O autor complementa: "O 'interesse' somente adquire a adjetivação 'social' se o contrato for observado sob o ponto de vista macroeconômico e normativo, inserido no sistema de direito privado, pois, sob o ponto de vista singular, a consequência direta da função social dos contratos é a proteção de interesse econômico particular de um dos contratantes. Em outras palavras, a finalidade imediata a ser alcançada é de natureza econômica e particular, e a finalidade mediata é de natureza social". (p. 300-301).

[560] MARTINS-COSTA, Judith. Reflexões sobre o Princípio da Função Social dos Contratos. In: CUNHA, Alexandre dos Santos (Org.). *O Direito da Empresa e das Obrigações e o Novo Código Civil brasileiro*. São Paulo: Quartier Latin, 2006. p. 218-248. p. 246-247. Em se tratando de atividades exploratórias de risco para o meio ambiente, interessante registrar que, em sede de Direito Comparado, tem-se admitido a exigência de garantias finaceiras a fim de se autorizá-las, tal como propõe a Diretiva 2004/35 CE (Comunidade Europeia). Veja-se: "Dopo la pubblicazione del Libro Verde sul risarcimento dei danni all'ambiente nel 1993 e la presentazione del Libro Bianco sulla responsabilità per danni all'ambiente nel febbraio del 2000, il 21 aprile 2004 è stata promulgata la direttiva del Parlamento europeo e del Consiglio sulla responsabilità ambientale in materia di prevencione e riparazione del danno ambientale. La direttiva, [...], delinea il quadro

Dessa forma, "[...] considerando essa relação de *condicionamento principiológico* da ordem econômica segundo *imposições ecológicas* (que possuem eficácia vinculante mesmo sobre as relações jurídicas privadas)"[561] [grifo do

---

di riferimento della futura disciplina della responsabilità per danni all'ambiente nell'Europa allargata a 25 Stati membri, dando concretizzazione al principio 'chi inquina paga' tenendo conto dei diversi regimi di responsabilità ambientale vigenti nei diversi sistemi nazionali europei, nonché negli Stati Uniti. Alla responsabilità civile viene riconosciuto il ruolo di strumento efficace nelle politiche ambientali, allorché gli inquinatori siano soggetti identificabili, il danno sia concreto e quantificabile e l'accertamento del nesso causale sia fattibile". POZZO, Barbara. La nuova direttiva 2004/35 del Parlamento europeo e del Consiglio sulla responsabilità ambientale in materia di prevenzione e riparazione del danno. Rivista Giuridica dell'Ambiente, Milano: Giuffrè, n. 1, p. 1-17, 2006. p. 1-2. Acerca da mesma temática, acrescenta-se: "Sul primo versante, è vero che l'approccio comunitario alla definizione della responsabilità per danno all'ambiente ed alla sua prevenzione appare, allo stato, riduttivo, epperciò, insufficiente ad istituire un modello comune di disciplina per l'Europa (quale, invece, si è tentato di realizzare con la convenzione di Lugano del 1993). Tanto più che agli Stati membri è stato lasciato ampio spazio di scelta sull'adozione di prescrizioni più restrittive di quelle del regime comunitario. Ma è anche vero che, in difficili situazioni di crisi economica, il 'primo passo' compiuto dall'Unione, con la citata direttiva, appare radicato su puntuali regole giuridiche e tecniche, che definiscono la soglia giuridicamente rilevante del danno in riferimento a determinate risorse naturali ed ai loro usi, nonché i parametri di misurabilità dello stesso, privilegiando il ripristino delle risorse e degli usi, secondo un ventaglio di opzioni, che, comunque, esclude la liquidazione monetaria assai problematica del pregiudizio ambientale. In tal modo, la direttiva assicura, in coerenza con il principio dello sviluppo sostenibile, l'assicurabilità del danno, e, in definitiva, la sua effettiva riparazione a carico del responsabile (e non a carico della collettività...)". GIAMPIETRO, Franco. *La responsabilità per danno all'ambiente in Italia*: sintesi di leggi e di giurisprudenza messe a confronto con la direttiva 2004/35/CE e con il T.U. ambientale. Rivista Giuridica dell'Ambiente, Milano: Giuffrè, n. 1, p. 19-34, 2006. p. 31-32. E destaque-se ainda que: "It has been said before that the provisions of the Directive on financial guarantees are weak from a technical legal viewpoint. They are also disappointing from a policy perspective. In fact, they seem intended to cover a lack of agreement on the issue. It is not to be expected that their implementation will lead to a meaningful harmonisation. One regrets that Art. 8,2 does not explicitly indicate the moment from which the guarantees have to come in existence and does not clarify what amounts are to be covered nor what types of guarantees can be used. The elements are also lacking to guide the member states in bringing about in the implementing legislation the diversification which is necessary, both with respect to the amounts and the types of operations to be covered. With respect to Art. 14 the possibility of imposing compulsory insurance remains open for the Commission. In fact, when discussing art. 14, the drafters were mainly thinking of insurance rather than other forms of guarantees". BOCKEN, Hubert. Financial guarantees in the environmental liability directive: next time better. European Environmental Law Review, London, v. 15, n. 1, p. 13-32, jan. 2006. p. 32. Para aprofundamentos sobre o assunto, indica-se leitura de doutrina nacional: STEIGLEDER, Annelise Monteiro. Instrumentos de garantia para assegurar a reparação do dano ambiental. In: *Revista Direito Ambiental*, ano 16, v. 63, p. 135-156, jul.-set. 2011. Nesse artigo, a autora pondera: "O estabelecimento de garantias financeiras, como a fiança bancária, a hipoteca e o seguro-garantia, para assegurar a futura recuperação de áreas degradadas, deveria constar já no licenciamento ambiental de atividades suscetíveis de causar significativa degradação ambiental, porquanto esta providência impediria a formação de *orphan sites*, relegados ao abandono e sujeitos a invasões por pessoas de baixa renda, que ficarão vulneráveis a severos riscos para a vida e para a saúde". (p. 155). Recomenda-se também, sobre o tema, em italiano: POZZO, Barbara. Il recepimento della direttiva 2004/35 sulla responsabilità ambientale in Germania, Spagna, Francia e Regno Unito. *Rivista Giuridica dell'Ambiente*, Milano: Giuffrè, n. 2, p. 207-246, 2010; e POZZO, Barbara. La direttiva 2005/35/CE e il suo recepimento in Italia. *Rivista Giuridica dell'Ambiente*, Milano: Giuffrè, n. 1, p. 1-79, 2010. Em espanhol: SÁNCHEZ, Antoni José Quesada. Reflexión sobre la posible introducción en el derecho español de algunas exenciones previstas en la directiva 2004/35/CE. *Rivista Giuridica dell'Ambiente*, Milano: Giuffrè, n. 1, p. 49-74, 2007; e SÁNCHEZ, Antoni José Quesada. La transposición del artículo 8.4 de la directiva 2004/35/CE en la ley español de responsabilidad medioambiental. *Rivista Giuridica dell'Ambiente*, Milano: Giuffrè, n. 5, p. 783-790, 2008. E na doutrina portuguesa: SÁ, Sofia. Responsabilidade ambiental – operadores públicos e privados. Porto: Vida Económica, 2011.

[561] *Vide* CANOTILHO, José Joaquim Gomes; LEITE, José Rubens Morato. *Direito Constitucional Ambiental brasileiro*. 5. ed. rev. São Paulo: Saraiva, 2012. p. 320. Oportuno lembrar aqui interessante passagem do magistério de Eros Grau ao dissertar que "o princípio da defesa do meio ambiente conforma a ordem econômica (mundo do ser), informando substancialmente os princípios da garantia do desenvolvimento e do pleno emprego. Além de objetivo, em si, é instrumento necessário – e indispensável – à realização do fim dessa ordem, o de assegurar a todos existência digna. O desenvolvimento nacional que cumpre realizar, um dos objetivos da República Federativa do Brasil, e o pleno emprego que impede assegurar supõem

autor], atesta-se que "[...] a relevância constitucional da autonomia *contratual* deve ser entendida sob duplo perfil: o *positivo*, relativo ao fundamento e à tutela constitucional da autonomia, e o *negativo* que lhe impõe limites".[562] [grifo do autor]. Isso porque

> [...] o contrato hoje pode ser conceituado como um instrumento de tutela à pessoa humana, um suporte para o livre desenvolvimento de sua existência, inserindo-se a pessoa em sociedade em uma diretriz de solidariedade (art. 3º, I, CF), na qual o "estar para o outro" se converte em linha hermenêutica de todas as situações patrimoniais.[563]

Tem-se, assim, que "[...] a análise da real extensão da função social do contrato deve ser feita dentro de uma visão sistêmica, tomando-se por base os valores constitucionais e a filosofia da nova lei civil".[564]

---

economia auto-sustentada, suficientemente equilibrada para permitir ao homem reencontrar-se consigo próprio, como ser humano e não apenas como um dado ou índice econômico". GRAU, Eros Roberto. *A ordem econômica na Constituição de 1988* (interpretação e crítica). 12. ed., rev. e atual. São Paulo: Malheiros, 2007. p. 251. Nesse sentido, *vide* acórdão do Supremo Tribunal Federal proferido na Medida Cautelar em Ação Direta de Inconstitucionalidade nº 3.540, sob relatoria do Ministro Celso de Mello, a qual foi julgada em 01/09/2005. BRASIL. Supremo Tribunal Federal. ADI 3540. Relator Ministro Celso de Mello. Data de Julgamento: 01/09/2005, Tribunal Pleno, Data de Publicação: DJ 03-02-2006. Disponível em: <http://redir.stf.jus.br/paginadorpub/paginador.jsp?docTP=AC&docID=387260>. Acesso em: 10 jan. 2014

[562] *Vide* BARBOZA, Heloísa Helena. Reflexões sobre a autonomia negocial. In: FACHIN, Luiz Edson; TEPEDINO, Gustavo (Coords.). *O direito e o tempo*: embates jurídicos e utopias contemporâneas. Rio de Janeiro: Renovar, 2008. p. 407-423. p. 413.

[563] ROSENWALD, Nelson. A função social do contrato. In: HIRONAKA, Giselda Maria Fernandes Novaes; TARTUCE, Flávio. *Direito Contratual*: temas atuais. São Paulo: Método, 2007. p. 81-111. p. 82. Adiciona, ainda, o autor que "aqui surge em potência a função social do contrato. Não para coibir a *liberdade de contratar*, como induz a literalidade do art. 421, mas para legitimar a *liberdade contratual*. A liberdade de contratar é plena, pois não existem restrições ao ato de se relacionar com o outro. Todavia, o ordenamento jurídico deve submeter a composição do conteúdo do contrato a um controle de merecimento, tendo em vista as finalidades eleitas pelos valores que estruturam a ordem Constitucional". (p. 85). [grifo do autor]. Para aprofundamentos sobre liberdade contratual e sua funcionalização, *vide* BRANCO, Gerson Luiz Carlos. Libertad contractual y su funcionalización: orientación metodológica y lenguaje utilizados por la comisión elaboradora del Código Civil Brasileño. Vniversitas, Bogotá, n. 123, p. 347-372, jul./dic. 2011; BRANCO, Gerson Luiz Carlos. A cláusula geral da função social como norma de invalidade dos contratos. *Revista Bonijuris*, Curitiba, a. 24, ed. 583, n. 6, p. 6-22, jun. 2012; e BRANCO, Gerson Luiz Carlos. Elementos para interpretação da liberdade contratual e função social: o problema do equilíbrio econômico e da solidariedade social como princípios da Teoria Geral dos Contratos. In: MARTINS-COSTA, Judith; BRANCO, Gerson Luiz Carlos et al. *Modelos de Direito Privado*. Madrid: Marcial Pons. No prelo. Sobre limites da intervenção judicial na liberdade contratual e a função social dos contratos, indica-se leitura de BRANCO, Gerson Luiz Carlos. Limites dogmáticos da intervenção judicial na liberdade contratual com fundamento na função social dos contratos. Disponível em: <http://www.gersonbranco.com.br/site_pt_novo/artigos.htm>. Acesso em: 02 dez. 2013.

[564] WALD, Arnoldo. O interesse social no direito privado. In: FACHIN, Luiz Edson; TEPEDINO, Gustavo (Coords.). *O Direito e o tempo*: embates jurídicos e utopias contemporâneas. Rio de Janeiro: Renovar, 2008. p. 77-101. p. 82. E o autor complementa: "Nesse diapasão, é preciso superar a equivocada ideia de acordo com a qual a função social significa exclusivamente a proteção à parte economicamente mais fraca da relação contratual, fazendo tábua rasa do respeito aos atos jurídicos perfeitos ou aos direitos adquiridos". (p. 82). Em sentido oposto: "No que toca aos contratos agrários, vale realçar que, desde a entrada em vigor do Estatuto da Terra, a doutrina chama a atenção dos aplicadores do Direito para o estatuído no artigo 103 daquele diploma, que determina que suas normas se efetivem de acordo com os princípios da Justiça Social, conciliando a liberdade de iniciativa com a valorização do trabalho humano. Neste cenário, no que respeita às avenças rurais, o alvo da cláusula geral da função social, em nosso sentir, é a proteção do hipossuficiente, que, indubitavelmente, é retratado pelos arrendatários e parceiros-outorgados, eis que os mesmos não dispõem de nenhum poder de barganha, submetendo-se por isso mesmo, ao completo alvedrio do outro contratante". MACHADO, João Sidnei Duarte; SABEDRA, Lisianne. As cláusulas gerais do novo Código Civil e os contratos agrários. *Revista do Direito*, Uruguaiana, Pontifícia Universidade Católica do Rio Grande do Sul, v. 2, n. 2, p. 35-54, 2002. p. 49.

Definitivamente, nesse cenário, surgem novos parâmetros contratuais. Veja-se:

- Quem contrata não mais contrata apenas com quem contrata;
- Quem contrata não mais contrata tão-só o que contrata;
- O contrato, como "*iter*" do direito material, não principia na conclusão; e
- O contrato, como processo do direito substancial desdobrado em planos, não se extingue necessariamente na execução formal do pacto.[565]

Retome-se, diante do fato de que "[...] ordem civil constitucional brasileira contemporânea não é conservadora mas dirigente, propositiva, progressiva, promocional e solidária",[566] que o atendimento das exigências da sustentabilidade ambiental é condição para o efetivo cumprimento da função dos contratos agrários.[567]

Logo, incontestável é que a exploração de atividades agrícolas, pecuárias, agroindustriais e extrativas,[568] instrumentalizadas por meio de contratos agrários, é condicionada às exigências de uso racional dos recursos naturais e preservação ambiental.[569] A compreensão funcional do contrato

---

[565] FACHIN, Luiz Edson. Contratos na ordem pública do Direito Contemporâneo. In: FACHIN, Luiz Edson; TEPEDINO, Gustavo (Coords.). *O Direito e o tempo*: embates jurídicos e utopias contemporâneas. Rio de Janeiro: Renovar, 2008. p. 457-462. p. 458.

[566] BORGES, Roxana Cardoso Brasileiro. Reconstrução do conceito de contrato: do clássico ao atual. In: HIRONAKA, Giselda Maria Fernandes Novaes; TARTUCE, Flávio (Coords.). *Direito Contratual*: temas atuais. São Paulo: Método, 2007. p. 19-40. p. 27. Em se tratando de doutrina agrarista, a qual preconiza uma releitura da legislação agrária a partir da axiologia constitucional de 1988, sugere-se consulta a obra COELHO, José Fernando Lutz. *Contratos agrários*: uma visão neo-agrarista. Curitiba: Juruá, 2006.

[567] Desse modo, diz-se que "[...] o instituto da função social constitui uma 'solução de compromissos' entre estes interesses em conflito. Permite-se o exercício de determinado direito, mas pode-se exigir que este exercício seja socialmente útil. Portanto, neste sentido, a essência da expressão 'função social' implica compensação, a qual se dá por meio da realização de deveres de ação ou de abstenção por parte do titular de um direito subjetivo. O uso de uma propriedade rural, por exemplo, como reserva de valor não atende à função social, enquanto o seu emprego no exercício de atividade econômica, ao produzir alimentos, atende à função social". TOMASEVICIUS FILHO, Eduardo. A função social do contrato: conceito e critérios de aplicação. In: CUNHA, Alexandre dos Santos (Org.). *O Direito da Empresa e das Obrigações e o Novo Código Civil brasileiro*. São Paulo: Quartier Latin, 2006. p. 190-217. p. 197-198.

[568] Note-se a complexidade que engloba tais atividades, quando as mesmas se dão no âmbito de relações agroindustriais. Veja-se: "Entendemos que o complexo de relações jurídicas que compreendem os sistemas agroindustriais envolvem um conjunto de atividades que se inter-relacionam, representadas pela produção agrícola, pecuária, pesca e silvicultura, como a agroindústria, logística e distribuição de alimentos, comercialização interna e internacional, bolsas de mercadorias, políticas públicas, consumidores finais, fabricação de insumos e empresas de prestação de serviços técnicos e consultoria. Procurando sistematizar as características de cadeia industrial, podemos destacar: (a) sucessões de operações de transformação encadeadas passíveis de serem separadas ou ligadas entre si por um procedimento técnico; (b) conjunto de relações comerciais e financeiras que estabelecem, entre todos os estágios de transformação, um fluxo de troca entre fornecedores; (c) conjunto de ações econômicas que permitam a valorização dos meios de produção e assegurem a articulação de operações". BURANELLO, Renato M. Fundamentos da teoria geral contratual e os contratos agrários. In: VENOSA, Sílvio de Salvo; GAGLIARDI, Rafael Villar; NASSER, Paulo Magalhães (Coords.). *10 anos de Código Civil*. São Paulo: Atlas, 2012. p. 315-342. p. 322.

[569] Nesse passo, importa lembrar que, na atualidade, "[...] a conciliação entre a produção agrícola e a conservação natural dos recursos naturais ganha um novo capítulo com a entrada em vigor do mais recente regime jurídico voltado a regrar este tão discutido – e aparente – conflito entre os valores fundamentais da livre iniciativa e do Meio Ambiente Biologicamente Equilibrado: o 'Novo Código Florestal', instituído pela Lei Federal n. 12.651/12 e já parcialmente modificado e, regulamentado, respectivamente, pela Lei Federal n. 12.727/12 e pelo Decreto Federal n. 7.830/12". PEREIRA, Thiago Sales; TAMASCIA, Fernanda Leite. A aplicação do novo Código Florestal. In: MEDEIROS NETO, Elias Marques de (Coord.) *Aspectos*

agrário, para fins desta pesquisa, além da tutela de fins privados, "[...] indica a finalidade que o contrato exerce perante o meio que o cerca, a sua utilidade em face dos demais membros da coletividade".[570]

Destarte, o atendimento da sustentabilidade ambiental nas avenças agrárias, além de limite à liberdade de contratar, condiciona e legitima seu exercício. Trata-se do exercício de uma liberdade situada.[571]

Sublinha-se, por outro lado, que

> [...] o desenvolvimento rural sustentável está sujeito não só a iniciativas privadas, mas também a políticas de governo comprometidas em adequar o desenvolvimento econômico com a preservação ambiental e a justiça social, procurando assim atender as necessidades das gerações atuais e futuras.[572]

A regulação, em matéria de proteção ambiental, revela-se imprescindível,[573] em virtude de que

---

polêmicos do agronegócio. São Paulo: Castro Lopes, 2013. p. 1073-1095. p. 1073. Saliente-se, também, sobre o Novo Código Florestal, que "[...] ao dispor em seu artigo 1º que um de seus objetivos é a reafirmação da importância da função estratégica da atividade agropecuária e do papel das florestas e demais formas de vegetação nativa na sustentabilidade, no crescimento econômico, na melhoria da qualidade de vida da população brasileira e na presença do País nos mercados nacional e internacional de alimentos e bioenergia, revela que o objetivo comum de Desenvolvimento Sustentável é possível com a adoção de incentivos e a aproximação entre o Estado e aqueles que lidam diretamente com a terra". (p. 1094-1095).

[570] HIRONAKA, Giselda Maria Fernandes Novaes; TARTUCE, Flávio. O princípio da autonomia privada e o Direito Contratual brasileiro. In: HIRONAKA, Giselda Maria Fernandes Novaes; TARTUCE, Flávio. *Direito Contratual*: temas atuais. São Paulo: Método, 2007. p. 41-80. p. 68-69. Ainda, sobre a concepção funcional do contrato, há quem diga que "[...] há muito já mencionamos o art. 5º da Lei de Introdução ao Código Civil, a função social do contrato deseja conciliar o bem comum dos contratantes e da sociedade". ROSENWALD, Nelson. A função social do contrato. In: HIRONAKA, Giselda Maria Fernandes Novaes; TARTUCE, Flávio. *Direito Contratual*: temas atuais. São Paulo: Método, 2007. p. 81-111. p. 86.

[571] Termo empregado por Judith Hofmeister Martins-Costa para quem "[...] liberdade situada, a liberdade que se exerce na vida comunitária, isto é: o lugar onde imperam as leis civis. Daí a imediata referência, logo após a liberdade de contratar, à função social do contrato; daí a razão pela qual liberdade e função social se acham entretecidos, gerando uma nova ideia, a de autonomia (privada) solidária". MARTINS-COSTA, Judith. Reflexões sobre o Princípio da Função Social dos Contratos. In: CUNHA, Alexandre dos Santos (Org.). *O Direito da Empresa e das Obrigações e o Novo Código Civil brasileiro.* São Paulo: Quartier Latin, 2006. p. 218-248. p. 222-223.

[572] COUTO, Marília Cláudia Martins Vieira e. A função socioambiental da propriedade rural e o desenvolvimento rural sustentável. In: GARCEZ, Sergio Matheus (Org.). *Direito Agrário contemporâneo.* Goiânia: Vieira, 2012. p. 136-144. p. 143. Nesse ponto, salienta-se que o art. 225, *caput*, da CF/88 faz referência ao direito ao meio ambiente ecologicamente equilibrado assegurado a todos que pertencem às presentes e futuras gerações. Adequado lembrar aqui a ponderação de que "[...] a interpretação da norma reflete muito do que se colhe da realidade cultural, incubadora dos nossos valores éticos, quem sabe um dia se verá no 'todos' do art. 225, *caput*, uma categoria mais ampla e menos solitária do que apenas os próprios seres humanos. Também é oportuno salientar, [...], que a negação de titularidade de direito a outros seres vivos não implica, automática e inevitavelmente, negação de reconhecimento de seu valor intrínseco". CANOTILHO, José Joaquim Gomes; LEITE, José Rubens Morato. *Direito Constitucional Ambiental brasileiro.* 5. ed. rev. São Paulo: Saraiva, 2012. p. 132.

[573] Sobre o tema, destaca-se que "[...] since the mid-1970s, environmental protection has become one of the principal areas of public policy in Europe. Growing awareness about the negative environmental effects of economic activities has resulted in a growth of state intervention, at national, regional and local levels, to achieve environmental objectives. Furthermore, the European Union (EU)'s regularly activity in this field has expanded enormously. The policy instruments applied to deal with environmental degradation have been wide-ranging, including information campaigns and financial incentives. However, there has been a dominance of so-called command-and-control regulation, with legislation setting a variety of pollution, quality and safety standards. Since the early 1990s, this regulatory activity has come under increasing criticism, in tandem with a more general disenchantment with regulation and gover-

[...] a propriedade privada deve cumprir sua função social, atendendo à preservação do meio ambiente e aos deveres constitucionais que lhe são impostos, sem que se desresponsabilize, com isso, os públicos poderes, para cuja atuação devem se voltar os olhares atentos da sociedade.[574]

Assim é que "[...] os princípios-vetores constitucionais e, em especial, os que se referem aos direitos fundamentais, exigem que todos os Poderes da República reúnam esforços conjuntos para suas concretizações".[575]

De tudo o que foi dito, deve restar que há, pois, uma conexão entre as atividades desenvolvidas, a partir de contratos agrários[576] e as cláusulas da sustentabilidade ambiental. Por mais que se discuta a dose de regulação em matéria ambiental,[577] o certo é que o direito ao meio ambiente ecologicamen-

---

nment intervention". COLLIER, Ute. The environmental dimensions of deregulation: an introduction. In: —— (Org.). *Deregulation in the European Union*. Environmental perspectives. London: Routledge, 1998. p. 3-22. p. 3. E o autor segue comentando a necessidade de regulação em matéria ambiental, onde adverte: "The need for environmental regulation, which forms one of the sub-areas of social regulation, stems from the fact that there are market failures related to public goods, such as air and water. As these public goods are not priced, they are not taken into account in private production and consumption decisions and so-called external costs occur. Furthermore, sometimes it is government intervention itself which can create environmental problems. [...] The same is true for various policy decisions in other areas, such as energy and transport policy. Here, again, the environmental costs are largely external to the costs to be borne by decision-makers and hence fail to be taken into account". (p. 7). Ute Collier comenta acima, entre outros aspectos, a regulação do uso da água. Sobre lei e política de águas, sugere-se leitura da seguinte doutrina nacional: CAUBET, Christian Guy. *A água, a lei, a política... E o meio ambiente?* Curitiba: Juruá, 2004.

[574] TEPEDINO, Gustavo. A função social da propriedade e o meio ambiente. *Revista Trimestral de Direito Civil* (RTDC), Rio de Janeiro, a. 10, v. 37, p. 127-148, jan./mar. 2009. p. 147. Sobre políticas públicas em matéria ambiental, refere-se que "[...] as políticas devem tentar imitar os mercados ou fornecer sinais de preço integrados em decisões de mercado. A razão para isso é que os instrumentos de mercado, como impostos relacionados com o ambiente, licenças negociáveis e subsídios para reduzir a poluição, podem fornecer os incentivos certos para as ações de base ampla, que reduzem danos ambientais com o menor custo de recursos, e também promover a aquisição de valor ao capital natural". CARRERA, Francisco. Debatendo a economia verde. In: ALBUQUERQUE, Roberto Cavalcanti de; VELLOSO, João Paulo dos Reis (Orgs.). *A questão ambiental e a Rio +20*: a economia verde como oportunidade global para o Brasil. Rio de Janeiro: Elsevier, 2012. p. 107-118. p. 116.

[575] ZAVASCKI, Liane Tabarelli. Os contributos da interpretação constitucional e o controle judicial das políticas públicas. In: ZAVASCKI, Liane Tabarelli; JOBIM, Marco Félix (Orgs.). *Diálogos constitucionais de Direito Público e Privado*. Porto Alegre: Livraria do Advogado, 2011. p. 65-87.

[576] A Lei de Política Agrícola, Lei n° 8.171/91, por exemplo, condiciona a concessão de crédito rural ao uso sustentável da terra: "Art. 48. O crédito rural, instrumento de financiamento da atividade rural, será suprido por todos os agentes financeiros sem discriminação entre eles, mediante aplicação compulsória, recursos próprios livres, dotações das operações oficiais de crédito, fundos e quaisquer outros recursos, com os seguintes objetivos: [...] III – incentivar a introdução de métodos racionais no sistema de produção, visando ao aumento da produtividade, à melhoria do padrão de vida das populações rurais e à adequada conservação do solo e preservação do meio ambiente; [...]".

[577] A regulamentação ou desregulamentação das políticas de proteção ambiental é tema controverso. Por um lado, há que se ter cuidado com o excesso de regulação ambiental. Em Portugal, por exemplo, sustenta-se um déficit de execução do Direito Ambiental português pela complexidade da lei ambiental naquele país. Nesse sentido: "A principal patologia do direito do ambiente actual é, na nossa opinião, o seu enorme *déficit de execução*. Na verdade, as normas jurídicas funcionalmente dirigidas à protecção da qualidade do ambiente não são, em muitos casos, efectivas originando, assim, um '*direito*' meramente *virtual*, expressão de uma pretensão jurídico-política absolutamente ineficaz". [grifo do autor]. SENDIM, José de Sousa Cunhal. O direito virtual – notas sobre o déficit de execução do Direito do Ambiente português. *Revista Jurídica do Urbanismo e do Ambiente*, Coimbra, a. IX, n. 17, p. 57-78, jun. 2002. p. 57. Por outro lado, no que se refere à desregulamentação ambiental, diz-se que "[...] deregulation of environmental protection policies is, to some extent, a paradoxical concept. On the one hand, proponents of deregulation and a stronger reliance on market forces contend that such mechanisms allow a more efficient management

te equilibrado, sem ser direito absoluto,[578] impede qualquer regra entre as partes tendente a provocar devastação. Com todas as letras, a sustentabilidade impõe "[...] um paradigma que se recusa a excitar o desejo humano

---

of the environment, and can result in a higher degree of protection than guaranteed under traditional regulatory schemes (Ackermann and Stewart, 1985). Furthermore, in light of the 'polluter pays principle', it seems logical that the care as well as the costs of environmental protection should be allocated to the polluters (Xiberta, 1994). On the other hand, granting more decisional power concerning environmental protection and management to those parties which are also its main assailants, appears to require a considerable leap of faith. Also, the growing public expectation to be protected against environmental harm, and the increasing importance political parties have attributed to environmental issues during the last decades, seem at odds with a decreasing role of government and administration in the pursuit of higher environmental standards. If deregulation continues to develop as a major tend in environmental policy, it will have confront the obstacles of public duty, market failure and trust". HEYVAERT, Veerle. Access to information in a deregulated environment. In: COLLIER, Ute (Org.). *Deregulation in the European Union*. Environmental perspectives. London: Routledge, 1998. p. 55-74. p. 60-61. Ademais: "[...] to understand the detailed problems that companies experience with regulations, UNICE examined, with company experts, a number of specific European regulations in the areas of the Environment and Health and Safety. The five most common 'defects' across nine environmental regulations are: – regulations are not proportionate to hazard and risk; – regulations are too complex or prescriptive; – enforcement is inconsistent between countries; – technical definitions are poor or inconsistent; – regulations are too difficult to understand". PORTA, Giorgio. Environmental policy instruments in a deregulatory climate. The business perspective. In: COLLIER, Ute (Org.). *Deregulation in the European Union*. Environmental perspectives. London: Routledge, 1998. p. 165-180. p. 167. Fala-se ainda em acordos ambientais voluntários: "As governments and business around the world experiment with an increasing variety of new means of promoting environmental objectives, many have started to develop different types of voluntary environmental agreements – agreements negotiated between industry and either the government and/ or a community or public interest representative. Although these instruments are not new, the level of interest and actual use of agreements has increased dramatically in recent years". BREGHA, François; MOFFET, John. An overview of issues with respect to voluntary environmental agreements. *Journal of Environmental Law* and Practice, Toronto, v. 8, n. 1, p. 63-94, 1998. p. 63. Acerca dos acordos voluntários de natureza ambiental, consulte-se também LIEFFERINK, Duncan; MOL, Arthur P. J. Voluntary agreements as a form of deregulation? The dutch experience. In: COLLIER, Ute (Org.). *Deregulation in the European Union*. Environmental perspectives. London: Routledge, 1998. p. 181-197. Por fim, sobre poder local, sustentabilidade e autonomia privada, recomenda-se leitura de KLEIN, Naomi. *No logo*. Lisboa: Relógio D'Água, 2012.

[578] "Ambiental e Processual Civil. Ação civil pública. Ocupação e edificação em área de preservação permamente- APP. Casas de veraneio. Margens do Rio Ivinhema/MS. Supressão de mata ciliar. Descabimento. Art. 8º da Lei 12.651/2012. Não enquadramento. Direito adquirido ao poluidor. Fato consumado. Descabimento. Desapropriação não configurada. Limitação administrativa. Dano ambiental e nexo de causalidade configurados. Ausência de prequestionamento. Súmula 211/STJ. 1. Descabida a supressão de vegetação em Área de Preservação Permanente – APP que não se enquadra nas hipóteses previstas no art. 8º do Código Florestal (utilidade pública, interesse social e baixo impacto ambiental). 2. Conquanto não se possa conferir ao direito fundamental do meio ambiente equilibrado a característica de direito absoluto, certo é que ele se insere entre os direitos indisponíveis, devendo-se acentuar a imprescritibilidade de sua reparação, e a sua inalienabilidade, já que se trata de bem de uso comum do povo (art. 225, *caput*, da CF/1988). 3. Em tema de direito ambiental, não se cogita em direito adquirido à devastação, nem se admite a incidência da teoria do fato consumado. Precedentes do STJ e STF. 4. A proteção legal às áreas de preservação permanente não importa em vedação absoluta ao direito de propriedade e, por consequência, não resulta em hipótese de desapropriação, mas configura mera limitação administrativa. Precedente do STJ. 5. Violado o art. 14, § 1º, da Lei 6.938/1981, pois o Tribunal de origem reconheceu a ocorrência do dano ambiental e o nexo causal (ligação entre a sua ocorrência e a fonte poluidora), mas afastou o dever de promover a recuperação da área afetada e indenizar eventuais danos remanescentes. 6. Em que pese ao loteamento em questão haver sido concedido licenciamento ambiental, tal fato, por si só, não elide a responsabilidade pela reparação do dano causado ao meio ambiente, uma vez afastada a legalidade da autorização administrativa. 7. É inadmissível o recurso especial quanto a questão não decidida pelo Tribunal de origem, por falta de prequestionamento (Súmula 211/STJ). 8. Recurso especial parcialmente conhecido e provido". BRASIL. Superior Tribunal de Justiça. Recurso Especial nº 1.394.025 – MS (2013/0227164-1). Segunda Turma, Relatora Ministra Eliana Calmon, julgado em 8.10.2013. Disponível em: <https://ww2.stj.jus.br/revistaeletronica/Abre_Documento.asp?sLink=ATC&sSeq=31515247&sReg=201302271641&sData=20131018&sTipo=5&formato=PDF>. Acesso em: 28 jan. 2014.

além de limites razoáveis – como meio de colocar freios éticos no comportamento econômico dos indivíduos".[579]

Finaliza-se, ratificando a premissa de que, reconhecido o dever de toda a coletividade à concretização de meio ambiente saudável e equilibrado e, a partir da compreensão funcional do contrato, a sustentabilidade, no que se refere especificamente aos contratos de arrendamento e parceria rurais, traduz-se como novo elemento a ser sindicado em tais avenças.

---

[579] CAVALCANTI, Clóvis. Sustentabilidade da economia: paradigmas alternativos de realização econômica. In: —— (Org.). *Desenvolvimento e natureza*: estudos para uma sociedade sustentável. São Paulo: Cortez, 2001. p. 153-171. p. 168.

Conclusão

Em um Estado Socioambiental de Direito, tal como preconizado na Carta Constitucional de 1988, a sustentabilidade é diretriz vinculante. Tendo sido ela normatizada pelo constituinte como direito e dever, possui eficácia direta e aplicabilidade imediata a todas as searas jurídicas. Aqui reside, pois, a acentuada importância desse princípio como guia de interpretação e aplicação sistemática do Direito.

Nesse cenário, a sustentabilidade ambiental, expressamente prevista no art. 225, *caput*, da Constituição Federal brasileira de 1988, é valor, objetivo, princípio, regra e dever jurídico a ser perseguido. Irradia os seus efeitos para além do Direito Ambiental, envolvendo o Direito como um todo.

Não é de estranhar, portanto, a constatação de que existem deveres implícitos ou anexos dos contratos agrários, que vedam práticas ambientalmente lesivas, condicionando e limitando o exercício da autonomia privada. Mais: os princípios da prevenção e da precaução passam a ser considerados, obrigatoriamente, no escrutínio do conteúdo desses contratos.

Dessa forma, o contrato deixou de ser reconhecido como instrumento de tutela unicamente da vontade e interesses dos particulares envolvidos, passando a desempenhar função socioambiental e, mais do que isso, de sustentabilidade em todas as suas dimensões. Assim, conclui-se que a eficácia externa dos contratos agrários está vinculada ao cumprimento de novas exigências de sustentabilidade, incompatíveis com a visão individualista clássica.

Veja-se que o art. 421 do Código Civil de 2002, ao estabelecer que "[...] a liberdade de contratar será exercida em razão e nos limites da função social do contrato [...]", em que pesem os riscos da interpretação ampliativa, deve ser lido como impositivo de cláusulas que determinam, ora a mitigação de danos, ora a prevenção de externalidades negativas nos contratos agrários.

Dito em outras palavras, resultaram as seguintes principais conclusões:

1. Nas relações contratuais *lato sensu*, cumpre contribuir para o desenvolvimento, que não se resume ao mero crescimento da economia de um país. É indispensável considerar, no âmbito da licitude das cláusulas contratadas, somente as avenças que promoverem a convergência dos interesses particulares dos contratantes com o imperativo do desenvolvimento sustentável.

2. O princípio do "desenvolvimento sustentável" ou da "sustentabilidade" traduz compreensão que implica ética do cuidado com todos os seres vivos, numa visão inter e intrageracional.

3. As múltiplas dimensões da sustentabilidade (dimensão econômica, social, ambiental, jurídico-política e ética) alteram profundamente o modo de interpretar os contratos agrários, exigindo rigorosa perspectiva sistemática.

4. A interdependência entre as dimensões da sustentabilidade demanda percepção sistêmica dos contratos em geral, não fugindo à regra os contratos agrários que puderem suscitar danos ao equilíbrio ecológico.

5. Os contratos privados não mais tutelam interesses unicamente econômicos.

6. A constitucionalização do Direito Privado realçou o papel dos sujeitos de direitos e obrigações, despatrimonializando clássicos institutos.

7. A eficácia direta e a aplicabilidade imediata dos direitos fundamentais nas relações entre particulares fortalece a axiologia constitucional de 1988 na esteira de racional ecologização do Direito Agrário brasileiro.

8. A liberdade contratual não é, nem nunca foi, irrestrita e, no âmbito dos contratos agrários, deve ser exercida em razão e nos limites da sustentabilidade ambiental.

9. Em todos os contratos se faz presente o interesse social, mesmo não sendo a sociedade parte contratante na avença.

10. Os contratos são hoje percebidos como instrumentos de cooperação. No entanto, é preciso alargar esse conceito. Logo, devem os contratantes colaborar para evitar a chamada "tragédia dos comuns".

11. Em sendo os contratos ferramentas de colaboração, imprescindível se faz que as partes nele envolvidas respeitem as legítimas expectativas uma da outra, convindo notar que o princípio da boa-fé objetiva (art. 422, CC/02) veda implicitamente, nos contratos agrários, práticas que se revelem nocivas ao ambiente.

12. Admite-se a presença de eficácia transubjetiva nos contratos agrários, a qual, além de exigir abstenção de condutas lesivas à natureza e a terceiros, determina positivamente o cuidado e a promoção do equilíbrio ecológico.

13. A leitura funcional do contrato, nos moldes sugeridos, alcança ajustes disciplinados fora da codificação civil, tais como as avenças agrárias.

14. O atendimento da função da propriedade rural e dos contratos agrários, nos dias correntes, reivindica compreensão holística, no sentido de que determinações de natureza econômica, social, ambiental e ética devam ser adimplidas.

15. As cláusulas contratuais de obediência compulsória, disciplinadas na legislação agrarista, evidenciam a necessidade de dosado dirigismo estatal.

16. A observância de cláusulas obrigatórias nos contratos agrários, ainda quando não escritas, moldam e mitigam sensivelmente o exercício da autonomia privada no âmbito de tais avenças.

17. As cláusulas contratuais obrigatórias no arrendamento e parceria rurais denotam preocupação do legislador com a realização de justiça social no campo e a conservação dos recursos naturais, fonte de riquezas. Na prática, verifica-se tímido controle quanto a esse último aspecto.

18. Justifica-se uma releitura completa da legislação agrária, no ponto em que os recursos da natureza não sejam vistos apenas como objeto de preservação da exploração da capacidade econômica da terra, mas também – e principalmente – como fonte de qualidade de vida, em todas as suas formas de manifestação.

19. Algumas atividades exploratórias, desenvolvidas a partir dos contratos agrários, costumam representar campo fértil para que ocorram externalidades ambientais negativas. Em razão disso, é essencial que, nas fases pré e pós-contratuais desses pactos, sejam rigorosamente concretizados os princípios da prevenção e da precaução.

20. Como integrante das cláusulas contratuais obrigatórias, por força da própria Constituição e do Estatuto da Terra, a sustentabilidade, em sua dimensão ambiental, limita a liberdade de contratar nos pactos agrários, bem como condiciona seu exercício, tendo em vista as titularidades das presentes e futuras gerações.

21. A sustentabilidade ambiental, contemplada nos arts. 170, VI, e 225, *caput*, da Constituição Federal, é direito fundamental (de eficácia direta e imediata). Sua concretização é dever tanto do Poder Público como da coletividade, o que obriga o reexame dogmático dos contratos de arrendamento e parceria rurais.

Naturalmente, dúvidas e apreensões permanecem. A Constituição enuncia a sustentabilidade de forma plena. O Poder Público e a sociedade precisam envidar adicionais esforços, nas relações públicas e privadas, para que a garantia do meio ambiente ecologicamente equilibrado não continue a ser vista como empecilho para o crescimento econômico. Trata-se, nem mais nem menos, da tutela das gerações presentes e futuras.

Nessa medida, também no Direito faz-se necessário ultrapassar a visão exacerbadamente antropocêntrica, ora dominante, como reconhecimento do valor intrínseco de todo ser vivo. É a ética do cuidado e da proteção.

Em última análise, a sustentabilidade reclama uma compreensão libertadora, dissociada da atual escravização por objetivos estritamente econômicos. Salta aos olhos que a sustentabilidade, inclusive nas contratações agrárias, é a saída para o desenvolvimento ético, pleno e digno.

Referências

ACAUAN, Ana Paula. RIO +20: compromisso reforçado? *PUCRS Informação*, Porto Alegre, a. XXXIII, n. 160, p. 22-23, jul./ago. 2012.

———. Um *campus* verde e digital. *PUCRS Informação*, Porto Alegre, a. XXXIII, n. 159, p. 6-11, maio/jun. 2012.

ACSELRAD, Henri. Externalidade ambiental e sociabilidade capitalista. In: CAVALCANTI, Clovis (Org.). *Desenvolvimento e natureza*: estudos para uma sociedade sustentável. São Paulo: Cortez, 2001. p. 128-152.

ADGER, W. Neil. Ecological and social resilience. In: ATKINSON, Giles; DIETZ, Simon e NEUMAYER, Eric. *Handbook of sustainable development*. Cheltenham: Edward Elgar Publishing Limited, 2007. p. 78-90.

ALBUQUERQUE, Fabíola Santos. Liberdade de contratar e livre iniciativa. *Revista Trimestral de Direito Civil*, Rio de Janeiro, v. 15, p. 73-88, jul./set. 2003.

ALEMAR, Aguinaldo. Dano ao ambiente e responsabilização no século XXI. *Revista do Centro de Estudos de Direito do Ordenamento do Urbanismo e do Ambiente (CEDOUA)*, Coimbra, a. XIV, n. 27, p. 85-99, 2011.

ALEXY, Robert. *Teoria dos direitos fundamentais*. Tradução de: Virgílio Afonso da Silva. São Paulo: Malheiros, 2008.

ALMEIDA, Carlos Ferreira de. A função econômico-social na estrutura do contrato. In: CORDEIRO, António Menezes; ALBUQUERQUE, Ruy de (Coords.). *Estudos em memória do Professor Doutor José Dias Marques*. Coimbra: Almedina, 2007. p. 57-80.

ALMEIDA, Jalcione. A problemática do desenvolvimento sustentável. In: BECKER, Dinizar Fermiano (Org.). *Desenvolvimento sustentável*: Necessidade e/ou possibilidade? 4. ed. Santa Cruz do Sul: EDUNISC, 2002. p. 21-30.

ALONSO, Noemí Blázquez; MONTERO, Guillermina Yanguas. La nueva responsabilidad medioambiental. *Revista de Derecho Urbanístico y Medio Ambiente*, Madrid, n. 245, p. 101-145, nov./2008.

ALVARENGA, Octavio Mello. *Política e Direito Agroambiental*. Rio de Janeiro: Forense, 1997.

AMARAL, Francisco. Uma carta de princípios para um Direito como ordem prática. In: FACHIN, Luiz Edson; TEPEDINO, Gustavo (Coords.). *O direito e o tempo*: embates jurídicos e utopias contemporâneas. Rio de Janeiro: Renovar, 2008. p. 129-142.

AMARAL NETO, Francisco dos Santos. A autonomia privada como princípio fundamental da ordem jurídica. Perspectivas estrutural e funcional. *Boletim da Faculdade de Direito da Universidade de Coimbra*. Estudos em Homenagem ao Prof. Doutor A. Ferrer-Correia, Coimbra, II, número especial, p. 5-41, 1989.

ANDRADE, José Carlos Vieira de. Os direitos, liberdades e garantias no âmbito das relações entre particulares. In: SARLET, Ingo Wolfgang (Org.). *Constituição, direitos fundamentais e Direito Privado*. 2. ed., rev. e ampl. Porto Alegre: Livraria do Advogado, 2006. p. 273-299.

ANTUNES, José Engrácia. Estrutura e responsabilidade da empresa: o moderno paradoxo regulatório. In: CUNHA, Alexandre dos Santos (Org.). *O Direito da Empresa e das Obrigações e o Novo Código Civil Brasileiro*. São Paulo: Quartier Latin, 2006. p. 18-64.

ANTUNES, Paulo de Bessa. *Dano ambiental*: uma abordagem conceitual. Rio de Janeiro: Lumen Juris, 2000.

———. Princípio da precaução: breve análise da sua aplicação pelo Tribunal Regional Federal da 1ª Região. *Interesse Público*, Belo Horizonte, a. IX, n. 43, p. 41-74, maio/jun. 2007.

ARAGÃO, Alexandra. Instrumentos científicos e instrumentos jurídicos: perspectivas de convergência rumo à sustentabilidade no Direito Comunitário do Ambiente. *Revista Jurídica do Urbanismo e do Ambiente*, Coimbra, n. 20, p. 11-24, dez. 2003.

ARAGÃO, Alexandra; BOSSELMANN, Klaus. The principle of sustainability: transforming law and governance. Aldershot: Ashgate Publ., 2008. *Revista do Centro de Estudos de Direito do Ordenamento do Urbanismo e do Ambiente (CEDOUA)*, Coimbra, a. XI, n. 21, p. 171-180, 2008.

ARNT, Ricardo (Org.). *O que os economistas pensam sobre sustentabilidade*. São Paulo: Editora 34, 2010.

ARONNE, Ricardo. *Propriedade e domínio*: a teoria da autonomia. Titularidades e direitos reais nos fractais do Direito Civil-Constitucional. 2. ed., rev. e ampl. Porto Alegre: Livraria do Advogado, 2014.

AS CONFERÊNCIAS da ONU e o Desenvolvimento Sustentável. Disponível em: <http://www.radarrio20.org.br/index.php?r=conteudo/view&id=9>. Acesso em: 05 fev. 2013.

ASSIS, Andrea Tavares Ferreira de. Contratos agrários típicos: os principais aspectos jurídicos do arrendamento rural e parceria rural sob a perspectiva da função social da propriedade. In: GARCEZ, Sergio Matheus. *Direito Agrário contemporâneo*. Goiânia: Vieira, 2012. p. 89-107.

ATAÍDE JUNIOR, Wilson Rodrigues. *Os direitos humanos e a questão agrária no Brasil*: a situação do sudeste do Pará. Brasília: Universidade de Brasília, 2006.

ÁVILA, Humberto. *Teoria dos Princípios* – da definição à aplicação dos princípios jurídicos. 12. ed., ampl. São Paulo: Malheiros, 2011.

AXELROD, Robert. *A evolução da cooperação*. Tradução de: Jusella Santos. São Paulo: Leopardo, 2010.

──. *The evolution of cooperation*. Disponível em: <http://www-ee.stanford.edu/~hellman/Breakthrough/book/pdfs/axelrod.pdf>. Acesso em: 03 out. 2013.

──. *The evolution of cooperation*. New York: Basic Books,1984.

AYALA, Patryck de Araújo. Direito Ambiental de segunda geração e o Princípio de Sustentabilidade na Política Nacional do Meio Ambiente. *Revista de Direito Ambiental*, v. 16, n. 63, p. 103-132, jul./set. 2011.

AYALA, Vanesa Rodríguez; PÉREZ MORENO, Alfonso. Nuevas ramas del derecho: derecho urbanístico y derecho ambiental, Real Academia Sevillana de Legislación y Jurisprudencia 2007. *Revista de Derecho Urbanístico y Medio Ambiente*. Madrid, n. 244, p. 179-186, set./out. 2008.

AZEVEDO, Antonio Junqueira de. *Estudos e pareceres de Direito Privado* – com remissões ao novo Código Civil. São Paulo: Saraiva, 2004.

BAGGIO, Andreza Cristina; MANCIA, Karin Cristina Borio. A proteção do consumidor e o consumo sustentável: análise jurídica da extensão da durabilidade dos produtos e o atendimento ao princípio da confiança. In: XVII CONGRESSO NACIONAL DO CONPEDI. *Anais*. Brasília, 20-22 nov. 2008. p. 1741-1759.

BAKAN, Joel. *The corporation*: The pathological pursuit of profit and power. New York: Free Press, 2005.

BANDEIRA, Nize Lacerda Araújo. Função socioambiental da propriedade rural – breves apontamentos. In: GARCEZ, Sergio Matheus (Org.). *Direito Agrário contemporâneo*. Goiânia: Vieira, 2012. p. 165 -170.

BARAJAS, Ismael Aguilar. Reflexiones sobre el desarrollo sustentable. *Comercio Exterior*, México, v. 52, n. 2, p. 98-105, feb. 2002.

BARBOSA, Alessandra de Abreu Minadakis. A sistematização do Direito Privado Contemporâneo, o Novo Código Civil Brasileiro e os contratos agrários. In: BARROSO, Lucas Abreu; PASSOS, Cristiane Lisita (Orgs.). *Direito Agrário contemporâneo*. Belo Horizonte: Del Rey, 2004. p. 149-183.

BARBOSA, Claudia Maria. Reflexões para um judiciário socioambientalmente responsável. *Revista da Faculdade de Direito da Universidade Federal do Paraná – UFPR*, Curitiba, n. 48, p. 107-120, 2008.

BARBOSA, Haroldo Camargo. Meio ambiente, Direito fundamental e da personalidade: da conexão às consequências na reparação. *Revista de Direito Ambiental*, São Paulo, v. 17, n. 68, p. 49-74, out./dez. 2012.

BARBOZA, Heloísa Helena. Reflexões sobre a autonomia negocial. In: FACHIN, Luiz Edson; TEPEDINO, Gustavo (Coords.). *O direito e o tempo*: embates jurídicos e utopias contemporâneas. Rio de Janeiro: Renovar, 2008. p. 407-423.

BARRETTO, Vicente de Paulo. Bioética, biodireito e direitos humanos. In: TORRES, Ricardo Lobo (Org.). *Teoria dos direitos fundamentais*. Rio de Janeiro: Renovar, 1999. p. 377-417.

BARROS, Wellington Pacheco. *Curso de Direito Agrário*. Doutrina, jurisprudência e exercícios. 5. ed., rev. e atual. Porto Alegre: Livraria do Advogado, 2007. v. 1.

BARROSO, José Manuel et al. *The European Union and world sustainable development*: Visions of leading policy makers & academics. Luxembourg, European Communities, 2008. Disponível em: <http://ec.europa.eu/dgs/education_culture/documents/publications/susdev_en.pdf>. Acesso em: 02 mar. 2012.

BARROSO, Lucas Abreu. A função socioambiental dos contratos agrários. In: BARROSO, Lucas Abreu; MANIGLIA, Elisabete; MIRANDA, Alcir Gursen de (Orgs.). *A lei agrária nova*: biblioteca científica de Direito Agrário, Agroambiental, Agroalimentar e do Agronegócio. Curitiba: Juruá, 2012. v. 3, p. 119-140.

──. A teoria do contrato no paradigma constitucional. *Revista de Direito do Consumidor*, São Paulo, a. 21, v. 84, p. 149-169, out./dez. 2012.

———. Conceito e Funções. In: BARROSO, Lucas Abreu; MORRIS, Amanda Zoé (Coords.). *Direito dos contratos*. São Paulo: Revista dos Tribunais, 2008. v. 3. p. 39-49.

———. O sentido ambiental da propriedade agrária como substrato do Estado de Direito na contemporaneidade. *Revista Jurídica do Urbanismo e do Ambiente*, Coimbra, a. XI, n. 21/22, p. 123-141, jun./dez. 2004.

BAUMAN, Zygmunt. *Modernidade líquida*. Rio de Janeiro: Jorge Zahar, 2001.

BECK, Ulrich. *La sociedad del riesgo*: hacia una nueva modernidad. Tradução de: Jorge Navarro, Daniel Jiménez e Maria Rosa Corrás. Barcelona: Paidós, 1998.

BECKER, Dinizar Fermiano (Org.). *Desenvolvimento sustentável*: necessidade e/ou possibilidade? 4. ed. Santa Cruz do Sul: EDUNISC, 2002.

———. Sustentabilidade: um novo (velho) paradigma de desenvolvimento regional. In: ——— (Org.). *Desenvolvimento sustentável*: necessidade e/ou possibilidade? 4. ed. Santa Cruz do Sul: EDUNISC, 2002. p. 31-98.

BENJAMIN, Antonio Herman de Vasconcellos e. O meio ambiente na Constituição Federal de 1988. *Informativo Jurídico da Biblioteca Oscar Saraiva*, São Paulo, v. 19, n. 1, p. 37-80, jan./jun. 2008.

BENTHAN, Jeremy. *The theory of legislation*. Bombay: Oceana Publications, 1975.

BENYUS, Janine. *Biomimicry*: innovation inspired by nature. New York: Harper Perennial, 2002.

BERGKAMP, Lucas. Corporate governance and social responsibility: a new sustainability paradigm? *European Environmental Law Review*, London, v. 11, n. 5, p. 136-151, apr. 2002.

BERRY, Thomas. *The dream of earth*. Berkeley: University of California, 1990.

BETTI, Emilio. *Diritto metodo ermeneutica*. Milano: Giuffrè, 1991.

———. *Teoria generale delle obbligazioni*. Prolegomeni: funzione economico-sociale dei rapporti d'obbligazione. Milano: Giuffrè, 1953. v. 1.

BIDART, Adolfo Gelsi. *De derechos, deberes y garantias, del hombre comum*. Montevideo: Fundación de Cultura Universitária, 1987.

BILBAO UBILLOS, Juan María. ¿En qué medida vinculan a los particulares los derechos fundamentales? In: SARLET, Ingo Wolfgang (Org.). *Constituição, direitos fundamentais e Direito Privado*. 2. ed., rev. e ampl. Porto Alegre: Livraria do Advogado, 2006. p. 301-340.

———. *Los derechos fundamentales en la frontera entre lo público y lo privado*. La noción de *State Action* en la jurisprudencia norteamericana. Madrid: McGraw-Hill, 1997.

BLEEKER, Arne. Does the polluter pay? The polluter-pays principle in the case law of the European Court of Justice. *European Energy and Environmental Law Review*, Netherlands, v. 18, n. 6, p. 289-305, dec. 2009.

BOCKEN, Hubert. Financial guarantees in the environmental liability directive: next time better. *European Environmental Law Review*, London, v. 15, n. 1, p. 13-32, jan. 2006.

BOLSON, Simone Hegele. A dimensão filosófico-jurídica da equidade intergeracional: reflexões sobre as obras de Hans Jonas e Edith Brown Weiss. *Direito Fundamentais & Justiça*. Revista do Programa de Pós-Graduação Mestrado e Doutorado em Direito da PUCRS, Porto Alegre, a. 6, n. 19, p. 210-236, abr./jun. 2012.

BONAVIDES, Paulo. *Curso de Direito Constitucional*. 7. ed. São Paulo: Malheiros, 1997.

———. *Do estado liberal ao estado social*. 7. ed. 2ª tir. São Paulo: Malheiros, 2004.

BORGES, Paulo Torminn. *Institutos básicos do Direito Agrário*. São Paulo: Saraiva, 1995.

BORGES, Roxana Cardoso Brasileiro. *Função ambiental do contrato*: proposta de operacionalização do princípio civil para a proteção do meio ambiente. Disponível em: <http://sisnet.aduaneiras.com.br/lex/doutrinas/arquivos/180907.pdf>. Acesso em: 06 mar. 2013.

———. Função social da propriedade rural. In: BARROSO, Lucas Abreu; MIRANDA, Alcir Gursen de; SOARES, Mário Lúcio Quintão (Orgs. e colabs.). *O Direito Agrário na Constituição*. Rio de Janeiro: Forense, 2005. p. 271-303.

———. Reconstrução do conceito de contrato: do clássico ao atual. In: HIRONAKA, Giselda Maria Fernandes Novaes; TARTUCE, Flávio (Coords.). *Direito Contratual*: temas atuais. São Paulo: Método, 2007. p. 19-40.

BOSSELMANN, Klaus. Direitos humanos, meio ambiente e sustentabilidade. In: SARLET, Ingo Wolfgang (Org.). *Estado socioambiental e direitos fundamentais*. Porto Alegre: Livraria do Advogado, 2010. p. 73-109.

———. ———. *Revista do Centro de Estudos de Direito do Ordenamento do Urbanismo e do Ambiente* (CEDOUA), Coimbra, a. XI, n. 21, p. 9-38, 2008.

———. *The principle of sustainability*: transforming law and governance. Aldershot, Hampshire: Ashgate, 2008.

———. The principle of sustainability: transforming law and governance. Aldershot: Ashgate, 2008. *Revista do Centro de Estudos de Direito do Ordenamento do Urbanismo e do Ambiente (CEDOUA)*, Coimbra, a. XI, n. 21, p. 171-180, 2008.

BRANCO, Gerson Luiz Carlos. A cláusula geral da função social como norma de invalidade dos contratos. *Revista Bonijuris*, Curitiba, a. 24, ed. 583, n. 6, p. 6-22, jun. 2012.

———. Elementos para interpretação da liberdade contratual e função social: o problema do equilíbrio econômico e da solidariedade social como princípios da Teoria Geral dos Contratos. In: MARTINS-COSTA, Judith; BRANCO, Gerson Luiz Carlos et al. *Modelos de Direito Privado*. Madrid: Marcial Pons. No prelo.

———. *Função social dos contratos*: interpretação à luz do Código Civil. São Paulo: Saraiva, 2009.

———. Libertad contractual y su funcionalización: orientación metodológica y lenguaje utilizados por la comisión elaboradora del Código Civil Brasileño. *Vniversitas*, Bogotá, n. 123, p. 347-372, jul./dic. 2011.

———. Limites dogmáticos da intervenção judicial na liberdade contratual com fundamento na função social dos contratos. *Estudos de Direito do Consumidor da Faculdade de Direito da Universidade de Coimbra*, Coimbra, v. 08, p. 203-229, 2007.

———. Limites dogmáticos da intervenção judicial na liberdade contratual com fundamento na função social dos contratos. Disponível em: <http://www.gersonbranco.com.br/site_pt_novo/artigos.htm>. Acesso em: 02 dez. 2013.

———. O culturalismo de Miguel Reale e sua expressão no novo Código Civil. In: MARTINS-COSTA, Judith; BRANCO, Gerson Luiz Carlos. *Diretrizes teóricas do novo Código Civil brasileiro*. São Paulo: Saraiva, 2002. p. 1-85.

BRANDIMARTE, Vera; BALARIN, Raquel. *Meio digital é caminho sem volta para jornais*. Disponível em: <http://www.observatoriodaimprensa.com.br/news/view/_ed711_meio_digital_e_caminho_sem_volta_para_jornais>. Acesso em: 08 fev. 2013.

BRASIL. Conselho da Justiça Federal. *Enunciado nº 23*. Jornada de Direito Civil do Centro de Estudos Jurídicos, realizada de 11 a 15/09/2002. Disponível em: <http://columbo2.cjf.jus.br/portal/publicacao/download.wsp?tmp.arquivo=1296>. Acesso em: 28 jan. 2014.

———. Conselho Nacional de Justiça. *Recomendação nº 11*, de 22 de maio de 2007. Recomenda aos Tribunais relacionados nos incisos II a VII do art. 92 da Constituição Federal de 1988, que adotem políticas públicas visando à formação e recuperação de um ambiente ecologicamente equilibrado, além da conscientização dos próprios servidores e jurisdicionados sobre a necessidade de efetiva proteção ao meio ambiente, bem como instituam comissões ambientais para o planejamento, elaboração e acompanhamento de medidas, com fixação de metas anuais, visando à correta preservação e recuperação do meio ambiente. Disponível em: <http://www.cnj.jus.br/atos-administrativos/atos-da-presidencia/322-recomendacoes-do conselho/12093-recomenda-no-11>. Acesso em: 29 jan. 2014.

———. *Constituição da República Federativa do Brasil*, de 5 de outubro de 1988. Disponível em: <http://www.planalto.gov.br/ccivil_03/constituicao/ConstituicaoCompilado.htm>. Acesso em: 29 jan. 2014.

———. *Decreto nº 59.566*, de 14 de novembro de 1966. Regulamenta as Seções I, II e III do Capítulo IV do Título III da Lei nº 4.504, de 30 de novembro de 1964, Estatuto da Terra, o Capítulo III da Lei nº 4.947, de 6 de abril de 1966, e dá outras providências. Disponível em: <http://www.planalto.gov.br/ccivil_03/decreto/Antigos/D59566.htm>. Acesso em: 29 jan. 2014.

———. *Decreto-Lei nº 4.657*, de 4 de setembro de 1942. Lei de Introdução às normas do Direito Brasileiro. Redação dada pela Lei nº 12.376, de 30 de dezembro de 2010. Disponível em: <http://www.planalto.gov.br/ccivil_03/decreto-lei/Del4657.htm>. Acesso em: 29 jan. 2014.

———. *Guia Prático de Licitações Sustentáveis da Consultoria Jurídica da União no Estado de São Paulo*. 3. ed. Março 2013. Disponível em: <http://www.agu.gov.br/sistemas/site/TemplateTexto.aspx?idConteudo=138067&ordenacao=1&id_site=777>. Acesso em: 29 jan. 2014.

———. *Lei nº 10.257/01*, de 10 de julho de 2001. Regulamenta os arts. 182 e 183 da Constituição Federal, estabelece diretrizes gerais da política urbana e dá outras providências. Disponível em: <http://www.planalto.gov.br/ccivil_03/leis/leis_2001/l10257.htm>. Acesso em: 29 jan. 2014.

———. *Lei nº 10.406*, de 10 de janeiro de 2002. Institui o Código Civil. Disponível em: <http://www.planalto.gov.br/ccivil_03/leis/2002/l10406.htm>. Acesso em: 29 jan. 2014.

———. *Lei nº 11.443*, de 5 de janeiro de 2007. Dá nova redação aos arts. 95 e 96 da Lei n. 4.504, de 30 de novembro de 1964, que dispõe sobre o Estatuto da Terra. Disponível em: <http://www.planalto.gov.br/ccivil_03/_Ato2007-2010/2007/Lei/L11443.htm>. Acesso em: 29 jan. 2014.

———. *Lei nº 12.187*, de 29 de dezembro de 2009. Institui a Política Nacional sobre Mudança do Clima – PNMC) e dá outras providências. Disponível em: <http://www.planalto.gov.br/ccivil_03/_ato2007-2010/2009/lei/l12187.htm>. Acesso em: 29 jan. 2014.

――. *Lei nº 12.305*, de 2 de agosto de 2010. Institui a Política Nacional de Resíduos Sólidos; altera a Lei nº 9.605, de 12 de fevereiro de 1998; e dá outras providências. Disponível em: <http://www.planalto.gov.br/ccivil_03/_ato2007-2010/2010/lei/l12305.htm>. Acesso em: 29 jan. 2014.

――. *Lei nº 12.349*, de 15 de dezembro de 2010. Altera as Leis nºs 8.666, de 21 de junho de 1993, 8.958, de 20 de dezembro de 1994, e 10.973, de 2 de dezembro de 2004; e revoga o § 1º do art. 2º da Lei nº 11.273, de 6 de fevereiro de 2006. Disponível em: <http://www.planalto.gov.br/ccivil_03/_Ato2007-2010/2010/Lei/L12349.htm>. Acesso em: 29 jan. 2014.

――. *Lei nº 12.587*, de 3 de janeiro de 2012. Institui as diretrizes da Política Nacional de Mobilidade Urbana; revoga dispositivos dos Decretos-Leis nºs 3.326, de 3 de junho de 1941, e 5.405, de 13 de abril de 1943, da Consolidação das Leis do Trabalho (CLT), aprovada pelo Decreto-Lei nº 5.452, de 1º de maio de 1943, e das Leis nºs 5.917, de 10 de setembro de 1973, e 6.261, de 14 de novembro de 1975; e dá outras providências. Disponível em: <http://www.planalto.gov.br/ccivil_03/_ato2011-2014/2012/lei/l12587.htm>. Acesso em: 29 jan. 2014.

――. *Lei nº 12.852*, de 5 de agosto de 2013. Institui o Estatuto da Juventude e dispõe sobre os direitos dos jovens, os princípios e diretrizes das políticas públicas de juventude e o Sistema Nacional de Juventude – SINAJUVE. Disponível em: <http://www.planalto.gov.br/ccivil_03/_Ato2011-2014/2013/Lei/L12852.htm>. Acesso em: 29 jan. 2014.

――. *Lei nº 3.071*, de 01 de janeiro de 1916. Código Civil dos Estados Unidos do Brasil. Revogada pela Lei nº 10.406, de 10 de janeiro de 2002. Disponível em: <http://www.planalto.gov.br/ccivil_03/leis/l3071.htm>. Acesso em: 29 jan. 2014.

――. *Lei nº 4.504*, de 30 de novembro de 1964. Dispõe sobre o Estatuto da Terra, e dá outras providências. Disponível em: <http://www.planalto.gov.br/ccivil_03/leis/l4504.htm>. Acesso em: 29 jan. 2014.

――. *Lei nº 556*, de 25 de junho de 1850. Código Comercial. Parte Primeira Do Comércio em Geral. Parte revogada pela Lei 10.406, de 10 de janeiro de 2002. Disponível em: <http://www.planalto.gov.br/ccivil_03/leis/l0556-1850.htm>. Acesso em: 29 jan. 2014.

――. *Lei nº 8.171*, de 17 de janeiro de 1991. Dispõe sobre a política agrícola. Disponível em: <http://www.planalto.gov.br/ccivil_03/leis/l8171.htm>. Acesso em: 29 jan. 2014.

――. *Lei nº 8.629*, de 25 de fevereiro de 1993. Dispõe sobre a regulamentação dos dispositivos constitucionais relativos à reforma agrária, previstos no Capítulo III, Título VII, da Constituição Federal. Disponível em: <http://www.planalto.gov.br/ccivil_03/leis/l8629.htm>. Acesso em: 29 jan. 2014.

――. Ministério do Planejamento, Orçamento e Gestão. Secretaria de Logística e Tecnologia da Informação. *Instrução Normativa nº 1*, de 10 de janeiro de 2010. Dispõe sobre os critérios de sustentabilidade ambiental na aquisição de bens, contratação de serviços ou obras pela Administração Pública Federal direta, autárquica e fundacional e dá outras providências. Disponível em: <http://www.ambiente.sp.gov.br/wp-content/uploads/2012/01/2010_01_mpog.pdf>. Acesso em: 29 jan. 2014.

――. Superior Tribunal de Justiça. *AgRg na Suspensão de Liminar e de Sentença nº 1.744 SC (2013/0107749-0)*, Corte Especial, Relator Ministro Felix Fischer, julgado em 07.08.2013. Disponível em: <https://ww2.stj.jus.br/revistaeletronica/Abre_Documento.asp?sLink=ATC&sSeq=30342932&sReg=201301077490&sData=20130826&sTipo=5&formato=PDF> Acesso em: 28 jan. 2014.

――. Superior Tribunal de Justiça. *AgRg no Ag 1166827/RS*. Relator Ministro Antonio Carlos Ferreira, Quarta Turma, julgado em 06/11/2012, DJe 13/11/2012. Disponível em: <https://ww2.stj.jus.br/revistaeletronica/Abre_Documento.asp?sLink=ATC&sSeq=25712367&sReg=200900513273&sData=20121113&sTipo=5&formato=PDF>. Acesso em: 30 jan. 2014.

――. Superior Tribunal de Justiça. *AgRg no Ag 1383974/SC*. Relator Ministro Luis Felipe Salomão, Quarta Turma, julgado em 13/12/2011, DJe 01/02/2012. Disponível em: <https://ww2.stj.jus.br/revistaeletronica/Abre_Documento.asp?sLink=ATC&sSeq=19500159&sReg=201002133630&sData=20120201&sTipo=5&formato=PDF>. Acesso em: 30 jan. 2014.

――. Superior Tribunal de Justiça. *AgRg no AREsp 175663/RJ*. Relator Ministro Sidnei Beneti, Terceira Turma, julgado em 26/06/2012, DJe 29/06/2012. Disponível em: <https://ww2.stj.jus.br/revistaeletronica/Abre_Documento.asp?sLink=ATC&sSeq=22882890&sReg=201200939220&sData=20120629&sTipo=5&formato=PDF>. Acesso em: 30 jan. 2014.

――. Superior Tribunal de Justiça. *MS 16074 / DF (201100123180)*. 1ª Seção, Relator Ministro Arnaldo Esteves Lima, julgado em 09.11.2011. Disponível em: <https://ww2.stj.jus.br/revistaeletronica/Abre_Documento.asp?sLink=ATC&sSeq=18867295&sReg=201100123180&sData=20120621&sTipo=5&formato=PDF>. Acesso em: 28 jan. 2014.

――. Superior Tribunal de Justiça. *Recurso Especial nº 1.394.025 – MS (2013/0227164-1)*, Segunda Turma, Relatora Ministra Eliana Calmon, julgado em 8.10.2013. Disponível em: <https://ww2.stj.jus.br/revistaeletronica/Abre_Documento.asp?sLink=ATC&sSeq=31515247&sReg=201302271641&sData=20131018&sTipo=5&formato=PDF>. Acesso em: 28 jan. 2014.

_____. Superior Tribunal de Justiça. *Recurso Especial nº 164.442/MG.* Relator Ministro Luis Felipe Salomão, Quarta Turma, julgado em 21/08/2008. Disponível em: <https://ww2.stj.jus.br/revistaeletronica/Abre_Documento.asp?sLink=ATC&sSeq=4169077&sReg=199800108246&sData=20080901&sTipo=91&formato=PDF>. Acesso em: 28 jan. 2014.

_____. Superior Tribunal de Justiça. *Recurso Especial nº 264.805/MG.* Relator Ministro Cesar Asfor Rocha, Quarta Turma, julgado em 21.03.2002. Disponível em: <https://ww2.stj.jus.br/websecstj/cgi/revista/REJ.cgi/IMGD?seq=36672&nreg=200000633119&dt=20020617&formato=PDF>. Acesso em: 30 jan. 2014.

_____. Superior Tribunal de Justiça. *Recurso Especial nº 605.323* – MG (2003/0195051-9), Primeira Turma, Relator Ministro Teori Albino Zavascki, julgado em 18.08.2005. Disponível em: <http://db.natlaw.com/interam/br/en/cl/clbren00002.pdf>. Acesso em: 28 jan. 2014.

_____. Superior Tribunal de Justiça. *Recurso Especial nº 651.315/MT.* Relator Ministro Casto Filho, Terceira Turma, julgado em 09.08.2005. Disponível em: <https://ww2.stj.jus.br/revistaeletronica/Abre_Documento.asp?sLink=ATC&sSeq=1903667&sReg=200302247090&sData=20050912&sTipo=5&formato=PDF>. Acesso em: 28 jan. 2014.

_____. Superior Tribunal de Justiça. *Recurso Especial nº 97.405/RS.* Relator Ministro Ruy Rosado de Aguiar, Quarta Turma, julgado em 15.10.1996. Disponível em: <https://ww2.stj.jus.br/processo/jsp/ita/abreDocumento.jsp?num_registro=199600350019&dt_publicacao=18-11-1996&cod_tipo_documento=3>. Acesso em: 28 jan. 2014.

_____. Superior Tribunal de Justiça. *REsp 1.073.595/MG.* Relatora Ministra. Nancy Andrighi, Segunda Seção, DJe 29/04/2011. Disponível em: <https://ww2.stj.jus.br/revistaeletronica/Abre_Documento.asp?sLink=ATC&sSeq=15403993&sReg=200801501877&sData=20110531&sTipo=5&formato=PDF>. Acesso em: 30 jan. 2014.

_____. Superior Tribunal de Justiça. *REsp 1062589/RS.* Relator Ministro João Otávio de Noronha, Quarta Turma, julgado em 24/03/2009, DJe 06/04/2009. Disponível em: <https://ww2.stj.jus.br/revistaeletronica/Abre_Documento.asp?sLink=ATC&sSeq=14339023&sReg=200801147779&sData=20110311&sTipo=5&formato=PDF>. Acesso em: 30 jan. 2014.

_____. Superior Tribunal de Justiça. *RMS 848 / CE.* Recurso Ordinário em Mandado de Segurança nº 1991/0002122-9, Primeira Turma, Relator Ministro Garcia Vieira, julgado em 11/12/1991. Disponível em: <http://www.stj.jus.br/SCON/jurisprudencia/doc.jsp?livre=estatuto+terra+recep%E7%E3o+constitui%E7%E3o&&b=ACOR&p=true&t=&l=10&i=9>. Acesso em: 21 jan. 2014.

_____. Supremo Tribunal Federal. *ADI 3540.* Relator Ministro Celso de Mello. Data de Julgamento: 01/09/2005, Tribunal Pleno, Data de Publicação: DJ 03-02-2006. Disponível em: <http://redir.stf.jus.br/paginadorpub/paginador.jsp?docTP=AC&docID=387260>. Acesso em: 10 jan. 2014.

_____. Supremo Tribunal Federal. *Recurso Extraordinário 158.215/RS.* Segunda Turma, Relator Ministro Marco Aurélio, julgado em 30.04.1996. Disponível em: <http://www.stf.jus.br/portal/jurisprudencia/listarJurisprudencia.asp?s1=%28RE%24.SCLA.+E+158215.NUME.%29+OU+%28RE.ACMS.+ADJ2+158215.ACMS.%29&base=baseAcordaos&url=http://tinyurl.com/alc5gzp>. Acesso em: 30 jan. 2014.

_____. Supremo Tribunal Federal. *Recurso Extraordinário nº 160.222/RJ.* Primeira Turma, Relator Ministro Sepúlveda Pertence, julgado em 11.04.1995. Disponível em: <http://www.stf.jus.br/portal/jurisprudencia/listarJurisprudencia.asp?s1=%28RE%24.SCLA.+E+160222.NUME.%29+OU+%28RE.ACMS.+ADJ2+160222.ACMS.%29&base=baseAcordaos&url=http://tinyurl.com/a92t73f>. Acesso em: 30 jan. 2014.

_____. Supremo Tribunal Federal. *Recurso Extraordinário nº 201.819/RJ.* Segunda Turma, Relatora Ministra Ellen Gracie, Relator para o acórdão Ministro Gilmar Mendes, julgado em 11/10/2005. Disponível em: <http://redir.stf.jus.br/paginadorpub/paginador.jsp?docTP=AC&docID=388784>. Acesso em: 20 jan. 2014.

_____. Tribunal Regional Federal da 4ª Região. *Agravo de Instrumento nº 2005.04.01.019059-2/SC.* Relator Desembargador Carlos Eduardo Thompson Flores Lenz, Terceira Turma, julgado em 20/02/2006, DJU 03/05/2006. Disponível em: <http://jurisprudencia.trf4.jus.br/pesquisa/inteiro_teor.php?orgao=1&numeroProcesso=200504010190592&dataPublicacao=03/05/2006>. Acesso em: 20 jan. 2014.

_____. Tribunal Regional Federal da 4ª Região. *Apelação Cível nº 5000029-37.2011.404.7014/PR.* Terceira Turma, Relator Carlos Eduardo Thompson Flores Lenz, julgado em 08/08/2013. Disponível em: <https://eproc.trf4.jus.br/eproc2trf4/controlador.php?acao=acessar_documento_publico&doc=413759683009204310100000000077&evento=41375968300920431010000000016&key=a9534677dabba2d52072384a30c709336dbba2a35eff152b63d633920d6a75e2>. Acesso em: 30 jan. 2014.

_____. Tribunal Regional Federal da 4ª Região. *Apelação Cível nº 5000029-37.2011.404.7014/PR.* Terceira Turma, Relator Carlos Eduardo Thompson Flores Lenz, julgado em 08/08/2013. Disponível em: <https://eproc.trf4.jus.br/eproc2trf4/controlador.php?acao=acessar_documento_publico&doc=413759683009204310100000000076&evento=41375968300920431010000000016&key=be600344e40cae87dc607fc90f028cfdad69af3389a15657ec039b7ae3bdb0ad>. Acesso em: 30 jan. 2014.

BREGHA, François; MOFFET, John. An overview of issues with respect to voluntary environmental agreements. *Journal of Environmental Law and Practice*, Toronto, v. 8, n. 1, p. 63-94, 1998.

BURANELLO, Renato M. Fundamentos da teoria geral contratual e os contratos agrários. In: VENOSA, Sílvio de Salvo; GAGLIARDI, Rafael Villar; NASSER, Paulo Magalhães (Coords.). *10 anos de Código Civil*. São Paulo: Atlas, 2012. p. 315-342.

CABRAL, Antonio; COELHO, Leonardo (Orgs.). *Mundo em transformação*: caminhos para o desenvolvimento sustentável. Belo Horizonte: Autêntica, 2006.

CALDANI, Miguel Angel Ciuro. Significado filosófico-jurídico del derecho agrario. In: BARROSO, Lucas Abreu; PASSOS, Cristiane Lisita (Orgs.). *Direito Agrário contemporâneo*. Belo Horizonte: Del Rey, 2004. p. 3-26.

CALIENDO, Paulo. *Direito Tributário e análise econômica do Direito*: uma visão crítica. Rio de Janeiro: Elsevier, 2009.

——. Direitos fundamentais, Direito Tributário e análise econômica do Direito: contribuições e limites. *Direitos Fundamentais & Justiça*, Porto Alegre, a. 3, n. 7, p. 203-222, abr./jun. 2009.

CAMARGO, Maria Auxiliadora Castro e. Sobre a função social da propriedade e a dignidade humana. In: BARROSO, Lucas Abreu; PASSOS, Cristiane Lisita (Orgs.). *Direito Agrário contemporâneo*. Belo Horizonte: Del Rey, 2004. p. 57-74.

CANARIS, Claus-Wilhelm. A influência dos direitos fundamentais sobre o Direito Privado na Alemanha. In: SARLET, Ingo Wolfgang (Org.). *Constituição, direitos fundamentais e Direito Privado*. 2. ed., rev. e ampl. Porto Alegre: Livraria do Advogado, 2006. p. 225-245.

——. *Direitos fundamentais e Direito Privado*. Tradução de: Ingo Wolfgang Sarlet e Paulo Mota Pinto. Coimbra: Almedina, 2003.

CANDEMIL, Renata. Mudanças de paradigmas para uma sociedade sustentável: um novo desafio para o direito brasileiro? *Revista de Direito Ambiental*, São Paulo, v. 17, n. 68, p. 13-44, out./dez. 2012.

CANOTILHO, José Joaquim Gomes. Constituição e "Tempo Ambiental". *Revista do Centro de Estudos de Direito do Ordenamento do Urbanismo e do Ambiente (CEDOUA)*, Coimbra, v. 2, n. 2, p. 9-14, 1999.

——. Estado constitucional ecológico e democracia sustentada. *Revista do Centro de Estudos de Direito do Ordenamento do Urbanismo e do Ambiente (CEDOUA)*, Coimbra, v. 4, n. 2, p. 9-16, 2001.

——. *Estado de Direito*. Lisboa: Gradiva, 1999. Colecção Cadernos Democráticos. v. 7. Cap. 6. Parte I.

——. Estudos sobre direitos fundamentais. Coimbra: Coimbra, 2004.

——. Juridicização da ecologia ou ecologização do Direito. *Revista Jurídica do Urbanismo e do Ambiente*, Coimbra, n. 4, p. 69-79, dez. 1995.

——. O princípio da sustentabilidade como princípio estruturante do Direito Constitucional. *Tékhne – Revista de Estudos Politécnicos*, Barcelos, v. VIII, n. 13, p. 7-18, 2010.

——. *Proteção do ambiente e direito de propriedade* (crítica de jurisprudência ambiental). Coimbra: Coimbra, 1995.

CANOTILHO, José Joaquim Gomes; LEITE, José Rubens Morato. *Direito Constitucional Ambiental brasileiro*. 5. ed. rev. São Paulo: Saraiva, 2012.

CARRERA, Francisco. Debatendo a economia verde. In: ALBUQUERQUE, Roberto Cavalcanti de; VELLOSO, João Paulo dos Reis (Orgs.). *A questão ambiental e a Rio +20*: a economia verde como oportunidade global para o Brasil. Rio de Janeiro: Elsevier, 2012. p. 107-118.

CARSON, Rachel. *Silent spring*. New York: Houghton Mifflin, 1962.

CASTLE, Emery N.; BERRENS, Robert P.; POLASKY, Stephen. The economics of sustainability. *Natural Resources Journal*, New Mexico, v. 36, n. 4, p. 715-730, 1996.

CASTRO, Helena Mata Machado de. Limitações administrativas ao direito de propriedade na legislação ambiental federal. In: VILELA, Gracielle Carrijo; RIEVERS, Marina (Orgs.). *Direito e meio ambiente*: reflexões atuais. Belo Horizonte: Fórum, 2009. p. 197-278.

CAUBET, Christian Guy. A água, a lei, a política... E o meio ambiente? Curitiba: Juruá, 2004.

CAVALCANTE, Denise Lucena; BALTHAZAR, Ubaldo César (Orgs.). *Estudos de tributação ambiental*. Florianópolis: Fundação Boiteaux, 2010.

CAVALCANTI, Clóvis. Sustentabilidade da economia: paradigmas alternativos de realização econômica. In: —— (Org.). *Desenvolvimento e natureza*: estudos para uma sociedade sustentável. São Paulo: Cortez, 2001. p. 153-171.

CEPINHA, Eloísa. O papel do sector da construção no combate às alterações climáticas. In: SANTOS, Sofia; DIAS, Rita Almeida (Coords.). *Sustentabilidade, competitividade e equidade ambiental e social*. Coimbra: Almedina, 2008. p. 247-252.

CERQUEIRA, Walter Rocha de. Os direitos da personalidade e o direito ao meio ambiente. In: VILELA, Gracielle Carrijo; RIEVERS, Marina (Orgs.). *Direito e meio ambiente*: reflexões atuais. Belo Horizonte: Fórum, 2009. p. 29-45.

COASE, Ronald. The problem of social costs. *The Journal of Law and Economics*, Chicago, v. III, p. 1-44, oct. 1960.

COELHO, José Fernando Lutz. *Contratos agrários*: uma visão neo-agrarista. Curitiba: Juruá, 2006.

COELHO, Saulo de Oliveira Pinto; ARAÚJO, André Fabiano Guimarães de. A sustentabilidade como princípio constitucional sistêmico e sua relevância na efetivação interdisciplinar da ordem constitucional econômica e social: para além do ambientalismo e do desenvolvimento. Disponível em: <http://mestrado.direito.ufg.br/uploads/14/original_artigo_prof_saulo.pdf>. Acesso em: 20 jan. 2012.

COLLIER, Ute. The environmental dimensions of deregulation: an introduction. In: ——— (Org.). *Deregulation in the European Union*. Environmental perspectives. London: Routledge, 1998. p. 3-22.

COLUCCI, Viviane. Os princípios gerais do contrato agrário. *Revista de Direito Civil, Imobiliário, Agrário e Empresarial*, São Paulo, a. 10, n. 37, p. 81-94, jul./set. 1986.

COMISSÃO Mundial sobre Meio Ambiente e Desenvolvimento. *Nosso futuro comum*. 2. ed. Rio de Janeiro: Fundação Getúlio Vargas, 1991.

COMPARATO, Fábio Konder. *Direito Empresarial*: estudos e pareceres. São Paulo: Saraiva, 1990.

CONCEIÇÃO, Isadora Albornoz Cutin; CONCEIÇÃO, Tiago de Menezes. A eficácia dos direitos fundamentais nas relações interprivadas – análise de jurisprudência do Supremo Tribunal Federal. *Revista da Ajuris*, Porto Alegre, a. 37, n. 118, p. 209-223, jun. 2010.

CONFERÊNCIA das Nações Unidas sobre Meio Ambiente e Desenvolvimento Título: *Declaração do Rio sobre Meio Ambiente e Desenvolvimento*. Disponível em: <http://www.onu.org.br/rio20/img/2012/01/rio92.pdf>. Acesso em: 05 fev. 2013.

CORDEIRO, António Manuel da Rocha e Menezes. *Da boa-fé no Direito Civil*. 2 reimpressão. Coimbra: Almedina, 2001.

CORDINI, Giovanni. Principi costituzionali in tema di ambiente e giurisprudenza della Corte Costituzionale italiana. *Rivista Giuridica dell'Ambiente*, Milano, a. 24, n. 5, p. 611-634, sett./ott. 2009.

CORTIANO JUNIOR, Eroulths. A função social dos contratos e dos direitos reais e o art. 2035 do Código Civil brasileiro: um acórdão do Superior Tribunal de Justiça. In: FACHIN, Luiz Edson; TEPEDINO, Gustavo (Coords.). *O Direito e o tempo*: embates jurídicos e utopias contemporâneas. Rio de Janeiro: Renovar, 2008. p. 359-393.

COSTA, Mário Júlio de Almeida. *Direito das obrigações*. 7. ed., rev. e actual. Coimbra: Almedina, 1998.

COUTINHO, Francisco Seráphico da Nóbrega. Confrontações teóricas entre o princípio da precaução, a nova hermenêutica e a prática jurisdicional. In: FARIAS, Talden; COUTINHO, Francisco Seráphico da Nóbrega. *Direito Ambiental*: o meio ambiente e os desafios da contemporaneidade. Belo Horizonte: Fórum, 2010. p. 47-69.

COUTO, Marília Cláudia Martins Vieira e. A função socioambiental da propriedade rural e o desenvolvimento rural sustentável. In: GARCEZ, Sergio Matheus (Org.). *Direito Agrário contemporâneo*. Goiânia: Vieira, 2012. p. 136-144.

CURIA, Luiz Roberto; CÉSPEDES, Livia; NICOLETTI, Juliana (Colabs.). *Código 4 em 1 Saraiva*: Civil; Comercial; Processo Civil e Constituição Federal. 9. ed. São Paulo: Saraiva, 2013.

CUSENZA, Masia. Il recepimento della direttiva 2005/35/CE in Svezia. *Rivista Giuridica dell'Ambiente*, Milano, Giuffrè, n. 1, p. 81-111, 2010.

DALY, Herman and COBB, John. *For the common good*: redirecting the economy toward community, the environment and a sustainable future. Boston: Beacon, 1989.

DALY, Herman. *Economia do século XXI*. Porto Alegre: Mercado Aberto, 1984.

DEMOLINER, Karine Silva. *O princípio da solidariedade no contexto de um Estado Socioambiental de Direito*. 2011. 226 f. Tese (Doutorado) – Faculdade de Direito, Pontifícia Universidade Católica do Rio Grande do Sul, Porto Alegre. 2011.

DJOGHLAF, Ahmed et al. *Futuro sustentável*: uma nova economia para combater a pobreza e valorizar a biodiversidade. Coimbra: Almedina, 2011.

———. As Nações Unidas e o papel da biodiversidade nas economias dos países em desenvolvimento: trabalhos em curso e desafios futuros. In: ——— et al. *Futuro sustentável*: uma nova economia para combater a pobreza e valorizar a biodiversidade. Coimbra: Almedina, 2011. p. 13-19.

DOBSON, Andrew. *Citizenship and the environment*. New York: Oxford University, 2003.

DUQUE CORREDOR, Roman J. El Derecho agrario y su vocacion regional. Sentido y principios funcionales. *Derecho y Reforma Agraria*, Mérida, n. 24, p. 27-31, 1993.

EHRLICH, Paul. *The population bomb*. New York: Sierra Club-Ballantine Books, 1968.

ELKINGTON, John. *Cannibals with forks*: the triple bottom line of 21st century business. Oxford: Capstone, 1999.

EUROPEAN Commission Economic and Financial Affairs. Sustainability: today's economics for tomorrow's economies. *European Economy News*, n. 4, oct. 2006. Disponível em: <http://ec.europa.eu/archives/economy_finance/een/pdf/een_004_en.pdf>. Acesso em: 2 mar. 2012.

FACCHINI NETO, Eugênio. Reflexões histórico-evolutivas sobre a constitucionalização do Direito Privado. In: SARLET, Ingo Wolfgang (Org.). *Constituição, direitos fundamentais e Direito Privado*. 2. ed., rev. e ampl. Porto Alegre: Livraria do Advogado, 2006. p. 13-62.

FACHIN, Luiz Edson. A "reconstitucionalização" do Direito Civil brasileiro. In: ——. *Questões do Direito Civil brasileiro contemporâneo*. Rio de Janeiro: Renovar, 2008. p. 1-20.

——. *A função social da posse e a propriedade contemporânea*: uma perspectiva da usucapião imobiliária rural. Porto Alegre: Sergio Antonio Fabris, 1988.

——. A permanente construção teórica e prática do contrato. *Revista Trimestral de Direito Civil (RTDC)*, Rio de Janeiro, a. 9, v. 34, p. 245-246, abr./jun. 2008.

——. Apuntes breves sobre la reconstrucción del derecho contemporáneo brasileño a partir del derecho civil-constitucional. Disponível em: <http://www.fachinadvogados.com.br/artigos/FACHIN%20APUNTES.pdf>. Acesso em: 15 out. 2013.

——. Contratos na ordem pública do Direito Contemporâneo. In: FACHIN, Luiz Edson; TEPEDINO, Gustavo (Coords.). *O Direito e o tempo*: embates jurídicos e utopias contemporâneas. Rio de Janeiro: Renovar, 2008. p. 457-462.

——. Da felicidade paradoxal à sociedade de riscos: reflexões sobre risco e hiperconsumo. In: LOPEZ, Teresa Ancona; LEMOS, Patrícia Faga Iglecias; RODRIGUES JUNIOR, Otavio Luiz. (Coords.). *Sociedade de risco e Direito Privado*: desafios normativos, consumeristas e ambientais. São Paulo: Atlas, 2013. p. 380-393.

——. Modalidades jurídicas da ocupação da terra nos assentamentos da reforma agrária. *Revista de Direito Agrário e Meio Ambiente*, Curitiba, v. 2, n. 2, p. 44-51, ago. 1987.

——. O "aggiornamento" do Direito Civil brasileiro e a confiança negocial. In: —— (Coord.). *Repensando fundamentos do Direito Civil brasileiro contemporâneo*. 2ª tir. Rio de Janeiro: Renovar, 2000. p. 115-149.

——. O dever de indenizar os ocupantes de terras indígenas: análise da proposta de emenda à Constituição 409 de 2001. In: SILVA, Letícia Borges da; OLIVEIRA, Paulo Celso de (Coords.). *Socioambientalismo*: uma realidade. Curitiba: Juruá, 2007. p. 149-183.

——. *O futuro do Direito e o direito ao futuro*. Disponível em: <http://www.amb.com.br/portal/docs/noticias/noticia12712.pdf>. Acesso em: 15 out. 2013.

——. Pressupostos hermenêuticos para o contemporâneo Direito Civil brasileiro: elementos para uma reflexão crítica. *Revista do Tribunal Regional Federal da 4ª Região*, Porto Alegre, a. 23, n. 80, p. 13-58, 2012.

——. *Soluções práticas de Direito* – pareceres: contratos e responsabilidade civil. São Paulo: Revista dos Tribunais, 2011. v. 1.

——. Sustentabilidade e Direito Privado: funções derivadas das titularidades patrimoniais. *Interesse Público*, Belo Horizonte, a. 14, n. 72, p. 45-54, mar./abr. 2012.

——. *Teoria crítica do Direito Civil*: à luz do novo Código Civil brasileiro. 2. ed., rev. e atual. Rio de Janeiro: Renovar, 2003.

——. *Teoria crítica do Direito Civil*: à luz do novo Código Civil brasileiro. 3. ed., rev. e atual. Rio de Janeiro: Renovar, 2012.

——; GONÇALVES, Marcos Alberto Rocha. Hermenêutica da autonomia da vontade como princípio informador da mediação e conciliação. *Revista de Informação Legislativa*, Brasília, a. 48, n. 190, p. 7-14, abr./jun. 2011.

——; GONÇALVES, Marcos Alberto Rocha; FACHIN, Melina Girardi. *Morte e vida Severina*: um ensaio sobre a propriedade rural no Brasil contemporâneo a partir das lentes literárias. Disponível em: <http://www.fachinadvogados.com.br/artigos/FACHIN%20Morte%20e%20Vida.pdf>. Acesso em: 15 out. 2013.

——; PIANOVSKI RUZYK, Carlos Eduardo. *A dignidade da pessoa humana no Direito contemporâneo*: uma contribuição à crítica da raiz dogmática do neopositivismo constitucionalista. Disponível em: <http://www.anima-opet.com.br/pdf/anima5-Conselheiros/Luiz-EdsonFachin.pdf>. Acesso em: 10 nov. 2013.

——; ——. Direitos fundamentais, dignidade da pessoa humana e o novo Código Civil: uma análise crítica. In: SARLET, Ingo Wolfgang (Org.). *Constituição, direitos fundamentais e Direito Privado*. 2. ed., rev. e ampl. Porto Alegre: Livraria do Advogado, 2006. p. 89-106.

FACHIN, Melina Girardi. *Os caminhos do desenvolvimento sustentável a partir do Human Rights Approach*. Disponível em: <http://www.fachinadvogados.com.br/artigos/OS%20CAMINHOS%20DO%20DESENVOLVIMENTO.pdf>. Acesso em: 15 out. 2013.

FALKENMARK, Malin. Water – food – environment: Europe in a changing world. In: BARROSO, José Manuel et al. *The European Union and world sustainable development*: visions of leading policy makers & academics. Luxembourg, European Communities, 2008. Disponível em: <http://ec.europa.eu/dgs/education_culture/documents/publications/susdev_en.pdf>. Acesso em: 02 mar. 2012.

FAYET JÚNIOR, Ney; CURVELO, Alexandre Schubert. Da análise de contas nas licitações públicas a partir de critérios substanciais – entre a discricionariedade, a ilegalidade e a infração penal. In: FAYET JÚNIOR, Ney; MAYA, André Machado. *Ciências penais*: perspectivas e tendências da contemporaneidade. Curitiba: Juruá, 2011. p. 261-300.

——; FRAGA, Ricardo Carvalho. *Dos acidentes de trabalho*: questões penais e extrapenais – uma abordagem ampla do contexto da sociedade de risco. Porto Alegre: Núria Fabris, 2013.

FENSTERSEIFER, Tiago. *Direitos fundamentais e proteção do ambiente*: a dimensão ecológica da dignidade humana no marco jurídico-constitucional do Estado Socioambiental de Direito. Porto Alegre: Livraria do Advogado, 2008.

FERNANDES, Patrícia Vieira dos Santos. A importância dos princípios da precaução e da prevenção na busca do desenvolvimento sustentável. *L & C* – Revista de Administração Pública e Política, Brasília, a. XIV, n. 156, p. 33-34, jun. 2011.

FERRARO, Suzani Andrade. *O equilíbrio financeiro e atuarial nos regimes de previdência social*: RGPS – Regime Geral de Previdência Social, RPPS – Regime Próprio de Previdência Social, RPP – Regime de Previdência Privada. Rio de Janeiro: Lumen Juris, 2010.

FERREIRA, Francisco. Os grandes desafios ambientais das economias ocidentais – propostas de caminhos a seguir. In: DJOGHLAF, Ahmed et al. *Futuro sustentável*: uma nova economia para combater a pobreza e valorizar a biodiversidade. Coimbra: Almedina, 2011. p. 21-27.

FERREIRA, Pinto. *Curso de Direito Agrário*: de acordo com a Lei n. 8.629/63. 2. ed. São Paulo: Saraiva, 1995.

——. *Curso de Direito Agrário*: de acordo com a Lei nº 8.629/93. São Paulo: Saraiva, 1994.

FERRETO, Vilson. *Contratos agrários*: aspectos polêmicos. São Paulo: Saraiva, 2009.

FIGUEIREDO, Orlando. A controvérsia na educação para a sustentabilidade: uma reflexão sobre a escola do século XXI. *Interacções*, n. 4, p. 3-23, 2006. Disponível em: <http://www.eses.pt/interaccoes>. Acesso em: 17 jan. 2012.

FINDLEY, Roger W. The future of environmental law. *Revista de Direito Ambiental*, São Paulo, v. 8, n. 31, p. 9-19, jul./set. 2003.

FODELLA, Alessandro. Il vertice di Johannesburg sullo sviluppo sostenible. *Rivista Giuridica dell'Ambiente*, Milano: Giuffrè, n. 2, p. 385-402, 2003.

FRADERA, Véra Maria Jacob de (Org.). *O Direito Privado brasileiro na visão de Clovis do Couto e Silva*. Porto Alegre: Livraria do Advogado, 1997.

——. Pode o credor ser instado a diminuir o próprio prejuízo? *Revista Trimestral de Direito Civil (RTDC)*, Rio de Janeiro, v. 19, p. 109-119, jul./set. 2004.

FRAGA, Luiz Fernando; VAL, Pedro Bruning do. A função social da propriedade rural como limitador da autonomia da vontade nos contratos agrários e sua aplicação pelo Poder Judiciário. In: MEDEIROS NETO, Elias Marques de (Coord.). *Aspectos polêmicos do agronegócio*: uma visão através do contencioso. São Paulo: Castro Lopes, 2013. p. 791-811.

FRANCO, Yanna Gutiérrez; SIERRA, José Manuel Martínez. Concepto de desarrollo sostenible y principio de protección del medio ambiente en la Unión Europea. In: BARROSO, José Manuel et al. *The European Union and World Sustainable Development*: Visions of Leading Policy Makers & Academics. Luxembourg, European Communities, 2008. Disponível em: <http://ec.europa.eu/dgs/education_culture/documents/publications/susdev_en.pdf>. Acesso em: 02 mar. 2012.

FREITAS, Juarez. *A interpretação sistemática do Direito*. 4. ed. São Paulo: Malheiros, 2004.

——. *A interpretação sistemática do Direito*. 5. ed. São Paulo: Malheiros, 2010.

——. *Direito fundamental à boa administração pública*. 3. ed. São Paulo: Malheiros, 2014. No prelo.

——. Discricionariedade administrativa e o direito fundamental à boa administração pública. 2. ed. São Paulo: Malheiros, 2009.

——. Princípio da precaução: vedação de excesso e de inoperância. *Interesse Público*, Porto Alegre, a. VII, n. 35, p. 33-48, jan./fev. 2006.

——. *Sustentabilidade*: direito ao futuro. 2. ed. Belo Horizonte: Fórum, 2012.

——. Belo Horizonte: Fórum, 2011.

FROYN, Camilla Bretteville. International environmental cooperation: the role of political feasibility. In: ATKINSON, Giles; DIETZ, Simon and NEUMAYER, Eric. *Handbook of sustainable development*. Cheltenham, UK: Edward Elgar Publishing Limited, 2007. p. 395-412.

FULLERTON, Don; STAVINS, Robert. How economists see the environment. *Nature*, Austin: Macmillan, v. 395, p. 433-434, 1 oct. 1998.

GARCEZ, Sergio Matheus (Org.). *Direito Agrário contemporâneo*. Goiânia: Vieira, 2012.

GEORGE, Susan. *A fate worse than debt*: the world financial crisis and the poor. New York: Grove Weidenfeld, 1990.

GIAMPIETRO, Franco. La responsabilità per danno all'ambiente in Italia: sintesi di leggi e di giurisprudenza messe a confronto con la direttiva 2004/35/CE e con il T.U. ambientale. *Rivista Giuridica dell'Ambiente*, Milano: Giuffrè, n. 1, p. 19-34, 2006.

GIANNOTTI, Gerardo. Il contributo del G8, del G20 e del sistema dei gruppi alla governance mondiale sostenibile. *Rivista Giuridica dell'Ambiente*, Milano, a. 24, n. 5, p. 795-804, sett./ott. 2009.

GIRÃO, António Caetano de Sousa e Faria. Ética ambiental e desenvolvimento sustentável. *Revista Jurídica do Urbanismo e do Ambiente*, Coimbra, a. XIV, n. 29/30, p. 187-208, jan./dez. 2008.

GLITZ, Frederico Eduardo Zenedin. *Contrato e sua conservação*: lesão e cláusula de *hardship*. Curitiba: Juruá, 2008.

GODOY, Luciano de Souza. Uma visão dos contratos agrários à luz dos precedentes do Superior Tribunal de Justiça. In: MEDEIROS NETO, Elias Marques de (Coord.). *Aspectos polêmicos do agronegócio*: uma visão através do contencioso. São Paulo: Castro Lopes, 2013. p. 377-394.

GOGLIANO, Daisy. A função social do contrato (causa ou motivo). *Revista da Faculdade de Direito*, São Paulo, v. 99, p. 153-198, jan./dez. 2004.

GOIÁS. Tribunal de Justiça de Goiás. *Apelação Cível nº 72.052-0/188 (200301506897)*. Primeira Câmara Cível, Relator: Leobino Valente Chaves. Data do Julgamento: 02/03/2004. Disponível em: <http://www.tjgo.jus.br/index.php/consulta-atosjudiciais>. Acesso em: 23 jan. 2014.

GOMES, Carla Amado. O preço da memória: a sustentabilidade do património cultural edificado. In: I CONGRESSO LUSO-BRASILEIRO DE DIREITO DO PATRIMÔNIO CULTURAL, Ouro Preto, Universidade Federal de Ouro Preto, mar. 2011. Disponível em: <http://icjp.pt/sites/default/files/media/917-1648.pdf>. Acesso em: 26 jan. 2012.

———; ANTUNES, Tiago. O ambiente no Tratado de Lisboa: uma relação sustentada. *Actualidad Jurídica Ambiental*, 28 mayo 2010. p. 3. Disponível em: <http://www.actualidadjuridicaambiental.com/wp-content/uploads/2010/05/AMADOGOMESCARLA280620101.pdf>. Acesso em: 26 jan. 2012.

GONÇALVES, Albenir Itaboraí Querubini; CERESÉR, Cassiano Portella. *Função ambiental da propriedade rural e dos contratos agrários*. São Paulo: Leud, 2013.

GORE, Al. *The future*. London: WH Allen, 2013.

GRAU, Eros Roberto. *A ordem econômica na Constituição de 1988* (interpretação e crítica). 12. ed., rev. e atual. São Paulo: Malheiros, 2007.

GRAY, John. *False dawn*: the delusions of global capitalism. London: Granta, 1998.

GUPTA, Joyeeta. Global water and climate governance: implications for the EU with respect to developing countrie. In: BARROSO, José Manuel *et al*. *The European Union and World Sustainable Development*: Visions of Leading Policy Makers & Academics. Luxembourg, European Communities, 2008. Disponível em: <http://ec.europa.eu/dgs/education_culture/documents/publications/susdev_en.pdf>. Acesso em: 02 mar. 2012.

HANDY, Charles. Projeto Top 50 Sustainability Spirit [3 set. 2008]. Entrevistador: Wayne Visser. Cambridge: University of Cambridge, Programme for Sustainability Leadership. Disponível em: <http://www.google.com.br/url?sa=t&rct=j&q=&esrc=s&source=web&cd=1&ved=0CCUQFjAA&url=http%3A%2F%2Fwww.cpsl.cam.ac.uk%2FResources%2FVideos%2F~%2Fmedia%2FFiles%2FResources%2FTop%252050%2520Sust%2520Books%2FWayne%2520Visser%2520video%2520transcripts%2FCambridge_Interview_Charles_Handy_03_09_2008.ashx&ei=r23mUtLYCZK1kQeKioHQCA&usg=AFQjCNFt_tJ0jRKvBE6pdA_Xrx7ByyOMEw&bvm=bv.59930103,d.eW0>. Acesso em: 13 fev. 2013.

———. *The hungry spirit*: beyond capitalism – the quest for purpose in the modern world. New York: Broadway,1999.

HARDIN, Garrett. The tragedy of the commons. *Science*, New York, New Series, v. 162, n. 3859, p. 1243-1248, dec. 1968.

HART, Stuart L. *Capitalism at the crossroads*: aligning business, earth and humanity. 2nd ed. New foreword by Al Gore. New Jersey: Wharton School, 2007.

HAWKEN, Paul. *The ecology of commerce*: a declaration of sustainability. New York: Harper Business, 1994.

HESSE, Konrad. *A força normativa da Constituição*. Tradução de: Gilmar Ferreira Mendes. Porto Alegre: Sergio Antonio Fabris, 1991.

HEYVAERT, Veerle. Access to information in a deregulated environment. In: COLLIER, Ute (Org.). *Deregulation in the European Union*. Environmental perspectives. London: Routledge, 1998. p. 55-74.

HIRONAKA, Giselda M. Fernandes Novaes. A função social do contrato. *Revista de Direito Civil*, São Paulo: Revista dos Tribunais, v. 45, p. 141-152, jul./set. 1990.

———. *Atividade agrária e proteção ambiental*: simbiose possível. São Paulo: Cultural Paulista, 1997.

———; TARTUCE, Flávio. O princípio da autonomia privada e o Direito Contratual brasileiro. In: HIRONAKA, Giselda Maria Fernandes Novaes; TARTUCE, Flávio. *Direito Contratual*: temas atuais. São Paulo: Método, 2007. p. 41-80.

HOLMES, Stephen; SUNSTEIN, Cass R. *The cost of rights*: why liberty depends on taxes. New York: Norton, 2000.

HOPKINS, Michael. *Corporate social responsibility*, uma nova estratégia organizacional. In: SANTOS, Sofia; DIAS, Rita Almeida (Coords.). *Sustentabilidade, competitividade e equidade ambiental e social*. Coimbra: Almedina, 2008. p. 87-94.

HOPKINS, Michael. Qual é a relação entre CSR e *Corporate Governance*? In: SANTOS, Sofia; DIAS, Rita Almeida (Coords.). *Sustentabilidade, competitividade e equidade ambiental e social*. Coimbra: Almedina, 2008. p. 179-183.

IMPARATO, Emma A. Il turismo nelle aree naturali protette: dalla compatibilità alla sostenibilità. *Rivista Giuridica dell'Ambiente*, Milano, a. 23, n. 2, p. 327-352, mar./apr. 2008.

JAMIESON, Dale. *Ethics and the environment*: an introduction. Cambridge: Cambridge University, 2008.

──. *Ética e meio ambiente*. São Paulo: Senac, 2008.

JAPUR, José Paulo Dorneles. O desenvolvimento nacional sustentável e as licitações públicas: comentários às alterações da Lei nº 8.666, de 1993, promovidas pela Lei nº 12.349, de 2010. *Revista Síntese Direito Administrativo*, São Paulo, a. VIII, n. 85, p. 81-99, jan. 2013.

JOHANSSON Thomas B. Sustainable energy, security, and the European Union in a global context. In: BARROSO, José Manuel et al. *The European Union and world sustainable development*: visions of leading policy makers & academics. Luxembourg, European Communities, 2008. Disponível em: <http://ec.europa.eu/dgs/education_culture/documents/publications/susdev_en.pdf>. Acesso em: 02 mar. 2012.

JOLDZIK, Vladan. Mutual relation and boundaries of Ecology Law and the other law branches. *Revista Mestrado em Direito*, Osasco, n. 2, p. 49-65, ago./dez. 2011.

JONAS, Hans. *O princípio da responsabilidade*: ensaio de uma ética para a civilização tecnológica. Rio de Janeiro: Contraponto, 2006.

──. ──. Rio de Janeiro: PUC Rio, 2006.

──. *The imperative of responsability*: in search of ethics for the technological age. Chicago and London: University of Chicago, 1984.

JUNGES, José Roque; SELLI, Lucilda. Bioethics and environment: a hermeneutic approach. *Journal international de bioéthique*, Paris, v. 19, n. 1-2, p. 105-119, mars/juin 2008.

KANT, Immanuel. Crítica da razão pura. In: *OS PENSADORES*. Tradução de: Valério Rohden e Udo B. Moosburger. São Paulo: Abril Cultural, 1980.

──. *Fundamentação da metafísica dos costumes*. Tradução de: Paulo Quintela. Lisboa: Edições 70, 1986.

KLEIN, Naomi. *No logo*. Lisboa: Relógio D'Água, 2012.

KRELL, Andreas J. Ordem jurídica e meio ambiente na Alemanha e no Brasil: alguns aspectos comparativos. *Revista de Direito Ambiental*, São Paulo, v. 8, n. 31, p. 178-206, jul./set. 2003.

KRUGMAN, Paul e WELLS, Robin. *Introdução à Economia*. Rio de Janeiro: Campus, 2007.

KUHN, Thomas. *The structure of scientific revolutions*. Chicago: Chicago University, 1962.

LARANJEIRA, Raymundo. *Propedêutica do Direito Agrário*. São Paulo: LTr, 1975.

LEE, Kai N. Searching for sustainability in the new century. *Ecology Law Quarterly*, Berkeley, Boalt Hall School of Law, University of California, v. 27, n. 4, p. 913-928, 2001.

LEITÃO, João Menezes. Instrumentos de Direito Privado para protecção do ambiente. *Revista Jurídica do Urbanismo e do Ambiente*, Coimbra, n. 7, p. 29-65, jun. 1997.

LEITE, José Rubens Morato. Dano extrapatrimonial ou moral ambiental e sua perspectiva no Direito brasileiro. In: MILARÉ, Édis (Org.). *Ação civil pública*: Lei 7.347/1985 – 15 anos. São Paulo: Revista dos Tribunais, 2002. p. 458-492.

──; AYALA; Patryck de Araújo. *Dano ambiental*: do individual ao coletivo extrapatrimonial. 4. ed., rev., atual. e ampl. São Paulo: Revista dos Tribunais, 2011.

──; FERREIRA, Maria Leonor Paes Cavalcanti. Estado de Direito Ambiental no Brasil: uma visão evolutiva. In: FARIAS, Talden; COUTINHO, Francisco Seráphico da Nóbrega (Orgs.). *Direito Ambiental*: o meio ambiente e os desafios da contemporaneidade. Belo Horizonte: Fórum, 2010. p. 116-129.

LEOPOLD, Aldo. *Sand county almanac*: and sketches here and there. London: Oxford University, 1949.

LIEFFERINK, Duncan; MOL, Arthur P. J. Voluntary agreements as a form of deregulation? The dutch experience. In: COLLIER, Ute (Org.). *Deregulation in the European Union*. Environmental perspectives. London: Routledge, 1998. p. 181-197.

LIMÃO, Andreia; BARBOSA, Pedro. Turismo sustentável. In: SANTOS, Sofia; DIAS, Rita Almeida (Coords.). *Sustentabilidade, competitividade e equidade ambiental e social*. Coimbra: Almedina, 2008. p. 267-282.

LÔBO, Paulo Luiz Netto. Transformações gerais do contrato. *Revista Trimestral de Direito Civil*, Rio de Janeiro, v. 16, p. 103-113, out./dez. 2003.

LOCKE, John. *Segundo tratado sobre o governo civil*: ensaio sobre a origem, os limites e os fins verdadeiros do governo civil. Tradução de: Magda Lopes e Marisa Lobo da Costa. Petrópolis: Vozes, 1999.

LOMBORG, Bjorn. *The skeptical environmentalist*. Cambridge: Cambridge University, 2001.

LOPES, Laura. *Quando gastar torna-se uma obsessão*. Disponível em: <http://www.usp.br/espacoaberto/arquivo/2001/espaco07abr/editorias/comportamento.htm>. Acesso em: 10 fev. 2013.

LORENZETTI, Ricardo Luis. *Teoria geral do Direito Ambiental*. São Paulo: Revista dos Tribunais, 2010.

LOUREIRO, João Carlos. "É bom morar no azul": a Constituição mundial revisitada. Separata de: *Boletim da Faculdade de Direito da Universidade de Coimbra*, Coimbra, v. LXXXII, n. 82, p. 181-212, 2006.

——. Autonomia do direito, futuro e responsabilidade intergeracional: para uma teoria do Fernrecht e da Fernverfassung em diálogo com Castanheira Neves. Separata de: *Boletim da Faculdade de Direito da Universidade de Coimbra*, Coimbra, v. LXXXVI, n. 86, p. 15-47, 2010.

——. Prometeu, Golem & companhia. Bioconstituição e corporeidade numa "Sociedade (Mundial) de Risco". Separata de: *Boletim da Faculdade de Direito da Universidade de Coimbra*, Coimbra, v. LXXXV, n. 85, p. 151-196, 2009.

——. Da sociedade técnica de massas à sociedade de risco: prevenção, precaução e tecnociência. Algumas questões juspublicísticas. Separata de: *Boletim da Faculdade de Direito da Universidade de Coimbra*, STVDIA IVRIDICA 61. AD HONOREM – 1. Estudos em homenagem ao Prof. Doutor Rogério Soares, Coimbra, p. 797-891, 2001.

LOVECE, Graciela. El ecosistema sustentable. La publicidad al medioambiente. *Revista de Direito Ambiental*, São Paulo, v. 8, n. 29, p. 36-48, jan./mar. 2003.

LOVELOCK, James. *Gaia*: a new look at life on earth. 3rd. ed. Oxford: Oxford University, 2000.

LUHMANN, Niklas. *Social systems*. Stanford: Stanford University, 1995.

LUPION, Ricardo. Função social do contrato como função estabilizadora das relações contratuais empresariais. In: SAAVEDRA, Giovani Agostini; LUPION, Ricardo (Orgs.). *Direitos fundamentais*: Direito Privado e inovação. Porto Alegre: EDIPUCRS, 2012. p. 51-66.

——. Proteção ao meio ambiente e desenvolvimento sustentável. *Direitos Fundamentais & Justiça*. Revista do Programa de Pós-Graduação Mestrado e Doutorado em Direito da PUCRS, Porto Alegre, a. 2, n. 3, p. 139-166, abr./jun. 2008.

LUSTOSA, Maria Cecília Junqueira. Industrialização, meio ambiente, inovação e competitividade. In: MAY, Peter; LUSTOSA, Maria Cecília; VINHA, Valéria da (Orgs.). *Economia do meio ambiente*: teoria e prática. Rio de Janeiro: Elsevier, 2003. p. 155-215.

LYRA JUNIOR, Eduardo Messias Gonçalves de. Contratos de adesão e condições gerais dos contratos. In: LÔBO, Paulo Luiz Netto; LYRA JUNIOR, Eduardo Messias Gonçalves de (Orgs.). *A teoria do contrato e o novo Código Civil*. Recife: Nossa Livraria, 2003. p. 43-76.

MAÇAS, Maria Fernanda. Os acordos sectoriais como um instrumento da política ambiental. *Revista do Centro de Estudos de Direito do Ordenamento do Urbanismo e do Ambiente (CEDOUA)*, Coimbra, a. 3, n. 1, p. 37-54, 2000.

MACHADO, João Sidnei Duarte. *A parceria agrícola no Direito brasileiro*. Porto Alegre: Sergio Antonio Fabris, 2004.

MACHADO, João Sidnei Duarte; SABEDRA, Lisianne. As cláusulas gerais do novo Código Civil e os contratos agrários. *Revista do Direito*, Uruguaiana, Pontifícia Universidade Católica do Rio Grande do Sul, v. 2, n. 2, p. 35-54, 2002.

MACHADO, Jónatas E. M. *Direito da União Europeia*. Coimbra: Wolters Kluwer Portugal/Coimbra, 2010.

MACHADO, Paulo Affonso Leme. *Direito Ambiental brasileiro*. 21. ed., rev., atual. e ampl. São Paulo: Malheiros, 2013.

MAFRA FILHO, Francisco de Salles Almeida. Dos contratos agrários: alguns comentários à sua regulamentação. *Fórum de Direito Urbano e Ambiental – FDUA*, Belo Horizonte, a. 4, n. 22, p. 2605-2614, jul./ago. 2005.

MANCIA, Karin Cristina Borio. *Proteção do consumidor e desenvolvimento sustentável*: análise jurídica da extensão da durabilidade dos produtos e o atendimento à função socioambiental do contrato. 2009. 195 f. Dissertação (Mestrado em Direito Econômico e Social) – Centro de Ciências Jurídicas e Sociais, Pontifícia Universidade Católica do Paraná, Curitiba, 2009.

MARÉS, Carlos Frederico. *A função social da terra*. Porto Alegre: Sergio Antonio Fabris, 2003.

MARTÍN MATEO, Ramón. *Manual de Derecho Ambiental*. 3. ed. Navarra: Thomson Aranzadi, 2003.

MARTINS-COSTA, Judith. *A boa-fé no Direito Privado*. São Paulo: Revista dos Tribunais, 2000.

——. Notas sobre o princípio da função social dos contratos. *Revista Literária de Direito*, São Paulo, n. 53, p. 17-21, ago./set. 2004.

——. Os direitos fundamentais e a opção culturalista do novo Código Civil. In: SARLET, Ingo Wolfgang (Org.). *Constituição, direitos fundamentais e Direito Privado*. 2. ed., rev. e ampl. Porto Alegre: Livraria do Advogado, 2006. p. 63-87.

——. Reflexões sobre o Princípio da Função Social dos Contratos. In: CUNHA, Alexandre dos Santos (Org.). *O Direito da Empresa e das Obrigações e o Novo Código Civil brasileiro*. São Paulo: Quartier Latin, 2006. p. 218-248.

——. Reflexões sobre o princípio da função social dos contratos. *Revista Direito GV*, São Paulo, v. 1, n. 1, p. 41-67, maio 2005.

MATTOS NETO, Antonio José de. Função ética da propriedade imobiliária no novo Código Civil. In: BARROSO, Lucas Abreu; PASSOS, Cristiane Lisita (Orgs.). *Direito Agrário contemporâneo*. Belo Horizonte: Del Rey, 2004. p. 75- 85.

MAX-NEEF, Manfred. *Human-scale development*: conception, application and further reflections. New York: The Apex, 1991.

MAZZAMUTO, Salvatore. Dottrine dell'autonomia privata dall'Italia all'Europa. *Europa e Diritto Privato*, rivista trimestrale, Milano, n. 3, p. 591-629, 2009.

MAZZUOLI, Valerio de Oliveira; AYALA, Patryck de Araújo. Cooperação internacional para a preservação do meio ambiente: o Direito brasileiro e a Convenção de Aarhus. *Revista da Ajuris*, Porto Alegre, v. 37, n. 120, p. 259-298, dez. 2010.

MCDONOUGH, William; BRAUNGART, Michael. *Cradle to cradle*: remaking the way we make things. New York: North Point, 2002.

MEADOWS, Donella H., MEADOWS, Dennis L. and RANDERS, Jorgen. *The limits to growth*. New York: Universe, 1972.

MEDEIROS NETO, Elias Marques de (Coord.). *Aspectos polêmicos do agronegócio*: uma visão através do contencioso. São Paulo: Castro Lopes, 2013.

MEDEIROS, Fernanda Luiza Fontoura de. *Meio ambiente*: direito e dever fundamental. Porto Alegre: Livraria do Advogado, 2004.

MELLO, Roberta Corrêa Vaz de. Acordos ambientais: um panorama luso-brasileiro. *Revista do Centro de Estudos de Direito do Ordenamento do Urbanismo e do Ambiente (CEDOUA)*, Coimbra, a. XIV, n. 27, p. 101-121, 2011.

MIGUEL NETO, Sulaiman. *Questão agrária*: doutrina, legislação e jurisprudência. Campinas: Bookseller, 1997.

MILARÉ, Édis. *Direito do ambiente*: a gestão ambiental em foco: doutrina, jurisprudência, glossário. 7. ed., rev., atual. e reform. São Paulo: Revista dos Tribunais, 2011.

MIRANDA, Alcir Gursen de. *Direito Agrário e Ambiental*: a conservação dos recursos naturais no âmbito agrário. Rio de Janeiro: Forense, 2003.

MIRRA, Álvaro Luiz Valery. Ação civil pública ambiental: aspectos da tutela jurisdicional de precaução relacionada à questão das mudanças climáticas. In: PALMA, Carol Manzoli; SACCOMANO NETO, Francisco; OLIVEIRA, Taísa Cristina Sibinelli de. *Direito Ambiental*: efetividade e outros desafios. São Paulo: Lex, 2012. p. 41-47.

MOFFATT, Ian. Environmental space, material flow analysis and ecological footprinting. In: ATKINSON, Giles; DIETZ, Simon and NEUMAYER, Eric. *Handbook of sustainable development*. Cheltenham: Edward Elgar, 2007. p. 319-344.

MOFFET, John; BREGHA, François. An overview of Issues with Respect to Voluntary Environmental Agreements. *Journal of Environmental Law and Practice*, Toronto, v. 8, n. 1, p. 63-94, 1998.

MOLINARO, Carlos Alberto. *Direito Ambiental* – proibição de retrocesso. Porto Alegre: Livraria do Advogado, 2007.

MONTINI, Massimiliano. La strategia d'azione ambientale per lo sviluppo sostenible in Italia. *Rivista Giuridica dell'Ambiente*, Milano, Giuffrè, a. 18, n. 2, p. 405-417, mar./abr. 2003.

MORAES, Gustavo Inácio de; SERRA, Maurício Aguiar. O modelo IS-LM-EE para economias abertas e distinções dos efeitos para as economias nacionais. *Economia e Sociedade*, Campinas, v. 20, n. 1 (41), p. 53-78, abr. 2011.

MORAES, Maria Celina Bodin de. A causa dos contratos. *Revista Trimestral de Direito Civil*, Rio de Janeiro, v. 21, p. 95-119, jan./mar. 2005.

——. A constitucionalização do Direito Civil. *Revista Brasileira de Direito Comparado*, Rio de Janeiro, n. 17, p. 76-89, set. 1999.

MOREIRA NETO, Diogo de Figueiredo. *Introdução ao Direito Ecológico e ao Direito Urbanístico*: instrumentos jurídicos para um futuro melhor. 2. ed. Rio de Janeiro: Forense, 1977.

NADER, Ralph. *Unsafe at any speed*: the designed-in dangers of the american automobile. New York: Grossman, 1965.

NATALINO, Irti. *L'età della decodificazione*. 3. ed. Milano: Giuffrè, 1989.

NEGREIROS, Teresa. Dicotomia público-privado frente ao problema da colisão de princípios. In: TORRES, Ricardo Lobo (Org.). *Teoria dos direitos fundamentais*. Rio de Janeiro: Renovar, 1999. p. 337-375.

——. *Teoria do contrato*: novos paradigmas. 2. ed. Rio de Janeiro: Renovar, 2002.

NETTO, Felipe Peixoto Braga. A responsabilidade civil e a hermenêutica contemporânea: uma nova teoria contratual? In: LÔBO, Paulo Luiz Netto; LYRA JUNIOR, Eduardo Messias Gonçalves de (Orgs.). *A teoria do contrato e o novo Código Civil*. Recife: Nossa Livraria, 2003. p. 245-277.

NEWSWEEK *não terá mais edição impressa*. Disponível em: <http://oglobo.globo.com/tecnologia/newsweek-nao-tera-mais-edicao-impressa-6440499>. Acesso em: 08 fev. 2013.

NORTON, Bryan G. *Searching for sustainability*: interdisciplinary essays in the philosophy of conservation biology. Cambridge: Cambridge University, 2003.

NUSSBAUM, Martha C. *Creating capabilities*: the human development approach. Cambridge: The Belknap Press of Harvard University, 2011.

OBERTHÜR, Sebastian. EU leadership on climate change: living up to the challenges. In: BARROSO, José Manuel et al. *The European Union and World Sustainable Development*: Visions of Leading Policy Makers & Academics. Luxembourg, European Communities, 2008. Disponível em: <http://ec.europa.eu/dgs/education_culture/documents/publications/susdev_en.pdf>. Acesso em: 02 mar. 2012.

ODUM, Eugene P. *Fundamentos de Ecologia*. 4. ed. Tradução de: Antonio Manuel de Azevedo Gomes. Lisboa: Fundação Calouste Gulbenkian, 1988.

OLIVEIRA, Emiliana Carolina de. A co-responsabilidade (sic) por danos ambientais no ordenamento jurídico brasileiro. In: VILELA, Gracielle Carrijo; RIEVERS, Marina (Orgs.). *Direito e meio ambiente*: reflexões atuais. Belo Horizonte: Fórum, 2009. p. 111-130.

PALMA, Francisco Mendes; ROSA, Luís Ribeiro. A empresa e a biodiversidade: os novos desafios do século XXI. In: DJOGHLAF, Ahmed et al. *Futuro sustentável*: uma nova economia para combater a pobreza e valorizar a biodiversidade. Coimbra: Almedina, 2011. p. 59-67.

PEARCE, David; MARKANDYA, Anil; BARBIER, Edward B. *Blueprint for a green economy*. Sixth Printing. London: Earthscan Publication Limited, 1992.

PEARCE, Fred. *When the rivers run dry*: what happens when our water runs out? Boston: Beacon, 2006.

PELIZZOLI, M. L. *A emergência do paradigma ecológico*: reflexões ético-filosóficas para o século XXI. Petrópolis: Vozes, 1999.

PEÑA CHACÓN, Mario. Daño social, daño moral colectivo y daños punitivos. *Revista de Direito Ambiental*, São Paulo, v. 17, n. 68, p. 103-126, out./dez. 2012.

PENTINAT, Susana Borràs. L'impatto ambientale e la clausola della condizionalità: globalizzazione sostenible? *Rivista Giuridica dell'Ambiente*, Milano: Giuffrè, n. 3-4, p. 391-416, 2006.

PEPE, Vincenzo. La tutela della biodiversità naturale e culturale: il ruolo dell'UNESCO. *Rivista Giuridica dell'Ambiente*, Milano, a. 22, n. 1, p. 33-48, genn./febbr. 2007.

PEREIRA, Thiago Sales; TAMASCIA, Fernanda Leite. A aplicação do novo Código Florestal. In: MEDEIROS NETO, Elias Marques de (Coord.) *Aspectos polêmicos do agronegócio*. São Paulo: Castro Lopes, 2013. p. 1073-1095.

PERLINGIERI, Pietro. *Il diritto civile nella legalità constituzionale*. Seconda edizione riveduta. Ed integrata. Napoli: Scientifiche Italiane, 1991.

——. L'incidenza dell'interesse pubblico sulla negoziazione privata. *Rassegna di Diritto Civile*, Rivista di diritto civile, pubblicazione trimestrale diretta da Pietro Perlingieri, Napoli, n. 4, p. 933-948, 1987.

——. *Perfis do Direito Civil*: introdução ao Direito Civil Constitucional. Tradução de: Maria Cristina de Cicco. Rio de Janeiro: Renovar, 1999.

——. *Profili del Diritto Civile*. 3. ed. Napolis: Edizioni Scientifiche Italiane, 1994.

PERRINGS, Charles. Resilience and sustainable development. *Environment and Development Economics*, Cambridge, v. II, part 4, p. 417-427, aug. 2006.

PETERS, Edson Luiz. *Meio ambiente & propriedade rural*. Curitiba: Juruá, 2003.

PIANOVSKI RUZYK, Carlos Eduardo. *Ensaio sobre a autonomia privada e o sujeito de direito nas codificações civis, ou "A aspiração fáustica e o pacto de Mefisto"*. Disponível em: <http://www.fachinadvogados.com.br/artigos/Ensaio%20sobre%20a%20autonomia.pdf>. Acesso em: 15 out. 2013.

PIEVATOLO, M. Chiara. Hans Jonas: un'etica per la civiltà tecnologica. *Il Politico*, Rivista Italiana di Scienze Politiche, Università degli Studi di Pavia, Milano, a. LV, n. 2, p. 337-349, 1990.

PIGOU, A. C. *The economics of welfare*. London: Macmillan, 1932.

PONTIFÍCIA UNIVERSIDADE CATÓLICA DO RIO GRANDE DO SUL. Centro de Excelência em Pesquisa sobre Armazenamento de Carbono. Disponível em: <http://www.pucrs.br/cepac/>. Acesso em: 08 fev. 2013.

——. Curso de Especialização em Gestão da Qualidade para o Meio Ambiente. Disponível em: <http://www.pucrs.br/ima/gestao/>. Acesso em: 08 fev. 2013.

——. Instituto do Meio Ambiente e dos Recursos Naturais. Disponível em: <http://www3.pucrs.br/portal/page/portal/ima/Capa/promata/>. Acesso em: 08 fev. 2013.

PORRITT, Jonathon. *Capitalism as if the world matters*. Revised edition. Foreword by Amore B. Lovins. London: Earthscan, 2007.

PORTA, Giorgio. Environmental policy instruments in a deregulatory climate. The business perspective. In: COLLIER, Ute (Org.). *Deregulation in the European Union*. Environmental perspectives. London: Routledge, 1998. p. 165-180.

POSTIGLIONE, Amedeo. La necessità di una corte internazionale dell'ambiente. *Rivista Giuridica dell'Ambiente*, Milano, a. 17, n. 2, p. 389-394, mar./apr. 2002.

POZZO, Barbara. Il recepimento della direttiva 2004/35 sulla responsabilità ambientale in Germania, Spagna, Francia e Regno Unito. *Rivista Giuridica dell'Ambiente*, Milano: Giuffrè, n. 2, p. 207-246, 2010.

——. La direttiva 2005/35/CE e il suo recepimento in Itália. *Rivista Giuridica dell'Ambiente*, Milano: Giuffrè, n. 1, p. 1-79, 2010.

——. La nuova direttiva 2004/35 del Parlamento europeo e del Consiglio sulla responsabilità ambientale in materia di prevenzione e riparazione del danno. *Rivista Giuridica dell'Ambiente*, Milano: Giuffrè, n. 1, p. 1-17, 2006.

PRATA, Ana. A tutela constitucional da autonomia privada. Coimbra: Almedina, 1982.

PRÁTICAS sustentáveis. Transporte público x carro particular. *PUCRS Notícias*, Porto Alegre, n. 415, p. 2, 1-7 ago. 2012.

PROCÓPIO, Argemiro. *Subdesenvolvimento sustentável*. 5. ed. Curitiba: Juruá, 2011.

QUINTIN, Odile. Europe, education and globalizing world. In: BARROSO, José Manuel et al. *The European Union and world sustainable development*: visions of leading policy makers & academics. Luxembourg, European Communities, 2008. Disponível em: <http://ec.europa.eu/dgs/education_culture/documents/publications/susdev_en.pdf>. Acesso em: 02 mar. 2012.

QUISPE, Ivan Lanegra. El derecho ambiental y los conflictos sociales: reflexiones a partir del caso peruano. *Revista de Direito Ambiental*, São Paulo, v. 16, n. 63, p. 49-67, jul./set. 2011.

RAMPAZZO, Sônia Elisete. A questão ambiental no contexto do desenvolvimento econômico. In: BECKER, Dinizar Fermiano (Org.). *Desenvolvimento sustentável*: necessidade e/ou possibilidade? 4. ed. Santa Cruz do Sul: EDUNISC, 2002. p. 161-190.

REALE, Miguel. *Experiência e cultura*. Campinas: Bookseller, 1999.

——. *Questões de Direito Privado*. São Paulo: Saraiva, 1997.

——. Visão geral do Projeto de Código Civil. *Revista dos Tribunais*, São Paulo, v. 752, p. 28, jun. 1998.

RIBEIRO, Joaquim de Sousa. "Economia do contrato", autonomia privada e boa fé. *Boletim da Faculdade de Direito*. Separata de: ARS IVDICANDI. Estudos em Homenagem ao Prof. Doutor Jorge de Figueiredo Dias. Coimbra: Coimbra, 2010. v. IV. p. 969-982.

——. A boa-fé como norma de validade. Separata de: *Boletim da Faculdade de Direito da Universidade de Coimbra*: ARS IVDICANDI 91. AD HONOREM – 3. Estudos em homenagem ao Prof. Doutor António Castanheira Neves. DIAS, Jorge de Figueiredo; CANOTILHO, José Joaquim Gomes; COSTA, José de Faria (Orgs.). V. II: Direito Privado, Coimbra, p. 667-732, 2008.

——. Direito dos Contratos e regulação do mercado. Separata de: *Revista Brasileira de Direito Comparado*, Rio de Janeiro, n. 22, p. 203-223, 1º sem. 2002.

RIFKIN, Jeremy. *A Terceira Revolução Industrial*: como o poder lateral está transformando a energia, a economia e o mundo. São Paulo: M. Books, 2012.

RIO GRANDE DO SUL. Tribunal de Justiça do Rio Grande do Sul. *Agravo de Instrumento nº 70042629154*. Nona Câmara Cível, Relatora Iris Helena Medeiros Nogueira, julgado em 29/06/2011. Disponível em: <http://www.tjrs.jus.br/busca/?q=70042629154&tb=jurisnova&partialfields=tribunal%3ATribunal%2520de%2520Justi%25C3%25A7a%2520do%2520RS.%28TipoDecisao%3Aac%25C3%25B3rd%25C3%25A3o|TipoDecisao%3Amonocr%25C3%25A1tica|TipoDecisao%3Anull%29&requiredfields=&as_q=>. Acesso em: 30 jan. 2014.

——. Tribunal de Justiça do Rio Grande do Sul. *Agravo de Instrumento nº 70051348456*. Nona Câmara Cível, Relator: Leonel Pires Ohlweiler, Julgado em 12/12/2012. Disponível em: <http://www.tjrs.jus.br/busca/?q=70051348456&tb=jurisnova&pesq=ementario&partialfields=tribunal%3ATribunal%2520de%2520Justi%25C3%25A7a%2520do%2520RS.%28TipoDecisao%3Aac%25C3%25B3rd%25C3%25A3o|TipoDecisao%3Amonocr%25C3%25A1tica|TipoDecisao%3Anull%29&requiredfields=&as_q=>. Acesso em: 30 jan. 2014.

——. Tribunal de Justiça do Rio Grande do Sul. Apelação Cível nº 70052349529. Nona Câmara Cível, Relator: Tasso Caubi Soares Delabary, Julgado em 28/08/2013. Disponível em: <http://www.tjrs.jus.br/busca?q=APELA%C7%C3O+C%CDVEL.+CONTRATOS+AGR%C1RIOS.+OMISS%C3O+PELO+ARRENDADOR&tb=jurisnova&pesq=ementario&partialfields=tribunal%3ATribunal%2520de%2520Justi%25C3%25A7a%2520do%2520RS.%28TipoDecisao%3Aac%25C3%25B3rd%25C3%25A3o%7CTipoDecisao%3Amonocr%25C3%25A1tica%7CTipoDecisao%3Anull%29&requiredfields=&as_q=>. Acesso em: 30 jan. 2014.

———. Tribunal de Justiça do Rio Grande do Sul. *Apelação Cível n° 70034878546*. Nona Câmara Cível, Relatora Marilene Bonzanini Bernardi, julgado em 21/07/2010. Disponível em: <http://www.tjrs.jus.br/busca/?q=CONTRATOS+AGR%C1RIOS.+DESMATAMENTO+DE+%C1REA+DE+PRESERVA%C7%C3O+PRMANENTE+&tb=jurisnova&partialfields=tribunal%3ATribunal%2520de%2520Justi%25C3%25A7a%2520do%2520RS.%28TipoDecisao%3Aac%25C3%25B3rd%25C3%25A3o%7CTipoDecisao%3Amonocr%25C3%25A1tica%7CTipoDecisao%3Anull%29&requiredfields=&as_q=>. Acesso em: 30 jan. 2014.

RIZZARDO, Arnaldo. *Contratos*. 9. ed. Rio de Janeiro: Forense, 2009.

RODDICK, Anita. *Business as unusual*: my entrepreneurial journey, profits and principles. Chichester: Anita Roddick Books, 2005.

ROMER, David. *Advanced macroeconomics*. 3rd ed. New York: McGraw-Hill/Irwin, 2006.

ROSANVALON, Pierre. *A crise do Estado-Providência*. Brasília: UnB, 1997.

ROSENWALD, Nelson. A função social do contrato. In: HIRONAKA, Giselda Maria Fernandes Novaes; TARTUCE, Flávio. *Direito Contratual*: temas atuais. São Paulo: Método, 2007. p. 81-111.

ROSS, Andrea. Review – Klaus Bosselmann. The principle of sustainability: transforming law and governance. *Journal of Environmental Law*, Oxford, v. 22, n. 3, p. 509-511, 2010.

RUARO, Regina Linden. Responsabilidade civil do Estado por dano moral. *Direito & Justiça*, Porto Alegre, a. 24, v. 26, p. 145-166, 2002/2.

———. Responsabilidade civil do Estado por dano moral em caso de má utilização de dados pessoais. *Direitos Fundamentais & Justiça*, Porto Alegre, a. 1, n.1, p. 231-245, out./dez. 2007.

SÁ, Sofia. *Responsabilidade ambiental* – operadores públicos e privados. Porto: Vida Económica, 2011.

SACHS, Ignacy. *A terceira margem*: em busca do ecodesenvolvimento. São Paulo: Companhia das Letras, 2009.

———. *Ecodesenvolvimento*: crescer sem destruir. São Paulo: Revista dos Tribunais, 1986.

———. *Estratégias de transição para o século XXI*: desenvolvimento e meio ambiente. São Paulo: Nobel, 1993.

SACHS, Jeffrey. *The end of poverty*: economic possibilities for our time. New York: Penguin, 2005.

SALDANHA, Alexandre Henrique Tavares. Função socioambiental dos contratos e instrumentalidade pró-sustentabilidade: limites ao exercício de autonomias públicas e privadas. *Veredas do Direito*, Belo Horizonte, v. 8, n. 16, p. 99-114, jul./dez. 2011.

SALOMÃO FILHO, Calixto. Função social do contrato: primeiras anotações. *Revista dos Tribunais*, São Paulo, v. 823, p. 67-86, maio 2004.

SÁNCHEZ, Antoni José Quesada. La transposición del artículo 8.4 de la directiva 2004/35/CE en la ley español de responsabilidad medioambiental. *Rivista Giuridica dell'Ambiente*, Milano: Giuffrè, n. 5, p. 783-790, 2008.

———. Reflexión sobre la posible introdución en el derecho español de algunas exenciones previstas en la directiva 2004/35/CE. *Rivista Giuridica dell'Ambiente*, Milano: Giuffrè, n. 1, p. 49-74, 2007.

SANDEL, Michel J. *Justiça* – o que é fazer a coisa certa. Tradução de: Heloisa Matias e Maria Alice Máximo. 8. ed. Rio de Janeiro: Civilização Brasileira, 2012.

SANTANA, Heron José de. Princípios e regras de *Soft Law*: novas fontes de Direito Internacional Ambiental. *Revista Brasileira de Direito Ambiental*, Curitiba, a. 1, v. 1, p. 97-131, jan./mar. 2005.

SANTOS, Sofia. Os bancos como promotores de bem-estar social e ambiental. In: DJOGHLAF, Ahmed et al. *Futuro sustentável*: uma nova economia para combater a pobreza e valorizar a biodiversidade. Coimbra: Almedina, 2011. p. 69-77.

SARLET, Ingo Wolfgang (Org.). *Estado socioambiental e direitos fundamentais*. Porto Alegre: Livraria do Advogado, 2010.

———. *A eficácia dos direitos fundamentais*. Uma teoria geral dos direitos fundamentais na perspectiva constitucional. 11. ed. rev., atual. e ampl. Porto Alegre: Livraria do Advogado, 2012.

———. *A eficácia dos direitos fundamentais*. Uma teoria geral dos direitos fundamentais na perspectiva constitucional. 8. ed. rev. e atual. Porto Alegre: Livraria do Advogado, 2007.

———. Direitos fundamentais e Direito Privado: algumas considerações em torno da vinculação dos particulares aos direitos fundamentais. In: ——— (Org.). *A Constituição concretizada*: construindo pontes com o público e o privado. Porto Alegre: Livraria do Advogado, 2000. p. 107-163.

———; FENSTERSEIFER, Tiago. *Direito Constitucional Ambiental*: estudos sobre a Constituição, os direitos fundamentais e a proteção do ambiente. São Paulo: Revista dos Tribunais, 2011.

———; ———. *Direito Constitucional Ambiental*: Constituição, direitos fundamentais e proteção do ambiente. 3. ed. São Paulo: Revista dos Tribunais, 2013.

———; ———. Estado socioambiental e mínimo existencial (ecológico?): algumas aproximações. In: SARLET, Ingo Wolfgang (Org.). *Estado socioambiental e direitos fundamentais*. Porto Alegre: Livraria do Advogado, 2010. p. 11-38.

SARMENTO, Daniel. *Direitos fundamentais e relações privadas*. 2. ed. Rio de Janeiro: Lumen Juris, 2006.

SCHLOSSER, Eric. *Fast food nation*: the dark side on the all-american meal. New York: Harper Collins, 2005.

SCHMIDHEINY, Stephan; BUSINESS Council for Sustainable Development. *Changing course*: a global business perspective on development and the environment. Cambridge, MA: The MIT, 1992.

SCHREIBER, Anderson. *A proibição de comportamento contraditório*: tutela da confiança e venire contra factum proprium. 2. ed., rev. e atual. Rio de Janeiro: Renovar, 2007.

——. A responsabilidade civil como política pública. In: FACHIN, Luiz Edson; TEPEDINO, Gustavo (Coords.). *O Direito e o tempo*: embates jurídicos e utopias contemporâneas. Rio de Janeiro: Renovar, 2008. p. 743-755.

SCHUMACHER, E.F. *Small is beautiful*: economics as if people mattered. London: Blond & Briggs, 1973.

SEN, Amartya. *A ideia de justiça*. Tradução de: Denise Bottmann e Ricardo Doninelli Mendes. São Paulo: Companhia das Letras, 2011.

——. *Development as freedom*. Oxford: Oxford University, 1999.

——. *Sobre ética e economia*. Tradução de: Laura Teixeira Motta. Revisão técnica de: Ricardo Doninelli Mendes. 8ª reimp. São Paulo: Companhia das Letras, 1999.

——. *The idea of justice*. Cambridge: The Belknap Press of Harvard University, 2009.

SENDIM, José de Sousa Cunhal. O direito virtual – notas sobre o déficit de execução do Direito do Ambiente português. *Revista Jurídica do Urbanismo e do Ambiente*, Coimbra, a. IX, n. 17, p. 57-78, jun. 2002.

SENGE, Peter; SCHARMER, C. Otto; JAWORSKI, Joseph and FLOWERS, Betty Sue. *Presence*: an explanation of profound change in people, organizations and society. London: Nicholas Brealey Publishing, 2005.

SHIVA, Vandana. *Staying alive*: women, ecology and development. London: Zed Books,1989.

SILVA JUNIOR, Carlos Alberto. *Contratações públicas sustentáveis*. 2011. 99 f. Trabalho de Conclusão de Curso (Faculdade de Direito) – Departamento de Direito Público e Filosofia, Universidade Federal do Rio Grande do Sul, Porto Alegre, 2011.

SILVA, Clovis Veríssimo do Couto e. *A obrigação como processo*. São Paulo: Bushatsky, 1976.

SILVA, De Plácido e. *Vocabulário jurídico*. 4. ed., 2ª tir. Rio de Janeiro: Forense, 1996. v. 1.

SILVA, Jorge Cesa Ferreira da. Princípios de Direito das Obrigações no novo Código Civil. In: SARLET, Ingo Wolfgang (Org.). *O novo Código Civil e a Constituição*. 2. ed., rev. e ampl. Porto Alegre: Livraria do Advogado, 2006. p. 119-146.

SILVA, Luis Renato Ferreira da. A função social do contrato no novo Código Civil e sua conexão com a solidariedade social. In: SARLET, Ingo Wolfgang (Org.). *O novo Código Civil e a Constituição*. 2. ed., rev. e ampl. Porto Alegre: Livraria do Advogado, 2006. p. 147-170.

SILVA, Roberto Marinho Alves da; FONSECA, Andrea Cristina. Economia solidária no Brasil: uma estratégia para a sustentabilidade e a solidariedade. In: DJOGHLAF, Ahmed et al. *Futuro sustentável*: uma nova economia para combater a pobreza e valorizar a biodiversidade. Coimbra: Almedina, 2011. p. 33-41.

SILVA, Vasco Pereira da. *Da protecção jurídica ambiental*: os denominados embargos administrativos em matéria de ambiente. Lisboa: Associação Académica da Faculdade de Direito de Lisboa, 1997.

SILVA, Virgílio Afonso da. *A constitucionalização do Direito*. Os direitos fundamentais nas relações entre particulares. São Paulo: Malheiros, 2005.

SILVA-SÁNCHEZ, Solange S. *Cidadania ambiental*: novos direitos no Brasil. São Paulo: Humanitas/FFLCH/USP, 2000.

SIMIONI, Rafael Lazzarotto. *Direito Ambiental e sustentabilidade*. Curitiba: Juruá, 2006.

SMORTO, Guido. Autonomia contrattuale e diritto europeo. *Europa e diritto privato*, Rivista trimestrale, Milano, n. 2, p. 325-410, 2007.

SODERO, Fernando Pereira. *Direito Agrário e reforma agrária*. São Paulo: Livraria Legislação Brasileira Ltda., 1968.

——. *O Estatuto da Terra*. Brasília: Fundação Petrônio Portella, 1982.

SOROMENHO-MARQUES, Viriato. Vencer as crises: cinco desafios centrais para o desenvolvimento sustentável das empresas. In: DJOGHLAF, Ahmed et al. *Futuro sustentável*: uma nova economia para combater a pobreza e valorizar a biodiversidade. Coimbra: Almedina, 2011. p. 53-57.

SOTO, William Héctor Gómez. Desenvolvimento sustentável, agricultura e capitalismo. In: BECKER, Dinizar Fermiano (Org.). *Desenvolvimento sustentável*: necessidade e/ou possibilidade? 4. ed. Santa Cruz do Sul: EDUNISC, 2002. p. 99-120.

SOUZA, Ricardo Timm de. Por uma arqueologia da complexidade contemporânea: recalcamento e redescoberta da existência-tempo desde a multiplicidade do(s) sentido(s): um breve esboço. In: FAYET JÚNIOR, Ney; MAYA, André Machado (Orgs.). *Ciências penais*: perspectivas e tendências da contemporaneidade. Curitiba: Juruá, 2011. p. 349-361.
STARKEY, Richard. Competitiveness, deregulation and environmental protection. In: COLLIER, Ute (Org.). *Deregulation in the European Union*. Environmental perspectives. Londres: Routledge, 1998. p. 23-41.
STEIDGLEDER, Annelise Monteiro. Aspectos jurídicos da reparação de áreas contaminadas por resíduos industriais. *Revista de Direito Ambiental*, São Paulo, a. 8, n. 29, p. 127-166, jan./mar. 2003.
——. Instrumentos de garantia para assegurar a reparação do dano ambiental. *Revista de Direito Ambiental*, São Paulo, a. 16, v. 63, p. 135-156, jul./set. 2011.
STEIN, Paul L. Sostenibilità ambientale. Dalla retorica alla realtà: alcune iniziative per un'energia pulita. *Rivista Giuridica dell'Ambiente*, Milano, a. 17, n. 6, p. 847-862, nov./dic. 2002.
STEINMETZ, Wilson. A vinculação dos particulares a direitos fundamentais. São Paulo: Malheiros, 2004.
——. Princípio da proporcionalidade e atos de autonomia privada restritivos de direitos fundamentais. In: SILVA, Virgílio Afonso da (Org.). *Interpretação constitucional*. São Paulo: Malheiros, 2005. p. 11-53.
STERN, Nicholas. *The economics of climate change*: the stern review. Cambridge: Cambridge University, 2007.
STIGLITZ, Joseph. E. *Globalization and its discontents*. Londres: Penguim Group, 2002.
——; SEN, Amartya; FITOUSSI, Jean-Paul. *Report by the Commission on the Measurement of Economic Performance and Social Progress*. Disponível em: <http://www.stiglitz-sen-fitoussi.fr/documents/rapport_anglais.pdf>. Acesso em: 08 fev. 2013.
SUNSTEIN, Cass R. *Laws of fear* – beyond the precautionary principle. Cambridge: Cambridge University, 2005.
SZTAJN, Rachel. Função social do contrato e direito de empresa. *Estudos de Direito do Consumidor 2006/2007*, Coimbra, n. 8, p. 171-202, mar. 2008.
TEIXEIRA, Orci Paulino Bretanha. *A fundamentação ética do estado socioambiental*. 2012. 149 f. Tese (Doutorado em Filosofia) – Faculdade de Filosofia e Ciências Humanas, Pontifícia Universidade Católica do Rio Grande do Sul, Porto Alegre, 2012.
——. Responsabilidade administrativa ambiental. In: BORATTI, Larissa Verri; SCHMIDT, Cíntia; TEIXEIRA, Orci Paulino Bretanha (Orgs.). *Política municipal ambiental*: perspectivas da gestão local do meio ambiente. Porto Alegre: Paixão, 2011. p. 139-164.
TEPEDINO, Gustavo. A função social da propriedade e o meio ambiente. *Revista Trimestral de Direito Civil (RTDC)*, Rio de Janeiro, a. 10, v. 37, p. 127-148, jan./mar. 2009.
——. Dez anos de Código Civil e a abertura do olhar do civilista. *Revista Trimestral de Direito Civil (RTDC)*, Rio de Janeiro, a. 13, v. 49, p. 101-105, jan./mar. 2012.
——. Notas sobre a função social dos contratos. In: FACHIN, Luiz Edson; TEPEDINO, Gustavo (Coords.). *O Direito e o tempo*: embates jurídicos e utopias contemporâneas. Rio de Janeiro: Renovar, 2008. p. 395-405.
——. O Código Civil, os chamados microssistemas e Constituição: premissas para uma reforma legislativa. In: —— (Coord.). *Problemas de Direito Civil*. Rio de Janeiro: Renovar, 2001. p. 1-16.
TEPEDINO, Maria Celina B. M. A caminho de um direito civil constitucional. *Revista de Direito Civil – Imobiliário, Agrário e Empresarial*, São Paulo, a. 17, n. 65, p. 21-32, jul./set. 1993.
TESSLER, Marga Inge Barth. Teoria geral da responsabilidade ambiental. *Revista CEJ*, Brasília, a. XI, n. 38, p. 4-12, jul./set. 2007.
THEODORO JÚNIOR, Humberto. *O contrato e sua função social*. 2. ed. Rio de Janeiro: Forense, 2004.
THOMAS, Janet M.; CALLAN, Scott J. *Economia ambiental*: fundamentos, políticas e aplicações. São Paulo: Cengage Learning, 2010.
THOMPSON JR., Barton H. The trouble with time: influencing the conservation choices of future generations. *Natural Resources Journal*, Albuquerque, New Mexico, School of Law. University of New Mexico, v. 44, n. 2, p. 601-620, Spring 2004.
TIMM, Luciano Benetti; CRAVO, Daniela Copetti. Intervenção do CADE nos processo judiciais. *Revista da Ajuris*, Porto Alegre, a. 37, n. 120, p. 139-182, dez. 2010.
TOMASEVICIUS FILHO, Eduardo. A função social do contrato: conceito e critérios de aplicação. In: CUNHA, Alexandre dos Santos (Org.). *O Direito da Empresa e das Obrigações e o Novo Código Civil brasileiro*. São Paulo: Quartier Latin, 2006. p. 190-217.
TORRES, Ricardo Lobo. A cidadania multidimensional na era dos direitos. In: —— (Org.). *Teoria dos direitos fundamentais*. Rio de Janeiro: Renovar, 1999. p. 239-335.

TRAVINCAS, Amanda Costa Thomé; SOUZA, Italo R. Fuhrmann. Direitos fundamentais e Direito Privado: algumas aproximações acerca da eficácia e efetividade dos direitos fundamentais nas relações jurídicas entre particulares no Direito brasileiro. *Revista da Ajuris*, Porto Alegre, a. 37, n. 118, p. 29-55, jun. 2010.

TRIBE, Laurence H. Refocusing the "state action" inquiry: separating state acts from state actors. In: ——. *Constitutional choices*. Cambridge: Harvard University, 1985. p. 246-259.

TRONCHO, Mafalda. Empregos verdes e agenda do trabalho digno. In: DJOGHLAF, Ahmed *et al*. *Futuro sustentável*: uma nova economia para combater a pobreza e valorizar a biodiversidade. Coimbra: Almedina, 2011. p. 99-107.

UNIÃO Europeia. Comissão das Comunidades Europeias. *A sustentabilidade a longo prazo das finanças públicas na EU*. Comunicação ao Conselho e ao Parlamento Europeu. Bruxelas, 24.6.2009. Disponível em: <http://europa.eu/legislation_summaries/economic_and_monetary_affairs/stability_and_growth_pact/l25091_pt.htm>. Acesso em: 19 jan. 2012.

——. Comissão das Comunidades Europeias. *Agenda da UE para o transporte de mercadorias*: estimular a eficiência, a integração e a sustentabilidade do transporte de mercadorias na Europa. Comunicação. Bruxelas, 18.10.2007. Disponível em: <https://infoeuropa.eurocid.pt/registo/000040359/>. Acesso em: 17 jan. 2012.

——. Comissão das Comunidades Europeias. *Alcançar a sustentabilidade nas pescarias da UE através do rendimento máximo sustentável*. Comunicação ao Conselho e ao Parlamento Europeu. Bruxelas, 4.7.2006. Disponível em: <http://eur-lex.europa.eu/LexUriServ/LexUriServ.do?uri=COM:2006:0360:FIN:PT:PDF>. Acesso: em 19 jan. 2012.

——. Comissão das Comunidades Europeias. *Análise da política de ambiente 2008*. Comunicação ao Conselho e ao Parlamento Europeu. Bruxelas, 24.6.2009. Disponível em: <http://eur-lex.europa.eu/LexUriServ/LexUriServ.do?uri=OJ:C:2010:347:0084:0086:PT:PDF>. Acesso em: 19 jan. 2012.

——. Comissão das Comunidades Europeias. *Contribuir para o desenvolvimento sustentável*: o papel do comércio equitativo e dos programas não governamentais de garantia da sustentabilidade relacionados com o comércio. Comunicação ao Conselho, ao Parlamento Europeu e ao Comité Económico e Social Europeu. Bruxelas, 5.5.2009. Disponível em: <http://eur-lex.europa.eu/LexUriServ/LexUriServ.do?uri=COM:2009:0215:FIN:PT:HTML>. Acesso em: 17 jan. 2012.

——. Comissão das Comunidades Europeias. *Duas vezes 20 até 2020* – as alterações climáticas, uma oportunidade para a Europa. Comunicação ao Parlamento Europeu, ao Conselho, ao Comité Económico e Social Europeu e ao Comité das Regiões. Bruxelas, 23.1.2008. Disponível em: <http://www.lisboa-enova.org/index.php?option=com_wrapper&Itemid=444>. Acesso em: 19 jan. 2012.

——. Comissão das Comunidades Europeias. *Eficiência energética*: atingir o objectivo de 20%. Comunicação. Bruxelas, 13.11.2008. Disponível em: <http://eur-lex.europa.eu/LexUriServ/LexUriServ.do?uri=COM:2008:0772:FIN:PT:PDF>. Acesso em: 19 jan. 2012.

——. Comissão das Comunidades Europeias. *Estabelecimento do plano de trabalho para 2009-2011 no âmbito da Directiva "Concepção Ecológica"*. Comunicação ao Conselho e ao Parlamento Europeu. Bruxelas, 21.10.2008. Disponível em: <http://eur-lex.europa.eu/LexUriServ/LexUriServ.do?uri=COM:2008:0660:FIN:pt:PDF>. Acesso em: 19 jan. 2012.

——. Comissão das Comunidades Europeias. *Integrar o desenvolvimento sustentável nas políticas da UE*: reexame de 2009 da Estratégia da União Europeia em matéria de desenvolvimento sustentável. Comunicação ao Parlamento Europeu, ao Conselho, ao Comité Económico e Social Europeu e ao Comité das Regiões. Bruxelas, 24.7.2009. Disponível em: <http://eur-lex.europa.eu/LexUriServ/LexUriServ.do?uri=COM:2009:0400:FIN:PT:HTML>. Acesso em: 19 jan. 2012.

——. Comissão das Comunidades Europeias. *Plano de acção para um consumo e produção sustentáveis e uma política industrial sustentável*. Comunicação ao Parlamento Europeu, ao Conselho, ao Comité Económico e Social Europeu e ao Comité das Regiões. Bruxelas, 16.7.2008. Disponível em: <http://eur-lex.europa.eu/LexUriServ/LexUriServ.do?uri=COM:2008:0397:FIN:pt:PDF>. Acesso em: 19 jan. 2012.

——. Parlamento Europeu e do Conselho da União Europeia. *Diretiva 2004/35/CE*, de 21 de abril de 2004. Relativa à responsabilidade ambiental em termos de prevenção e reparação de danos ambientais. Disponível em: <http://eur-lex.europa.eu/LexUriServ/LexUriServ.do?uri=OJ:L:2004:143:0056:0075:pt:PDF>. Acesso em: 29 jan. 2014.

USTÁRROZ, Daniel. *A responsabilidade contratual no novo Código Civil*. Rio de Janeiro: Aide, 2003.

VAN DEN BERGH, Jeroen C. J. M. Sustainable development in ecological economics. In: ATKINSON, Giles; DIETZ, Simon and NEUMAYER, Eric. *Handbook of sustainable development*. Cheltenham, UK: Edward Elgar Publishing Limited, 2007. p. 63-77.

VAQUÉS, Mar Aguilera. *El desarrollo sostenible y la Constitución española*. Barcelona: Atelier, 2000.

VARGAS, Paulo Rogério. O insustentável discurso da sustentabilidade. In: BECKER, Dinizar Fermiano (Org.). *Desenvolvimento sustentável*: necessidade e/ou possibilidade? 4. ed. Santa Cruz do Sul: EDUNISC, 2002. p. 211-240.

VEIGA, José Eli da. *Sustentabilidade*: a legitimação de um novo valor. São Paulo: SENAC, 2010.

VIAL, Sandra Regina Martini. *Propriedade da terra*: análise sociojurídica. Porto Alegre: Livraria do Advogado, 2003.

VILELA, Gracielle Carrijo. RPPN e perpetuidade – os direitos de terceira geração em face da autonomia privada. In: VILELA, Gracielle Carrijo; RIEVERS, Marina (Orgs.). *Direito e meio ambiente*: reflexões atuais. Belo Horizonte: Fórum, 2009. p. 183-195.

VILELA, Melina Lemos. Contratos agrários. *Revista de Direito Imobiliário*, São Paulo, a. 35, v. 73, p. 307-358, jul./dez. 2012.

VISSER, Wayne. *Os 50 + Importantes livros em sustentabilidade*. Tradução de: Francisca Aguiar. São Paulo: Peirópolis, 2012.

VOGLER, John. The international politics of sustainable development. In: ATKINSON, Giles; DIETZ, Simon and NEUMAYER, Eric. *Handbook of sustainable development*. Cheltenham, UK: Edward Elgar Publishing Limited, 2007. p. 430-446.

WALD, Arnoldo. A dupla função econômica e social do contrato. *Revista Trimestral de Direito Civil*, Rio de Janeiro, v. 17, p. 3-10, jan./mar. 2004.

——. O interesse social no direito privado. In: FACHIN, Luiz Edson; TEPEDINO, Gustavo (Coords.). *O Direito e o tempo*: embates jurídicos e utopias contemporâneas. Rio de Janeiro: Renovar, 2008. p. 77-101.

WEBER, Thadeu. *Ética e filosofia política*: Hegel e o formalismo kantiano. 2. ed. Porto Alegre: EDIPUCRS, 2009.

WEDY, Gabriel. *O princípio constitucional da precaução*: como instrumento de tutela do meio ambiente e da saúde pública. Belo Horizonte: Fórum, 2009.

WEISS, Edith Brown. *In fairness to future generations and sustainable development*. Disponível em: <http://digitalcommons.wcl.american.edu/cgi/viewcontent.cgi?article=1498&context=auilr>. Acesso em: 23 jan. 2013.

WEIZSÄCKER, Ernst Von; LOVINS, Amory B. and LOVINS, L. Hunter. *Factor four*: doubling wealth, halving resources use – a report to the club of Rome. London: Earthscan Publications, 1998.

WESTRA, Laura; BOSSELMANN, Klaus; WESTRA, Richard. *Reconciling human existence with ecological integrity*: science, ethics, economics and law. London: Earthscan, 2008.

WHITE, David. Sustainability for migration, education and innovation. In: BARROSO, José Manuel et al. *The European Union and world sustainable development*: Visions of Leading Policy Makers & Academics. Luxembourg, European Communities, 2008. Disponível em: <http://ec.europa.eu/dgs/education_culture/documents/publications/susdev_en.pdf>. Acesso em: 02 mar. 2012.

WILSON, Edward O. *A conquista social da terra*. Tradução de: Ivo Korytovski. São Paulo: Companhia das Letras, 2013.

——. *The social conquest of earth*. New York: Liveright Publishing Corporation, 2012.

YERGIN, Daniel. *O petróleo*: uma história mundial de conquistas, poder e dinheiro. 2. ed. São Paulo: Terra e Paz, 2010.

YUNUS, Muhammad. *Banker to the poor*: micro-lending and the battle against world poverty. New York: Public Affairs, 1999.

ZADEK, Simon. A competitividade responsável. In: SANTOS, Sofia; DIAS, Rita Almeida (Coords.). *Sustentabilidade, competitividade e equidade ambiental e social*. Coimbra: Almedina, 2008. p. 13-17.

——. *The civil corporation*: the new economy of corporate citizenship. London: Earthscan, 2001.

ZANETTI, Cristiano de Sousa. A mitigação do dano e alocação da responsabilidade. *Revista Brasileira de Arbitragem*, São Paulo, n. 35, p. 28-36, jul./ago./set. 2012.

ZAVASCKI, Francisco Prehn. *Constituição do crédito tributário pelo cidadão-contribuinte*. Sapucaia do Sul: Notadez, 2010.

ZAVASCKI, Liane Tabarelli. Os contributos da interpretação constitucional e o controle judicial das políticas públicas. In: ZAVASCKI, Liane Tabarelli; JOBIM, Marco Félix (Orgs.). *Diálogos constitucionais de Direito Público e Privado*. Porto Alegre: Livraria do Advogado, 2011. p. 65-87.

ZAVASCKI, Teori Albino. *Processo coletivo*: tutela de direitos coletivos e tutela coletiva de direitos. São Paulo: Revista dos Tribunais, 2009.

ZIBETTI, Darcy Walmor. *Teoria tridimensional da função da terra no espaço rural*. Curitiba: Juruá, 2005.

ZINKERNAGEL, Roland et al. *Sustainable energy communities*: common actions for common goals. Project Report, n. 6, april 2009. Disponível em: <http://biblio.central.ucv.ro/bib_web/bib_pdf/EU_books/0071.pdf>. Acesso em: 19 jan. 2012.

Impressão e acabamento
Rotermund
Fone (51) 3589 5111
comercial@rotermund.com.br